आर. गुप्ता® कृत

मध्य प्रदेश सामान्य ज्ञान

राज्य संबंधी वस्तुनिष्ठ प्रश्नोत्तर सहित विभिन्न प्रतियोगी परीक्षाओं हेतु उपयोगी पुस्तक

2020 EDITION

 रमेश पब्लिशिंग हाउस, नई दिल्ली

प्रकाशक
ओ॰पी॰ गुप्ता, **रमेश पब्लिशिंग हाउस**
प्रशासनिक कार्यालय
12-H, न्यू दरियागंज रोड, ऑफिसर्स मेस के सामने,
नई दिल्ली-110002 ☎ 23261567, 23275224, 23275124

E-mail: info@rameshpublishinghouse.com
Website: www.rameshpublishinghouse.com

विक्रय केन्द्र
- बालाजी मार्किट, नई सड़क, दिल्ली-6 ☎ 23253720, 23282525
- 4457, नई सड़क, दिल्ली-6, ☎ 23918938

© सर्वाधिकार प्रकाशकाधीन हैं।

इस पुस्तक में प्रयुक्त समस्त सामग्री के सभी व्यावसायिक अधिकार प्रकाशक के पास सुरक्षित हैं। अतः इस पुस्तक या इसके किसी भी अंश का पुनर्मुद्रण या व्यावसायिक पुनर्प्रस्तुतिकरण अवैधानिक माना जायेगा।

Indemnification Clause: *This book is being sold/distributed subject to the exclusive condition that neither the author nor the publishers, individually or collectively, shall be responsible to indemnify the buyer/user/possessor of this book beyond the selling price of this book for any reason under any circumstances. If you do not agree to it, please do not buy/accept/use/possess this book.*

Book Code: R-293
ISBN: 978-93-5012-456-7
HSN Code: 49011010

अनुक्रमणिका

1. मध्य प्रदेश : एक दृष्टि में 3
2. भौगोलिक संरचना 5
3. इतिहास 10
4. अपवाह तंत्र 21
5. प्रदेश की जलवायु एवं मिट्टियां 25
6. कृषि एवं सिंचाई 31
7. मध्य प्रदेश की परियोजनाएं 37
8. प्रदेश की वन सम्पदा 42
9. खनिज सम्पदा 48
10. मध्य प्रदेश के उद्योग 52
11. जनसंख्या (2011 के अनुसार) 58
12. मध्य प्रदेश के समाचार पत्र एवं पत्रिकाएं 75
13. प्रशासन 77
14. प्रदेश की राजनीतिक स्थिति 97
15. मध्य प्रदेश में शिक्षा 105
16. मध्य प्रदेश की आदिवासी जनजातियां 116
17. यातायात के साधन 126
18. आकाशवाणी, दूरदर्शन एवं संचार साधन 131
19. भाषा, साहित्य, कला एवं संस्कृति 134
20. मध्य प्रदेश के नगर 140
21. मध्य प्रदेश में खेल-कूद गतिविधि 144
22. प्रदेश के प्रमुख मंदिर एवं मस्जिद 149
23. मध्य प्रदेश के प्रमुख मेले एवं त्योहार 151
24. मध्य प्रदेश के प्रमुख महल, किले एवं समाधि व मकबरे 155
25. मध्य प्रदेश में विद्युत 159
26. मध्य प्रदेश की पंचवर्षीय योजनाएं एवं नवीन कार्यक्रम 164
27. महिला एवं बाल विकास योजनाएं 174
28. मध्य प्रदेश के पर्यटन स्थल 177
29. राज्य के युग पुरुष 183
30. विविध 188
    वस्तुनिष्ठ प्रश्न 195

राज्य के नए मुख्यमंत्री : श्री कमलनाथ

श्री कमलनाथ मध्य प्रदेश के नए मुख्यमंत्री हैं। आपका जन्म 18 नवम्बर, 1946 को कानपुर, उत्तर प्रदेश में हुआ। आपके पिता स्व. श्री महेन्द्र नाथ और माता श्रीमती लीला नाथ हैं। श्रीमती अलका नाथ के साथ 27 जनवरी, 1973 को विवाह बंधन में बँधे, श्री कमलनाथ के दो पुत्र हैं। श्री कमलनाथ ने सेंट जेवियर्स कॉलेज, कोलकाता से बी-कॉम तक शिक्षा प्राप्त की।

श्री कमलनाथ

राजनैतिक तथा सामाजिक कार्यकर्ता श्री कमलनाथ वर्ष 1980 में पहली बार मध्यप्रदेश के छिन्दवाड़ा संसदीय क्षेत्र से लोकसभा के लिये निर्वाचित हुए। इसके बाद वह वर्ष 1985 में दूसरी बार आठवीं लोकसभा के लिये, वर्ष 1989 में नवीं लोकसभा के लिये तीसरी बार और वर्ष 1991 में दसवीं लोकसभा के लिये छिन्दवाड़ा संसदीय क्षेत्र से ही चौथी बार निर्वाचित हुए। वह वर्ष 1991 से 1995 की अवधि में केन्द्रीय पर्यावरण और वन राज्य मंत्री (स्वतंत्र प्रभार), वर्ष 1995-96 में केन्द्रीय वस्त्र राज्य मंत्री (स्वतंत्र प्रभार) रहे। वर्ष 1998 में कमलनाथ पुनः छिन्दवाड़ा संसदीय क्षेत्र से पाँचवीं बार 12वीं लोकसभा के लिये निर्वाचित हुए। श्री नाथ वर्ष 1998 से 1999 के दौरान पेट्रोलियम और रसायन संबंधी स्थाई समिति, संसद सदस्य स्थानीय क्षेत्र विकास योजना संबंधी समिति और विद्युत मंत्रालय की परामर्शदात्री समिति के सदस्य रहे। श्री कमलनाथ वर्ष 1999 में छिन्दवाड़ा संसदीय क्षेत्र से ही 13वीं लोकसभा के लिये पुनः निर्वाचित हुए। वह वर्ष 1999 से वर्ष 2000 की अवधि में वित्त संबंधी स्थाई समिति के सदस्य और वर्ष 2002-2004 की अवधि में खान और खनिज मंत्रालय की परामर्शदात्री समिति के सदस्य रहे। श्री नाथ वर्ष 2001 से 2004 की अवधि में भारतीय राष्ट्रीय कांग्रेस के महासचिव रहे और वर्ष 2004 में सातवीं बार 14वीं लोकसभा के सदस्य निर्वाचित हुए। श्री नाथ ने 23 मई, 2004 से वर्ष 2009 की अवधि में केन्द्रीय वाणिज्य और उद्योग मंत्री का दायित्व संभाला। वह वर्ष 2009 में छिन्दवाड़ा संसदीय क्षेत्र से ही आठवीं बार 15वीं लोकसभा के लिये पुनः निर्वाचित हुए और वर्ष 2009 से 18 जनवरी, 2011 की अवधि में केन्द्रीय सड़क परिवहन और राजमार्ग मंत्री रहे। इसके बाद वह 19 जनवरी, 2011 से 26 मई, 2014 की अवधि में केन्द्रीय शहरी विकास मंत्री और 28 अक्टूबर, 2012 से 26 मई, 2014 की अवधि के लिये केन्द्रीय संसदीय कार्य मंत्री भी रहे। श्री नाथ मई, 2014 में छिन्दवाड़ा संसदीय क्षेत्र से ही नवमीं बार 16वीं लोकसभा के लिये पुनः निर्वाचित हुए। श्री नाथ को 4 से 6 जून, 2014 की अवधि में लोकसभा का अस्थाई अध्यक्ष बनाया गया। वह एक सितम्बर 2014 से संसद की वाणिज्य संबंधी स्थाई समिति और वित्त और कॉर्पोरेट कार्य मंत्रालय की परामर्शदात्री समिति के सदस्य रहे। श्री नाथ की प्रकाशित पुस्तकों में इण्डिया एनवायरनमेंटल कंसन्र्स, इण्डियाज सेंचुरी और भारत की शताब्दी प्रमुख हैं। श्री नाथ की जनजातीय और दलित वर्गों का विकास, वन्य-जीव, बागवानी, सामाजिक-आर्थिक मुद्दों में विशेष अभिरुचि है। आमोद-प्रमोद और मनोरंजन के रूप में उन्हें संगीत सुनना पसंद है।

श्री कमलनाथ वर्ष 2018 में 26 अप्रैल को मध्यप्रदेश कांग्रेस कमेटी के अध्यक्ष बने। श्री कमलनाथ को 14 दिसम्बर, 2018 को मध्यप्रदेश कांग्रेस विधायक दल का नेता निर्वाचित किया गया। श्री नाथ ने 17 दिसम्बर, 2018 को मध्यप्रदेश के 18वें मुख्यमंत्री के रूप में शपथ ग्रहण की।

● ● ●

व्यक्ति परिचय

राज्य सरकार

राज्यपाल	मुख्यमंत्री
लालजी टंडन	कमलनाथ

कैबिनेट मंत्री

श्री कमलनाथ

कमलनाथ	:	मुख्यमंत्री, औद्योगिक नीति एवं निवेश प्रोत्साहन, अप्रवासी भारतीय एवं अन्य विभाग जो किसी मंत्री को आवंटित नहीं हैं।
डॉ. विजयलक्ष्मी साधौ	:	संस्कृति, चिकित्सा शिक्षा, आयुष।
सज्जन सिंह वर्मा	:	लोक निर्माण, पर्यावरण।
हुकुम सिंह कराडा	:	जल संसाधन।
डॉ. गोविंद सिंह	:	सामान्य प्रशासन, सहकारिता, संसदीय कार्य।
बाला बच्चन	:	गृह, जेल, तकनीकी शिक्षा, कौशल विकास एवं रोजगार, लोक सेवा प्रबंधन।
आरिफ अकील	:	भोपाल गैस त्रासदी राहत एवं पुनर्वास, पिछड़ा वर्ग एवं अल्पसंख्यक कल्याण, सूक्ष्म लघु और मध्यम उद्यम।
ब्रजेन्द्र सिंह राठौर	:	वाणिज्यिक कर।
प्रदीप जायसवाल	:	खनिज साधन।
लाखन सिंह यादव	:	पशुपालन, मछुआ कल्याण तथा मत्स्य विकास।
तुलसीराम सिलावट	:	लोक स्वास्थ्य एवं परिवार कल्याण।
गोविंद सिंह राजपूत	:	राजस्व, परिवहन।
इमरती देवी	:	महिला एवं बाल विकास।
ओमकार सिंह मरकाम	:	जनजातीय कार्य, विमुक्त घुमक्कड़ एवं अर्द्धघुमक्कड़ जनजाति कल्याण।
डॉ. प्रभुराम चौधरी	:	स्कूल शिक्षा।
प्रियव्रत सिंह	:	ऊर्जा।
सुखदेव पांसे	:	लोक स्वास्थ्य यांत्रिकी।

उमंग सिंघार	:	वन।
हर्ष यादव	:	कुटीर एवं ग्रामोद्योग, नवीन एवं नवकरणीय ऊर्जा।
जयवर्धन सिंह	:	नगरीय विकास एवं आवास।
जीतू पटवारी	:	खेल एवं युवा कल्याण, उच्च शिक्षा।
कमलेश्वर पटेल	:	पंचायत और ग्रामीण विकास।
लखन घनघोरिया	:	सामाजिक न्याय एवं निःशक्तजन कल्याण, अनुसूचित जाति कल्याण।
महेंद्र सिंह सिसौदिया	:	श्रम।
पी.सी. शर्मा	:	विधि एवं विधायी कार्य, जनसंपर्क, विज्ञान एवं प्रौद्योगिकी, विमानन, धार्मिक न्यास और धर्मस्व, मुख्यमंत्री से संबद्ध।
प्रद्युम्न सिंह तोमर	:	खाद्य, नागरिक आपूर्ति एवं उपभोक्ता संरक्षण।
सचिन सुभाष यादव	:	किसान कल्याण तथा कृषि विकास, उद्यानिकी एवं खाद्य प्रसंस्करण।
सुरेंद्र सिंह बघेल	:	नर्मदा घाटी विकास, पर्यटन।
तरुण भनोट	:	वित्त, योजना आर्थिक एवं सांख्यिकी।

लोक सभा के सदस्य (2019)

क्रम सं.	निर्वाचन क्षेत्र	नाम	सम्बद्ध राजनीतिक दल
1.	विदिशा	रमाकांत भार्गव	भा॰ज॰पा॰
2.	मुरैना	नरेंद्र सिंह तोमर	भा॰ज॰पा॰
3.	मांडला	फग्गन सिंह कुलस्ते	भा॰ज॰पा॰
4.	बेतुल	दुर्गादास उइके	भा॰ज॰पा॰
5.	शहडोल	हिमाद्री सिंह	भा॰ज॰पा॰
6.	खरगौन	गजेंद्र सिंह पटेल	भा॰ज॰पा॰
7.	रीवा	जनार्दन मिश्र	भा॰ज॰पा॰
8.	छिंदवाड़ा	नकुल कमलनाथ	कांग्रेस
9.	धार	छतर सिंह दरबार	भा॰ज॰पा॰
10.	खजुराहो	वीडी शर्मा	भा॰ज॰पा॰
11.	मंदसौर	सुधीर गुप्ता	भा॰ज॰पा॰
12.	टीकमगढ़	डॉ. विरेन्द्र कुमार	भा॰ज॰पा॰
13.	देवास	महेंद्र सिंह सोलंकी	भा॰ज॰पा॰

क्रम सं.	निर्वाचन क्षेत्र	नाम	सम्बद्ध राजनीतिक दल
14.	भोपाल	साध्वी प्रज्ञा सिंह ठाकुर	भा॰ज॰पा॰
15.	भिंड	संध्या राय	भा॰ज॰पा॰
16.	होशंगाबाद	उदय प्रताप सिंह	भा॰ज॰पा॰
17.	गुना	कृष्ण पाल सिंह यादव	भा॰ज॰पा॰
18.	बालाघाट	डॉ. ढाल सिंह बिसेन	भा॰ज॰पा॰
19.	जबलपुर	राकेश सिंह	भा॰ज॰पा॰
20.	खंडवा	नन्दकुमार सिंह चौहान	भा॰ज॰पा॰
21.	सीधी	रीति पाठक	भा॰ज॰पा॰
22.	इंदौर	शंकर लालवानी	भा॰ज॰पा॰
23.	सतना	गणेश सिंह	भा॰ज॰पा॰
24.	रतलाम	गुमान सिंह डामोर	भा॰ज॰पा॰
25.	दमोह	प्रह्लाद सिंह पटेल	भा॰ज॰पा॰
26.	उज्जैन	अनिल फिरोजिया	भा॰ज॰पा॰
27.	सागर	राज बहादुर सिंह	भा॰ज॰पा॰
28.	राजगढ़	रोडमल नागर	भा॰ज॰पा॰
29.	ग्वालियर	विजय नारायण शेजवाल्कर	भा॰ज॰पा॰

राज्य सभा के सदस्य

क्रम	नाम	सम्बद्ध राजनीतिक दल
1.	प्रभात झा	भा॰ज॰पा॰
2.	राजमणि पटेल	कांग्रेस
3.	थावरचन्द गहलोत	भा॰ज॰पा॰
4.	धर्मेंद्र प्रधान	भा॰ज॰पा॰
5.	डॉ. सत्यनारायण जटिया	भा॰ज॰पा॰
6.	विवेक तन्खा	कांग्रेस
7.	एम.जे. अकबर	भा॰ज॰पा॰
8.	कैलाश सोनी	भा॰ज॰पा॰
9.	श्रीमती सम्पतिया उइके	भा॰ज॰पा॰
10.	अजय प्रताप सिंह	भा॰ज॰पा॰
11.	दिग्विजय सिंह	कांग्रेस

मध्य प्रदेश के राज्यपाल

राज्यपाल	कार्यकाल
1. डॉ. बी. पट्टाभि सीतारमैय्या	01-11-1956 से 13-06-1957
2. श्री हरि विनायक पाटस्कर	14-06-1957 से 10-02-1965
3. श्री के.सी. रेड्डी	11-02-1965 से 02-02-1966
4. श्री न्यायाधीश पी.व्ही. दीक्षित (कार्यकारी)	03-02-1966 से 09-02-1966
5. श्री के.सी. रेड्डी	10-02-1966 से 07-03-1971
6. श्री सत्यनारायण सिन्हा	08-03-1971 से 13-10-1977
7. श्री निरंजन नाथ वांचू	14-10-1977 से 16-08-1978
8. श्री चेतपुदिरा पुनाथा पुनाचा	17-08-1978 से 29-04-1980
9. श्री भगवत दयाल शर्मा	30-04-1980 से 25-05-1981
10. श्री न्यायाधीश जी.पी. सिंह (कार्यकारी)	26-05-1981 से 09-07-1981
11. श्री भगवत दयाल शर्मा	10-07-1981 से 20-09-1983
12. श्री न्यायाधीश जी.पी. सिंह (कार्यकारी)	21-09-1983 से 07-10-1983
13. श्री भगवत दयाल शर्मा	08-10-1983 से 14-05-1984
14. प्रो. किझेकेतिल मैथ्यु चाण्डी	15-5-1984 से 30-11-1987
15. श्री न्यायाधीश एन.डी. ओझा (कार्यकारी)	01-12-1987 से 29-12-1987
16. प्रो. किझेकेतिल मैथ्यु चाण्डी	30-12-1987 से 30-03-1989
17. श्रीमती सरला ग्रेवाल	31-03-1989 से 05-02-1990
18. कुंवर महमूद अली खान	6-02-1990 से 23-06-1996
19. मोहम्मद शफी कुरैशी	24-06-1996 से 21-04-1998
20. डॉ. भाई. महावीर	22-04-1998 से 06-05-2003
21. श्री रामप्रकाश गुप्ता	07-05-2003 से 01-05-2004 (मृत्यु)
22. ले. जनरल (रि.) के.एम. सेठ (मध्य प्रदेश का अतिरिक्त कार्यभार)	02-05-2004 से 29-06-2004
23. डॉ. बलराम जाखड़	30-06-2004 से 29-06-2009
24. श्री रामेश्वर ठाकुर	30-06-2009 से 07-09-2011
25. श्री रामनरेश यादव	08-09-2011 से 07-09-2016
26. श्री ओम प्रकाश कोहली (अति. प्रभार)	08-09-2016 से 22-01-2018
27. श्रीमती आनंदीबेन पटेल	23-01-2018 से 28-07-2019
28. श्री लालजी टंडन	29-07-2019 से ....

मध्य प्रदेश के मुख्यमंत्री

मुख्यमंत्री	कार्यकाल
1. पं. रविशंकर शुक्ल	01-11-1956 से 31-12-1956
2. श्री भगवत राव अन्नाभाऊ मण्डलोई	01-01-1957 से 30-01-1957
3. डॉ. कैलाश नाथ काटजू	31-01-1957 से 14-04-1957; 15-04-1957 से 11-03-1962
4. श्री भगवत राव अन्नाभाऊ मण्डलोई	12-03-1962 से 29-09-1963
5. पं. द्वारका प्रसाद मिश्र	30-09-1963 से 08-03-1967; 09-03-1967 से 29-07-1967
6. श्री गोविन्द नारायण सिंह	30-07-1967 से 12-03-1969
7. राजा नरेशचन्द्र सिंह (सबसे छोटा कार्यकाल)	13-03-1969 से 25-03-1969
8. श्री श्यामाचरण शुक्ल	26-03-1969 से 28-01-1972
9. श्री प्रकाशचन्द्र सेठी	29-01-1972 से 22-03-1972; 23-03-1972 से 22-12-1975
10. श्री श्यामाचरण शुक्ल	23-12-1975 से 20-04-1977
राष्ट्रपति शासन	30-04-1977 से 25-06-1977
11. श्री कैलाश चन्द्र जोशी	26-06-1977 से 17-01-1978
12. श्री वीरेन्द्र कुमार सकलेचा	18-01-1978 से 19-01-1980
13. श्री सुन्दरलाल पटवा	20-01-1980 से 17-02-1980
राष्ट्रपति शासन	18-02-1980 से 08-06-1980
14. श्री अर्जुन सिंह	09-06-1980 से 10-03-1985 11-03-1985 से 12-03-1988
15. श्री मोतीलाल वोरा	13-03-1985 से 13-02-1988
16. श्री अर्जुन सिंह	14-02-1988 से 24-01-1989
17. श्री मोतीलाल वोरा	25-01-1989 से 08-12-1989
18. श्री श्यामाचरण शुक्ल	09-12-1989 से 04-03-1990
19. श्री सुन्दरलाल पटवा	05-03-1990 से 15-12-1992
राष्ट्रपति शासन	16-12-1992 से 06-12-1993
20. श्री दिग्विजय सिंह	07-12-1993 से 07-12-2003
21. सुश्री उमा भारती	08-12-2003 से 23-08-2004
22. श्री बाबूलाल गौर	24-08-2004 से 29-11-2005
23. श्री शिवराज सिंह चौहान	30-11-2005 से 16-12-2018
24. श्री कमलनाथ	17-12-2018 से ....

विधानसभा अध्यक्ष

	नाम	कार्यकाल
1.	पं. कुंजीलाल दुबे	01-11-1956 से 17-12-1956
		18-12-1956 से 01-7-1957
		02-07-1957 से 26-03-1962
		27-03-1962 से 07-03-1967
2.	श्री काशी प्रसाद पाण्डेय	24-03-1967 से 24-03-1972
3.	श्री तेजलाल टेंभरे	25-03-1972 से 14-08-1972
4.	श्री गुलशेर अहमद	15-08-1972 से 14-07-1977
5.	श्री मुकुन्द नेवालकर	15-07-1977 से 02-07-1980
6.	श्री यज्ञदत्त शर्मा	03-07-1980 से 15-07-1983
7.	श्री रामकिशोर शुक्ला	05-03-1984 से 15-03-1985
8.	श्री राजेन्द्र प्रसाद शुक्ल	16-03-1987 से 04-03-1990
9.	प्रो. बृजमोहन मिश्र	22-03-1990 से 22-12-1993
10.	श्री श्रीनिवास तिवारी	24-12-1993 से 11-12-2003
11.	श्री ईश्वर दास रोहाणी	16-12-2003 से 05-11-2013
12.	श्री ज्ञान सिंह	06-11-2013 से 08-01-2014
13.	श्री सीतासरन शर्मा	09-01-2014 से 07-01-2019
14.	श्री नर्मदा प्रसाद प्रजापति	08-01-2019 से ....

विधानसभा उपाध्यक्ष

	नाम	कार्यकाल		नाम	कार्यकाल
1.	श्री विष्णु विनायक सरवटे	1956-1957	10.	श्री कन्हैयालाल यादव	1986-1990
2.	श्री अनन्त सदाशिव पटवर्धन	1957-1962	11.	श्री श्रीनिवास तिवारी	1990-1992
3.	श्री नरवदा प्रसाद श्रीवास्तव	1962-1967	12.	श्री भेरूलाल पाटीदार	1993-1998
4.	श्री राम किशोर शुक्ल	1968-1972	13.	ईश्वरदास रोहणी	1999-2003
5.	श्री नारायण प्रसाद शुक्ल	1972-1976	14.	श्री हजारी लाल रघुवंशी	2003-2008
6.	श्री सवाईमल जैन	1976-1977	15.	श्री हरवंश सिंह	2009-2013
7.	श्री रामचन्द्र माहेश्वरी	1978-1980	16.	श्री राजेंद्र कुमार सिंह	2014-2019
8.	रामकिशोर शुक्ल	1980-1984	17.	सुश्री हिना लिखीराम कावरे	2019- ....
9.	श्री प्यारेलाल कंवर	1984-1985			

विधानसभा सदस्य (चुनाव-2018)

विधानसभा सदस्य	क्षेत्र	पार्टी
1. बाबू जन्डेल	श्योपुर	कांग्रेस
2. सीताराम	विजयपुर	भाजपा
3. बैजनाथ कुशवाह	सबलगढ़	कांग्रेस
4. बनवारीलाल शर्मा (जपताप)	जौरा	कांग्रेस
5. ऐदल सिंह कंसाना	सुमावली	कांग्रेस
6. रघुराज सिंह कंसाना	मुरैना	कांग्रेस
7. गिर्राज डण्डौतिया	दिमनी	कांग्रेस
8. कमलेश जाटव	अम्बाह	कांग्रेस
9. अरविंद सिंह भदौरिया	अटेर	भाजपा
10. संजीव सिंह (संजू)	भिण्ड	बसपा
11. डॉ. गोविन्द सिंह	लहार	कांग्रेस
12. ओ.पी.एस. भदौरिया	मेहगांव	कांग्रेस
13. रणवीर जाटव	गोहद	कांग्रेस
14. भारत सिंह कुशवाह	ग्वालियर (ग्रा.)	भाजपा
15. प्रद्युम्न सिंह तोमर	ग्वालियर	कांग्रेस
16. मुन्नालाल गोयल (मुन्ना भैया)	ग्वालियर (पू.)	कांग्रेस
17. प्रवीण पाठक	ग्वालियर (द.)	कांग्रेस
18. लाखन सिंह यादव	भितरवार	कांग्रेस
19. इमरती देवी	डबरा	कांग्रेस
20. घनश्याम सिंह	सेंवढ़ा	कांग्रेस
21. रक्षा संतराम सरोनिया	भाण्डेर	कांग्रेस
22. डॉ. नरोत्तम मिश्र	दतिया	भाजपा
23. जसमंत जतावे चित्रे	करैरा	कांग्रेस
24. सुरेश धाकड़ (राठखेड़ा)	पोहरी	कांग्रेस
25. यशोधरा राजे सिंधिया	शिवपुरी	भाजपा
26. के.पी. सिंह	पिछोर	कांग्रेस
27. वीरेन्द्र रघुवंशी	कोलारस	भाजपा
28. महेन्द्र सिंह सिसोदिया (संजू भैया)	बमोरी	कांग्रेस

विधानसभा सदस्य	क्षेत्र	पार्टी
29. गोपीलाल जाटव	गुना	भाजपा
30. लक्ष्मण सिंह	चाचौड़ा	कांग्रेस
31. जयवर्द्धन सिंह	राघोगढ	कांग्रेस
32. जजपाल सिंह (जज्जी)	अशोक नगर	कांग्रेस
33. गोपालसिंह चौहान (डग्गी राजा)	चंदेरी	कांग्रेस
34. बृजेन्द्र सिंह यादव	मुंगावली	कांग्रेस
35. महेश राय	बीना	भाजपा
36. भूपेन्द्र सिंह	खुरई	भाजपा
37. गोविन्द सिंह राजपूत	सुरखी	कांग्रेस
38. हर्ष यादव	देवरी	कांग्रेस
39. गोपाल भार्गव	रहली	भाजपा
40. इंजीनियर प्रदीप लारिया	नरयावली	भाजपा
41. शैलेन्द्र जैन	सागर	भाजपा
42. तरबार सिंह (बन्टू भैया)	बण्डा	कांग्रेस
43. राकेश गिरि	टीकमगढ़	भाजपा
44. हरिशंकर खटीक	जतारा	भाजपा
45. बृजेन्द्र सिंह राठौर	पृथ्वीपुर	कांग्रेस
46. अनिल जैन	निवाड़ी	भाजपा
47. राहुल सिंह लोधी	खरगापुर	भाजपा
48. नीरज विनोद दीक्षित	महाराजपुर	कांग्रेस
49. राजेश कुमार प्रजापति	चन्दला	भाजपा
50. कुँवर विक्रम सिंह (नातीराजा)	राजनगर	कांग्रेस
51. आलोक चतुर्वेदी (पज्जन भैया)	छतरपुर	कांग्रेस
52. राजेश कुमार (बबलू भैया)	बिजावर	सपा
53. कुँवर प्रद्युम्न सिंह लोधी (मुन्ना भैया)	मलहरा	कांग्रेस
54. रामबाई गोविंद सिंह	पथरिया	बसपा

विधानसभा सदस्य	क्षेत्र	पार्टी
55. राहुल सिंह	दमोह	कांग्रेस
56. धर्मेन्द्र भाव सिंह लोधी	जबेरा	भाजपा
57. पुरुषोत्तम रामकली तंतुवाय हटा	हटा	भाजपा
58. प्रहलाद लोधी	पवई	भाजपा
59. शिवदयाल बागरी	गुनौर	कांग्रेस
60. बृजेन्द्र प्रताप सिंह	पन्ना	भाजपा
61. नीलांशु चतुर्वेदी	चित्रकूट	कांग्रेस
62. जुगुल किशोर बागरी	रैगांव	भाजपा
63. डब्बू सिद्धार्थ सुखलाल कुशवाहा	सतना	कांग्रेस
64. नागेन्द्र सिंह	नागौद	भाजपा
65. नारायण त्रिपाठी	मैहर	भाजपा
66. रामखेलावन पटेल	अमरपाटन	भाजपा
67. विक्रम सिंह	रामपुर बघेलान	भाजपा
68. दिव्यराज सिंह	सिरमौर	भाजपा
69. के.पी. त्रिपाठी	सेमरिया	भाजपा
70. श्याम लाल द्विवेदी	त्योंथर	भाजपा
71. प्रदीप पटेल	मऊगंज	भाजपा
72. गिरीश गौतम	देवतालाब	भाजपा
73. डॉ. पंचूलाल प्रजापति	मनगवां	भाजपा
74. राजेन्द्र शुक्ल	रीवा	भाजपा
75. नागेन्द्र सिंह (गुढ)	गुढ़	भाजपा
76. शरदेन्दु तिवारी	चुरहट	भाजपा
77. केदारनाथ शुक्ल	सीधी	भाजपा
78. कमलेश्वर पटेल	सिहावल	कांग्रेस
79. अमर सिंह	चितरंगी	भाजपा
80. राम लल्लू वैश्य	सिंगरौली	भाजपा
81. सुभाष राम चरित्र	देवसर	भाजपा
82. कुंवर सिंह टेकाम	धौहनी	भाजपा
83. कोल सरद जुगलाल	ब्योहारी	भाजपा
84. जयसिंह मरावी	जयसिंह नगर	भाजपा
85. मनीषा सिंह	जैतपुर	भाजपा
86. सुनील सराफ	कोतमा	कांग्रेस
87. बिसाहूलाल सिंह	अनूपपुर	कांग्रेस
88. फुन्देलाल सिंह मार्को	पुष्पराजगढ़	कांग्रेस
89. शिवनारायण सिंह (लल्लू भैया)	बांधवगढ़	भाजपा
90. कुमारी मीना सिंह मांडवे	मानपुर	भाजपा
91. विजयराघवेन्द्र सिंह (बसंत सिंह)	बडवारा	कांग्रेस
92. संजय सत्येन्द्र पाठक	विजयराघवगढ़	भाजपा
93. संदीप श्रीप्रसाद जायसवाल	मुड़वारा	भाजपा
94. प्रणय प्रभात पाण्डेय (गुड्डू भैया)	बहोरीबंद	भाजपा
95. अजय विश्नोई	पाटन	भाजपा
96. संजय यादव (सिवनी टोला)	बरगी	कांग्रेस
97. लखन घनघोरिया	जबलपुर (पू.)	कांग्रेस
98. विनय सक्सेना	जबलपुर (उ.)	कांग्रेस
99. अशोक रोहाणी	जबलपुर केन्टोनमेंट	भाजपा
100. तरूण भनोत	जबलपुर (पं.)	कांग्रेस
101. सुशील कुमार तिवारी (इंदु भैया)	पनागर	भाजपा
102. नंदनी मरावी	सिहोरा	भाजपा
103. भूपेन्द्र मरावी (बबलू)	शहपुरा	कांग्रेस
104. ओमकार सिंह मरकाम	डिण्डोरी	कांग्रेस
105. नारायण सिंह पट्टा	बिछिया	कांग्रेस
106. डॉ. अशोक मर्सकोले	निवास	कांग्रेस
107. देवसिंह सैय्याम	मण्डला	भाजपा
108. संजय उइके	बैहर	कांग्रेस
109. हिना लिखीराम कावरे	लांजी	कांग्रेस
110. रामकिशोर (नानो) कावरे	परसवाड़ा	भाजपा
111. गौरीशंकर चतुर्भुज बिसेन	बालाघाट	भाजपा

विधानसभा सदस्य	क्षेत्र	पार्टी
112. प्रदीप अमृतलाल जायसवाल (गुड़ा)	वारासिवनी	निर्दलीय
113. टामलाल रघुजी सहारे	कटंगी	कांग्रेस
114. अर्जुन सिंह	बरघाट	कांग्रेस
115. दिनेश राय मुनमुन	सिवनी	भाजपा
116. राकेश पाल सिंह	केवलारी	भाजपा
117. योगेन्द्र सिंह (बाबा)	लखनादौन	कांग्रेस
118. नर्मदा प्रसाद प्रजापति (एन. पी.)	गोटेगांव	कांग्रेस
119. जालम सिंह पटेल (मुन्ना भैया)	नरसिंहपुर	भाजपा
120. संजय शर्मा (संजू भैया)	तेंदूखेड़ा	कांग्रेस
121. सुनीता पटेल	गाडरवारा	कांग्रेस
122. सुनील उइके	जुन्नारदेव	कांग्रेस
123. कमलेश प्रताप शाह	अमरवाड़ा	कांग्रेस
124. चौधरी सुजीत मेर सिंह	चौरई	कांग्रेस
125. विजय रेवनाथ चोरे	सौंसर	कांग्रेस
126. कमलनाथ	छिन्दवाड़ा	कांग्रेस
127. सोहनलाल बाल्मीक	परासिया	कांग्रेस
128. निलेश पुसाराम उईके	पांढुर्णा	कांग्रेस
129. सुखदेव पांसे	मुलताई	कांग्रेस
130. डॉ. योगेश पंडागरे	आमला	भाजपा
131. निलय विनोद दागा	बैतूल	कांग्रेस
132. ब्रह्मा भलावी	घोड़ाडोंगरी	कांग्रेस
133. धरमू सिंह सिरसाम	भैंसदेही	कांग्रेस
134. संजय शाह मकड़ाई	टिमरनी	भाजपा
135. कमल पटेल	हरदा	भाजपा
136. प्रेमशंकर कुंजीलाल वर्मा (बघवाडा)	सिवनी मालवा	भाजपा
137. डॉ. सीतासरन शर्मा	होशंगाबाद	भाजपा
138. विजयपाल सिंह	सोहागपुर	भाजपा
139. ठाकुर दास नागवंशी	पिपरिया	भाजपा
140. देवेन्द्र सिंह पटेल	उदयपुरा	कांग्रेस
141. सुरेन्द्र पटवा	भोजपुर	भाजपा
142. डॉ. प्रभुराम चौधरी	सांची	कांग्रेस

विधानसभा सदस्य	क्षेत्र	पार्टी
143. रामपाल सिंह	सिलवानी	भाजपा
144. शशांक श्रीकृष्ण भार्गव	विदिशा	कांग्रेस
145. लीना संजय जैन (टप्पू)	बासौदा	भाजपा
146. हरीसिंह सप्रे	कुरवाई	भाजपा
147. उमाकांत शर्मा	सिरोंज	भाजपा
148. राजश्री रुद्र प्रताप सिंह	शमशाबाद	भाजपा
149. विष्णु खत्री	बैरसिया	भाजपा
150. आरिफ अक़ील	भोपाल (उ.)	कांग्रेस
151. विश्वास सारंग	नरेला	भाजपा
152. पी.सी. शर्मा	भोपाल (द.-प.)	कांग्रेस
153. आरिफ मसूद	भोपाल (म.)	कांग्रेस
154. कृष्णा गौर	गोविन्दपुरा	भाजपा
155. रामेश्वर शर्मा	हुजूर	भाजपा
156. शिवराज सिंह चौहान	बुधनी	भाजपा
157. रघुनाथ सिंह मालवीय	आष्टा	भाजपा
158. करण सिंह वर्मा	इछावर	भाजपा
159. सुदेश राय	सीहोर	भाजपा
160. राज्यवर्धन सिंह	नरसिंहगढ़	भाजपा
161. गोवर्धन दांगी	ब्यावरा	कांग्रेस
162. बापूसिंह तंवर	राजगढ़	कांग्रेस
163. प्रियव्रत सिंह	खिलचीपुर	कांग्रेस
164. कुँवरजी कोठार	सारंगपुर	भाजपा
165. विक्रम सिंह राणा (गुड्डू भैया)	सुसनेर	निर्दलीय
166. मनोहर ऊंटवाल	आगर	भाजपा
167. हुकुम सिंह कराड़ा	शाजापुर	कांग्रेस
168. इन्दर सिंह परमार	शुजालपुर	भाजपा
169. कुणाल चौधरी	कालापीपल	कांग्रेस
170. सज्जन सिंह वर्मा	सोनकच्छ	कांग्रेस
171. गायत्री राजे पवार	देवास	भाजपा
172. मनोज नारायण सिंह चौधरी	हाटपिपल्या	कांग्रेस

विधानसभा सदस्य	क्षेत्र	पार्टी
173. आशीष गोविंद शर्मा	खातेगांव	भाजपा
174. पहाड सिंह कन्नोजे	बागली	भाजपा
175. नारायण पटेल	मांधाता	कांग्रेस
176. कुँवर विजय शाह	हरसूद	भाजपा
177. देवेन्द्र वर्मा	खण्डवा	भाजपा
178. राम दांगोरे	पंधाना	भाजपा
179. सुमित्रा देवी कासदेकर	नेपानगर	कांग्रेस
180. ठाकुर सुरेन्द्र सिंह नवल सिंह (शेरा भैया)	बुरहानपुर	निर्दलीय
181. झूमा डॉ. ध्यानसिंह सोलंकी	भीकनगांव	कांग्रेस
182. सचिन बिरला	बड़वाह	कांग्रेस
183. डॉ. विजयलक्ष्मी साधो	महेश्वर	कांग्रेस
184. सचिन सुभाषचंद्र यादव	कसरावद	कांग्रेस
185. रवि रमेशचन्द्र जोशी	खरगौन (प. निमाड़)	कांग्रेस
186. केदार चिडाभाई डावर	खरगोन	निर्दलीय
187. ग्यारसी लाल रावत	सेंधवा	कांग्रेस
188. बाला बच्चन	राजपुर	कांग्रेस
189. चंद्रभागा किराड़े	पानसेमल	कांग्रेस
190. प्रेमसिंह पटेल	बड़वानी	भाजपा
191. मुकेश रावत (पटेल)	अलीराजपुर	कांग्रेस
192. कलावती भूरिया	जोबट	कांग्रेस
193. कांतिलाल भूरिया	झाबुआ	कांग्रेस
194. वीरसिंह भूरिया	थांदला	कांग्रेस
195. वालसिंह मेडा	पेटलावद	कांग्रेस
196. प्रताप ग्रेवाल	सरदारपुर	कांग्रेस
197. उमंग सिंघार	गंधवानी	कांग्रेस
198. सुरेन्द्र सिंह हनी बघेल	कुक्षी	कांग्रेस
199. डॉ. हीरालाल अलावा	मनावर	कांग्रेस
200. पाँचीलाल मेडा	धरमपुरी	कांग्रेस
201. नीना विक्रम वर्मा	धार	भाजपा
202. राजवर्धन सिंह प्रेमसिंह दत्तीगांव	बदनावर	कांग्रेस

विधानसभा सदस्य	क्षेत्र	पार्टी
203. विशाल जगदीश पटेल	देपालपुर	कांग्रेस
204. संजय शुक्ला	इन्दौर-1	कांग्रेस
205. रमेश मेन्दोला	इन्दौर-2	भाजपा
206. आकाश कैलाश विजयवर्गीय	इन्दौर-3	भाजपा
207. मालिनी लक्ष्मण सिंह गौड़	इन्दौर-4	भाजपा
208. महेन्द्र हार्डिया	इन्दौर-5	भाजपा
209. उषा ठाकुर	डॉ. अंबेडकर नगर-(महू)	भाजपा
210. जीतू पटवारी	राऊ	कांग्रेस
211. तुलसीराम सिलावट	सांवेर	कांग्रेस
212. दिलीप सिंह गुर्जर	नागदा-खाचरोद	कांग्रेस
213. बहादुर सिंह चौहान	महिदपुर	भाजपा
214. महेश परमार	तराना	कांग्रेस
215. रामलाल मालवीय	घट्टिया	कांग्रेस
216. पारस जैन	उज्जैन (उ.)	भाजपा
217. डॉ. मोहन यादव	उज्जैन (द.)	भाजपा
218. मुरली मोरवाल	बड़नगर	कांग्रेस
219. दिलीप कुमार मकवाना	रतलाम (ग्रा.)	भाजपा
220. चेतन्य कुमार कश्यप	रतलाम (श.)	भाजपा
221. हर्ष विजय गेहलोत "गुड्डू"	सैलाना	कांग्रेस
222. डॉ. राजेन्द्र पाण्डेय (राजू भैया)	जावरा	भाजपा
223. मनोज चावला	आलोट	कांग्रेस
224. यशपाल सिंह सिसोदिया	मंदसौर	भाजपा
225. जगदीश देवडा	मल्हारगढ़	भाजपा
226. हरदीपसिंह डंग	सुवासरा	कांग्रेस
227. देवीलाल धाकड़ (एडवोकेट)	गरोठ	भाजपा
228. अनिरुद्ध (माधव) मारू	मनासा	भाजपा
229. दिलीप सिंह परिहार	नीमच	भाजपा
230. ओमप्रकाश सखलेचा	जावद	भाजपा

समसामयिक घटनाचक्र

बजट 2019-20

मध्य प्रदेश में 15 साल बाद सत्ता में आई कांग्रेस सरकार का पहला पूर्ण बजट वित्तमंत्री तरुण भनोट ने 10 जुलाई, 2019 को विधानसभा में पेश किया। बजट में कोई नया कर नहीं लगाया गया। दतिया, रीवा और उज्जैन में हवाई सेवा शुरू की जाएगी। सामाजिक सुरक्षा पेंशन दोगुनी होगी। पुजारियों के लिए विशेष कोष बनाने का बजट में प्रावधान किया गया है। भनोट ने कहा कि सरकार 'राइट टू वाटर' स्कीम ला रही है। इंदौर की कान्हा नदी समेत 40 नदियों को पुनर्जीवित करने के लिए योजना शुरू की जाएगी। जबलपुर में रिवर फ्रंट बनाया जाएगा। बजट में मुख्यमंत्री कन्यादान योजना की राशि बढ़ाने का प्रावधान भी किया गया है। प्रदेश में तीन नए मेडिकल कॉलेज खोले जाने का वादा भी सरकार ने किया है। रोजगार गारंटी योजना के तहत सरकार ने युवा स्वाभिमान योजना शुरू की है। महिलाओं के लिए ई-रिक्शा योजना लाई जाएगी। भनोट ने बजट भाषण में कहा कि इंदौर-भोपाल एक्सप्रेस-वे के साथ सैटेलाइट सिटी बसाई जाएगी। चिकित्सा सेवाओं के तहत भोपाल, इंदौर और ग्वालियर में बर्न यूनिट बनेगी। एएनएम और कम्युनिटी हेल्थ ऑफिसर के खाली पड़े पदों को भी भरा जाएगा। वित्तमंत्री ने कहा कि प्रदेश के खान-पान को दुनिया में नई पहचान दिलाई जाएगी। प्रसिद्ध जलेबी, बर्फी, लड्डू, मावा, बाटी और नमकीन के साथ ही क्षेत्रीय उत्पादों, जैसे भिंड के पेड़े, सागर की चिरौंजी की बर्फी, मुरैना की गजक की ब्रांडिंग की जाएगी।

बजट की प्रमुख घोषणाएं

- भोपाल में आधुनिक लाइब्रेरी खोली जाएगी। स्कूल शिक्षा विभाग के लिए बजट में 24 हजार करोड़ का प्रावधान। मनरेगा के लिए 2500 करोड़ रुपए दिए जाएंगे।
- पुलिस फोर्स को मजबूत बनाया जाएगा। साइबर पुलिस को नई तकनीक से लैस किया जाएगा। गृह विभाग के लिए 7635 करोड़ रुपए का प्रावधान किया गया।
- आवासहीनों को पट्टा दिया जाएगा। प्रदेश सरकार देशभक्ति को बढ़ावा देगी।
- प्रदेश सरकार ने तीस लाख किसानों का कर्जा माफ किया। किसानों के लिए कृषक बंधु योजना शुरू होगी। बागवानी और प्रसंस्करण के लिए 400 करोड़ का प्रावधान।
- अंतर्राष्ट्रीय स्तर की स्वीमिंग और फुटबॉल एकेडमी शुरू होगी। प्रदेश में तीन नए सरकारी महाविद्यालय शुरू होंगे।
- अल्पसंख्यक आयोग और मध्य प्रदेश वक्फ बोर्ड, हज कमेटी का अनुदान बढ़ाया गया।
- मंदिर की जमीनों को सरकारी निधि से विकसित किया जाएगा। नई गौशालाएं खोली जाएंगी।
- किसानों के बिजली के बिल आधे किए गए। इंदिरा ज्योति योजना 100 यूनिट बिजली खपत पर 100 रुपए बिजली बिल आ रहा है।

मैग्नीफिसेंट एमपी समिट-2019

मध्य प्रदेश में निवेश को बढ़ावा देने के लिए राज्य सरकार द्वारा 18 अक्टूबर, 2019 को इंदौर में मैग्नीफिसेंट एमपी समिट का आयोजन किया गया। समिट में देश-विदेश के अनेक उद्योगपतियों ने हिस्सा लिया। समिट के समापन पर राज्य के मुख्यमंत्री कमलनाथ ने कई अहम घोषणाएं कीं। उन्होंने कहा कि अब कोई भी निवेशक या उद्योगपति प्रोजेक्ट शुरू करना चाहते हैं तो जमीन लेते ही तुरंत काम शुरू कर दें। उन्हें किसी तरह की मंजूरी के लिए रुकना या परेशान नहीं होना पड़ेगा। उनकी स्वघोषणा ही मान्य होगी। वह अपने प्रोजेक्ट में मास्टर प्लान, बिल्डिंग परमिशन नियम

का पालन करते हुए काम करें और तीन साल के भीतर मंजूरियां ले लें। तीन साल बाद सरकार देखेगी कि उन्होंने प्रोजेक्ट में नियमों का पालन किया है या नहीं। ऐसा नहीं हुआ तो फिर सख्त कार्रवाई करेंगे। प्रोजेक्ट में 70 फीसदी रोजगार मध्य प्रदेश के लोगों को देना होगा। इसके लिए कानून लाया जा रहा है। मुख्यमंत्री ने कहा कि मध्य प्रदेश में मंदी नहीं है। देश में ऑटो सेक्टर में 20 फीसदी बिक्री घटी, लेकिन यहां चार फीसदी बढ़ी है। ग्राहक खपत वाले उत्पादों की बिक्री बढ़ी है, यहां निवेश भी आ रहा है। मुख्यमंत्री की उद्योगपतियों के साथ वन टू वन बैठकों में प्रदेश में पांच महीने में 74 हजार करोड़ रुपए के निवेश प्रस्तावों पर मुहर लगी। मुख्यमंत्री ने फार्मा, आर्टिफिशियल इंटेलीजेंस, आईटी सेक्टर, सोलर व विंड एनर्जी, सीमेंट उत्पादन से जुड़े ग्रुप के 12 उद्योगपतियों से बात की और इस सेक्टर की समस्याएं सुनी। उन्होंने समस्याओं को जल्द दूर करने का भरोसा दिलाया। कमलनाथ ने कहा है कि नए निवेश आने से प्रदेश में 30 हजार नए रोजगार सृजित होने की उम्मीद है।

भोपाल के पास स्थापित होगी देश की सबसे आधुनिक वायुमंडलीय प्रयोगशाला

जलवायु परिवर्तन की चुनौतियों से निपटने के लिए भोपाल के नजदीक देश की अब तक की सबसे बड़ी और अत्याधुनिक वायुमंडलीय प्रयोगशाला स्थापित होगी। यह प्रयोगशाला सीधे पृथ्वी विज्ञान मंत्रालय के अधीन इंडियन इंस्टीट्यूट ऑफ ट्रॉपिकल मेट्रोलॉजी की निगरानी में स्थापित की जा रही है। मध्य प्रदेश सरकार ने सितम्बर, 2019 में राजाभोज एयरपोर्ट से 15 किलोमीटर दूर सीहोर के सीलखेड़ा गांव में 100 एकड़ जमीन पृथ्वी विज्ञान मंत्रालय को लीज पर दे दी है। 100 करोड़ से अधिक कीमत के 20 से अधिक अत्याधुनिक वैदर उपकरण यहां स्थापित किए जाएंगे। इसके लिए फिनलैंड से ड्‌वैल पोलर मैट्रिक सी-बैंड रडार आयात किए जा चुके हैं। उल्लेखनीय है कि सेंट्रल इंडिया में दो ही स्थानों पर अभी रडार स्थापित हैं, भोपाल और नागपुर। दोनों ही एस-बैंड रडार हैं। यह सिर्फ क्लाउड इमेज (बादलों की स्थिति) बताने वाले रडार हैं। इससे ये तो पता चल जाता है कि बादल कहां-कहां मौजूद हैं और किस प्रकार के हैं, लेकिन इससे हेलस्ट्रोम (ओलावृष्टि) और हवा की गति और दिशा जिसके कारण बादलों का मूवमेंट होता है, उसकी कोई जानकारी नहीं मिल पाती है।

निजी क्षेत्र में स्थानीय युवाओं को 70 प्रतिशत आरक्षण

मध्य प्रदेश के लोगों को रोजगार के ज्यादा से ज्यादा मौके उपलब्ध कराने के लिए राज्य सरकार कानून बनाएगी। मुख्यमंत्री कमलनाथ ने 9 जुलाई, 2019 को सदन में यह घोषणा की है। उन्होंने कहा कि निजी क्षेत्र की नौकरियों में राज्य के लोगों को 70 फीसदी आरक्षण दिया जाएगा। सामान्य प्रशासन मंत्री डॉ. गोविंद सिंह ने कहा है कि सरकारी नौकरी के लिए रोजगार कार्यालय में पंजीयन अनिवार्य कर दिया गया है। कमलनाथ ने कहा है कि नई औद्योगिक नीति और निवेश प्रोत्साहन योजना में आरक्षण के प्रावधान को रखा गया है।

1911

मध्य प्रदेश
सामान्य ज्ञान

1
मध्य प्रदेश : एक दृष्टि में

- **स्थिति :** मध्य प्रदेश 21°6' उत्तर से 26°54' उत्तरी अक्षांश तथा 74° पूर्व से 82°47' पूर्वी देशांतर तक विस्तृत है।
- **विस्तार :** प्रदेश की पूर्व से पश्चिम की लम्बाई 870 किमी. तथा उत्तर से दक्षिण की लम्बाई 605 किमी. है।
- **सीमाएं :** मध्य प्रदेश की सीमा को देश के 5 राज्यों-उत्तर प्रदेश, राजस्थान, गुजरात, महाराष्ट्र, छत्तीसगढ़ की सीमाएं स्पर्श करती हैं। प्रदेश के पूर्व में छत्तीसगढ़, पश्चिम में गुजरात एवं राजस्थान, उत्तर में उत्तर प्रदेश तथा दक्षिण में महाराष्ट्र स्थित हैं।
- **क्षेत्रफल :** 3,08,000 वर्ग किमी.
- **राजधानी :** भोपाल
- **मुख्य भाषा :** हिन्दी तथा उर्दू
- **जनसंख्या :** 7,26,26,809 (2011 की जनगणना के अनुसार)
  पुरुष : 3,76,12,306
  महिला : 3,50,14,503
- **जनसंख्या की दृष्टि से देश में स्थान :** पांचवाँ
- **राजकीय वृक्ष :** बरगद का वृक्ष (वट वृक्ष या बड़ वृक्ष)
- **राजकीय पशु :** ब्रांडेरी बारहसिंगा
- **राजकीय पक्षी :** दूधराज
- **राजकीय दिवस :** 1 नवम्बर
- **विधानमण्डल :** एक सदनात्मक
- **लोक सभा सदस्यों की संख्या :** 29
- **राज्य सभा सदस्यों की संख्या :** 11
- **विधान सभा सदस्यों की संख्या :** (230 + 1 एंग्लो इंडियन)

- **राजकीय फसल:** सोयाबीन
- **संभाग :** 10 (चम्बल, भोपाल, ग्वालियर, उज्जैन, इन्दौर, सागर, रीवा, जबलपुर, नर्मदापुरम (होशंगाबाद) और नवसृजित संभाग शहडोल)
- **जिले :** 52
- **तहसीलों की संख्या :** 369
- **विकास खण्डों की संख्या :** 313
- **ग्राम पंचायतों की संख्या :** 23,043
- **ग्रामों की संख्या :** 54,903
- **आबाद ग्राम :** 52,117
- **जिला पंचायत :** 52
- **सबसे बड़ा जिला (क्षेत्रफल) :** छिन्दवाड़ा
- **सबसे छोटा जिला (क्षेत्रफल) :** दतिया
- **मध्य प्रदेश लोक सेवा आयोग कार्यालय :** इन्दौर
- **उच्च न्यायालय :** जबलपुर (ग्वालियर तथा इन्दौर में खण्डपीठ)
- **दस लाख से अधिक जनसंख्या वाले नगर :** इन्दौर, भोपाल, जबलपुर और ग्वालियर (2011)
- **सर्वाधिक जनसंख्या वाला जिला :** इन्दौर (32,76,697)
- **न्यूनतम जनसंख्या वाला जिला :** हरदा (5,70,465)
- **लिंगानुपात :** 931 महिलाएं प्रति हजार पुरुष
- **जनसंख्या घनत्व :** 236 व्यक्ति प्रति वर्ग किमी.
- **साक्षरता :** 69.3 प्रतिशत
  पुरुष : 78.7 प्रतिशत
  महिला : 59.2 प्रतिशत
- **प्रथम राज्यपाल :** डॉ. बी. पट्टाभिसीतारमैया
- **प्रथम मुख्यमंत्री :** पं. रविशंकर शुक्ल
- **प्रथम मुख्य सचिव :** एच. एस. कामथ

2
भौगोलिक संरचना

भू-संरचना की दृष्टि से मध्य प्रदेश एक पठारी राज्य है। पठारी भारत और मैदानी भारत के मध्य बदलता हुआ क्रम मध्य प्रदेश में पाया जाता है, इसलिए इस राज्य की भू-रचना में बहुत विविधता पाई जाती है। वैसे यहां प्राचीन, कठोर शैलों का मूल रूप से फैलाव मिलता है। राज्य के उत्तरी भाग में भूमि की ढाल उत्तर-पूर्व की ओर है इसलिए यहां ऐसी अनेक नदियां हैं, जो उत्तर की दिशा में बहकर गंगा में जा मिलती हैं। पश्चिम दिशा की ओर बहने वाली नर्मदा और ताप्ती नदियां हैं जो दरार घाटियों का निर्माण करती हैं। दक्षिण पूर्व दिशा की ओर भी भूमि की ढाल मिलती है। इधर बहने वाली नदियों में प्रधानत: महानदी तथा उसकी सहायक नदियां हैं। इन विभिन्न भू-भागों के अतिरिक्त राज्य के एकाकी रूप में भिन्नता लाने वाली कुछ पर्वत श्रेणियां भी हैं। यहां अनेक निचली पर्वत श्रृंखलाएं, नुकीली पहाड़ियां और पठार स्थित हैं। भौतिक संरचना की दृष्टि से प्रदेश को निम्नलिखित भागों में विभाजित किया जा सकता है :

1. **मध्य उच्च प्रदेश**
    (i) मध्य भारत का पठार
    (ii) बुन्देलखण्ड का पठार
    (iii) रीवा-पन्ना का पठार
    (iv) मालवा का पठार
    (v) नर्मदा घाटी
2. **सतपुड़ा मैकाल श्रेणियां**
3. **पूर्वी पठारी भाग**

1. मध्य उच्च प्रदेश : यह प्रदेश राज्य के उत्तर तथा उत्तर-पश्चिम भाग में फैला हुआ है। इसका अधिकांश भाग दक्कन ट्रैप के विंध्यन शैल समूह तथा ग्रेनाइट नीस का बना है। मध्य उच्च प्रदेश को निम्नलिखित पांच उपविभागों में विभाजित किया जा सकता है :

(i) **मध्य भारत का पठार :** मध्य भारत का पठार राज्य के उत्तर तथा उत्तर-पश्चिम भाग में स्थित है। यह पठार कड़प्पा, विंध्यन, दक्कन ट्रैप की शैलों एवं नवीन निक्षेपों से निर्मित है। मध्य

भारत के पठार का अधिकांश भाग ऊबड़-खाबड़ व पठारी है। इसकी सामान्य ऊंचाई 300 से 500 मीटर तक है, लेकिन उत्तरी एवं उत्तरी-पूर्वी भाग मैदानी है, जिसकी ऊंचाई 150 से 300 मीटर तक है। यह पठार दक्षिण में मालवा के पठार, पश्चिम में राजस्थान की उच्च भूमि (बूंदी और करौली प्रदेश), उत्तर में यमुना के मैदान तथा पूर्व में बुंदेलखण्ड की पठारी भूमि से घिरा हुआ है। इस पठार की सामान्य ढाल दक्षिण तथा दक्षिण-पश्चिम से उत्तर तथा उत्तर-पूर्व की ओर है जिसके फलस्वरूप यहां नदियां इसी ढाल का अनुसरण करती हुई दक्षिण व दक्षिण-पश्चिम से उत्तर व उत्तर-पूर्व की ओर प्रवाहित होती हैं। इस पठारी प्रदेश के अंतर्गत मुरैना की अम्बाह, मुरैना, जौरा, सबलगढ़ तहसीलें, श्योपुर की श्योपुर कलां तथा विजयपुर तहसीलें, भिण्ड की भिण्ड, मेहगांव तथा गोहद तहसीलें, ग्वालियर की ग्वालियर तहसील, शिवपुरी की शिवपुरी, कोलारस तथा पोहरी तहसीलें, गुना की गुना व चचौड़ा तहसीलें और नीमच की जावद, नीमच और मनासा तहसीलें सम्मिलित हैं। इस सम्पूर्ण प्रदेश का क्षेत्रफल लगभग 32,896 वर्ग किमी. है, जो मध्य प्रदेश के भौगोलिक क्षेत्र का 10.7% भाग है। इस प्रदेश में चम्बल, सिन्ध, क्वारी, पार्वती, कूनू आदि नदियां प्रवाहित होती हैं।

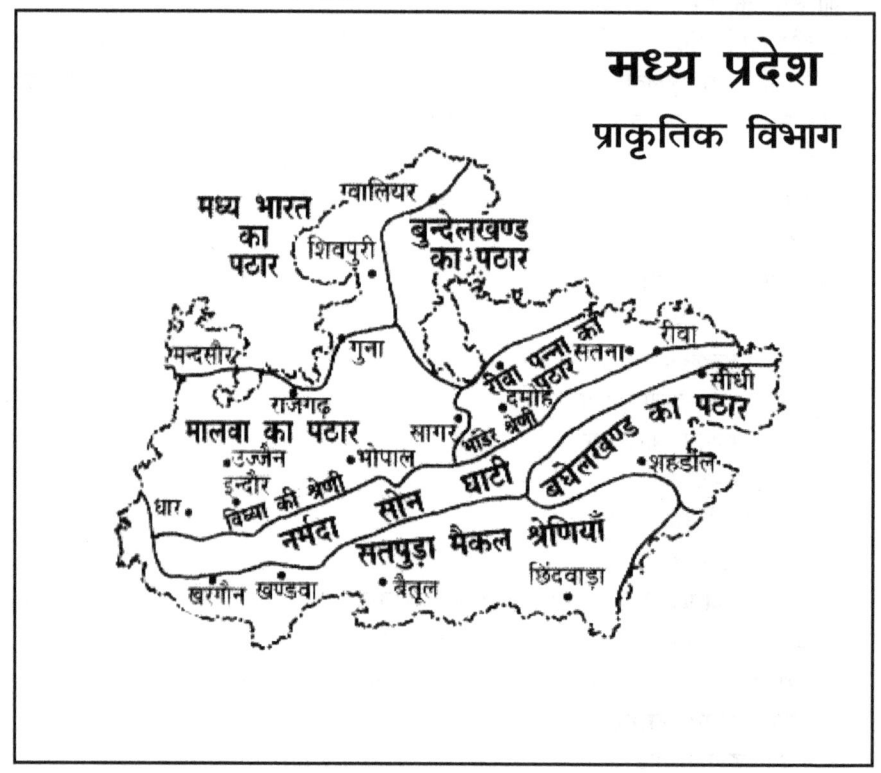

ग्वालियर के दक्षिण से उत्तर-पूर्व की ओर सेवढ़ा तक कड़प्पा क्रम की चट्टानें हैं, जिन्हें बिजावर सीरीज कहते हैं। इनमें कायान्तरित चट्टानें हैं, जिनमें जीवाश्मों का अभाव है। ये कठोर एवं शैल, स्लेट, क्वार्टजाइट तथा चूने के पत्थर से निर्मित चट्टानें हैं, जिनमें लावा अत्यधिक मात्रा में पाया जाता है। मध्य भारत के पठार में जावद, नीमच, मनासा, मानपुरा, तहसीलों के उत्तरी भाग में और गुना, पोहरी तहसीलों के पश्चिमी भाग में श्योपुर, विजयपुर, सबलगढ़ तहसीलों के दक्षिणी भाग में तथा ग्वालियर व शिवपुरी तहसीलों में विंध्यन क्रम की चट्टानें पाई जाती हैं। नीमच, मनासा, मानपुरा तहसीलों के दक्षिणी भाग में तथा गुना जिले की चचौड़ा तहसील में दक्कन ट्रैप की शैलों का बाहुल्य है।

(ii) बुंदेलखण्ड का पठार : यह पठारी भाग मध्य प्रदेश के उत्तरी भाग में स्थित है। इस प्रदेश के उत्तर-पश्चिम में मध्य भारत का पठार, दक्षिण में मालवा का पठार, दक्षिण-पूर्व में विंध्यन (रीवा-पन्ना का पठार) प्रदेश और उत्तर-पूर्व में उत्तर प्रदेश का बुंदेलखण्ड प्रदेश (झांसी मण्डल) स्थित है। बुंदेलखण्ड का पठार मुख्यतः प्री-कैम्ब्रियन युग की रवेदार तथा ज्वालामुखी परतदार शैलों से बना है। इन्हें बुंदेलखण्ड ग्रेनाइट, महरोनी शिष्ट, बिजावर सीरीज और विंध्यन शैल समूह कहा गया है। इस प्रदेश की समुद्रतल से ऊंचाई उत्तर में 155 मीटर से लेकर दक्षिण में 400 मीटर तक है। दक्षिण एवं पश्चिम में अर्द्धचंद्राकार पहाड़ियों एवं कगारों की माला की ऊंचाई 400 मीटर से भी अधिक है। इस प्रदेश की सबसे ऊंची पहाड़ी सिद्धबाबा 1172 मीटर ऊंची है।

मध्य प्रदेश के इस बुंदेलखण्ड प्रदेश में छतरपुर, टीकमगढ़ और दतिया जिले तथा शिवपुरी की पिछोर एवं करेरा तहसीलें, ग्वालियर की डबरा एवं भाण्डेर तहसीलें एवं भिण्ड जिले की लाहर तहसील सम्मिलित हैं। इस प्रदेश का कुल क्षेत्रफल 23,733 वर्ग किमी. है, जो मध्य प्रदेश के कुल क्षेत्रफल का 7.7 प्रतिशत है। इस प्रदेश को बुंदेलखण्ड का पठार, सिन्ध-पहुज का मैदान तथा सीमान्त कगारी तथा पहाड़ी प्रदेशों के रूप में तीन भागों में विभाजित किया जा सकता है। इस प्रदेश में सिन्ध व उसकी सहायक पहुज, बेतवा और उसकी सहायक धसान और केन नदियां प्रवाहित होती हैं।

(iii) रीवा-पन्ना पठार : यह पठारी भाग मध्य प्रदेश के उत्तरी भाग में विस्तृत है तथा इसका थोड़ा-सा क्षेत्र मध्य भाग में स्थित है। इसके उत्तर में उत्तर प्रदेश का बुंदेलखण्ड का पठारी भाग व अवध का मैदान, उत्तर-पूर्व में दक्षिणी बिहार का मैदान, दक्षिण-पश्चिम तथा दक्षिण में नर्मदा घाटी, पूर्व में बघेलखण्ड प्रदेश और पश्चिम में मालवा का पठार स्थित है। इस प्रदेश का कुल क्षेत्रफल 31,954.8 वर्ग किमी. है। इस पठार का निर्माण आद्य महाकल्प की कड़प्पा एवं विंध्यन शैलों से हुआ है। इस क्षेत्र में अत्यन्त नूतन एवं नूतन निक्षेप भी हैं। इसमें चूने का पत्थर, कुछ हार्डस्टोन, बालुका-पत्थर, हेमेटाइट तथा क्वार्टजाइट की परतें मिलती हैं। पन्ना में इस समूह की शैलों में विद्यमान ज्वालामुखी विभेदों में हीरा मिलता है। इस प्रदेश में रीवा, सतना, पन्ना तथा दमोह जिले और सागर जिले की रेहली व बन्दा तहसीलें सम्मिलित हैं। इसे विंध्यन कगार प्रदेश भी कहते हैं। इस पठार की औसत ऊंचाई 350 मीटर है, कुछ चोटियों की ऊंचाई 640 मीटर से 755 मीटर है। रीवा पठार के पश्चिम में भाण्डेर एक छोटा

पठार है, जो रीवा पठार से ऊंचा है। उत्तर-पूर्व की ओर कगार प्रदेश बिंझ के प्रपाती कगार पर समाप्त हो जाता है, जिसके उत्तर में यमुना नदी का मैदान है। इस प्रदेश की नदियों में टोन्स व केन प्रमुख नदियां हैं।

(iv) **मालवा का पठार :** मध्य प्रदेश के उत्तर-पश्चिम में स्थित यह एक त्रिभुजाकार पठार है। मालवा पठार का सम्पूर्ण क्षेत्र बेसाल्ट पत्थर से निर्मित एक के ऊपर एक पर्तों के मोटे आवरण से ढंका है, जिसे सामान्यत: दक्कन ट्रैप भी कहते हैं। इसकी मोटाई 600 से 1500 मीटर तक है। भूगर्भिक इतिहास के क्रिटेशियस एवं इयोसीन युग के अन्तिम चरणों में, जब भारतीय उपमहाद्वीप अन्तिम आकार ले रहा था, इसका प्रादुर्भाव हुआ।

मालवा पठार में कठोर और मुलायम शैलों का सम्मिश्रण मिलता है। यह पठारी भाग पूर्ण एवं आंशिक रूप से प्रदेश के गुना, राजगढ़, धार, मन्दसौर, रतलाम, झाबुआ, उज्जैन, देवास, सिहोर, इन्दौर, शाजापुर, भोपाल, रायसेन, विदिशा और सागर जिलों में विस्तृत है। सामान्यत: इस पठारी भाग की समुद्र तल से ऊंचाई 500 मीटर है। कहीं-कहीं हल्के उतार-चढ़ाव भी हैं। इस प्रदेश में जहाँ-तहाँ मेसा के समान छोटी-छोटी गहरी ऋतुक्षरित, चपटे शिखर वाली पहाड़ियां पाई जाती हैं। इस क्षेत्र का आवरण दक्कन ट्रैप की शैलों से ढका है, जहां काली मिट्टी पाई जाती है। मालवा पठार दक्षिणी सीमा पर अधिक ऊंचा है, जहां से उत्तर की ओर ऊंचाई हल्की-हल्की कम होती जाती है और पठारी सतह अन्तत: दक्षिण-पूर्व राजस्थान के अविच्छिन्न कॉप मैदान में विलीन हो जाती है। इसकी मध्य-दक्षिण सीमा के समीप, जहां से विंध्याचल कगार प्रारम्भ होने लगता है, कहीं-कहीं ऊंचाई 800 मीटर से भी अधिक है। इस प्रदेश की प्रमुख ऊंची चोटियों में महू के दक्षिण की सिगार चोटी (881 मीटर), जानापाव (854 मीटर) व धजारी (810 मीटर) हैं।

इस पठार में अनेक नदियां प्रवाहित होती हैं, जिनमें पश्चिम से पूर्व की ओर माही, चम्बला, चम्बल, गम्भीर, क्षिप्रा, छोटी काली सिन्ध, काली सिन्ध, नेवाज, पार्वती, सिन्ध, बरना, तेंदोनी, बेतवा, धसान, बेबस, सोनार आदि हैं।

(v) **नर्मदा घाटी :** नर्मदा नदी मैकाल पहाड़ियों के अमरकण्टक पर्वत से निकलकर पश्चिम में जबलपुर तक पहुंचने के लिए बहुत ही अनिश्चित मार्ग तय करती है। आगे नदी द्वारा एक भू-भ्रंश घाटी (Rift Valley) का निर्माण होता है। नदी काफी सीधी बहती है तथा घाटी के ढाल काफी तीव्र हैं। घाटी का यह भाग नवीन भूवैज्ञानिक रचना कहलाता है। अनुमान यह भी है कि पूर्वकाल में नर्मदा नदी बुरहानपुर दरार द्वारा ताप्ती नदी में गिरती थी। नर्मदा को इस प्रदेश की बहुत पवित्र नदी माना जाता है; जो स्थान उत्तरी भारत में गंगा को प्राप्त है वही स्थान मध्य प्रदेश में नर्मदा को प्राप्त है। घाटी के उत्तर में 340 मीटर ऊंची विंध्यन पहाड़ियां हैं और दक्षिण में सतपुड़ा व महादेव की पहाड़ियां हैं। इन श्रेणियों के मध्य नर्मदा घाटी केवल 10 या 12 किमी. चौड़ी है और इस प्रकार इससे केवल संकरे मैदान का निर्माण होता है। यह नदी राज्य के मण्डला, जबलपुर, नरसिंहपुर, होशंगाबाद, रायसेन, खण्डवा, खरगौन, धार तथा देवास जिलों से होकर प्रवाहित होती है। नर्मदा घाटी के उत्तर में मालवा का पठार, उत्तर-पूर्व में रीवा-पन्ना का पठार, पूर्व में बघेलखण्ड प्रदेश, दक्षिण में सतपुड़ा प्रदेश

विस्तृत है तथा पश्चिम में दक्कन ट्रैप युग के शैल-क्रम पाए जाते हैं। नर्मदा की प्रमुख सहायक नदियों में हिरन, तिनदोनी, बरना, चन्द्रकेशर, कानर, मान, ऊटी एवं हथनी दाएं तट से मिलने वाली और बरनाट, बंअर, शेर, शक्कर, दूधी, तवा, गंजाल, छोटी तवा, कुन्दी, देव और गोई बाएं तट से मिलने वाली नदियां हैं।

2. सतपुड़ा मैकाल श्रेणियां : नर्मदा घाटी के दक्षिण में सतपुड़ा, महादेव और मैकाल श्रेणियों द्वारा निर्मित एक लम्बा पर्वतीय क्रम है। सतपुड़ा श्रेणियां नर्मदा व ताप्ती नदियों से घिरे एक त्रिभुजाकार रूप में विस्तृत हैं, जिनका आधार पूर्व में स्थित व उत्तर-दक्षिण तक फैली मैकाल श्रेणी है। इनकी औसत ऊंचाई 400 से 600 मीटर है। बैतूल पठार 400 से 600 मीटर ऊंचा है। बड़वानी पहाड़ियां 641 मीटर खण्डवा में, बिजलगढ़ पहाड़ियां 849 मीटर, कालीभीत 770 मीटर बैतूल तहसील में तथा महादेव पहाड़ियों में स्थित धूपगढ़ 1350 मीटर सोहागपुर तहसील में स्थित है। पंचमढ़ी के पश्चिम में धूपगढ़ व सतपुड़ा मध्य प्रदेश की सर्वोच्च चोटी हैं। इस प्रदेश में दक्कन ट्रैप, आर्कियन धारवाड़, क्रिटेशियस एवं आधुनिक युग की अधिनूतन चट्टानें मिलती हैं। इस प्रदेश में बालाघाट, सिवनी, छिंदवाड़ा, बैतूल, खण्डवा और खरगोन जिलों का अधिकांश भाग सम्मिलित है। महादेव पहाड़ियां आरकियन एवं गोंडवाना कल्प की लाल बलुए पत्थर द्वारा बनी हैं। यहां कई छोटे-छोटे पठारों के उभार भी हैं। महादेव से पूर्व में मैकाल श्रेणी है जिसका शिखर अमरकण्टक 1064 मीटर ऊंचा है। यह एक पवित्र शिखर कहलाता है क्योंकि इसकी ही ढालों पर नर्मदा, सोन, बैनगंगा और महानदी नदियों का जन्म होता है। इन नदियों की ऊपरी शाखाओं ने मैकाल श्रेणी को बहुत काट डाला है।

इस प्रदेश में नर्मदा, ताप्ती, गोदावरी प्रवाह-तंत्र की नदियां प्रवाहित होती हैं जिनमें बैनगंगा, गार, शक्कर, छोटी तवा व वर्धा का नाम उल्लेखनीय है।

3. पूर्वी पठार : पूर्वी पठार मध्य प्रदेश के पूर्वी भाग में स्थित है। इस प्रदेश में बघेलखण्ड का पठार स्थित है। पूर्वी पठार नूतन एवं प्राचीनतम दोनों शैलों से निर्मित है।

बघेलखण्ड का पठार : बघेलखण्ड एक प्राचीनतम भूखण्ड का भाग है। यह प्रदेश तीन प्रकार के शैलों से निर्मित है, गोंडवाना शैल समूह जो प्रदेश में एक बेसिन के पूर्व-पश्चिम में विस्तृत है, विंध्यन शैल जो सोन घाटी से मिलते हैं जिनमें ग्रेनाइट, नीस एवं क्वार्टजाइट नामक शैलों का बाहुल्य है। उत्तरी विंध्यन शैलों में बलुआ पत्थर एवं निम्न विंध्यन शैलों में शैल एवं चूना पत्थर की चट्टानें मिलती हैं, क्वार्ट्ज एवं कांग्लोमरेट चट्टानें भी पाई जाती हैं। इस प्रदेश के अन्तर्गत सीधी, शहडोल, जिलों के आधे भाग सम्मिलित हैं।

यहाँ के शैल समूहों ने इस प्रदेश के उच्चावच एवं स्थलाकृति को प्रभावित किया है। दीर्घकालीन अपरदन के कारण इसके स्कार्प तीव्र ढाल वाले एवं स्पष्ट हो गए हैं।

बघेलखण्ड प्रदेश मुख्यतः सोन नदी के अपवाह क्षेत्र में आता है। सोन तथा उसकी सहायक नदियों में छोटी महानदी, जोहिला, गोपद, रिहन्द, बनास तथा कन्हार हैं। सोन नदी की लम्बाई इस प्रदेश में लगभग 470 किमी. है।

3
इतिहास

मध्य प्रदेश ऐतिहासिक महत्त्व की दृष्टि से अद्वितीय है। इसे भारत का हृदय-स्थल कहा जाता है। आदिमानव के विकास की यात्रा यहीं से प्रारम्भ हुई। यहां की भौतिक बनावट में प्राचीनतम से नवीनतम चट्टानें तक पाई जाती हैं। गुफाओं से प्राप्त शैल चित्रों तथा कलात्मक आकृतियों से मध्य प्रदेश में प्रागैतिहासिक कालीन सभ्यता और जीवन का अनुमान होता है। ये चिन्ह निमाड़, भोपाल, वराबेड़ा, सागर, मंदसौर, रीवा, पंजा, रायसेन, नरसिंहगढ़, आदमगढ़, होशंगाबाद आदि जगहों पर पाए गए हैं। कुछ स्थानों पर तो हिप्पोपोटामस के अवशेष भी मिले हैं। आदिमानव के द्वारा शिकार के लिए प्रयुक्त नुकीले पत्थर, हड्डियों आदि के हथियार भी अनेक स्थानों पर मिले हैं।

पाषाण तथा ताम्रकाल : नर्मदा घाटी में ईसा से लगभग 2000 वर्ष पूर्व मोहनजोदड़ो तथा हड़प्पा की समकालीन सभ्यता का विकास हुआ। इसके मुख्य केन्द्र नागदा, महेश्वर, नावडादोड़ी, कामका, वरखेड़ा, एरण आदि माने जाते हैं। इन स्थानों में खुदाई करने पर धातु के बर्तन, औजार, मृदुभांड आदि मिले हैं। इससे पता लगता है कि नर्मदा, ताप्ती, बेतवा, चम्बल आदि नदियों के किनारे सिंधु सभ्यता का उदय और विकास हुआ होगा। इनका काल निर्धारण ईसा पूर्व 2000 से लेकर ईसा पूर्व 800 के मध्य किया गया है।

इस युग में यह सभ्यता आदिम नहीं रह गई थी। उनका घुमन्तू जीवन प्रायः समाप्त हो गया था। कृषि की जाने लगी थी। अनाजों और दालों का उत्पादन होने लगा था। कृषि उपकरण धातु के बनने लगे थे। मिट्टी के बर्तनों को पकाया जाता था व इन पर पालिश की जाती थी। पशुओं में गाय, बैल, भेड़, बकरी, कुत्ता आदि प्रमुखता से पाले जाते थे। आभूषणों व कीमती पत्थरों आदि का उपयोग शृंगार के लिए होता था। मकान निर्माण में पक्की ईंटों का उपयोग प्रारम्भ हो गया था। हिरण, मछली, व पशु-पक्षियों का शिकार इस काल में भी किया जाता था। इस काल में लोग शाकाहारी और मांसाहारी दोनों थे। लोग अनेक उद्योग-धन्धे और व्यापार करते थे। ईरान और अफगानिस्तान से उनके व्यापारिक सम्बन्ध थे। आदिकालीन जादू-टोने के स्थान पर व्यवस्थित धार्मिक विश्वासों का प्रचलन था। लोग वृषभ, मातृदेवी, पशुपति, पशुओं और वृक्षों की पूजा करते थे।

प्राचीन काल : ऋग्वेद में 'दक्षिणापथ' तथा 'रेवोतर' शब्दों के उपयोग से यह पता लगता है कि आर्यों को नर्मदा तथा आसपास के क्षेत्रों का ज्ञान था। 'ऐतरेय ब्राह्मण', 'सांख्यायन श्रोत सूत्र' और 'शतपथ ब्राह्मण' के अनुसार विश्वामित्र के 50 शापित पुत्र इसी क्षेत्र में बसे तथा बाद में अग्नि, पाराशर, भार्गव, भारद्वाज भी यहाँ आए। पौराणिक कथाओं के अनुसार कारकोट नागवंशी शासकों ने नर्मदा क्षेत्र में राज्य किया था। मौनेय गंधर्वों से जब उनका संघर्ष हुआ तो अयोध्या के इक्ष्वाकु नरेश मान्धाता ने अपने पुत्र पुरुकुत्स को नागों की सहायता के लिए भेजा। उसने गंधर्वों को पराजित किया। नागकुमारी नर्मदा का विवाह पुरुकुत्स के साथ कर दिया गया। पुरुकुत्स ने रेवा का नाम नर्मदा कर दिया। इसी वंश के मुचुकुन्द ने रिक्ष और परियात्र पर्वतमालाओं के बीच नर्मदा के तट पर अपने पूर्वज नरेश मांधाता के नाम पर मांधाता नगरी स्थापित की।

यदु कबीले की हैहय अथवा बीतिहव्य शाखा के शासकों के काल में इस क्षेत्र के वैभव में वृद्धि हुई। हैहय राजा महिष्मत ने नर्मदा के किनारे महिष्मति नगरी की स्थापना की। उसने इक्ष्वाकुओं और नागों को पराजित किया। मध्य प्रदेश के अतिरिक्त उत्तर भारत के अनेक क्षेत्र उसके अधीन थे। उसने कारकोटवंशी नागों, अयोध्या के पौरवराज, त्रिशंकु और लंकेश्वर रावण को पराजित किया। कालान्तर में गुर्जर देश के भार्गवों से संघर्ष में हैहयों का पतन हुआ। उनकी शाखाओं ने तुंडीकेर (दमोह), त्रिपुरी, दशार्ण (विदिशा), अनूप (निमाड़), अवन्ति आदि जनपदों की स्थापना की।

महाकाव्य काल : भारत के दो महाकाव्य काल—रामायण तथा महाभारत काल—में मध्य प्रदेश के अधिकांश भाग वनों से घिरे हुए थे। कुछ भाग पर ही मानव बसे हुए थे। जंगलों में बसने वाले आदिम निवासियों की प्रदेश एवं भारत के अन्य भागों के निवासियों की अपेक्षा एक अलग संस्कृति थी। जबकि दूसरी ओर आर्यों में यदुवंशी नरेश मधु इस क्षेत्र के शासक थे। वे अयोध्या के राजा दशरथ के समकालीन थे। विंध्य, सतपुड़ा के अतिरिक्त यमुना के काठे का दक्षिणी भाग और गुर्जर देश के कई क्षेत्र उनके अधीन थे। राम ने अपने वनवास का कुछ काल दण्डकारण्य (वर्तमान में छत्तीसगढ़) में भी बिताया था। तत्पश्चात शत्रुघ्न के पुत्र शत्रुघाती ने विदिशा पर शासन किया। कुशावती इसकी राजधानी थी।

खुदाई से प्राप्त अवशेषों से ज्ञात होता है कि यहाँ की सभ्यता ढाई लाख वर्ष से भी प्राचीन है। पुराणों के आधार पर ज्ञात होता है कि विंध्याचल और सतपुड़ा के वनों में कभी निषाद जाति के लोग रहते थे, जिनका आर्यों के साथ सम्पर्क था। महाभारत काल में यादव वंशी नरेश नील अनूप के शासक थे। विंद अवन्ति के और अनुविंद विदिशा के नरेश थे। पाण्डवों ने अपने अज्ञातवास का कुछ समय यहां के वनों में बिताया था। कुन्तलपुर (कौड़िया), महिष्मति, उज्जयिनी, विराटपुर (सोहागपुर), **महाकाव्य काल के प्रसिद्ध** नगर थे।

महाजनपद काल : ईसा पूर्व की छठी शताब्दी में 16 महाजनपदों में मध्य प्रदेश का अवन्ति महाजनपद अत्यन्त विशाल था। महिष्मति एवं उज्जयिनी इसकी दो राजधानियां थीं।

विदिशा और एरण इसके अन्य प्रमुख नगर थे। महासेन चण्डप्रद्योत यहां का शासक था। वह मगध के शासक बिम्बसार एवं महात्मा सीहोरा बुद्ध का समकालीन था।

मौर्य काल : जबलपुर जिले की सीहोरा तहसील में स्थित रूपनाथ ग्राम की चट्टान पर अंकित 326-184 ई.पू. अशोक का शिलालेख महान् सम्राट अशोक की स्मृति दिलाता है। उसका उत्थान उज्जैन से ही हुआ था। उसने विदिशा के श्रेष्ठि की पुत्री 'श्रीदेवी' से प्रेम विवाह किया। श्रीदेवी भगवान बुद्ध की परिजन थी। अशोक ने उज्जयिनी और कसरावाद (निमाड़) में स्तूपों का निर्माण कराया और सम्राट बनने के बाद सांची (रायसेन) एवं भरहुत (सतना) के विश्वप्रसिद्ध स्तूपों का निर्माण कराया। सम्राट अशोक ने रूपनाथ (जबलपुर), पवाया, बेसनगर, ऐरण, आदि स्थानों पर स्तम्भ स्थापित कराए थे। चौथी-पांचवीं सदी में मध्य प्रदेश की उज्जैन नगरी को गुप्त सम्राट चन्द्रगुप्त विक्रमादित्य की राजधानी होने का गौरव प्राप्त हुआ।

शुंग और कुषाण काल : मौर्यों के पतन के बाद शेष भारत की तरह मध्य प्रदेश में भी शुंग वंश का शासन रहा। शुंग वंश के पुष्यमित्र शुंग ने सर्वप्रथम विदिशा में अपना राज्य स्थापित किया। सातवाहनों ने त्रिपुरी, विदिशा और अनूप आदि में अपना राज्य स्थापित किया। कुषाणों ने भी यहां के कुछ क्षेत्रों पर शासन किया था। नागवंश का नौ शताब्दियों तक विदिशा में शासन रहा। शकों से संघर्ष हो जाने के उपरान्त वे विंध्य प्रदेश में चले गए। चौथी शताब्दी में गुप्त वंश के उत्कर्ष के पूर्व विंध्य शक्ति के नेतृत्व में वाकाटकों ने मध्य प्रदेश के कुछ भाग पर शासन किया। छिंदवाड़ा, बैतूल, बालाघाट आदि स्थानों में वाकाटकों के कई ताम्रपत्र मिले हैं।

गुप्त काल : सन् 320 से 510 ई. तक गुप्तवंशीय शासकों का भारत में आधिपत्य रहा। इस वंश का प्रतापी सम्राट चन्द्रगुप्त विक्रमादित्य था, जिसने उज्जयिनी (उज्जैन) को अपनी राजधानी बनाया। गुप्त वंश के पतन के बाद इस क्षेत्र में अनेक राज्य स्थापित हुए। हूणों ने तोरमाण व मिहिरकुल के नेतृत्व में मालवा, सागर तथा ऐरण तक का क्षेत्र रौंदा। बाद में दशपुर (मन्दसौर) के यशोवर्मन ने मिहिरकुल को यहां से खदेड़ दिया।

प्राचीन भारत के अन्तिम हिन्दू सम्राट हर्षवर्धन उत्तरी मध्य प्रदेश के कई क्षेत्रों को अपने अधीन करने में सफल हुए। वाणभट्ट की कादम्बरी में उल्लेख है कि हर्षवर्धन विंध्य व नर्मदा के उत्तरी भाग का शासक था।

मध्यकालीन इतिहास : मध्यकालीन इतिहास के प्रारम्भ में मध्य प्रदेश के अधिकांश भागों में राजपूत राजाओं का शासन था। यहां अनेक छोटे-बड़े राज्य थे। मालवा में परमारों ने, विंध्य प्रदेश में चन्देलों और महाकौशल में कलचुरियों ने अपने-अपने राज्यों की स्थापना की थी। इस वंश के शासकों ने दक्षिणी कौशल तक अपनी सीमाओं का विस्तार कर दिया था। विदिशा कुछ समय तक राष्ट्रकूटों के अधीन रहा था। इनके अवशेष ग्वालियर, धमनगर, ग्यारसपुर आदि में पाए गए हैं। दसवीं शताब्दी के आस-पास मालवा के परमारों ने, जो राष्ट्रकूटों की एक शाखा थे, एक स्वतंत्र राज्य स्थापित किया। इन्होंने धार को अपनी राजधानी

बनाया। इस वंश में मुंज व भोज ने सर्वाधिक ख्याति अर्जित की। मुंज ने त्रिपुरी के कलचुरियों, राजस्थान के चौहानों तथा गुजरात और कर्नाटक के चालुक्यों से संघर्ष किया।

मध्यकालीन मध्य प्रदेश के इतिहास में राजा भोज का स्थान महत्वपूर्ण है, उन्होंने भोपाल नगर की स्थापना की थी। राजा भोज ने कल्याणी के चालुक्यों से संघर्ष में सफलता प्राप्त की। चित्तौड़, बांसवाड़ा, डूंगरपुर, भेलसा और भोपाल से गोदावरी तक का क्षेत्र उसकी सीमा में था। राजा भोज ने अनेक ग्रंथों की रचना भी की थी।

11 वीं शताब्दी से मध्य प्रदेश के इतिहास में एक नए युग का प्रारम्भ हुआ। सन् 1019 ई. में ग्वालियर पर महमूद गजनी ने आक्रमण किया और वहां के राजा को पराजित किया। सन् 1197 में मुहम्मद गोरी ने भी ग्वालियर पर आक्रमण किया। उसने भी ग्वालियर पर अधिकार कर उसे दिल्ली सल्तनत का अंग बना लिया। 1526 ई. में पानीपत के प्रथम युद्ध के उपरान्त बाबर ने भी ग्वालियर, चंदेरी व रायसेन पर अधिकार कर लिया था। मंदसौर के युद्ध में उसने गुजरात के बहादुरशाह जफर को हराकर पश्चिमी मध्य प्रदेश पर भी शासन स्थापित किया। मंदसौर, उज्जैन, धार, माण्डू बाबर के अधीन थे। बाद में शेरशाह ने मालवा पर अपना अधिकार कर शुजात खां को यहां का सूबेदार बनाया। शेरशाह की मृत्यु के बाद मालवा स्वतंत्र हो गया, पर कुछ समय बाद सम्राट अकबर ने बाजबहादुर से मालवा छीन लिया। मालवा के सुल्तानों ने माण्डू में अनेक प्रख्यात इमारतों का निर्माण कराया जिनमें जहाजमहल, हिंडोला महल, रूपमती का महल, जामी मस्जिद और होशंगशाह का मकबरा विशेष उल्लेखनीय हैं। अकबर ने आसफ खां नामक एक सिपहसालार को गोंडवाना पर हमला करने भेजा, वहां की रानी दुर्गावती ने आसफ खां से डटकर युद्ध किया; परन्तु रानी दुर्गावती की पराजय हुई।

मुगल काल के समय सिंधिया, होल्कर, गायकवाड़ आदि इस क्षेत्र में प्रभावी होते गए। 1370 ई. के लगभग फारूखी वंश की स्थापना मलिक रजा ने की। यह फिरोजशाह तुगलक का सेवक था। उसका शासन निमाड़ जिले में ताप्ती घाटी तक था। इस वंश का अंत सन् 1599 ई. में हुआ जब यहां के राजा राजबहादुर शाह अकबर के साथ युद्ध में पराजित हुए। 15 वीं शताब्दी में होशंगशाह ने माण्डू में एक स्वतंत्र राज्य की स्थापना की। गोंड वंश के अन्तिम राजा नूरसिंह राय का पुत्र मालवा के होशंगशाह के विरुद्ध युद्ध करता हुआ सन् 1433 ई. में मारा गया तथा उसके साथ ही घंटेला गोंड वंश का अन्त हो गया। होशंगशाह के बाद महमूद शाह ने राज्य की बागडोर अपने हाथ में ले ली। उसने चित्तौड़ के राणा को हराया और इस विजय के उपलक्ष्य में एक विजय-स्तम्भ बनवाया। देवगढ़ शाखा ने चांदा (विदर्भ) पर सन् 1250 ई. से सन् 1751 ई. तक शासन किया। इसका अधिकृत इतिहास 'आइने अकबरी' में प्राप्त होता है। बख्त बुलन्द इस वंश का वीर पुरुष था। भोपाल क्षेत्र में भी गोंड राजवंश को समाप्त कर अफगान यहां के शासक हुए। औरंगजेब की मृत्यु के पश्चात् मराठों ने यहां अपना प्रभुत्व स्थापित कर लिया। भोपाल से लगभग 42 किमी. दूर रायसेन के सुदृढ़ दुर्ग का उपयोग उनके द्वारा किया जाने लगा। यह दुर्ग पत्थर की प्राचीर से घिरा था और इसमें नौ द्वार थे।

मध्य प्रदेश के इतिहास में मराठों का उत्कर्ष सत्रहवीं शताब्दी में हुआ। पेशवा बाजीराव ने उत्तर भारत की विजय के दौरान मध्य प्रदेश के कई हिस्सों पर अपना अधिकार कर लिया। पेशवा बाजीराव के उपरान्त चम्पतराय के पुत्र छत्रसाल ने पेशवा बाजीराव को अपना तृतीय पुत्र मानकर उसे सागर, जबलपुर, दमोह, धामोनी, शहगढ़ सियलासा और गुना, ग्वालियर क्षेत्र प्रदान किए। गढ़मण्डल में गोंड राजा नरहरि शाह का शासन था। मराठों के साथ संघर्ष में आबा साहब मोये व बापूजी नारायण ने उसे पराजित किया। इस समय तक अंग्रेज सारे देश में अपना प्रभाव बढ़ाने लगे थे। अंग्रेजों ने 1818 ई. में पेशवा को पराजित कर जबलपुर व सागर क्षेत्र रघुजी भोंसले से हथिया लिए थे। महाराजा छत्रसाल की मृत्यु के बाद विंध्य प्रदेश पन्ना, रीवा, नागोद, बिजावर, अजयगढ़ आदि छोटी-बड़ी रियासतों में विभक्त हो गया था। अंग्रेजों ने पृथक-पृथक सन्धियां कर इन रियासतों को ब्रिटिश साम्राज्य के संरक्षण में ले लिया था।

1722-23 में पेशवा बाजीराव ने मालवा को लूटा। मालवा के सूबेदार, राजा गिरबहादुर नागर ने मराठों के आक्रमण का सामना किया। सारंगपुर युद्ध में मराठों ने गिरबहादुर को पराजित किया। मालवा क्षेत्र उदाजी पंवार और मल्हारराव होल्कर के मध्य बंट गया। बुरहानपुर से लेकर ग्वालियर तक का भाग पेशवा ने अपने सरदार सिन्धिया को प्रदान किया। सिन्धिया ने उज्जैन व मंदसौर तक का क्षेत्र अपने अधीन किया। 1731 ई. में अन्तिम रूप से मालवा मराठों के तीन प्रमुख सरदारों—पंवार (धार एवं देवास), होल्कर (पश्चिमी निमाड़ से रामपुरा-मानपुरा तक), सिन्धिया (बुरहानपुर, खण्डवा, टिमरनी, हरदा, उज्जैन, मंदसौर व ग्वालियर) के अधीन हो गया था। धीरे-धीरे सिन्धिया ने ग्वालियर, होल्कर ने इन्दौर और भौंसले ने नागपुर में अपने-अपने स्वतंत्र राज्य स्थापित किए।

मराठों की दृष्टि भोपाल पर भी थी। 1737 ई. में भोपाल के युद्ध में पेशवा बाजीराव ने हैदराबाद के निजाम को पराजित किया। युद्धोपरान्त दौरासराय की संधि हुई। निजाम ने नर्मदा और चम्बल के मध्य के सभी क्षेत्रों पर मराठों का आधिपत्य स्वीकार कर लिया। बाद में मराठों के पराभव के पश्चात् एक सरदार मित्र मुहम्मद ने भोपाल में स्वतंत्र नवाबी राज्य की स्थापना की। बाद में बेगमों का राज्य स्थापित हुआ। उन्होंने अंग्रेजों के साथ सन्धि की और इस प्रकार भोपाल अंग्रेजों के संरक्षण में चला गया। अंग्रेजों ने मराठों के साथ पहले, दूसरे, तीसरे और चौथे युद्ध में क्रमशः पेशवा, होल्कर, सिन्धिया और भौंसले को पराजित किया। पेशवा बाजीराव द्वितीय के काल में मराठा संघ में फूट पड़ गई जिसका अंग्रेजों ने भरपूर लाभ उठाया। अंग्रेजों ने सिन्धिया से पूर्वी निमाड़ और हरदा, टिमरनी छीनकर मध्य प्रान्त में सम्मिलित कर लिया। अंग्रजों ने होल्करों को सीमित कर दिया और भारत के छोटे-छोटे राजाओं को, जो मराठों के अधीनस्थ सामंत थे, राजा मान लिया और उनके साथ अनेक सन्धियां की। इस प्रकार मराठे छिन्न-भिन्न हो गए एवं मालवा कई रियासतों में विभाजित हो गया।

ऐतिहासिक इमारतें एवं उनके निर्माणकर्ता

ऐतिहासिक इमारतें	स्थान	निर्माणकर्ता	स्थापना वर्ष
1. जयविलास पैलेस	ग्वालियर	जीवाजी राव सिंधिया	
2. गूजरी महल	ग्वालियर	राजा मानसिंह तोमर	15 वीं सदी
3. धार का किला	धार	मोहम्मद तुगलक	1344 ई.
4. असीरगढ़ का किला	असीरगढ़	आसा नामक एक अहीर राजा	10 वीं सदी
5. चंदेरी का किला	चंदेरी	प्रतिहार राजा कीर्तिपाल	11 वीं शताब्दी
6. ओरछा का किला	ओरछा	बुन्देला राजाओं ने	
7. जहांगीर महल	ओरछा	जहांगीर	17 वीं शताब्दी
8. चतुर्भुज मंदिर	ओरछा	वीर सिंह देव	
9. गिन्नौरगढ़ का किला	गिन्नौरगढ़	उदयवर्मन	13 वीं शताब्दी
10. रायसेन का किला	रायसेन	राजा राज बसंती	16 वीं सदी
11. अजयगढ़ का किला	अजयगढ़	अजयपाल	
12. मन्दसौर का किला	मन्दसौर	अलाउद्दीन खिलजी	14 वीं सदी
13. सांची स्तूप	सांची	सम्राट अशोक	
14. जन्तर-मन्तर	उज्जैन	महाराजा जयसिंह	1733 ई.
15. ओरमदेव मन्दिर	ओरमदेव	नागवंशी राजा रामचन्द्र	
16. खजुराहो के मन्दिर	छतरपुर	चंदेल राजाओं ने	930 से 1050 ई.
17. चौंसठ योगिनी मन्दिर	खजुराहो	चन्देल राजाओं ने	950 ई.
18. कंदरिया महादेव	खजुराहो	चन्देल राजाओं ने	1025 से 1050 ई.
19. लक्ष्मण मन्दिर	खजुराहो	यशोवर्मन	10 वीं सदी
20. मान मन्दिर	ग्वालियर	राजा मानसिंह तोमर	1486-1516
21. मृगनयनी का महल	ग्वालियर	राजा मानसिंह तोमर	1486-1516
22. मदन महल	जबलपुर	राजा मदन शाह	1116 ई.
23. सतना का स्तूप	सतना	भरहुत	
24. जामी मस्जिद	माण्डू	होशंगशाह	1454 ई.
25. अशर्फी महल	माण्डू	महमूद खिलजी	1439-69 ई.
26. कुशकमहल	फतेहाबाद	महमूद खिलजी	1445 ई.

प्रदेश इतिहास की प्रमुख तिथियां

648	:	मध्य प्रदेश कई छोटे-बड़े राज्यों में विभक्त हो गया।
1018-1060	:	मालवा के प्रमुख परमार शासक भोज का शासनकाल।
1019	:	ग्वालियर पर महमूद गजनी के आक्रमण।
1197	:	मुहम्मद गोरी का ग्वालियर पर आक्रमण।
1370	:	फारुखी वंश की स्थापना (इसका शासन निमाड़ जिले से ताप्ती घाटी तक था)।
1517	:	मेवाड़ के राणा सांगा की मालवा पर विजय।
1526	:	बाबर का ग्वालियर, चंदेरी और रायसेन पर अधिकार।
1722-23	:	पेशवा बाजीराव ने मालवा को लूटा।
1722-23	:	सारंगपुर युद्ध में मराठों ने गिरबहादुर को पराजित किया।
1737	:	भोपाल के युद्ध में पेशवा बाजीराव ने हैदराबाद के निजाम को पराजित किया।
1781	:	नरहरि शाह को सागर के मराठा सूबेदार ने परास्त किया।
1817	:	लार्ड हैस्टिंग्स ने नागपुर व नर्मदा के उत्तर का सारा क्षेत्र मराठों से छीन लिया।
1818	:	पेशवा को पराजित कर अंग्रेजों ने जबलपुर व सागर क्षेत्र रघुजी भोंसले से हथिया लिए।
1833	:	रामगढ़ नरेश जुझारु सिंह के पुत्र देवनाथ सिंह ने अंग्रेजों के विरुद्ध विद्रोह किया।
1842	:	हीरापुर के हीरेनशाह ने अंग्रेजों के विरुद्ध विद्रोह किया।
20 मार्च, 1858	:	रानी अवन्तीबाई और अंग्रेजों के बीच युद्ध।
1891	:	नागपुर में कांग्रेस का सातवां अधिवेशन।
1907	:	जबलपुर में क्रांतिकारी दल का गठन।
1922	:	सीहोर कोतवाली के समक्ष विदेशी फेल्ट हैट की होली जली।
1923	:	प्रदेश के प्रसिद्ध झण्डा सत्याग्रह का आरम्भ।
6 अप्रैल, 1930	:	जबलपुर में सेठ गोविन्ददास एवं पं. द्वारिका प्रसाद मिश्र के नेतृत्व में नमक सत्याग्रह प्रदेश में आरम्भ।
1930	:	जंगल सत्याग्रह का आरम्भ।
1931	:	स्त्री सेवादल की स्थापना।
1935	:	प्रजा परिषद् की स्थापना।
1938	:	भोपाल राज्य प्रजामण्डल की स्थापना, खण्डवा, सीहोर, रायपुर, जबलपुर आदि नगरों में नमक कानून तोड़ा गया।
1942	:	रायपुर में सूर षड्यंत्र केस की व्यूह रचना के अन्तर्गत अनेक युवकों को गिरफ्तार किया गया।
1956	:	मध्य प्रदेश राज्य का निर्माण हुआ।
2000	:	मध्यप्रदेश को विभाजित कर छत्तीसगढ़ राज्य का निर्माण हुआ।

स्वतंत्रता संग्राम : देश के अन्य भागों की तरह मध्य प्रदेश में भी स्वतंत्रता के लिए काफी संघर्ष किया गया। 1857 के प्रथम स्वतंत्रता संग्राम में भी अंग्रेजों के विरुद्ध कई विद्रोह हुए जिनमें नागपुर का विद्रोह काफी महत्त्वपूर्ण माना जाता है। नागपुर के तत्कालीन शासक अप्पाजी भौंसले को अंग्रेजों ने माण्डला, बैतूल, छिंदवाड़ा, सिवनी और नर्मदा कछार का क्षेत्र छोड़ देने हेतु बाध्य किया। ऐसी स्थिति में अप्पा साहिब ने अरबी सैनिकों की सहायता से मुलताई (बैतूल) के समीप अंग्रेजों से युद्ध किया किन्तु उसे पराजित होकर भागना पड़ा।

1857 ई. से पहले भी मध्य प्रदेश में कई विद्रोह हुए, लेकिन ये विद्रोह विभिन्न स्थानों पर अलग-अलग समय में हुए थे। 1833 ई. में रामगढ़ नरेश जुझारु सिंह के पुत्र देवनाथ सिंह ने अंग्रेजों के विरुद्ध विद्रोह किया, किन्तु वे असफल रहे। अंग्रेजों की दुर्गम संधि से नाराज चन्द्रपुर (सागर) के जवाहर सिंह बुन्देला, भरहुत के मधुकरशाह, मदनपुर के गोंड मुखिया दिलहन शाह और हीरापुर के हीरेनशाह ने अंग्रेजों के विरुद्ध 1842 में बगावत के झण्डे गाड़ दिए थे। इस प्रकार सागर, दमोह, नरसिंहपुर से लेकर जबलपुर, माण्डला और होशंगाबाद तक के सारे क्षेत्र में विद्रोह की आग भड़क उठी। लेकिन आपसी सामंजस्य और तालमेल के अभाव के इस प्रयास को अंग्रेज दबाने में सफल हो गए। इसी समय नरसिंहपुर के जमींदार बिल्लनशाह ने भी विद्रोह किया, लेकिन इस विद्रोह को भी अंग्रेजी सेना ने दबा दिया।

मध्य प्रदेश में अंग्रेजी छावनी के भारतीय सैनिकों ने अंग्रेजों के विरुद्ध विद्रोह कर दिया। 3 जून, 1857 को नीमच छावनी में सेना की पैदल और घुड़सवार इकाईयों ने रात्रि 9 बजे विद्रोह कर दिया एवं नीमच छावनी के बंगलों में आग लगा दी तथा किले पर अधिकार करने का प्रयास किया। इसी बीच कर्नल सी.बी. सोबर्स ने राजपूत सैनिकों के साथ उदयपुर से आकर नीमच के किले पर अधिकार कर लिया। उसने निम्बाहेड़ा पर भी कब्जा कर लिया। किन्तु महिदपुर, मन्दसौर तथा अन्य स्थानों के क्रान्तिकारी और सैनिक नीमच पर असफल आक्रमण करते रहे। 14 जून, 1857 की रात्रि 9 बजे ग्वालियर के निकट मुरार छावनी में सैनिक विद्रोह हुआ। सैनिकों ने ग्वालियर से शिवपुरी के बीच संचार व्यवस्था को भंग कर दिया जिसके फलस्वरूप बम्बई (मुंबई)-आगरा मार्ग की मुख्य सम्पर्क लाइन को भी खतरा उत्पन्न हो गया।

महाकौशल क्षेत्र में 18 जून, 1857 को एक नवयुवक ने अंग्रेज अधिकारी पर प्राणघातक हमला किया, जिसे गिरफ्तार कर फांसी पर चढ़ा दिया गया। शेख रमजान के नेतृत्व में अश्वारोही सैन्य टुकड़ी ने सागर में विद्रोह किया। रानी दुर्गावती के वंशज शंकरशाह और उसके पुत्र ने गढ़ मण्डला में स्वतंत्रता के लिए तलवार उठाई। इसी समय राघवगढ़ के किशोर राजा ठाकुर प्रसाद, मण्डला के श्रीबहादुर व देवीसिंह तथा रायपुर के जमींदार नारायण सिंह ने भी स्वतंत्रता के लिए मोर्चा संभाला। पहले तो शंकरशाह और उसके पुत्र अंग्रेजों के चंगुल से निकल भागे लेकिन अन्ततः उन्हें अंग्रेजों ने तोप से उड़ा दिया। ठाकुर प्रसाद को आजीवन कारावास देकर बनारस भेजा गया, जहां उनकी मृत्यु हो गई। श्रीबहादुर, देवीसिंह तथा नारायण

सिंह को फांसी पर लटका दिया गया। 20 जून 1857 को शिवपुरी में विद्रोह भड़क उठा। परिणामस्वरूप अंग्रेज अधिकारियों को गुना भागना पड़ा। तभी बुन्देलखण्ड के स्थानीय सैनिकों ने भी विद्रोह कर दिया और 1 जुलाई, 1857 की प्रातः सादात खां एवं भागीरथ के नेतृत्व में इन्दौर की ओर बढ़ रही अंग्रेजी सेना पर विद्रोहियों ने हमला कर दिया। इस लड़ाई में अंग्रेजों को असफलता का सामना करना पड़ा। लगभग 20 सैनिक हताहत हुए तथा 13 लाख रुपए से अधिक की सामग्री स्वतंत्रता सेनानियों के हाथ लगी। भोपाल की बेगम सिकन्दर ने कर्नल ड्यूरेण्ड की सहायता कर विद्रोह को दबा दिया।

महू में 1 जुलाई, 1857 को सैनिकों ने विद्रोह कर दिया। महाराजा होल्कर ने सादात खां के नेतृत्व को सराहते हुए उसे अपनी सेना में शामिल कर लिया। नीमच और महू में विद्रोह का समाचार फैल गया। फलतः 2-3 जुलाई, 1857 की रात्रि में धारा अमझेरा, सरदारपुर तथा भोपावार में भी अंग्रेजों के विरुद्ध विद्रोह भड़क उठा। ऐसे समय में दिल्ली के शाहजादा हुमायूं ने मन्दसौर जाकर विलायती, मेवाती तथा सिन्धिया सेना के कुछ सैनिकों की सहायता से एक स्वतंत्र राज्य की स्थापना कर ली एवं फिरोजशाह के नाम से वह मन्दसौर का राजा बन गया।

1857 के दौरान ही सम्बलपुर राज्य के शासक सुरेन्द्र साय ने भी अंग्रेजों के खिलाफ मोर्चा संगठित किया। वह अंग्रेजों से असन्तुष्ट था; क्योंकि सुरेन्द्र साय को अंग्रेजों ने सम्बलपुर राज्य की गद्दी पर नहीं बैठने दिया था। संग्राम में पराजित होने पर सुरेन्द्र साय एवं उनके भाई उदय साय, घन साय और काका बलराम को बन्दी बनाकर हजारीबाग जेल में भेज दिया गया। लेकिन जल्दी ही सुरेन्द्र साय अपने भाईयों सहित जेल की दीवार तोड़कर भाग निकले तथा लगभग 2000 सैनिकों को एकत्रित कर अक्टूबर, 1857 में सम्बलपुर के किले पर आक्रमण कर दिया। अंग्रेजों ने धोखा देकर सुरेन्द्र साय को पुनः गिरफ्तार कर लिया; लेकिन वे फिर चकमा देकर भाग निकले एवं अंग्रेजों के खिलाफ विद्रोह को जारी रखा। आजादी के आन्दोलन की यह चिंगारी धीरे-धीरे मण्डलेश्वर (अब खरगौन जिला) में भी पहुंच गयी। मण्डलेश्वर स्थित घुड़सवार एवं पैदल सेना ने बगावत कर सेन्ट्रल जेल पर हमला बोल दिया। विद्रोहियों ने कैदियों की सहायता से सम्पूर्ण खजाना लूटकर जेल पर कब्जा कर लिया एवं अपने स्वतंत्र होने की घोषणा कर दी। इस घटना में बंगाल रेजीमेण्ट के कैप्टन बेंजामिन हेब्स मारे गए। इन विद्रोहियों ने लगभग 2 वर्ष तक मण्डलेश्वर पर स्वतंत्र रूप से शासन किया; लेकिन 1859 में एक बड़ी हथियारबंद अंग्रेजी सेना ने हमला करके विद्रोहियों को गिरफ्तार कर लिया एवं उन्हें सामूहिक रूप से फांसी दे दी गई। इसी समय यहीं के भीमा नायक के नेतृत्व में आदिवासियों की संगठित सेना ने सेंधवा में विद्रोह कर दिया, जिसे दबाने के लिए अंग्रेजी सेना को काफी प्रयास करने पड़े।

मण्डला जिले की एक छोटी-सी रियासत रामगढ़ की वीर अवन्तीबाई के पति की मृत्यु के समय उनका पुत्र नाबालिग था। अतः अंग्रेजों ने राज्य की देखभाल हेतु एक तहसीलदार की

नियुक्ति कर दी। इससे रानी अंग्रेज सरकार से नाराज थी। समय आने पर उसके नेतृत्व में सेना ने सबसे पहले मण्डला राज्य को, जिस पर अंग्रेजों की 'राज्य हड़पो' नीति की कुदृष्टि पड़ी थी, मुक्त कराने का संकल्प लिया। रानी की सेना ने मण्डला नगर की सीमा पर खेरी गांव में अपना मोर्चा जमाया एवं अंग्रेज सेनापति वार्डन को क्षमा मांगने के लिए मजबूर कर दिया। वार्डन अपने पुत्र के साथ रणभूमि से भाग गया। इसके बाद रानी ने अपने राज्य रामगढ़ की ओर कूच किया और अंग्रेजों द्वारा नियुक्त तहसीलदार को मौत के घाट उतार कर अपने राज्य पर अधिकार कर लिया; लेकिन इसी बीच वार्डन ने अपनी सेना को पुन: संगठित कर दिसम्बर, 1857 में रामगढ़ की ओर कूच कर दिया। तीन माह तक वह अपने अभियान में सफलता नहीं प्राप्त कर सका तभी रीवा राज्य की सेना की मदद से घेरा डाला गया। रानी को देवहारगढ़ के जंगल की ओर भागना पड़ा। जब अंग्रेज सेनापति वार्डन को इस बात का पता चला, तो उसने रानी का पीछा किया। रानी के मुट्ठी भर सैनिकों एवं अंग्रेजी सेना के बीच 20 मार्च, 1858 को युद्ध हुआ, जिसमें रानी के अधिकांश वीर सैनिक मारे गए। यह स्थिति देखकर उसने अंग्रेजों के हाथ जीवित पड़ने के बजाय मातृभूमि की बलिवेदी पर प्राण त्यागने का फैसला किया। उसने अंगरक्षिका गिरधारी बाई की कमर में बंधी कटार खींचकर अपनी छाती में घोंप ली। उसकी अंगरक्षिका ने भी ऐसा ही किया।

1857 के प्रथम स्वतंत्रता संग्राम के उपरान्त प्रदेश के सिवनी जिले में सन् 1916 से स्वतंत्रता आंदोलन की शुरूआत हुई। 1920-21 में कांग्रेस का असहयोग आंदोलन और खिलाफत आंदोलन साथ-साथ आरम्भ हुआ। असहयोग आंदोलन का नेतृत्व श्री प्रभाकर डुण्डीराज जटार खां ने अपनी वकालत छोड़कर किया। अब्दुल जब्बार खां ने खिलाफत आन्दोलन का नेतृत्व किया। सन् 1923 के नागपुर 'झण्डा सत्याग्रह' में सिवनी से भारी संख्या में स्वाधीनता सेनानियों ने भाग लिया। नागपुर में इस झण्डा सत्याग्रह का नेतृत्व एवं संचालन महात्मा भगवानदीन जनरल आवरी एवं पूनम चंद राका ने किया। 1929-30 में नमक सत्याग्रह के समय सिवनी के श्री दुर्गा शंकर मेहता ने गांधी चौक पर नमक बनाकर सत्याग्रह किया। सन् 1922 में मध्य प्रदेश की भोपाल रियासत की सीहोर कोतवाली के समक्ष विदेशी फेल्ट हैट की होली जली। इसी समय सामन्तशाही के विरुद्ध तथा लोकतंत्रीय शासन की स्थापना के लिए जन आन्दोलन छेड़ने के उद्देश्य से पं. जवाहरलाल नेहरू की अध्यक्षता में अखिल भारतीय देशी राज्य लोक परिषद् की स्थापना की गई। तदनुसार सन् 1938 में भोपाल राज्य प्रजामण्डल की स्थापना हुई। मौलाना तरजी मशरिकी सदर एवं चतुर नारायण मालवीय इस मण्डल के मंत्री चुने गए, जिन्होंने खुले अधिवेशन में नागरिक स्वतंत्रता की मांग का प्रस्ताव पेश किया।

सन् 1923 में जबलपुर से आरम्भ हुए 'झण्डा सत्याग्रह' का निर्देशन सर्वश्री देवदास गांधी, रामगोपालाचार्य तथा डॉ. राजेन्द्र प्रसाद ने किया। राष्ट्रीय ध्वज लहराने के प्रश्न पर पं. सुन्दर लाल को छ: मास के कारावास की सजा की गई। जबलपुर में सेठ गोविन्ददास एवं पं. द्वारिका प्रसाद मिश्र के नेतृत्व में 6 अप्रैल, 1930 को 'नमक सत्याग्रह' का आरम्भ किया गया।

यहीं पर इस वर्ष हुए 'जंगल सत्याग्रह' आन्दोलन में सेठ गोविन्ददास, पं. माखनलाल चतुर्वेदी, पं. रविशंकर शुक्ल, पं. द्वारिका प्रसाद मिश्र तथा विष्णु दयाल भार्गव को गिरफ्तार कर उन पर राजद्रोह का मुकदमा चलाया गया।

वर्तमान बैतूल जिले के घोड़ा-डोगरी क्षेत्र के आदिवासियों ने इस आन्दोलन में अपनी महत्त्वपूर्ण भूमिका निभाई। सन् 1930 के जंगल सत्याग्रह के आह्वान के समय तो इस अंचल का प्रत्येक आदिवासी कंधे पर कम्बल डाले तथा हाथ में लाठी लेकर ब्रिटिश साम्राज्य को चुनौती देने जंगलों एवं पहाड़ों से निकल पड़ा था। इनके द्वारा आरम्भ किए गए 'जंगल सत्याग्रह' का मुकाबला करने में अंग्रेजी सरकार को काफी प्रयास करने पड़े।

1938 ई. में खंडवा, सीहोर, जबलपुर आदि नगरों में नमक कानून तोड़ा गया। रतलाम में राष्ट्रीय आन्दोलन का सूत्रपात स्वामी ज्ञानानन्द की प्रेरणा से आरम्भ हुआ। 1920 में रतलाम कांग्रेस कमेटी की स्थापना की गई एवं श्री मोहम्मद उमरखान इसके अध्यक्ष बनाए गए। सन् 1931 में 'स्त्री सेवादल' की स्थापना की गई। सन् 1935 में प्रजा परिषद् की स्थापना की गई जिसने किसान और मजदूरों को संगठित करने का प्रयत्न किया।

इस प्रकार मध्य प्रदेश के लगभग प्रत्येक जिले ने स्वाधीनता के लिए स्वाधीनता संग्राम के प्रथम आन्दोलन से लेकर उसकी प्राप्ति तक अपनी महत्त्वपूर्ण भूमिका निभाई; साथ ही उसे चिरस्थायी बनाए रखने में भी महत्त्वपूर्ण योगदान दिया है। 15 अगस्त, 1947 को देश स्वतंत्र हुआ। देश के साथ-साथ रियासती प्रजा को भी मुक्ति मिली। मध्य भारत की सभी रियासतों को मिलाकर मध्य भारत राज्य बनाया गया। रीवा, पन्ना, छतरपुर आदि का एकीकरण कर विंध्य प्रदेश का गठन हुआ। भोपाल भी राज्य घोषित किया गया। स्वाधीनता के तुरन्त बाद देशी रियासतों के विलय की प्रक्रिया प्रारंभ हुई। वर्तमान मध्य प्रदेश का जन्म भारत के स्वतंत्र होने के बाद हुआ। ब्रिटिश शासन काल में सेन्ट्रल प्राविन्सेज व बरार नामक एक प्रान्त अवश्य था, किन्तु उसकी सीमाएं वर्तमान मध्य प्रदेश से सर्वथा अलग थीं। महाकौशल तथा बरार के जिले इस प्रान्त में सम्मिलित थे तथा बीच-बीच में बघेलखण्ड व छत्तीसगढ़ जैसी अन्य छोटी-छोटी रियासतें भी थीं जो सम्मिलित रूप में 'सेन्ट्रल इण्डिया' के नाम से जानी जाती थीं। सन् 1947 में सेन्ट्रल प्राविन्स व बरार में बघेलखण्ड व छत्तीसगढ़ की रियासतों को सम्मिलित कर मध्य प्रदेश का राज्य बना जो पार्ट 'ए' की स्टेट थी। इसकी राजधानी नागपुर थी। उसी समय उत्तर में स्थित रियासतों को मिलाकर विंध्य प्रदेश बनाया गया, जिसकी राजधानी रीवा थी। पूर्व मध्य प्रदेश के पश्चिम में स्थित रियासतों को मिलाकर 'मध्य भारत' ('बी' स्टेट) राज्य बनाया गया, जिसकी राजधानी ग्वालियर तथा इन्दौर दोनों ही रखी गईं। भोपाल को पृथक् राज्य ('सी' स्टेट) का दर्जा प्राप्त हुआ। सन् 1956 के राज्य पुनर्गठन आयोग द्वारा राज्य की सीमा में परिवर्तन किए गए। इस प्रकार सीमाओं में भारी परिवर्तन के पश्चात् वर्तमान मध्य प्रदेश का निर्माण 1 नवम्बर, 1956 को हुआ। नए मध्य प्रदेश की राजधानी भोपाल रखी गई, जो पूर्व में सीहोर जिले की एक तहसील थी। 1 नवम्बर, 2000 को मध्य प्रदेश का विभाजन कर नया राज्य छत्तीसगढ़ बना दिया गया है।

4
अपवाह तंत्र

मध्य प्रदेश की नदियों को दो वर्गों में बांटा जा सकता है—एक वे, जो केवल वर्षा ऋतु में पानी से भर जाती हैं, परंतु अन्य मौसमों में सूखी पड़ी रहती हैं और दूसरी वे नदियां हैं, जिनमें पूरे वर्ष पानी रहता है। मध्य प्रदेश में नदियां विभिन्न दिशाओं की ओर बहती हैं। उत्तर की ओर बहने वाली नदियां चम्बल, बेतवा, सोन, केन आदि हैं तथा दक्षिण की ओर बहने वाली नदियां बैनगंगा आदि हैं। पश्चिम की ओर बहने वाली नदियां नर्मदा व ताप्ती हैं। इन नदियों के अतिरिक्त अन्य बहुत सी छोटी-छोटी सहायक नदियां भी हैं। ये सभी नदियां प्रदेश की विभिन्न दिशाओं में बहती हैं।

मध्य प्रदेश की प्रमुख नदियां

1. नर्मदा नदी : नर्मदा नदी को मध्य प्रदेश की 'जीवन रेखा' कहा जाता है। यह भारत की सात पवित्रतम नदियों में से एक है। यह नदी मध्य प्रदेश के अनूपपुर जिले के मैकाल पर्वतमाला की अमरकंटक नामक पहाड़ी से निकलती है और एक तंग, गहरी एवं सीधी घाटी से होकर पश्चिम की ओर बहती है। मण्डला नगर को घेरते हुए यह उत्तर दिशा की ओर मुड़ जाती है। यह नदी मण्डला, जबलपुर, नरसिंहपुर, होशंगाबाद, खण्डवा तथा खरगौन और गुजरात के भरूच जिलों में बहती हुई खंभात की खाड़ी में गिरती है। यह नदी 1312 किलोमीटर लम्बी है और मध्य प्रदेश में 1077 किमी. बहती है। इसका अपवाह क्षेत्र 93180 वर्ग किमी. है।

2. ताप्ती नदी : ताप्ती नाम का उद्भव संस्कृत के 'ताप' शब्द से हुआ है। तापी या ताप्ती नदी मध्य प्रदेश के बैतूल जिले में मुल्ताई (मूल ताप्ती) नगर के पास से सतपुड़ा के दक्षिण में 762 मीटर की ऊंचाई से निकलती है। यह नदी पूर्व से पश्चिम नर्मदा के समानान्तर बहने के पश्चात् खम्भात की खाड़ी में गिरती है। इसकी लम्बाई 724 किमी. है। इसका वार्षिक अपवाह 86340 लाख घन मीटर है। भैसदेही की सीमा में दक्षिण-पश्चिम की ओर मुड़कर बुरहानपुर के मध्य से होकर महाराष्ट्र में प्रवेश करती है। पूर्वा, गिरना, बोरी, पांछरा बाघुड और शिवा ताप्ती की अन्य सहायक नदियां हैं।

3. चम्बल नदी : प्राचीनकाल में चर्मणवती के नाम से जानी जाने वाली नदी वर्तमान में चम्बल नदी के नाम से विख्यात है। यह नदी इन्दौर जिले की महू तहसील के समीप स्थित जानापाव नामक पहाड़ी (854 मीटर ऊंची) से निकलकर उत्तर-पूर्व की ओर मध्य प्रदेश के धार, उज्जैन, रतलाम, मन्दसौर जिलों में बहती हुई राजस्थान के बूंदी, कोटा और धौलपुर में बहती है; फिर पूर्वी भाग में बहती हुई इटावा से 38 किलोमीटर दूर यमुना नदी में जा मिलती है।

4. बेतवा नदी : बेतवा नदी मध्य प्रदेश के रायसेन जिले के कुमरा नामक गांव से निकलती है। इसका प्राचीन नाम वेत्रवती नदी है। बेतवा नदी मध्य प्रदेश एवं उत्तर प्रदेश में विचरण करने के पश्चात् उत्तर प्रदेश के हमीरपुर जनपद स्थित यमुना नदी में मिल जाती है। इसका बहाव क्षेत्र उत्तर की ओर है। इस नदी की कुल लम्बाई 380 किमी. है।

5. सोन नदी : यह नदी विन्ध्याचल पर्वत की अमरकंटक की पहाड़ियों से पेन्ड्रा रेलवे स्टेशन से लगभग 19 किमी. दूर स्थित सोनकुण्ड से निकलती है। यह नदी 780 किमी. लम्बी है। सोन नदी मध्य प्रदेश, उत्तर प्रदेश और बिहार में बहती हुई पटना के समीप दानापुर के पास गंगा नदी में मिल जाती है। इसका अपवाह क्षेत्र 17900 वर्ग किमी. है। इसकी सहायक नदी उत्तरी कोयल है।

6. क्षिप्रा नदी : क्षिप्रा नदी मध्य प्रदेश के इन्दौर जिले के समीप काकरी बरडी नामक पहाड़ी से निकलती है। यह नदी 195 किमी. लम्बी है तथा 93 किमी. तक मध्य प्रदेश के उज्जैन जिले में प्रवाहित होती है। पुन: रतलाम और मन्दसौर जिले में बहती हुई यह चम्बल नदी में मिल जाती है। खान और गंभीर इसकी सहायक नदियां हैं।

7. टौंस नदी : टौंस नदी मध्य प्रदेश के सतना जनपद की मैहर तहसील के झुलेरी स्टेशन के समीप कैमूर की पहाड़ियों से निकलती है। यह उत्तर प्रदेश में इलाहाबाद की मेजा तहसील में सिरसा नामक स्थान के पास गंगा नदी में मिल जाती है। वेलन इसकी सहायक नदी है।

8. काली सिंध नदी : काली सिंध नदी देवास के समीप बागली नामक गांव से निकलकर चम्बल नदी में मिल जाती है।

9. केन नदी : केन नदी मध्य प्रदेश के जबलपुर जिले की कटनी नामक तहसील से निकलती है। यह उत्तर प्रदेश में बांदा जनपद की सीमा में 160 किमी. बहने के बाद यमुना नदी में मिल जाती है।

10. बैनगंगा नदी : बैनगंगा मध्य प्रदेश के सिवनी जिले के परसवाड़ा पठार (450 मीटर ऊंचा) से निकलकर सिवनी-छिंदवाड़ा के मध्य बहती है तथा 300 मीटर गहरी घाटी में उतर आती है। वर्धा नदी एवं बैनगंगा का संगम स्थल 'प्राणदिता' के नाम से जाना जाता है।

11. तवा नदी : यह नदी पंचमढ़ी के पास महादेव पर्वत की कालीभीत पहाड़ियों से निकलकर उत्तर की ओर बहती है। यह होशंगाबाद की प्रमुख नदी है। इसकी सहायक देनवा नदी पंचमढ़ी के पठार से निकलती है। इसकी अन्य सहायक नदियों में मालिनी और सुखतवा हैं। अन्त में यह नर्मदा नदी में मिल जाती है।

12. पार्वती नदी : यह नदी विन्ध्यन कगार के उत्तरी ढाल से निकलती है। मध्य भारत के पठार पर यह नदी केवल चचौड़ा तथा गुना तहसीलों की सीमा पर 37 किमी. बहती है और अन्त में चम्बल नदी में मिल जाती है।

13. शक्कर नदी : यह नदी नर्मदा की सहायक नदी है, जो उसमें बायीं ओर से मिलती है। इस नदी का उद्गम छिंदवाड़ा जिले के अमरवाड़ा से 18 किमी. उत्तर में है। उद्गम के बाद यह सतपुड़ा महाखड्ड कोयला क्षेत्र को पार करती हुई कुछ उत्तर में बहकर नर्मदा में मिल जाती है।

14. कुवारी नदी : यह नदी शिवपुरी पठार से निकलती है। सिन्ध की सहायक यह नदी मुरैना पठार के जल विभाजक द्वारा कुनू तथा चम्बल से अलग होकर पूर्व की ओर चम्बल के समानान्तर प्रवाहित होने लगती है तथा भिण्ड जिले की लहार तहसील में सिन्ध से मिल जाती है।

15. छोटी तवा नदी : बैतूल जिले में छोटी तवा नदी वृक्षाभ अपवाह क्रम वाली है। यह आवना-सुक्ता नदियों से मिलकर बनी है। सुक्ता खानदेश से बुरहानपुर में प्रवेश कर खण्डवा के उत्तर में आवना से मिल जाती है।

16. वर्धा नदी : यह नदी मुल्ताई के उत्तर-पूर्व में वर्धन शिखर (811 मीटर) से निकलकर महाराष्ट्र में बैनगंगा से मिल जाती है। गहरे चट्टानी क्षेत्र में यह तीव्र प्रवाह वाली नदी है।

17. कुनू नदी : इसका उद्भव शिवपुरी पठार से है। उद्गम के बाद यह संकरी व गहरी घाटी में बहती है तथा अपने मार्ग के अवरोधक मुरैना पठार को सफलतापूर्वक पार करती हुई चम्बल नदी से मिल जाती है। इस नदी की कुल लम्बाई 180 किमी. है।

18. गार नदी : यह नदी नर्मदा की सहायक नदी है। यह सिवनी के लखना क्षेत्र से निकलकर कोयले की संकरी घाटी में से बहती हुई उत्तर की ओर जाकर नर्मदा के बायें तट से मिल जाती है।

19. सिन्ध नदी : यह गुना जिले में सिरोंज के निकट से निकलती है। गुना, शिवपुरी, दतिया और भिण्ड में बहती हुई यह इटावा जिले (उत्तर प्रदेश) के पास चम्बल नदी से मिल जाती है।

प्रदेश के प्रमुख जलप्रपात

जल प्रपात	जिस नदी पर जलप्रपात बनता है
1. कपिलधारा जलप्रपात	नर्मदा नदी
2. दुग्धधारा जलप्रपात	नर्मदा नदी
3. धुंआधार जलप्रपात	नर्मदा नदी
4. मान्धार जलप्रपात	नर्मदा नदी
5. दरदी जलप्रपात	नर्मदा नदी
6. सहस्रधारा जलप्रपात	नर्मदा नदी
7. पुनास जलप्रपात	नर्मदा नदी
8. खड़ा जलप्रपात	बेतवा नदी
9. भालकुण्ड जलप्रपात	बेतवा नदी
10. टोंस जलप्रपात	टोंस नदी

मध्य प्रदेश की प्रमुख नदियाँ

क्र०	नदी	उद्गम स्थल	लम्बाई	सहायक नदियाँ	कहाँ जाती है
1.	नर्मदा	अमरकण्टक (जिला अनूपपुर)	कुल-1310 किमी. मध्य प्रदेश में 1077 किमी.	हिरन, तिन्दोली बनास, चन्द्रकेशर कानर, बरना, मान उरी, हथनी, बरनार, बजर, शेर, शक्कर, दूधी, तथा गंजाल, छोटा तवा, कुन्दी, देव और गोई	गुजरात में खम्भात की खाड़ी (अरब सागर) में।
2.	चम्बल	महू (इन्दौर) के निकट से जानापव पहाड़ी से	965 किमी.	काली सिन्ध, पार्वती, बनास	यमुना नदी, (इटावा, उत्तर प्रदेश) में
3.	ताप्ती	बैतूल जिले के मुल्ताई के निकट	724 किमी.	पूरणा	खम्भात की खाड़ी (अरब सागर)
4.	सोन नदी	अमरकण्टक (अनूपपुर)	780 किमी.	जोहिला	बिहार में पटना के पास गंगा नदी में
5.	बेतवा	कुमरा गाँव (रायसेन)	380 किमी.	बीना, धसान, सिंध	यमुना (हमीरपुर उ.प्र.) में
6.	तवा	पंचमढ़ी (महादेव पर्वत)		देनवा, मालिनी, सुखतवा, कालीभीत	नर्मदा में
7.	क्षिप्रा	काकरी बरड़ी (इन्दौर)	195 किमी.		चम्बल में
8.	बैनगंगा	परसवाड़ा पठार (सिवनी)			गोदावरी में
9.	केन	विन्ध्याचल पर्वत			यमुना में
10.	सिन्ध	सिंरोज (गुना)			चम्बल नदी (उत्तर प्रदेश) में
11.	काली सिन्ध	बागली गाँव (देवास)	150 किमी.		चम्बल (राजस्थान) में
12.	गार	लखना (सिवानी)			नर्मदा में
13.	छोटी तवा	बैतूल			आवना (खण्डवा) में
14.	शक्कर	अमरवाड़ा (छिन्दवाड़ा)			नर्मदा में
15.	वर्धा	वर्धन-शिखर (बैतूल)			बैनगंगा (महाराष्ट्र) में
16.	कुवारी	शिवपुरी पठार			चम्बल में
17.	पार्वती	सिहोर जिले में			चम्बल में
18.	कूनू (कुनो)	शिवपुरी पठार	180 किमी.		चम्बल में
19.	टौन्स	कैमूर पहाड़ी (मैहर; सतना)			गंगा (सिरसा उत्तर प्रदेश) में

5
प्रदेश की जलवायु एवं मिट्टियां

भारत के मध्य में स्थित होने के कारण मध्य प्रदेश में मानसून जलवायु की सभी विशेषताएं मिलती हैं। भारत में 21 मार्च के बाद सूर्य उत्तरायण होता है। सूर्य की किरणें लम्बवत् होती जाती हैं तथा 21 जून को कर्क रेखा के निकट सूर्य लम्बवत् होता है। कर्क रेखा मध्य प्रदेश के उत्तरी भाग से होती हुई जाती है, अत: तेज धूप के फलस्वरूप तापमान बढ़ता जाता है, जिससे उत्तर-पश्चिम भाग में न्यून वायुभार का केन्द्र स्थापित हो जाता है। इस काल में हिन्द महासागर पर अपेक्षाकृत कम तापमान और अधिक वायुभार होता है। वायुभार की ढाल दक्षिण से पश्चिम की ओर होती है तथा उसी दिशा में हवा बहती है। जून तक उत्तर-पश्चिम का न्यून वायुभार केन्द्र इतना तीव्र हो जाता है कि न केवल समीपवर्ती समुद्रों की हवाएं स्थल की ओर आने लगती हैं, बल्कि हिन्द महासागर के दक्षिणी भाग में, जो विषुवत रेखा के दक्षिण में पड़ता है, हवाएं आकर्षित होने लगती हैं। समुद्रों से आने वाली इन मानसूनी हवाओं से मध्य प्रदेश में वर्षा होती है।

23 सितम्बर के पश्चात् सूर्य दक्षिणायन होने लगता है। सूर्य की किरणें तिरछी होती जाती हैं, फलस्वरूप तापमान गिरने लगता है। हिन्द महासागर पर सूर्य की किरणें अपेक्षाकृत सीधी पड़ती हैं व तापमान अधिक होता है, परिणामस्वरूप न्यून वायुभार पाया जाता है। जनवरी में लगभग 1025 मिलीबार की रेखा भारत के बिल्कुल दक्षिणी भाग तथा हिन्द महासागर पर से जाती है। अत: हवाओं की दिशा स्थल से जल की ओर, अर्थात् उत्तर पूर्व से दक्षिण-पश्चिम की ओर हो जाती है। यह सूखा मानसून होता है, इनसे केवल स्थानीय वर्षा होती है। उत्तरी पश्चिमी भारत में जाड़े के मौसम में चक्रवातों से कुछ वर्षा अवश्य हो जाती है।

मध्य प्रदेश की जलवायु इसी विशाल मानसूनी व्यवस्था का अंग है तथा जलवायु के सभी तत्व इसी मानसून से निर्देशित होते हैं। जाड़े व गर्मी दोनों ही मौसम में वायुभार की रेखाएं पूर्व से पश्चिम की ओर जाती हैं। जुलाई में जब 1000 मिलीबार की रेखा मध्य प्रदेश के बीच से गुजरती है तो हवाओं की दिशा पश्चिम और दक्षिण-पश्चिम से उत्तर-पूर्व की ओर होती है। जनवरी में 1030 मिलीबार की रेखा फिर मध्य प्रदेश को काटती हुई जाती है, किन्तु इस समय हवाओं की दिशा उत्तर और उत्तर-पश्चिम से दक्षिण-पश्चिम की ओर होती है। मध्य प्रदेश भारत

के मध्य में स्थित है, इसलिए यहां तक समुद्री प्रभाव नहीं पहुंचता है; फलस्वरूप तटीय प्रदेशों की तुलना में यहां वर्षा भी कम होती है तथा वार्षिक व दैनिक तापमान में अन्तर भी अधिक पाया जाता है।

मध्य प्रदेश भारत का द्वितीय सबसे बड़ा राज्य है। इसकी विशालता के कारण राज्य के विभिन्न भागों में भिन्न-भिन्न प्रकार की जलवायु पाई जाती है। मध्य प्रदेश को जलवायु के आधार पर चार भागों में विभाजित किया जा सकता है :

1. मालवा का पठार : इस पठार की जलवायु साधारणतया सम है। यहां ग्रीष्म ऋतु में न तो अधिक गर्मी पड़ती है और न ही शीत ऋतु अधिक ठण्डी होती है।

2. उत्तर का मैदान : समुद्र से दूर स्थित होने के कारण उत्तर का मैदानी भाग ग्रीष्म ऋतु में अधिक गर्म और शीत ऋतु में अधिक ठण्डा रहता है।

3. विन्ध्याचल का पहाड़ी भाग : इस पहाड़ी भाग में ग्रीष्म ऋतु में अधिक गर्मी नहीं होती है और शीत ऋतु में साधारण ठण्ड पड़ती है। अमरकण्टक और पंचमढ़ी आदि स्वास्थ्यवर्धक स्थान इसी भाग में स्थित हैं।

4. नर्मदा की घाटी : इस घाटी के निकट से कर्क रेखा गुजरती है। अत: ग्रीष्म ऋतु अत्यधिक गर्म और शीत ऋतु साधारण ठण्डी रहती है।

प्रदेश का तापमान एवं वर्षा वितरण

तापमान : मार्च में सूर्य के उत्तरायण होते ही सम्पूर्ण मध्य प्रदेश में तापमान बढ़ने लगता है, किन्तु उसका वितरण असमान होता है। दक्षिणी भागों में समुद्री निकटता के कारण औसत तापमान कम होता है। उदाहरणस्वरूप सम्पूर्ण उत्तरी मध्य प्रदेश में तापमान 21-25° सेंटीग्रेड के बीच मिलता है (ग्वालियर 23.3° सेंटीग्रेड, इन्दौर 24.6° सेंटीग्रेड, नौगांव 24.2° सेंटीग्रेड, होशंगाबाद 26.2° सेंटीग्रेड) होता है। इस समय समताप रेखाएं पूर्व से पश्चिम की ओर जाती हैं। इस समय तक थल भाग अधिक गर्म नहीं हो पाता है, अत: तापमान नीचा रहता है।

मार्च से जून तक तापमान बहुत तेजी से बढ़ता है। जून तक तापमान की वितरण स्थिति बहुत भिन्न हो जाती है। इस समय मध्य प्रदेश के उत्तरी भागों में औसत तापमान अधिकतम होता है तथा दक्षिण व दक्षिण-पूर्व की ओर कम हो जाता है। उत्तरी भागों में, जबकि मई का औसत मासिक तापमान 42° सेंटीग्रेड से ऊपर पहुंच जाता है, तब दक्षिण तथा दक्षिण-पूर्व में यह अपेक्षाकृत कम रहता है—(जून में नीमच 31.2° सेंटीग्रेड, सतना 32.9° सेंटीग्रेड, ग्वालियर 34.2° सेंटीग्रेड, जबलपुर 31.3° सेंटीग्रेड, खण्डवा 31.5° सेंटीग्रेड तापमान रहता है)। मानसून के कारण मध्य प्रदेश के अधिकांश भागों में मई का औसत तापमान जून के औसत तापमान से अधिक होता है।

जून के आते ही तापमान अचानक गिरने लगता है तथा जून के तापमान की तुलना में जुलाई का तापमान बहुत कम हो जाता है, क्योंकि आर्द्रता एवं मेघाच्छादित आकाश के कारण तापमान अधिक नहीं बढ़ पाता है—(जुलाई में सागर 26.6° सेंटीग्रेड, जबलपुर 26.9° सेंटीग्रेड, सतना 28.4° सेंटीग्रेड, तापमान रहता है)। सितम्बर तक तापमान में अधिक भिन्नता नहीं होती है, किन्तु सितम्बर-अक्टूबर में जब आकाश स्वच्छ होता है, तब तापमान में हल्की सी वृद्धि होती है। अक्टूबर से जनवरी तक तापमान निरन्तर गिरता जाता है। पुन: उत्तरी भागों का तापमान दक्षिण की तुलना में कम रहता है—(जनवरी में ग्वालियर 15.3° सेंटीग्रेड, होशंगाबाद 19.6° सेंटीग्रेड तापमान रहता है)। अपेक्षतया ऊंचे स्थानों, जैसे पंचमढ़ी और पेंड्रा का तापमान और अधिक गिर जाता है। ये भाग गर्मी के मौसम में भी अधिक गर्म नहीं हो पाते हैं। इसके विपरीत ग्वालियर अधिक गर्म हो जाता है।

मध्य प्रदेश के लगभग सभी भागों में दैनिक तापान्तर मार्च में सबसे अधिक होता है, क्योंकि इस समय आकाश स्वच्छ रहता है व वायु में आर्द्रता बहुत कम होती है। भोपाल में जनवरी में दैनिक तापान्तर अधिकतम होता है, क्योंकि वहां जाड़े की वर्षा के कारण रात्रि का तापमान बहुत अधिक गिर जाता है।

वर्षा : मध्य प्रदेश में वर्षा सभी स्थानों पर एकसमान नहीं होती। यह भिन्नता मुख्यत: यहां की भौतिक बनावट का परिणाम है। यही कारण है कि सम वर्षा की रेखाएं बहुत अधिक मोड़दार हैं। मध्य प्रदेश में वर्षा मानसूनी जलवायु के कारण होती है। अधिकांश वर्षा जून से सितम्बर तक होती है। यह वर्षा उन हवाओं के द्वारा होती है, जिन्हें दक्षिण-पश्चिम मानसून कहते हैं। दिसम्बर व जनवरी में कुछ वर्षा चक्रवातों से होती है। अन्य महीनों में बहुत कम वर्षा होती है। मध्य प्रदेश में मानसून की वर्षा बंगाल की खाड़ी व अरब सागर दोनों ही स्थानों से उठने वाली हवाओं से होती है। पश्चिमी भाग जब अरब सागर की मानूसनी हवाओं से जल पाते हैं, उसी समय पूर्वी भाग में बंगाल की खाड़ी से उठने वाली हवाएं वर्षा करती हैं, किन्तु इन दोनों ही धाराओं में उत्तरी-पश्चिमी भागों तक पहुंचते-पहुंचते बहुत कम आर्द्रता रह जाती है अत: यहां औसत वार्षिक वर्षा बहुत कम होती है।

मध्य प्रदेश में सबसे अधिक वर्षा पूर्वी भाग में होती है। मण्डला, बालाघाट तथा सीधी में अधिक वर्षा होती है, जिनके मध्यवर्ती भागों में 165.1 सेमी. वर्षा होती है। इसी प्रकार पश्चिमी मध्य प्रदेश की अपेक्षा कम वर्षा वाले भाग के मध्य महादेव की पहाड़ी पर 199.0 सेमी. तक वर्षा होती है।

पश्चिमी मध्य प्रदेश में औसत वार्षिक वर्षा 75 सेमी. से कम होती है। औसत वर्षा उत्तर तथा पश्चिम की ओर कम होती है। मालवा और बुन्देलखण्ड के पठार पर औसत वर्षा 76-114 सेमी. तक होती है। उत्तर में चम्बल की निचली घाटी, अर्थात ग्वालियर, मुरैना, भिण्ड व शिवपुरी में केवल 62.5 सेमी. से 114.3 सेमी. के लगभग औसत वर्षा होती है।

पश्चिमी जिलों, जैसे—खरगौन, धार, झाबुआ, रतलाम व मन्दसौर में भी औसत वर्षा 76.2 सेमी. से कम होती है। दूसरे शब्दों में यह भी कहा जा सकता है कि 75 सेमी. से कम वार्षिक वर्षा वाले क्षेत्र अधिकतर पश्चिमी मध्य प्रदेश में हैं और 75 सेमी. से अधिक वर्षा वाले क्षेत्र पूर्वी मध्य प्रदेश में हैं।

प्रदेश की मिट्टियां

मध्य प्रदेश में काली, लाल, पीली, जलोढ़ और कछारी मिट्टी मिलती हैं। काली मिट्टी के तीन वर्ग हैं—गहरी, साधारण और उथली काली मिट्टी। सम्पूर्ण मध्य प्रदेश की मिट्टी का बड़े पैमाने पर सर्वेक्षण नहीं हो सका है, इसलिए उसका प्रादेशिक वितरण केवल बड़े वर्गों में ही उपलब्ध है। मध्य प्रदेश का अधिकांश भाग पठारी है। यह भारत के दक्षिणी प्रायद्वीपीय पठार का वह भू-भाग है, जहां विस्तृत प्रदेश में अवशिष्ट मिट्टी पाई जाती है, क्योंकि यहां की मिट्टी की प्रकृति का निर्धारण करने में यहां स्थित चट्टानें महत्त्वपूर्ण भूमिका निभाती हैं। अत: जैव पदार्थ इस मिट्टी में बहुतायत में मिलते हैं। इस पठारी भाग पर जल निकास की कोई समस्या नहीं है, किन्तु भूमि के त्रुटिपूर्ण उपयोग ने मिट्टी के कटाव की समस्याएं अवश्य उत्पन्न कर दी हैं। मध्य प्रदेश अत्यधिक प्राचीन भूखण्ड का भाग है एवं चट्टानों से आच्छादित है, इसलिए यहां की मिट्टी भी उन्हीं चट्टानों से बनी हुई है, फलस्वरूप नदियों के कछारों के अतिरिक्त लगभग सम्पूर्ण प्रदेश में जलोढ़ मिट्टी पाई जाती है। सम्पूर्ण मध्य प्रदेश में चार प्रकार की मिट्टियां पाई जाती हैं—1. काली मिट्टी, 2. लाल तथा पीली मिट्टी, 3. जलोढ़ मिट्टी, 4. मिश्रित मिट्टी।

1. काली मिट्टी : मध्य प्रदेश में काली मिट्टी प्रमुखत: सतपुड़ा के कुछ भाग, नर्मदा घाटी एवं मालवा के पठार में मिलती है। यह मन्दसौर, रतलाम, धार, झाबुआ, खण्डवा, खरगौन, इन्दौर, देवास, उज्जैन, सीहोर, शाजापुर, राजगढ़, भोपाल, रायसेन, विदिशा, सागर, दमोह, जबलपुर, नरसिंहपुर, होशंगाबाद, बैतूल, छिंदवाड़ा, सिवनी, गुना, शिवपुरी व सीधी जिलों में पाई जाती है, क्योंकि इस प्रदेश का भू-भाग दक्कन के पठार के उत्तरी-पश्चिमी भाग का हिस्सा है।

काली मिट्टी के निर्माण के सम्बन्ध में विद्वानों के कई मत हैं। कुछ विद्वानों के अनुसार यह मिट्टी मुख्यत: परिपक्व मिट्टी है, जिसका निर्माण भूतल की विशेषताओं एवं जलवायु सम्बन्धी कारणों से हुआ है, न कि लावा के चट्टानों द्वारा। इन विद्वानों के अनुसार यह मिट्टी उन्हीं क्षेत्रों में मिलती है, जहां वर्षा की मात्रा 50 से 75 सेमी. तक होती है। परन्तु इन विद्वानों की राय के विपरीत आधुनिक मान्यता यह है कि यह मिट्टी ज्वालामुखी विस्फोट से निकले हुए लावे के जम जाने से बनी है।

काली मिट्टी का रंग गहरा काला और कणों की बनावट घनी एवं महीन होती है। इसमें जल अधिक देर तक ठहर सकता है, किन्तु सूख जाने पर इनमें दरारें पड़ जाती हैं। निम्न भूमि पर यह मिट्टी गहरी और अधिक काली होती है। इसमें गेहूं, कपास, गन्ना, केला, ज्वार, तम्बाकू, रेंडी, मूंगफली, बाजरा पैदा किए जाते हैं। इस मिट्टी में पोटाश, चूना, मैग्नेशियम, एल्यूमीना तथा लोहा पर्याप्त मात्रा में पाया जाता है; किन्तु इसमें फास्फोरस, नाइट्रोजन तथा जीवाश्मों का अभाव पाया जाता है। इस मिट्टी में घुलनशील अंश 68.71 प्रतिशत, फैरिक ऑक्साइड 11.24 प्रतिशत, एल्यूमीना 9.39 प्रतिशत, जल तथा जीवांश 5.83 प्रतिशत, चूना 1.81 प्रतिशत तथा मैग्नेशिया 1.79 प्रतिशत हैं। काली मिट्टी को सामान्यतया तीन भागों में बांटा जाता है :

(क) **छिछली काली मिट्टी** : इसका निर्माण बैसाल्ट ट्रैप से हुआ है। यह मिट्टी सामान्य दोमट से लगाकर चिकनी व गहरे रंगों से बनी है।

(ख) **मध्यम काली मिट्टी** : इसका निर्माण बैसाल्ट, धारवाड़, ग्रेनाइट, शिष्ट, नीस आदि चट्टानों की टूट-फूट से होता है। इसकी गहराई 50 से 120 सेमी. तक होती है। यह मिट्टी मुख्यत: उत्तरी पश्चिमी मध्य प्रदेश में मिलती है।

(ग) **गहरी काली मिट्टी** : यही वास्तविक काली मिट्टी है, जिसका निर्माण ज्वालामुखी के उद्गार से हुआ है। यह मिट्टी बहुत उपजाऊ होती है।

2. लाल और पीली मिट्टी : ये मिट्टियां अपक्षय के प्रभाव से प्राचीन रवेदार और परिवर्तित चट्टानों की टूट-फूट के कारण बनती हैं। यह अपने बनने के स्थान पर ही पड़ी रहती हैं। कहीं-कहीं लोहा मिला होने से इस मिट्टी का रंग लाल हो गया है। कहीं-कहीं इसका रंग भूरा, चॉकलेटी, पीला अथवा काला भी हो गया है, क्योंकि इनमें मूल चट्टान में चॉकलेट रंग वाले खनिज तत्व (जैसे फेलस्पार) के महीन कण भी पाए जाते हैं।

अनेक प्रकार की चट्टानों से बनी होने के कारण इनमें गहराई और उर्वरा शक्ति में भिन्नता पाई जाती है। ये मिट्टियां अत्यन्त रंध्रयुक्त होती हैं और अत्यन्त बारीक तथा गहरी होने पर ही उपजाऊ होती हैं, अत: शुष्क ऊंचे मैदानों में ये उपजाऊ नहीं होतीं। यहां पर ये हल्के रंग की, पथरीली और कम गहरी होती हैं। इनमें बालू के समान मोटे कण पाए जाते हैं। निचले भागों की मिट्टी गहरे लाल रंग की, अधिक गहरी और उपजाऊ होती है। इस मिट्टी में लोहा, अल्यूमीनियम और चूना यथेष्ट मात्रा में होता है, किन्तु नाइट्रोजन, फास्फोरस और वनस्पति का अंश कम होता है। लाल मिट्टी का रासायनिक संगठन इस प्रकार का है : अघुलनशील तत्व 90.47 प्रतिशत, लोहा 3.61 प्रतिशत, अल्यूमीनियम 2.92 प्रतिशत, जीवांश और जल 1.01 प्रतिशत, मैग्नेशियम 0.70 प्रतिशत, चूना 0.56 प्रतिशत, कार्बन डाइऑक्साइड 0.30 प्रतिशत, पोटाश 0.24 प्रतिशत, सोडा 0.12 प्रतिशत, फॉस्फोरस 0.09 प्रतिशत और नाइट्रोजन 0.08 प्रतिशत।

प्रदेश के बघेलखण्ड में लाल और पीली प्रकार की मिट्टियां पाई जाती हैं, जो प्रदेश में परतों के रूप में विद्यमान हैं। साधारणतः लाल और पीली मिट्टियां साथ-साथ पाई जाती हैं।

3. जलोढ़ और कछारी मिट्टी : ये मिट्टियां हल्के भूरे रंग की होती हैं और इनमें चर्नोजम व अन्य उपजाऊ अवसादी मिट्टियों जैसी विशेषताएं पाई जाती हैं। इन मिट्टियों की गहराई भिन्न-भिन्न प्रदेशों में अलग-अलग है। इन मिट्टियों में नाइट्रोजन, फॉस्फोरस और वनस्पति अंशों की कमी है, परन्तु पोटाश और चूना पर्याप्त मात्रा में पाया जाता है। अधिकतर स्थानों में ये मिट्टियां पीली दोमट या भारी दोमट होती हैं, जबकि अन्य स्थानों में बलुही और चिकनी। इन मिट्टियों के रासायनिक विश्लेषण से ज्ञात हुआ है कि इनमें अल्यूमीना, लोहा, मैगनेशिया, चूना, पोटाश, फॉस्फोरस आदि पाए जाते हैं। अन्य भाग सोडा, कार्बन डाइऑक्साइड, जीवांश और अघुलनशील पदार्थों का बना होता है। इनमें नाइट्रोजन की मात्रा न्यूनतम होती है।

मध्य प्रदेश के उत्तरी पश्चिमी भागों मुख्यतः मुरैना, भिण्ड, ग्वालियर तथा शिवपुरी जिलों में जलोढ़ मिट्टी पाई जाती है। नीस तथा चम्बल द्वारा निक्षेपित पदार्थों से निर्मित यह मिट्टी गंगा घाटी के इस सीमान्त प्रदेश में लगभग 30 लाख एकड़ भू-भाग पर फैली हुई है।

4. मिश्रित मिट्टी : मध्य प्रदेश के अनेक क्षेत्रों में लाल, पीली एवं काली मिट्टियां मिश्रित रूप में पाई जाती है। इस मिश्रित मिट्टी में फॉस्फेट, नाइट्रोजन एवं कार्बनिक पदार्थों की कमी रहती है, जिसके फलस्वरूप यह कम उपजाऊ होती है। फलतः इस प्रकार की मिट्टी में मुख्यतः मोटे अनाज—ज्वार, मक्का आदि की पैदावार की जाती है।

मध्य प्रदेश के अन्य भागों की तुलना में यहां वर्षा का औसत बहुत कम है। अतः कृषि भूमि उपयोग में वे फसलें महत्त्वपूर्ण हैं जो इस जलवायु में हो सकें। जिन भागों में सिंचाई की सुविधा है, वहां विभिन्न प्रकार की फसलें होती हैं जिससे स्पष्ट है कि मिट्टी की उर्वरा शक्ति कम नहीं है। अधिक सिंचाई से लवणों के संचय की समस्या अवश्य खड़ी हो जाती है।

6
कृषि एवं सिंचाई

मध्य प्रदेश की अर्थव्यवस्था मुख्य रूप से कृषि पर आधारित है। प्रदेश की जनसंख्या का 71.48 प्रतिशत भाग कृषि पर आश्रित है। राज्य में लगभग 155.25 लाख हेक्टेयर कृषि भूमि है। राज्य में शुद्ध बुवाई क्षेत्र 147.90 (रबी और खरीफ) लाख हेक्टेयर है और अनाज का कुल उत्पादन 171.77 लाख मीट्रिक टन है।

कुल कृषि उत्पादन का 83 प्रतिशत भाग खाद्य फसलों से होता है। इसमें सिंचित भूमि का क्षेत्रफल कुल कृषि क्षेत्रफल का 38 प्रतिशत है। शेष भाग वर्षा पर निर्भर है। मध्य प्रदेश एक बहुत बड़ा राज्य है। भू-संरचना, मिट्टी, तापमान और वर्षा की भिन्नताओं के कारण यहाँ पैदा होने वाली फसलों में भी विविधता पाई जाती है।

मध्य प्रदेश भारत में सबसे अधिक सोयाबीन उत्पादित करने वाला राज्य है। तिलहन उत्पादन में यह देश का अग्रणी राज्य है। राष्ट्रीय स्तर पर इस राज्य का दालों और चने के उत्पादन की दृष्टि से पहला, गेहूं उत्पादन की दृष्टि से तीसरा तथा कपास के उत्पादन की दृष्टि से सातवां स्थान है। यह राज्य खाद्यान्न के मामले में लगभग आत्मनिर्भर है। लहसुन और धनिया का यह सबसे बड़ा उत्पादक राज्य है। कृषि विभाग द्वारा मध्य प्रदेश को निम्नांकित 5 प्रदेशों में विभाजित किया गया है :

1. उत्तर में ज्वार-गेहूं का प्रदेश : यह प्रदेश मुरैना, ग्वालियर, शिवपुरी, गुना, भिण्ड, दतिया, छतरपुर और टीकमगढ़ जिलों में विस्तृत है। इसका विस्तार छिंदवाड़ा तथा बैतूल में भी है।

2. मध्य गेहूं का प्रदेश : इसमें होशंगाबाद, दमोह, भोपाल, सीहोर, नरसिंहपुर, रायसेन, विदिशा तथा सागर जिले शामिल हैं।

3. पश्चिम में काली मिट्टी का मालवा प्रदेश : इसमें इन्दौर, खण्डवा, खरगौन, मन्दसौर, रतलाम, झाबुआ, धार, देवास, उज्जैन, राजगढ़, शाजापुर आदि जिले शामिल हैं। इस प्रदेश में ज्वार व कपास की फसलों की प्रधानता है।

4. पूर्वी चावल का प्रदेश : इस प्रदेश में मण्डला, रीवा, सीधी, शहडोल और बालाघाट जिले शामिल हैं।

5. चावल-गेहूं का प्रदेश : यह प्रदेश उत्तर में पन्ना, सतना, जबलपुर तथा सिवनी के दक्षिण तक एक पेटी के रूप में है।

मध्य प्रदेश में मुख्य रूप से दो प्रकार की फसलें उगाई जाती हैं—1. खरीफ की फसल और 2. रबी की फसल। मध्य प्रदेश में खरीफ की फसल को 'स्यालू' के नाम से और रबी की फसल को 'आलू' के नाम से अभिहित किया जाता है।

मध्य प्रदेश की प्रमुख फसलें

1. चावल : मध्य प्रदेश की एक महत्वपूर्ण फसल चावल (धान) है। प्रदेश में कुल कृषि भूमि के 22.5% भाग पर इसकी खेती की जाती है। यह अधिक नमी में होने वाली फसल है। अतः यह फसल उन्हीं भागों में अधिक होती है, जहां औसत वार्षिक वर्षा 100 से 125 सेमी. होती हो एवं जहां हल्की लाल व पीली मिट्टी पाई जाती हो। यह फसल वर्षा ऋतु के प्रारम्भ में बोई जाती है और अक्टूबर-नवम्बर माह में काटी जाती है। मध्य प्रदेश में चावल की तीन किस्में बोई जाती हैं—**(क) अमन :** यह शीतकालीन फसल है, जो कुल उत्पादन का 70 प्रतिशत है। **(ख) ओस :** यह शीत ऋतु के उपरान्त बोई जाती है तथा कुल उत्पादन का लगभग 25 प्रतिशत इससे मिलता है। **(ग) बोरो :** यह ग्रीष्म काल में बोयी जाती है तथा उत्पादन की दृष्टि से नगण्य है।

मध्य प्रदेश के बालाघाट, मण्डला, सीधी, छिंदवाड़ा, बैतूल, रीवा, सतना आदि जिलों में धान की खेती होती है।

2. गेहूं : गेहूं मध्य प्रदेश की प्रथम महत्वपूर्ण फसल है। रबी की फसलों का सबसे अधिक क्षेत्र गेहूं के अन्तर्गत है। प्रदेश के 37.85 लाख हेक्टेयर भूमि पर गेहूं की खेती की जाती है। गेहूं की कृषि अधिकांशतः मध्य प्रदेश के उसी क्षेत्र में होती है, जहां वर्षा का औसत 75 से 125 सेमी. होता है। जहां वर्षा कम होती है, वहां सिंचाई के माध्यम से भी गेहूं की खेती की जाती है। मध्य प्रदेश में गेहूं अक्टूबर-नवम्बर में बोया जाता है तथा मार्च-अप्रैल में तैयार हो जाने पर फसल काट ली जाती है।

गेहूं की खेती मध्य प्रदेश के पश्चिमी भाग में होती है। प्रदेश के मैदानी क्षेत्रों में ताप्ती और नर्मदा, तवा, गंजाल, हिरण आदि नदियों की घाटियों और मालवा के पठार की काली मिट्टी के क्षेत्रों में सिंचाई के द्वारा गेहूं पैदा किया जाता है। प्रदेश के होशंगाबाद, सीहोर, विदिशा, जबलपुर, गुना, सागर, ग्वालियर, निमाड़, उज्जैन, इन्दौर, रतलाम, देवास, मन्दसौर, झाबुआ, रीवा और सतना जिलों में गेहूं का उत्पादन मुख्य रूप से होता है।

3. सोयाबीन : देश भर में जितना सोयाबीन पैदा होता है, उसका 51.4 प्रतिशत भाग अकेले मध्य प्रदेश में पैदा होता है। इसलिए मध्य प्रदेश को 'सोयाबीन प्रदेश' के नाम से भी जाना जाता है। इसका उत्पादन करने वाले प्रमुख क्षेत्र इन्दौर, धार, उज्जैन, छिंदवाड़ा, नरसिंहपुर, सिवनी, भोपाल, गुना, शाजापुर एवं रतलाम हैं।

4. गन्ना : मध्य प्रदेश में चीनी के 15 कारखाने हैं। इस फसल को उच्च तापमान तथा अधिक वर्षा की आवश्यकता होती है। इसकी उपज चिकनी दोमट मिट्टी में होती है।

प्रदेश के प्रमुख गन्ना उत्पादक क्षेत्रों में देवास, मुरैना, उज्जैन, सीहोर, जावरा, शिवपुरी, हरसीदमा, शाजापुर आदि हैं।

5. तिलहन : मध्य प्रदेश में देश के सर्वाधिक तिलहन का उत्पादन होता है। राज्य में उत्पन्न होने वाले प्रमुख तिलहनों में सरसों, तिल एवं अलसी प्रमुख हैं। तिल खरीफ तथा अलसी व सरसों रबी की फसलें हैं। भारत में सर्वाधिक अलसी मध्य प्रदेश में ही होती है। तिल अधिकांशतया हल्की मिट्टी और कम वर्षा के क्षेत्रों में होता है। अलसी सभी प्रकार की मिट्टी में होती है, जहां पर्याप्त नमी होती है। तिल का उत्पादन प्रमुख रूप से उत्तरी-पश्चिमी मध्य प्रदेश के छतरपुर, सीधी, होशंगाबाद, शिवपुरी आदि जिलों में होता है। अलसी का उत्पादन, होशंगाबाद, बालाघाट, झाबुआ, सतना, रीवा, सागर, गुना तथा पन्ना जिलों में अधिक होता है।

6. कपास : यह प्रदेश की महत्त्वपूर्ण नकदी फसल है। भारत में कपास उत्पादन की दृष्टि से मध्य प्रदेश का स्थान सातवां है। इस फसल की बुवाई जून में की जाती है और नवम्बर से मार्च तक चुनाई की जाती है। यहां मालवा के पठार एवं नर्मदा-ताप्ती के घाटियों की काली और कछारी मिट्टी में इसका उत्पादन किया जाता है। प्रदेश में छोटे, मध्यम एवं लंबे रेशे वाली श्रेष्ठ किस्मों की कपास का उत्पादन होता है। मुख्यतः इसका उत्पादन प्रदेश के ग्वालियर, जबलपुर, भिण्ड, मुरैना, शिवपुरी, बैतूल, छिंदवाड़ा, इन्दौर, उज्जैन, भोपाल और धार आदि जिलों में होता है।

7. ज्वार : यह कम वर्षा वाले भागों में पैदा की जाती है। इसके लिए उपजाऊ कॉप या चिकनी मिट्टी की आवश्यकता होती है। इसके बढ़ने के लिए तापमान 25° सेंटीग्रेड से 30° सेंटीग्रेड तक चाहिए। ज्वार की फसल खरीफ की फसल है, जो जून-जुलाई में बोयी जाती है तथा नवम्बर-दिसम्बर में काटी जाती है। ज्वार उत्पादन में राष्ट्रीय स्तर पर मध्य प्रदेश का तीसरा स्थान है जबकि प्रदेश में बोई गई फसलों के कुल क्षेत्रफल एवं उत्पादन की दृष्टि से इसका स्थान प्रथम है।

मध्य प्रदेश में ज्वार के मुख्य उत्पादक जिले मन्दसौर, खरगौन, राजगढ़, शाजापुर, छिंदवाड़ा, देवास, धार, गुना और सीहोर हैं।

8. मूंगफली : यह उष्णकटिबंधीय पौधा है एवं इसके लिए साधारणतः 75 से 150 सेंमी. तक वर्षा पर्याप्त होती है। यह अधिक वर्षा वाले भागों में भी पैदा की जा सकती है। इसका पौधा इतना मुलायम होता है कि ठण्डे प्रदेशों में इसका उगना असम्भव है। साधारणतया इसे 15° सेंटीग्रेड से 25° सेंटीग्रेड तक तापमान की आवश्यकता होती है। फसल के लिए पाला हानिकारक है। यह हल्की मिट्टी में, जिसमें खाद दी गई हो और पर्याप्त मात्रा में जीवांश मिले हों, खूब पैदा होती है। इसे तैयार होने में 6 माह लगते हैं, किन्तु अब 90-100 दिनों में तैयार हो जाने वाली इसकी नवीन किस्मों को बोया जाता है।

इसके प्रमुख उत्पादक क्षेत्र मालवा का पठार और नर्मदा घाटी के निचले हिस्से हैं। मन्दसौर, खरगौन और धार जिले इसकी खेती के प्रमुख क्षेत्र हैं।

9. अरहर : यह फसल ज्वार, बाजरा, रागी आदि अन्य अनाजों के साथ मई से जुलाई तक बोयी जाती है। यह 6 से 8 महीनों में अर्थात दिसम्बर से मार्च तक पक कर तैयार हो जाती है।

इस फसल के प्रमुख उत्पादक क्षेत्र राज्य के पूर्वी व दक्षिणी हिस्से हैं। इन्दौर, पन्ना, उज्जैन, टीकमगढ़, देवास, खण्डवा, रीवा, सतना, छिंदवाड़ा, भिण्ड, मुरैना, ग्वालियर, झाबुआ, धार, सागर, दमोह और छतरपुर जिलों में इसका उत्पादन होता है।

10. चना : इसकी खेती के लिए हल्की बलुई मिट्टी और ऊंचे तापमान की आवश्यकता होती है। पाला पड़ जाने से इसका फूल नष्ट हो जाता है। इसको बोते समय मिट्टी में पर्याप्त नमी होना आवश्यक है। यह मध्य प्रदेश की महत्त्वपूर्ण फसल है। यह अक्टूबर में बोया जाता है तथा मार्च-अप्रैल में काटा जाता है। यह रबी की फसल है।

इसके प्रमुख उत्पादक क्षेत्र नरसिंहपुर, जबलपुर, टीकमगढ़, भिण्ड, मुरैना, उज्जैन, मन्दसौर, गुना, विदिशा, इन्दौर, देवास, रतलाम, झाबुआ, ग्वालियर, सीहोर, होशंगाबाद, रायसेन आदि जिले हैं। चना उत्पादन की दृष्टि से मध्य प्रदेश का भारत में प्रथम स्थान है।

11. सनई : सनई एक रेशेदार पौधा होता है, जिसके रेशे सफेद और चमकीले होते हैं। इसके लिए उपजाऊ भूमि की आवश्यकता नहीं होती है। इसकी विशेषता यह है कि जिस भूमि पर कुछ भी पैदा नहीं होता, वहां यह उत्पन्न हो सकती है।

इसके प्रमुख उत्पादक क्षेत्र छिंदवाड़ा, धार, होशंगाबाद, राजगढ़, सिवनी, खण्डवा, खरगौन, मन्दसौर, मण्डला व छतरपुर जिले हैं।

उपर्युक्त फसलों के अतिरिक्त मेस्टा, अफीम और गांजा भी मध्य प्रदेश में पैदा किया जाता है। अफीम और गांजा नशीले पदार्थ हैं। इसका उत्पादन सरकार के कड़े नियंत्रण में होता है। अफीम दवाइयां बनाने के काम आती है। इसका प्रमुख उत्पादक क्षेत्र मन्दसौर है। गांजे के पौधे से निकलने वाले रस को 'चरस' कहते हैं, जिसके सेवन, उत्पादन और विक्रय पर शासन का प्रतिबन्ध है अत: उसे नष्ट कर दिया जाता है। गांजे की बिक्री से मध्य प्रदेश राज्य को लगभग 8 करोड़ रुपए की वार्षिक आय होती है।

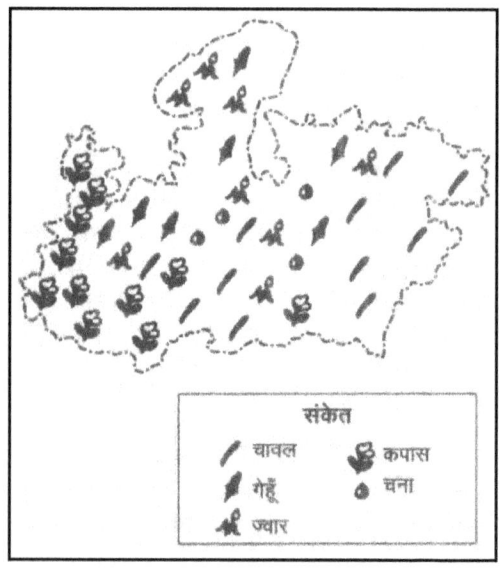

मध्य प्रदेश में सिंचाई

मध्य प्रदेश में औसत वार्षिक वर्षा 60-120 सेमी. होती है। प्रत्येक वर्ष वर्षा के एकरूप न होने से यहां कृषि को काफी नुकसान पहुंचता है। वर्षा काल में परिवर्तन भी सूखे की स्थिति ला देता है।

सिंचाई धरातल के जल तथा भूमिगत जल से की जाती है। धरातल का जल नदियों से निकली नहरों और तालाबों से प्राप्त होता है तथा भूमिगत जल कुओं तथा नलकूपों द्वारा उपलब्ध होता है। एक सर्वेक्षण के अनुसार मध्य प्रदेश की नदियों की जल भण्डारण क्षमता 1,25,777 करोड़ घन मीटर है।

2015-16 में कुल 24.35 लाख हेक्टेयर क्षेत्र में सिंचाई की जा सकी। सिंचित क्षेत्र का 66.48 प्रतिशत कुओं से, 18 प्रतिशत नहरों से, 3.12 प्रतिशत तालाबों से और शेष भाग अन्य साधनों से सींचा जाता है। 30 जिलों की विद्यमान सिंचाई प्रणालियों का नवीनीकरण करके 5 लाख हेक्टेयर क्षेत्र में सिंचाई सुविधाओं की फिर से बहाली के लिए 1919 करोड़ रुपए की जल क्षेत्र पुनर्निर्माण परियोजनाओं पर काम चल रहा है।

मध्य प्रदेश में सिंचाई के प्रमुख तीन साधन हैं—1. नहरें, 2. तालाब, 3. कुएं।

1. नहरें : मध्य प्रदेश के सिंचित प्रदेश का अधिकतर हिस्सा नहरों के अन्तर्गत है। प्रदेश में नहरों द्वारा 18 प्रतिशत क्षेत्र में सिंचाई होती है। मध्य प्रदेश में चम्बल घाटी में अधिकतर सिंचाई नहरों द्वारा ही होती है। चम्बल घाटी के ग्वालियर, भिण्ड व मुरैना जिलों में एवं बुन्देलखण्ड के टीकमगढ़ और छतरपुर जिलों में अधिकतर सिंचाई नहरों द्वारा होती है। प्रदेश की मुख्य नहरें निम्नलिखित हैं :

1. बरना सिंचाई नहर : बरना नर्मदा नदी की एक सहायक नदी है। इस नदी की कुल लम्बाई 96 किमी. है। नर्मदा से मिलने के पूर्व यह 1.6 किमी. लम्बे एक पतले खड्ड से गुजरती है। इसी स्थान पर बांध बनाया गया है। इस नदी का अपवाह क्षेत्र अधिकतर पहाड़ों और वनों से ढंका है। इस क्षेत्र में पालक माटी ताल के निकट बांध बनाकर इससे सिंचाई की जाती है। इसमें 85 वर्ग किमी. क्षेत्र का जल इकट्ठा होता है। बांध के जल का फैलाव 70 वर्ग किमी. है जिसकी मात्रा लगभग 40 करोड़ 70 लाख घन मीटर है। इसके दांयी और बांयी ओर दो नहरें निकाली गई हैं, जिनसे लगभग 64400 हेक्टेयर भूमि की सिंचाई होती है।

2. बैनगंगा नहर : यह नहर बैनगंगा नदी से निकाली गई है। यह नहर लगभग 45 किमी. लम्बी है और इसकी दो शाखाएं 35 किमी. लम्बी हैं। इसके द्वारा मध्य प्रदेश के बालाघाट और महाराष्ट्र के भण्डारा जिले में लगभग 4 हजार हेक्टेयर भूमि की सिंचाई होती है।

3. हलाली सिंचाई नहर : बेतवा घाटी विकास योजना के अन्तर्गत मध्य प्रदेश के विदिशा जिले में कार्यान्वित की जाने वाली हलाली सिंचाई परियोजना 1968 में पूरी हुई। इससे लगभग 73 हजार एकड़ क्षेत्र में सिंचाई होती है। परियोजना के अन्तर्गत हलाली नदी पर दीवानगंज स्टेशन से लगभग 15 किमी. दूर खोआ ग्राम के पास संकरी घाटी में 603 मीटर लम्बा एवं 29 मीटर ऊंचा सीधा ग्रेविटी बांध बनाया गया है। मुख्य नहरों की लम्बाई लगभग 76 किमी. है।

4. चम्बल की नहरें : मध्य प्रदेश में चम्बल बांध की नहर श्योपुर जिले में प्रवेश करती है। इसकी दो शाखाएं हैं। बायीं ओर की शाखा अम्बाह 179 किमी. लम्बी है। दाहिनी ओर की शाखा मुरैना शाखा है। शाखाओं सहित चम्बल की नहरों से ग्वालियर, भिण्ड, मुरैना, श्योपुर जिलों में 5.15 लाख हेक्टेयर भूमि की सिंचाई की जाती है।

5. तवा बांध की नहरें : तवा बांध परियोजना होशंगाबाद जिले में तवा और धेनवा नदियों के संगम पर 823 मीटर नीचे की ओर बनाई गई है। इसका बांध 1630 मीटर लम्बा है; इससे दो नहरें निकाली गई हैं जो 197 किमी. लम्बी हैं। इससे लगभग 3 लाख हेक्टेयर भूमि की सिंचाई की जाती है।

2. तालाब : मध्य प्रदेश में तालाब सिंचाई का प्रमुख साधन है; क्योंकि मध्य प्रदेश की अधिकांश भूमि असमतल है, जिसके कारण सभी जगह नहरों की खुदाई नहीं हो सकती। जबकि तालाब के लिए सिर्फ गड्ढों का होना जरूरी है; इसलिए तालाब प्रदेश की सिंचाई का प्रमुख साधन है। मध्य प्रदेश में अधिकांश तालाबों का निर्माण छोटी-छोटी नदियों पर कच्चे बांध बनाकर किया गया है। इस समय प्रदेश में 3.12 प्रतिशत सिंचाई तालाबों से हो रही है। मध्य प्रदेश के मैदानी भागों में, छोटे-बड़े तालाबों द्वारा सिंचाई की जाती है। बालाघाट तथा सिवनी जिलों में भी तालाबों द्वारा सिंचित प्रदेश अधिक है।

3. कुएं : प्रदेश में सिंचाई के साधनों के रूप में कुओं का स्थान प्रथम है। वर्तमान में कुल सिंचाई का 66.48 प्रतिशत भाग कुओं से सिंचित होता है। कुओं द्वारा सर्वाधिक सिंचाई पश्चिमी मध्य प्रदेश में होती है। कुएं तैयार करने का कार्य तालाब निर्माण के कार्य से अधिक कठिन है, क्योंकि मिट्टी की परत ज्यादा गहरी नहीं है। कुओं के निर्माण में चट्टानें तोड़नी पड़ती है। कुओं से सिंचाई करने के लिए उन पर विद्युत या डीजल से चलने वाले पम्पों को लगाकर सिंचाई की जाती है।

7
मध्य प्रदेश की परियोजनाएं

मध्य प्रदेश में सिंचाई एवं अन्य बहुउद्देश्यीय कार्यों के विकास के लिए भारत सरकार एवं राज्य सरकार के द्वारा परियोजनाओं को प्रारंभ किया गया है। ब्रिटिश काल में मध्य प्रदेश सिंचाई की दृष्टि से देश का सबसे पिछड़ा राज्य था। 1932 में मध्य प्रदेश में 2 बड़ी, 14 मध्यम और 80 छोटी सिंचाई परियोजनाएं थीं, जिनसे 328 हजार हेक्टेयर भूमि पर सिंचाई की जाती थी। मध्य प्रदेश में वास्तविक रूप से सिंचाई का विकास प्रथम पंचवर्षीय योजना के प्रारम्भ होने के बाद ही हुआ। उस समय राज्य में 890 हेक्टेयर भूमि पर सिंचाई की जाती थी। प्रथम पंचवर्षीय योजना में मध्यम और गौण सिंचाई योजनाएं प्रारम्भ की गईं, जिनके द्वारा क्रमशः 4250 और 14436 हेक्टेयर भूमि पर सिंचाई की सुविधाएं प्रदान की गईं। द्वितीय पंचवर्षीय योजना के अन्तर्गत राज्य में चम्बल और बेतवा नदियों पर बहुउद्देश्यीय परियोजनाएं प्रारम्भ की गई। तृतीय पंचवर्षीय योजना के अन्तर्गत बरना परियोजना का शुभारम्भ हुआ और 40 मध्यम एवं 73 गौण परियोजनाएं भी प्रारम्भ की गईं। इस योजना काल में हसदो का बैराज तथा हलाली परियोजना का भी श्रीगणेश हुआ। चतुर्थ पंचवर्षीय योजना में तवा और चम्बल परियोजनाओं पर कार्य प्रारम्भ किया गया। 1980-81 में मध्य प्रदेश में छ: बहुउद्देश्यीय परियोजनाओं—चम्बल, राजघाट, बाणसागर, महानदी, हसदो, बांगो तथा बारगी—का निर्माण प्रारम्भ किया गया। इसके उपरांत 16 अन्य बृहत् परियोजनाओं का भी निर्माण कार्य प्रारम्भ हुआ। इन परियोजनाओं में तवा, बरना, हसदो बायीं तट नहर, बारियापुर बायीं नहर, अपर बैनगंगा, सिन्ध प्रथम चरण, भाण्डेर नहर, उर्मिल, कोलार, सुक्ता, हलाली, पेरी कोडर, जोंक-रंगवान उच्चस्तरीय नहर एवं धनवर परियोजनाएं शामिल हैं। मध्य प्रदेश की निम्नलिखित परियोजनाएं प्रमुख हैं :

1. चम्बल घाटी परियोजना : वर्षा काल में चम्बल नदी जल की अपार राशि के कारण तीव्रधारा बन जाती है; परन्तु बाकी समय में यह अत्यन्त क्षीण हो जाती है। अतएव वर्षा का सारा जल व्यर्थ ही बहकर चला जाता था। इस नदी से बाढ़, भूमि अपक्षरण एवं बीहड़ों की भारी समस्या बनी रही है। इसलिए नदी के जल का उपयोग करने हेतु मध्य प्रदेश और राजस्थान सरकार ने सम्मिलित रूप से चम्बल घाटी परियोजना बनायी। यह योजना तीन चरणों में बनी है।

जिसके अन्तर्गत 3 बांध, 5 बिजलीघर और 1 सिंचाई अवरोधक जलाशय बनाए गए हैं। **प्रथम चरण** में गांधी सागर बांध, विद्युत स्टेशन, विद्युत सम्प्रेषण लाइनें व कोटा सिंचाई बांध की नहरों का निर्माण किया गया। **द्वितीय चरण** में राणा प्रताप सागर बांध तथा बिजलीघर बनाए गए। **तृतीय चरण** में जवाहर सागर बांध और एक शक्तिगृह बनाया गया है।

गांधी सागर बांध : चौरासीगढ़ से 8 किमी. दूर संकरी घाटी में 1960 में बनाया गया यह बांध 510 मीटर लम्बा और 62 मीटर ऊंचा है। बांध के जलाशय का क्षेत्रफल 51 वर्ग किमी. है। इस बांध पर ही गांधी सागर विद्युत स्टेशन पर 15-15 मीटर की दूरी पर 23000 किलोवाट शक्ति के पांच उत्पादन यन्त्र लगाए गये हैं। इसकी नहरों से राजस्थान और मध्य प्रदेश की 4.44 लाख हेक्टेयर भूमि सींची जा रही है।

राणा प्रताप सागर बांध : यह बांध गांधी सागर बांध से बहाव की ओर 48 किमी. दूर राजस्थान में चुलिया प्रपात के पास रावत भाटा में बनाया गया है। यह बांध 1100 मीटर लम्बा और 54 मीटर ऊंचा है। यह गांधी सागर बांध से छोड़े गए जल के अतिरिक्त 1440 वर्ग किमी. क्षेत्र के अपने स्वतंत्र जल संग्रहण क्षेत्र का भी जल इकट्टा करता है। भोपाल विद्युतगृह इस प्रपात के निकट है। इस बिजलीघर की चार इकाइयों का प्रति इकाई उत्पादन 43,000 किलोवाट विद्युत का है। इस बांध से कुल 172 मेगावाट बिजली का उत्पादन होता है जिसमें मध्य प्रदेश को 86 मेगावाट प्राप्त होता है। इस बांध से 1.2 लाख हेक्टेयर भूमि की सिंचाई की जा रही है। बांध पर 31 करोड़ रुपए खर्च हुए हैं।

कोटा या जवाहर सागर बांध : यह बांध राणा प्रताप सागर बांध से 33 किमी. आगे बनाया गया है। यहां पर पहले दो बांधों से छोड़ा गया जल इकट्ठा होता है, जहां 99 मेगावाट विद्युत उत्पादन हेतु 3 इकाइयां लगाई गई हैं। यह बांध 548 मीटर लम्बा और 25 मीटर ऊंचा है। यहां 60 प्रतिशत भारांश की 60,000 किलोवाट बिजली पैदा होगी।

2. इन्दिरा सागर परियोजना : इन्दिरा सागर परियोजना नर्मदा नदी पर बनायी जा रही है। यह बांध नर्मदा सागर कॉम्प्लेक्स का केन्द्र बिन्दु होगा। इस कॉम्प्लेक्स से मध्य प्रदेश की निचली घाटी में सिंचाई और बिजली की सुविधाएं प्राप्त होंगी। इसमें मुख्य रूप से तीन पनबिजली संयंत्र (इन्दिरा सागर, ओंकारेश्वर और महेश्वर) होंगे। इस परियोजना द्वारा लगभग 27.5 लाख हेक्टेयर क्षेत्र की सिंचाई हो सकेगी। मध्य प्रदेश, महाराष्ट्र और गुजरात राज्यों में स्थित सरदार सरोवर परियोजना से पानी का बहाव नियमित होगा।

इन्दिरा सागर परियोजना का शिलान्यास 23 अक्टूबर, 1984 को तत्कालीन प्रधानमंत्री स्वर्गीय श्रीमती इन्दिरा गांधी द्वारा किया गया। इस सरोवर का नाम उन्हीं के नाम पर इंदिरा गांधी सरोवर रखा गया है।

इन्दिरा सागर परियोजना विवादों से घिर गई है, क्योंकि इससे 91 हजार हेक्टेयर क्षेत्र डूब में आएगा। परियोजना के मूल्यांकन में हमें इस बात को नजरअंदाज नहीं करना चाहिए कि इसमें संचित पानी से ओंकारेश्वर, महेश्वर और सरदार सरोवर की भी पूर्ति होगी जिनसे 1,43,000 हेक्टेयर (ओंकारेश्वर) और 19 लाख हेक्टेयर (सरदार सरोवर) क्षेत्र की सिंचाई होने की आशा

है। इसके अलावा इन्दिरा सागर बांध की अपनी 1000 मेगावाट बिजली उत्पादन क्षमता के अतिरिक्त निचले प्रवाह की परियोजनाओं से 2382 मेगावाट बिजली उत्पादन की स्थापित क्षमता (ओंकारेश्वर 520 मेगावाट, महेश्वर 400 मेगावाट और सरदार सरोवर परियोजना 1462 मेगावाट) निर्मित होगी।

3. रानी अवन्ति बाई सागर परियोजना (बार्गी परियोजना) : यह बहुउद्देशीय परियोजना मध्य प्रदेश के जबलपुर जिले में बार्गी नदी पर स्थापित होगी, जिससे 2.45 लाख हेक्टेयर भूमि की सिंचाई की जा सकेगी और जलविद्युत का भी उत्पादन किया जाएगा। इस पर मेसनरी एवं मिट्टी का बांध बना है जो 69 मीटर ऊंचा और 4506 मीटर लम्बा है। इस परियोजना का लाभ जबलपुर, मण्डला और सिवनी जिलों को मिलेगा।

4. तवा परियोजना : यह परियोजना मध्य प्रदेश में नर्मदा की सहायक तवा नदी पर होशंगाबाद जिले में बनी है। इसके अन्तर्गत 1627 मीटर लम्बा एक बांध बनाने की योजना है, जिससे 3.32 लाख हेक्टेयर भूमि की सिंचाई की जा सकेगी। इस बांध की अधिकतम ऊंचाई 32.52 मीटर होगी।

5. बाणसागर परियोजना : यह परियोजना उत्तर प्रदेश, बिहार तथा मध्य प्रदेश राज्यों की संयुक्त परियोजना है। इसके अंतर्गत सोन नदी के पानी को एकत्रित किया जाएगा। इस परियोजना के अन्तर्गत 63 मीटर ऊंचा और 1020 मीटर लम्बा बांध बनाया जा रहा है। यह बांध रीवा-शहडोल मार्ग पर रीवा से दक्षिण की ओर 50 किमी. दूर बन रहा है। इस परियोजना से 405 मेगावाट विद्युत उत्पादन हेतु तीन जलविद्युत गृहों का निर्माण किया जाना प्रस्तावित है।

6. राजघाट बांध परियोजना : राजघाट परियोजना उत्तर प्रदेश एवं मध्य प्रदेश की संयुक्त परियोजना है। इसके अन्तर्गत बेतवा नदी पर 43.8 मीटर ऊंचा एवं 562.50 मीटर लम्बा पत्थर की चिनाई का बांध एवं जिनके किनारों के आगे कुल 10.77 किमी. लम्बा और 27.5 मीटर ऊंचा मिट्टी का बांध होगा। इस परियोजना की लागत व लाभों में उत्तर प्रदेश व मध्य प्रदेश सरकारें समान रूप से साझेदार होंगी। बांध का कार्य पूर्ण हो जाने पर इस परियोजना से मध्य प्रदेश के 6 जिलों में 1.16 लाख हेक्टेयर क्षेत्र में तथा उत्तर प्रदेश के 4 जिलों में 1.09 लाख हेक्टेयर क्षेत्र में सिंचाई की सुविधा उपलब्ध हो जाएगी। इस परियोजना के प्रथम चरण का निर्माण कार्य जून 1992 में सफलतापूर्वक पूर्ण कर लिया गया तथा जलाशय में प्रथम बार 8.77 टी.एम.सी. पानी संगृहीत किया गया। इस जलाशय का नाम अब 'रानी लक्ष्मीबाई सागर' रखा गया है। प्रथम चरण के अन्तर्गत मध्य प्रदेश और उत्तर प्रदेश में वर्तमान नहर प्रणालियों के माध्यम से 34 हजार हेक्टेयर भूमि में सिंचाई के लिए जल उपलब्ध कराया जाएगा। इसी प्रकार 'माताटीला विद्युतगृह' में इस जल से 150 लाख इकाई अतिरिक्त विद्युत का उत्पादन किया जा सकेगा।

7. बाघ परियोजना : इस योजना के अन्तर्गत मध्य प्रदेश व महाराष्ट्र राज्यों की सीमा पर स्थित सिरपुर पर एक बांध का निर्माण एवं महाराष्ट्र के पुजारी टोला पर एक बैराज का निर्माण किया गया है।

8. बावन घड़ी परियोजना : इस परियोजना के अन्तर्गत भण्डारा जिले में स्थित कांसा के निकट एक बांध के निर्माण का प्रस्ताव है। इस बांध द्वारा एकत्रित जल क्षमता का मध्य प्रदेश व महाराष्ट्र के बीच बराबर-बराबर बंटवारा होना है, जबकि मध्य प्रदेश में यह बांध बालाघाट जिले की कटंगी तहसील के गांव कडुवा के बावन घड़ी नदी पर निर्माणाधीन है। इस नदी पर 31 मीटर ऊंचा व 148 मीटर लम्बा स्पिलवे (spillway) बनेगा और दोनों ओर 6.692 मीटर ऊंचे मिट्टी के बांध बनेंगे। इस योजना में दो नहरें निकलेंगी। बाईं नहर मध्य प्रदेश और दायीं नहर महाराष्ट्र में बनेगी, जो क्रमशः 18615 हेक्टेयर और 17357 हेक्टेयर भूमि सींचेगी। परियोजना का निर्माण कार्य 1978 में प्रारम्भ किया गया था।

9. केन बहुउद्देश्यीय परियोजना (ग्रेटर गंगऊ बांध) : जनवरी 1977 में मध्य प्रदेश व उत्तर प्रदेश के संयुक्त प्रयास से इस परियोजना का कार्य प्रारम्भ किया गया। इस परियोजना से छतरपुर एवं पन्ना जिलों की भूमि की सिंचाई प्रस्तावित है।

10. उर्मिल परियोजना : उर्मिल परियोजना के अन्तर्गत मध्य प्रदेश एवं उत्तर प्रदेश के बीच सन् 1977 में हुए एक समझौते के अनुसार यह तय किया गया था कि उर्मिल नदी पर ग्राम भिरोंटा के पास बांध बनाया जाएगा। यह बांध 18.34 मीटर ऊंचा और 4.7 किमी. लम्बा होगा। इस परियोजना से मध्य प्रदेश में 137 किमी. लम्बी नहरें बनायी जाएंगी। उर्मिल बांध का निर्माण उत्तर प्रदेश द्वारा किया जा रहा है और नहरों का निर्माण कार्य मध्य प्रदेश शासन कर रहा है। मुख्य नहर की लम्बाई 30 किमी. तथा उपशाखाओं की लम्बाई 105 किमी. है। इस परियोजना पर 20.70 करोड़ रुपया व्यय होगा।

11. कोलार परियोजना : सीहोर जिले में नर्मदा की सहायक कोलार नदी पर ग्राम लावा खेड़ी के निकट यह परियोजना निर्माणाधीन है। इससे सीहोर जिले में 60,887 हेक्टेयर क्षेत्र में सिंचाई के अतिरिक्त भोपाल नगर को 1.5 लाख घन फीट जल प्रदान किया जाएगा।

12. पेंच परियोजना : यह परियोजना महाराष्ट्र व मध्य प्रदेश की अन्तर्राज्यीय परियोजना है। यह छिंदवाड़ा जिले के ग्राम मंचगोरा के निकट पेंच नदी पर स्थित है। इस परियोजना की जल भण्डारण क्षमता 57,770 मिलियन घन मीटर है। इसमें से 35000 मिलियन घन मीटर जल मध्य प्रदेश को मिलेगा। इस परियोजना से छिंदवाड़ा एवं बालाघाट के 158 ग्रामों के 63,338 हेक्टेयर क्षेत्र में सिंचाई हो सकेगी।

13. अपर बैनगंगा परियोजना : यह परियोजना मध्य प्रदेश के गोदावरी कछार में बैनगंगा नदी पर निर्माणाधीन है। इसे संजय सरोवर योजना भी कहते हैं। इस परियोजना के अन्तर्गत भीमगढ़ ग्राम के समीप बैनगंगा पर एक बांध बनाया जा रहा है। बांध से निकाली गई नहरों व उपनहरों से बालाघाट व सिवनी जिले की कुल 80,929 हेक्टेयर भूमि सींची जा सकेगी। इस योजना से 1,03,722 हेक्टेयर भूमि में वार्षिक सिंचाई का प्रस्ताव है। इस परियोजना का निर्माण कार्य 1972 में प्रारम्भ किया गया। इस परियोजना के अन्तर्गत 3614.93 मीटर लम्बा व

42.67 मीटर ऊंचा मिट्टी का बांध और 257.74 मीटर लम्बा पक्का बांध, अर्थात 519.38 मीटर लम्बा पूर्ण बांध बनेगा जिसकी जलग्रहण क्षमता 411.98 घन मीटर होगी। इससे भीमगढ़ दायीं तट नहर (41.86 किमी.), तिलवाड़ा फीडर नहर (13 किमी.), दुटी बायीं नहर (82.9 किमी.) बनेगी जिसकी सिंचाई क्षमता क्रमशः 44,696 हेक्टेयर, 17,500 हेक्टेयर और 35,155 हेक्टेयर क्षेत्र की होगी।

14. थांवर परियोजना : यह परियोजना मण्डला जिले के झुलपुर गांव के निकट थांवर नदी पर स्थित है। इसका निर्माण कार्य 1977 में प्रारम्भ हुआ था। इस परियोजना में 990 मीटर लम्बा मिट्टी का बांध, दायां उपबांध 405 मीटर लम्बा और बायां उपबांध भी प्रस्तावित है। इससे 48 किमी. लम्बी एक ही बायीं नहर बनेगी, जिसकी क्षमता 18,212 हेक्टेयर भूमि सींचने की होगी।

15. सिन्ध बहुउद्देश्यीय परियोजना : सिन्ध नदी पर शिवपुरी जिले के मोहनी ग्राम के पास पिकअप वियर के निर्माण का कार्य प्रारम्भ किया गया है। इसके अतिरिक्त इस परियोजना के अन्तर्गत हारसी पोषक नहर का निर्माण, दोआब नहर तथा ककेटो तिगरा फिडर नहर का कार्य सम्मिलित है। इस परियोजना को दो चरणों में पूरा किया जाएगा। सिन्ध नदी पर 50.53 मीटर ऊंचा मिट्टी का बांध, 59 मीटर ऊंचा पत्थर का बांध एवं नदी भाग में 281.02 मीटर लम्बा स्पिलवे होगा जिसके ऊपर 18 शीर्ष द्वार बनाने का प्रस्ताव है। परियोजना के पूर्ण होने पर ग्वालियर जिले की 44572 हेक्टेयर, शिवपुरी जिले की 40117 हेक्टेयर, भिण्ड जिले की 23103 हेक्टेयर और दतिया जिले की 12208 हेक्टेयर भूमि की सिंचाई की जा सकेगी।

16. माही परियोजना : माही नदी का उद्गम धार जिले से होता है। इस नदी पर एक बांध धार जिला के लाबरिया गांव के समीप 3090 मीटर लम्बा व 42.15 मीटर ऊंचा बनेगा। इस परियोजना के अन्तर्गत 2 बांध तथा 2 नहर बनाने का प्रस्ताव है। मुख्य बांध के बाईं ओर 17.64 किमी. लम्बी नहर का निर्माण झाबुआ जिले में होगा जिससे 18517 हेक्टेयर भूमि सींची जा सकेगी। उपबांध से दायीं ओर 26.2 किमी. लम्बी नहर का निर्माण धार जिले में होगा जिससे 7913 हेक्टेयर भूमि सींची जा सकेगी। इस परियोजना पर 137 किमी. लम्बी नहर बनाने का प्रस्ताव है।

17. सुक्ता परियोजना : यह परियोजना खण्डवा जिले से 40 किमी. दूर सुक्ता नदी पर स्थित है। इससे 15583 हेक्टेयर भूमि पर सिंचाई व खण्डवा नगर को पेयजल प्रदान करने का प्रावधान है।

18. सम्राट अशोक सागर (हलाली परियोजना) : यह वृहत् सिंचाई परियोजना विदिशा और रायसेन जिलों के लिए है। इससे इन दोनों जिलों के 136 ग्राम लाभान्वित होंगे। इस परियोजना से कुल 37637 हेक्टेयर क्षेत्र की सिंचाई सम्भव है। यह बाँध 945 मीटर लम्बा व 29.57 मीटर ऊँचा है। इसका निर्माण 1973 से 1976 के मध्य हुआ था। इस परियोजना में मुख्य नहर के साथ-साथ इसकी अनेक उप लघु नहरें भी हैं, जिनका 95 प्रतिशत निर्माण कार्य पूरा हो चुका है।

8
प्रदेश की वन सम्पदा

वन क्षेत्र की विशालता की दृष्टि से मध्य प्रदेश बहुत समृद्ध राज्य है। वनों का शत-प्रतिशत राष्ट्रीयकरण करने वाला मध्य प्रदेश देश का पहला एवं अकेला राज्य है। वन स्थिति रिपोर्ट 2017 के अनुसार प्रदेश के कुल भौगोलिक क्षेत्रफल का 25.11 प्रतिशत भू-भाग वनों से आच्छादित है। प्रदेश में 77,414 वर्ग किमी. क्षेत्र वनों से ढंका हुआ है। प्रदेश के कुल वन क्षेत्र में से 6,563 वर्ग किमी. क्षेत्र पर अति सघन वन, 34,571 वर्ग किमी. क्षेत्र पर मध्यम सघन वन तथा 36,280 वर्ग किमी. क्षेत्र पर खुला वन स्थित है। मध्य प्रदेश का वन क्षेत्र देश के वन क्षेत्र का लगभग 10.66 प्रतिशत है। इन वनों में मुख्यत: साल, बबूल, सलाई, घवरा, तेंदू, महुआ, टीक, अन्जम और हर्रा के वृक्ष हैं। वन के क्षेत्रफल की दृष्टि से मध्य प्रदेश का देश में प्रथम स्थान है। प्राकृतिक वनस्पति की इस सम्पन्नता का कारण यह है कि मध्य प्रदेश के पथरीले और पहाड़ी भागों में कृषि सम्भव नहीं है। अत: ऐसा पूरा क्षेत्र प्राकृतिक वनस्पति के विकास में महत्वपूर्ण कारक है। इस प्रदेश का तापमान और वर्षा भी वनों के विकास के लिए उपयुक्त है। मध्य प्रदेश के वनों में सबसे अधिक साल वृक्ष पाए जाते हैं।

वनों के प्रकार

वर्षा, तापमान एवं अन्य भौगोलिक कारणों से प्रदेश में विभिन्न प्रकार के वन पाए जाते हैं। प्रदेश में सामान्यतया उष्णकटिबंधीय वन की प्रधानता है।

1. उष्ण कटिबन्धीय पर्णपाती वन : ये वन 50 से 100 सेमी. वर्षा वाले क्षेत्रों में पाए जाते हैं। ग्रीष्म ऋतु में जल के अभाव के कारण वृक्ष अपनी पत्तियां गिरा देते हैं। इन वनों में उत्तम इमारती लकड़ी पाई जाती है। सागौन, शीशम, नीम, पीपल आदि वृक्ष इन वनों की विशेषता हैं। ये वन सागर, जबलपुर, छिंदवाड़ा, दमोह, छतरपुर, पन्ना, बैतूल, सिवनी और होशंगाबाद जिलों में पाए जाते हैं।

2. उष्ण कटिबन्धीय अर्द्धपर्णपाती वन : ये वन 100 से 150 सेमी. वर्षा वाले क्षेत्रों में पाए जाते हैं। इन वनों में बीजा, धौरा, कसाई, तिन्सा, जामुन, महुआ, सेजा, हर्रा आदि के वृक्ष

मिलते हैं; लेकिन साल, सागौन, बांस आदि के वृक्षों की बहुलता होती है। ये वन राज्य के शहडोल, मण्डला, बालाघाट और सीधी जिलों में पाए जाते हैं।

3. उष्ण कटिबन्धीय शुष्क पर्णपाती वन : ये वन 25 सेमी. से 75 सेमी. वर्षा वाले क्षेत्रों में मिलते हैं। इन वनों में बबूल, कीकर, हर्रा, पलाश, तेन्दू, धौरा, शीशम, हल्दू, सागौन, सिरिस आदि के वृक्ष पाए जाते हैं। ये वन श्योपुर, शिवपुरी, रतलाम, मन्दसौर, दतिया, टीकमगढ़, ग्वालियर, खरगौन आदि जिलों में मिलते हैं।

वनों का शासकीय वर्गीकरण

मध्य प्रदेश का पूरा वन क्षेत्र वन विभाग के नियन्त्रण में है। राज्य के वनों का वर्गीकरण निम्नलिखित 3 प्रकार से किया गया है :

1. संरक्षित वन : संरक्षित वन ऐसे वन हैं जिनकी रक्षा के लिए शासकीय देख-रेख हुआ करती है। इनका नष्ट होना हानिकारक है। लेकिन इनकी देख-रेख के लिए बनाए गए प्रशासनिक नियम बहुत ही शिथिल हैं। इन वनों में निवास करने वाले लोगों को पशुचारण तथा लकड़ी आदि काटने की सुविधाएं मिली होती हैं।

2. आरक्षित वन : इस प्रकार के वन वे वन हैं जहां वनों का नष्ट किया जाना अति हानिकारक माना गया है। इस प्रकार के वनों में वृक्षों को काटे जाने के साथ-साथ पशुचारण भी दण्डनीय अपराध घोषित किया गया है।

3. अवर्गीकृत वन : जिन वनों का अभी तक वर्गीकरण नहीं किया गया है, उन्हें अवर्गीकृत वन कहते हैं। इस प्रकार के वनों में इच्छानुसार वृक्ष काटने और पशुओं को चराने की पूर्ण व्यवस्था है।

भारत के नवीन संविधान के अन्तर्गत प्रशासनिक नियन्त्रण के आधार पर भी वनों को निम्नलिखित 3 वर्गों में विभाजित किया गया है :

(A) निजी वन : निजी वन व्यक्तिगत लोगों के अधिकार में होते हैं।

(B) निगम निकाय वन : जिन वनों पर स्थानीय नगरपालिकाओं तथा परिषदों का नियन्त्रण होता है वे निगम निकाय वन कहलाते हैं।

(C) राजकीय वन : जिन वनों पर पूर्ण रूप से शासकीय नियन्त्रण होता है उन्हें राजकीय वन कहते हैं।

प्रदेश में पाए जाने वाले प्रमुख वृक्ष एवं वृक्ष उत्पाद

मध्य प्रदेश में पाए जाने वाले प्रमुख वृक्षों में सागौन, साल, हल्दू, हौजा, शीशम, सेमल आदि के वृक्ष हैं, लेकिन सागौन की लकड़ी प्रदेश में बहुतायत से प्राप्त होती है।

1. सागौन : प्रदेश में लम्बे क्षेत्र में सागौन के वन पाए जाते हैं। प्रदेश में सागौन के वन 17.88 प्रतिशत क्षेत्र में हैं। इसके लिए औसत वर्षा 75 से 125 सेमी. पर्याप्त होती है। यह वृक्ष होशंगाबाद की बोरी घाटी में अधिक मात्रा में पाया जाता है। अपनी विशेष महत्ता के कारण इस लकड़ी की सम्पूर्ण भारत में मांग सर्वाधिक होती है।

2. लाख : लाख के कीड़े कुसुम, बरगद, सिरस, खैर, रीठा, सीसू, घोंट, पीपल, बबूल, गूलर और पलास आदि वृक्षों की नरम डालों के रस को चूसकर एक प्रकार का चिपचिपा पदार्थ निकालते रहते हैं; इसे ही लाख कहते हैं। लाख का कीड़ा प्रधानत: समुद्र तल से 305 मीटर ऊंचे भागों में, जहां 12 सेंटीग्रेड से ऊंचा तापमान और 150 सेमी. से कम वर्षा हो, पाला जाता है। मध्य प्रदेश के अधिकांश क्षेत्रों में लाख वृक्षों पर प्राकृतिक अवस्था में पाया जाता है। अत: इन क्षेत्रों में लाख बिना लाख का कीड़ा पाले हुए ही मिलता है। लाख पैदा करने के लिए उपर्युक्त वृक्षों की शाखाओं पर छोटी-छोटी टहनियां बांध दी जाती हैं जिसमें लाख के कीड़ों के बीज होते हैं। ये कीड़े धीरे-धीरे सारे वृक्ष पर फैल जाते हैं और वृक्ष का रस चूसकर लाख बनाते रहते हैं। छ: महीने के पश्चात लाख इकट्ठा कर लिया जाता है। इस लाख को पीसकर चलनियों से छाना जाता है। फिर उसे कई बार धोकर शुद्ध लाख, दाना लाख या बटन लाख प्राप्त किया जाता है। मध्य प्रदेश में लाख बनाने के अनेक कारखाने हैं जिनमें शीड, लाख व शेलाख बनता है। उमरिया में एक सरकारी कारखाना है जिसमें 40,000 टन लाख प्रति वर्ष उत्पादित होता है। लाख उत्पादन में झारखंड के बाद मध्य प्रदेश का दूसरा स्थान है। लाख मध्य प्रदेश में मण्डला, होशंगाबाद, जबलपुर, सिवनी, शहडोल जिलों के वनों में पाया जाता है।

3. साल : इसके वृक्ष प्रदेश के 16.15 प्रतिशत भाग में पाए जाते हैं। ये वृक्ष पूर्वी मध्य प्रदेश के उन क्षेत्रों में पाए जाते हैं जहां की मिट्टी लाल व पीली है। इस प्रदेश में वर्षा 125 सेमी. से अधिक होती है, इसलिए ये वन अत्यधिक सघन हैं। साल की लकड़ी मुख्यत: इमारतों के निर्माण में व रेलवे के स्लीपर बनाने के उपयोग में आती है।

4. बांस : राज्य में बांस का उपयोग चटाई, टोकरी आदि बनाने और बाड़ लगाने में होता है। इसके अलावा बांस का उपयोग कागज व लुग्दी के उद्योग के अतिरिक्त भवन निर्माण कार्य में अस्थायी मचान तथा छप्पर बनाने में भी होता है। मध्य प्रदेश में साधारणत: 'डन्ड्रोकैलमस स्ट्रिक्ट्स' प्रकार का बांस पाया जाता है। बांस अधिकतर 75 सेमी. या अधिक वर्षा वाले प्रदेशों में पाया जाता है। राज्य में लगभग 50 लाख नोशनल टन (नोशनल टन का अर्थ है—2400 मीटर बांस की लम्बाई) बांस का भंडार है। बांस मध्य प्रदेश के बालाघाट, बैतूल, जबलपुर, सिवनी, मण्डला, सागर, पश्चिमी भोपाल एवं झाबुआ वन क्षेत्रों में नदियों के किनारे पाया जाता है।

5. खैर : इस वृक्ष का उपयोग कत्था उद्योग में मुख्य रूप से किया जाता है। पाचन तंत्र की गड़बड़ियों में खैर वृक्ष का प्रयोग औषधि के रूप में भी किया जाता है। खैर वृक्ष जबलपुर,

सागर, दमोह, उमरिया और होशंगाबाद जिलों के जंगलों में मिलता है। शिवपुरी तथा बानमौर (जिला मुरैना) में कत्था बनाने का कारखाना है।

6. तेंदू पत्ता : तेंदू पत्तियों से बीड़ी बनाने का उद्योग प्रदेश का महत्वपूर्ण उद्योग है। प्रदेश में बीड़ी बनाने के सैकड़ों कारखाने हैं, जिनमें बीड़ी बांधने व वितरण का काम होता है। मध्य प्रदेश के वनों में तेंदू पत्ता एक सामान्य उपज है। अधिकांश तेंदू पत्ता जबलपुर, सागर, शहडोल और रीवा जिलों से प्राप्त होता है।

7. गोंद : गोंद का प्रयोग खाने के अतिरिक्त पेन्ट उद्योग, पेपर प्रिंटिंग, दवा उद्योग, कास्मेटिक आदि में होता है। साधरणतया गोंद बबूल, धावड़ा, खैर, साज, सेनियल आदि वृक्षों से प्राप्त किया जाता है। गोंद मुख्यतः उत्तरी-पश्चिमी मध्य प्रदेश से प्राप्त होता है।

8. हर्रा : इसका प्रयोग चर्मशोधक कार्यों में बड़े पैमाने पर होता है। हर्रा से चमड़ा साफ करने का लोशन बनाया जाता है। प्रदेश में हर्रा निकालने के लिए बहुत कारखाने हैं। हर्रा मुख्यतः छिंदवाड़ा, बालाघाट, मण्डला, श्योपुर और शहडोल के वनों में पैदा होता है।

मध्य प्रदेश की वनपेटियां

मध्य प्रदेश की निम्नलिखित तीन वनपेटियां हैं :

1. विन्ध्य कैमूर श्रेणी की पेटी : यह पेटी उत्तर में दमोह-सागर के पठार तक फैली हुई है।

2. मुरैना शिवपुरी पठार की पेटी : मुरैना शिवपुरी का भाग इसके अन्तर्गत आता है।

3. नर्मदा के दक्षिण में एक चौड़ी पेटी : यह पेटी प्रदेश की पूर्वी सीमा से पश्चिम तक फैली हुई है। इसके अन्तर्गत सतपुड़ा-मैकाल श्रेणियां, बघेलखण्ड के पठार का पहाड़ी तथा कटा-फटा प्रदेश आता है।

वनों का घनत्व प्रदेश के हर क्षेत्र में समान नहीं है। प्रदेश के कुल वन क्षेत्रफल का 50 प्रतिशत भाग से अधिक बालाघाट, मण्डला, शहडोल, सीधी, खण्डवा, बैतूल, होशंगाबाद जिलों में है। शिवपुरी तथा बालाघाट में 50 प्रतिशत से अधिक भूमि वनों के अन्तर्गत है। मण्डला, शिवनी और उमरिया जिलों में कुल भौगोलिक क्षेत्रफल का लगभग 48 प्रतिशत भाग वनों से आच्छादित है।

वन के कटाव एवं वन के विकास के लिए मध्य प्रदेश में 24 जुलाई, 1975 को मध्य प्रदेश राज्य वन विकास निगम स्थापित किया गया। इसके अतिरिक्त सन् 1979 में बालाघाट में 'वनराजिक महाविद्यालय' की स्थापना की गई। सन् 1980 में दूसरा महाविद्यालय बैतूल में आरम्भ किया गया। सर्वप्रथम जून, 1976 में राज्य की मंत्रिपरिषद् ने एक निर्णय के अनुसार सामाजिक वानिकी कार्यक्रम को 1952 की नई राष्ट्रीय वन नीति के सन्दर्भ में सैद्धान्तिक मान्यता प्रदान की। इसके पूर्व का कार्य सन् 1894 की वन नीति के अनुसार किया जा रहा था। नई वन नीति के अनुसार कुल भौगोलिक क्षेत्र का 33.3 प्रतिशत भाग वन क्षेत्र के अन्तर्गत होना चाहिए। वनों का शत-प्रतिशत राष्ट्रीयकरण करने वाला मध्य प्रदेश देश का अकेला राज्य है।

राष्ट्रीय उद्यान एवं अभयारण्य

वर्तमान में मध्य प्रदेश में 25 अभयारण्य एवं 10 राष्ट्रीय उद्यान हैं।

मध्यप्रदेश के राष्ट्रीय उद्यान

नाम	क्षेत्रफल (वर्ग किमी. में)	जिला	मुख्य वन्य प्राणी
1. कान्हा (राष्ट्रीय उद्यान)	940	मण्डला	बाघ, तेंदुआ, बारहसिंगा, गौर, सांभर, कृष्णमृग, शेर, मातृक मृग, जंगली कुत्ता, चीतल, वायसन आदि
2. बांधवगढ़ (राष्ट्रीय उद्यान)	437	उमरिया	बाघ, तेंदुआ, चीतल, सांभर, नीलगाय, गौर, मुंजक हिरण आदि
3. फासिल (राष्ट्रीय उद्यान)	27	मण्डला	पादप, जीवाश्म
4. माधव (राष्ट्रीय उद्यान)	354	शिवपुरी	तेंदुआ, सांभर, चीतल, नीलगाय, मगर, चिंकारा, जंगली सूअर, प्रवासी पक्षी आदि।
5. वन विहार (राष्ट्रीय उद्यान)	445	भोपाल	मध्य प्रदेश के सभी वन्य प्राणी
6. पन्ना (राष्ट्रीय उद्यान)	543	पन्ना/छतरपुर	बाघ, तेंदुआ, सांभर, चीतल, चिंकारा, भालू आदि
7. सतपुड़ा (राष्ट्रीय उद्यान)	525	होशंगाबाद	बाघ, तेंदुआ, गौर, चीतल, सांभर, भालू, मुंजक हिरण, नीलगाय आदि
8. पेंच (राष्ट्रीय उद्यान)	293	सिवनी/छिंदवाड़ा	बाघ, तेंदुआ, सांभर, चीतल, मुंजक हिरन, गौर, नीलगाय, जंगली सूअर आदि
9. संजय (राष्ट्रीय उद्यान)	838	सीधी	बाघ, तेंदुआ, चीतल, नीलगाय, चिंकारा आदि
10. डायनासोर (राष्ट्रीय उद्यान)	—	धार	----

मध्यप्रदेश के अभ्यारण्य

1. बोरी	518	होशंगाबाद	बाघ, तेंदुआ, चीतल, सांभर, गौर, भालू, मुंजक हिरण, नीलगाय आदि
2. सैलाना फ्लोरिकन	12.96	रतलाम	खरमोर
3. सोन	209	सीधी/शहडोल	घड़ियाल, मगर, कछुआ, प्रवासी पक्षी आदि

4. सिंधौरी	287.91	रायसेन	बाघ, तेंदुआ, सांभर, चीतल, नीलगाय, चिंकारा, कृष्णमृग आदि
5. संजय (डुबरी)	364.59	सीधी	बाघ, तेंदुआ, सांभर, चीतल, नीलगाय, चिंकारा, मुंजक हिरण आदि
6. रातापानी	688.79	रायसेन	बाघ, तेंदुआ, सांभर, चीतल आदि
7. बगदीरा	478.9	सीधी	तेंदुआ, कृष्णमृग, चिंकारा, नीलगाय आदि
8. गांधी सागर	368.62	मन्दसौर	तेंदुआ, नीलगाय, चिंकारा आदि
9. फेन	110.74	मण्डला	बाघ, तेंदुआ, सांभर, चीतल, मुंजक हिरण आदि
10. घाटी गांव	512	ग्वालियर	सोन चिड़िया, चिंकारा, कृष्णमृग, नीलगाय आदि
11. पेंच	449.39	सिवनी/ छिंदवाड़ा	बाघ, तेंदुआ, सांभर, चीतल, गौर, नीलगाय, जंगली मुर्गी आदि
12. पालपुर (कुनो)	345	मुरैना	बाघ, तेंदुआ, सांभर, चीतल, चिंकारा, कृष्णमृग, नीलगाय आदि
13. पानपढ़ा	245.85	शहडोल	बाघ, तेंदुआ, सांभर, चीतल, नीलगाय, भालू, मुंजक हिरण, चौसिंगा आदि
14. पंचमढ़ी	461.85	होशंगाबाद	बाघ, तेंदुआ, सांभर, चीतल, चिंकारा, नीलगाय, भालू, गौर आदि।
15. नौरादेही	1034.52	सागर	सांभर, नीलगाय, कृष्णमृग, चीतल, भालू, चिंकारा, जंगली कुत्ता आदि
16. राष्ट्रीय चम्बल	----	मुरैना	घड़ियाल, मगर, कछुआ, ऊदबिलाव, डॉप्लिन प्रवासी पक्षी आदि
17. नरसिंहगढ़	57.19	राजगढ़	तेंदुआ, चीतल, सांभर, नीलगाय, मोर, धुवर, धनेश आदि
18. सिवनी	122.70	देवास/ सीहोर	तेंदुआ, चीतल, सांभर, नीलगाय आदि
19. केन	45	छतरपुर/पन्ना	घड़ियाल, मगर आदि
20. करेरा	202.21	शिवपुरी	सोन चिड़िया, चिंकारा, कृष्णमृग, नीलगाय आदि
21. रालामण्डल		इन्दौर	बाघ, तेंदुआ, चीतल, सांभर, गौर, भालू आदि
22. सरदारपुर	318.12	धार	खरमोर व अन्य पक्षी
23. गंगऊ	68.14	ग्वालियर	बाघ, तेंदुआ, सांभर, चीतल, चिंकारा
24. वीरांगना दुर्गावती	23.97	दमोह	सांभर, नीलगाय, कृष्णमृग, चीतल
25. ओरछा	45	टीकमगढ़	चीतल, नीलगाय

9
खनिज संपदा

खनिज संपदा में मध्य प्रदेश का महत्त्वपूर्ण स्थान है। राज्य पुनर्गठन के समय मध्य प्रदेश में प्रमुख खनिजों की केवल 500 खदानें थीं, जो अब बढ़कर 1500 के लगभग हो गई हैं। राज्य में कुल 30 प्रकार के खनिजों के भण्डार मौजूद हैं, जिनमें कोयला, बॉक्साइट, तांबा अयस्क, लौह अयस्क, मैंगनीज, रॉक फास्फेट, डोलोमाइट एवं चूना पत्थर प्रमुख हैं। हीरे का उत्खनन भारत में केवल मध्य प्रदेश में ही होता है।

स्लेट तथा हीरा के उत्पादन में प्रदेश को राष्ट्र में एकाधिकार प्राप्त है तथा अन्य खनिजों पायरा, प्लाइट, तांबा अयस्क, क्वार्ट्ज, लौह अयस्क, कोयला तथा चूना पत्थर के उत्पादन में मध्य प्रदेश को प्रथम स्थान प्राप्त है। प्रदेश में उत्पादित आठ खनिजों के उत्पादन में इसे द्वितीय तथा दो खनिजों के उत्पादन में तृतीय स्थान प्राप्त है।

प्रदेश में लौह अयस्क का एक बड़ा भाग विशाखापट्टनम बन्दरगाह के माध्यम से जर्मनी एवं जापान को निर्यात किया जाता है। प्रदेश से मैंगनीज का निर्यात अमेरिका, ब्रिटेन, जर्मनी और रूस को किया जाता है।

खनिज सम्पदा की दृष्टि से प्रदेश राष्ट्र के आठ खनिज संपन्न राज्यों में से एक है। प्रदेश में प्रमुख रूप से 21 प्रकार के खनिजों का उत्पादन वर्तमान में किया जा रहा है। कुछ प्रमुख खनिजों का विवरण निम्नानुसार है :

1. लौह अयस्क : मध्य प्रदेश में पाये जाने वाला अधिकांश लौह अयस्क उत्तम श्रेणी का है, जिसमें लोहे की मात्रा 68 प्रतिशत तक होती है। संचित भंडार की दृष्टि से भारतीय राज्यों में ओडिशा, छत्तीसगढ़, कर्नाटक और झारखंड के बाद मध्य प्रदेश का स्थान है।

मध्य प्रदेश के मण्डला, बालाघाट आदि जिलों में और धौली पहाड़ी में ठोस लोहे की पहाड़ियां पाई जाती हैं। जबलपुर में पाए जाने वाले अधिकांश भण्डार 45-60 प्रतिशत शुद्ध लोहे वाले हैं जो अगदिया, जौली, सिलौंदी, गोसालपुर, घोघरा, सिरोनी और कन्नाहड़ में हैं।

2. मैंगनीज : देश के कुल भंडारों का लगभग 11 प्रतिशत मैंगनीज का भंडार मध्य प्रदेश में होता है। इसका सबसे बड़ा भण्डार बालाघाट जिले में है। दूसरे स्थान पर छिंदवाड़ा जिला है। मध्य प्रदेश में 52.12 मिलियन टन मैंगनीज अयस्क के भण्डार हैं। मध्य प्रदेश के मैंगनीज अयस्क में 48 से 50 प्रतिशत तक मैंगनीज पाया जाता है।

मध्य प्रदेश : खनिज उत्पादक जिले

खनिज	जिले
हीरा	पन्ना, सतना, जबलपुर
मैंगनीज	बालाघाट, छिंदवाड़ा, झाबुआ, खरगौन
लौह अयस्क	बालाघाट, मंडला, जबलपुर, विदिशा
तांबा	बालाघाट, जबलपुर, होशंगाबाद, सागर
कोयला	शहडोल, छिंदवाड़ा, होशंगाबाद, बैतुल
चूना पत्थर	जबलपुर, मंदसौर, सतना, कटनी
बॉक्साइट	मंडला, जबलपुर, रीवा, सतना, शहडोल, सिधी
डोलोमाइट	बालाघाट, नरसिंहपुर, सिवनी, छिंदवाड़ा, जबलपुर
टंगस्टन	अगर-मालवा (होशंगाबाद)
ऐज्बेस्टॉस	बालाघाट, छिंदवाड़ा, होशंगाबाद, झाबुआ, मंदसौर
पाइराइट	सुरजपुर, देवास, धार, झाबुआ, शिवपुरी
स्लेट	मंदसौर
ऐन्टिमनी	जबलपुर
टैल्क	जबलपुर, झाबुआ, नरसिंहपुर
कैरलाइन	रीवा, अंतरी, ग्वालियर

3. बॉक्साइट : मध्य प्रदेश में बॉक्साइट के निक्षेप विन्ध्यन युग की बालू शैलों और क्वार्ट्ज के ऊपर बिछे पाए जाते हैं। मध्य प्रदेश के पश्चिमी तथा दक्षिणी जिलों में प्रचुर मात्रा में बॉक्साइट के भण्डार मिले हैं। किन्तु, वर्तमान में उत्खनन केवल जबलपुर, मण्डला, शहडोल तथा सतना में होता है।

4. कोयला : कोयला उत्पादन में मध्य प्रदेश का भारत में महत्वपूर्ण स्थान है। देश के कुल कोयला भण्डार का लगभग 8.37 प्रतिशत कोयला मध्य प्रदेश में है। मध्य प्रदेश की कोयला पेटी पूर्व मध्य प्रदेश (शहडोल तथा सीधी जिलों), तथा दक्षिणी मध्य भाग (नरसिंहपुर, होशंगाबाद, बैतूल तथा छिंदवाड़ा जिलों) में बिखरे हैं।

5. अभ्रक : मध्य प्रदेश में ग्वालियर के कड़प्पा शैलों में अभ्रक के जमाव हैं। अभ्रक एक चमकीला, हल्का तथा परतदार खनिज है। मध्य प्रदेश में शहडोल, सीधी, टीकमगढ़, बालाघाट, छिंदवाड़ा, नरसिंहपुर, मन्दसौर, झाबुआ और होशंगाबाद जिलों में अभ्रक मिलता है। इस खनिज का उपयोग रेडियो, वायुयान, मोटर, औषधि, बिजली के संचालन, तार एवं टेलीफोन, लालटेन की चिमनी आदि के निर्माण में होता है।

6. चीनी मिट्टी : मध्य प्रदेश के ग्वालियर जिले में चीनी मिट्टी नामुक पहाड़ी तथा आंतरी के उत्तर में दो पहाड़ियों पर मिलती है। खिचलीपुर तहसील में नेवाज नदी की घाटी में भी चीनी मिट्टी मिलती है। छिंदवाड़ा तथा जबलपुर में गोंडवाना युग की चट्टानों से उत्तम प्रकार की मिट्टी मिलती है। इस मिट्टी के द्वारा खपरे, पाइप, कांच के बर्तन तथा अम्ल वस्तुओं का निर्माण होता है।

7. चूना पत्थर : मध्य प्रदेश में चूना पत्थर तथा डोलोमाइट के विशाल संचित भण्डार ग्वालियर, मुरैना, सागर, नरसिंहपुर, सतना, रीवा तथा जबलपुर में हैं। जबलपुर जिले में कटनी से पूर्व की ओर सोन द्रोणी के समानान्तर विस्तृत पहाड़ियों में चूना पत्थर विशेष रूप से मिलता है। कटनी में मुडवारा, टिकुरी, टिकुरिया तथा जुकेही में कठगवां तथा बिस्तरा में चूना पत्थर मिलता है। कैमूर के दक्षिण तथा रीवा नगर के पूर्व में चूना पत्थर की खानें हैं। विन्ध्यन युग की चूने के पत्थर की चट्टानें ग्वालियर तथा मुरैना में मिलती हैं, जिनका कैलारस तथा सेमाई में उत्खनन होता है। मण्डला, नरसिंहपुर, झाबुआ, धार, खरगौन आदि जिलों में भी चूना पत्थर मिलता है।

8. संगमरमर : मध्य प्रदेश के जबलपुर का श्वेत, बैतूल, सिवनी, नरसिंहपुर तथा छिंदवाड़ा का रंगीन तथा ग्वालियर के बाघ नामक स्थान के चूने का लाल-पीला, छींटदार हरा संगमरमर पत्थर प्रसिद्ध है। जबलपुर जिले में भेड़ाघाट तथा गवारी घाट, बैतूल, सिवनी तथा छिंदवाड़ा में आर्कियन युग की चट्टानों में संगमरमर के भण्डार हैं।

9. तांबा : यह अधिकतर आग्नेय और कायान्तरित शैलों से प्राप्त होता है। मध्य प्रदेश में तांबा जबलपुर के सलीमाबाद क्षेत्र में तथा होशंगाबाद, नरसिंहपुर और सागर जिलों में पाया जाता है। बालाघाट जिले की बैहर तहसील के मलझखण्ड में 170 मीटर लम्बी और 20 मीटर चौड़ी पेटी में 29.22 करोड़ टन तांबे के अयस्क का सुरक्षित भंडार है। यहां का तांबा उच्च कोटि का है। सीधी, छतरपुर तथा ग्वालियर जिलों में भी तांबे की एक पेटी मिली है।

10. हीरा : मध्य प्रदेश में हीरे की प्रसिद्ध खानें कैमूर श्रेणी के बालुकाश्म के अपर बलुई संगुष्टिकाश्म प्रस्तर में पन्ना के चारों ओर स्थित हैं। हीरे के प्रमुख उत्पादक केन्द्र सतना जिले में मझगवां, पन्ना जिले में पन्ना और हीनोता तथा छतरपुर जिले में अंगौर हैं। यह क्षेत्र लगभग 97 किलोमीटर लम्बा और 16 किलोमीटर चौड़ा है। मध्य प्रदेश के पन्ना जिले में भागेन नदी द्वारा बनाए गए ढेर में रामखेरिया नामक स्थान पर 12 से 18 मीटर की गहराई से हीरे प्राप्त किए जाते हैं। इसका वार्षिक उत्पादन लगभग 11,000 कैरेट का है। इसमें 50-60 प्रतिशत जवाहरात किस्म का हीरा होता है। दूसरा महत्त्वपूर्ण स्थान पन्ना के दक्षिण पूर्व में 36 किलोमीटर दूर मझगवां है, जहां 8.5 हेक्टेयर क्षेत्र में 500 मीटर लम्बे और 325 मीटर चौड़े भाग से हीरा निकाला जाता है।

11. रॉक फास्फेट : झाबुआ जिले में रॉक फास्फेट के भण्डार मिले हैं, और उत्खनन कार्य भी शुरू हो गया है। छतरपुर और सागर जिलों में भी इसके भण्डारों का पता चला है।

12. डोलोमाइट : इसकी खानें झाबुआ, जबलपुर, सतना, सीधी, इन्दौर और ग्वालियर में पाई जाती हैं।

13. टंगस्टन : टंगस्टन मध्य प्रदेश के 'अगर गांव' में पाया जाता है।

14. यूरेनियम : यूरेनियम खनिज मध्य प्रदेश के गोंडवाना क्षेत्र में पाया जाता है।

15. ग्रेफाइट : यह खनिज मध्य प्रदेश के बैतूल जिले में पाया जाता है। जिसमें शुद्ध ग्रेफाइट की मात्रा 0.18 से 30 प्रतिशत तक रहती है। इस खनिज का उपयोग पेन्ट, पेन्सिल तथा बैटरी में होता है।

16. सीसा : मध्य प्रदेश में सीसा जबलपुर, दतिया, होशंगाबाद, शिवपुरी व झाबुआ जिलों से प्राप्त होता है।

17. बैराइट : यह मध्य प्रदेश के टीकमगढ़ जिले में सूरजपुर के मैदानों व रीवा एवं पीपलकोट में पाया जाता है।

18. सेलखड़ी : मध्य प्रदेश में नर्मदा की घाटी में गोदावरी, लालपुर और घरवारा में सेलखड़ी मिलती है। जबलपुर जिले में भेड़ाघाट और कपौड़ से भी यह प्राप्त होती है।

19. सिलीमेनाइट : इसके भण्डार विन्ध्य प्रदेश में कोण्डरम के साथ पीपरा तथा रीवा की पहाड़ी में, सामसट्टी के पूर्व में, अगिर गुब्बा की पहाड़ी में तथा चिन्तामुप्पा के उत्तर में हैं। सीधी जिले में पीपरा के समीप भी सिलीमेनाइट के भण्डार मिले हैं।

प्रदेश में महत्वपूर्ण खनिजों का उत्पादन

(लाख टन में)

खनिज	*2014-15*	*2015-16 (स)*	*2016-17 (प्रावधिक)*
कोयला	876.00	1077.14	1085.48
बाक्साइट	8.32	6.84	6.58
ताम्र आयस्क	23.79	25.36	24.15
लौह अयस्क	41.93	24.47	17.30
मैगनीज अयस्क	8.78	7.66	6.48
रॉक फास्फेट	0.79	0.66	0.68
हीरा (कैरेट)	36107	36044	36516
चूना पत्थर	395.30	394.30	358.43

10
मध्य प्रदेश के उद्योग

देश के अन्य राज्यों की तुलना में मध्य प्रदेश का औद्योगिक विकास बहुत कम हुआ है। मध्य प्रदेश में मैंगनीज, बॉक्साइट, लौह-अयस्क और कोयला प्रचुर मात्रा में उपलब्ध है। प्रदेश में भारी तथा मध्यम दर्जे के उद्योगों के साथ-साथ लघु उद्योगों की संख्या भी पर्याप्त है। मध्य प्रदेश की कुल आय में औद्योगिक क्षेत्र का योगदान 20.57 प्रतिशत है। सितम्बर, 1965 में मध्य प्रदेश औद्योगिक विकास निगम की स्थापना सार्वजनिक उद्योगों को प्रोत्साहित करने के उद्देश्य से की गई थी। औद्योगिक दृष्टि से मध्य प्रदेश का देश में महत्वपूर्ण स्थान है। मध्य प्रदेश के प्रमुख उद्योग एवं उनके केन्द्र निम्नलिखित हैं :

1. सूती वस्त्र उद्योग : प्रदेश में यह उद्योग विकसित दशा में है। यहां सूती वस्त्र बनाने की 513 मिलें हैं जो इन्दौर, उज्जैन, ग्वालियर, बुरहानपुर, भोपाल, देवास, मन्दसौर, रतलाम, खण्डवा व सनावद में स्थित हैं।

2. ऊनी वस्त्र उद्योग : मध्य प्रदेश में इस उद्योग के 2 कारखाने इन्दौर में स्थित हैं।

3. कृत्रिम रेशा उद्योग : कृत्रिम रेशा से वस्त्र तैयार करने का कारखाना नागदा, इन्दौर, ग्वालियर, उज्जैन व देवास में है।

4. वनस्पति घी उद्योग : प्रदेश में वनस्पति घी बनाने के 10 कारखाने हैं, जो इन्दौर, ग्वालियर, खण्डवा, जबलपुर, गंजबासौदा (विदिशा) में स्थित हैं।

5. बीड़ी उद्योग : यह उद्योग राज्य के जबलपुर और सागर जिलों में विशेष रूप से केन्द्रित है। राज्य में बीड़ी बनाने के उद्योग में 2 लाख से अधिक श्रमिक लगे हैं जिनमें 35% से अधिक महिलाएं हैं। वर्तमान में यहां बीड़ी बनाने की 260 फैक्ट्रियां कार्यरत हैं।

6. चीनी उद्योग : प्रदेश में वर्तमान में 15 चीनी बनाने के कारखाने हैं जो, आलौट, डबरा, जाबरा, सीहोर, दालौदा, महिदपुर, बरलाई और कैलारस में हैं। इनसे प्रतिवर्ष 100 हजार मीट्रिक टन से अधिक चीनी का उत्पादन होता है।

7. **कत्था उद्योग** : इसका बड़ा कारखाना शिवपुरी में है।
8. **सीमेंट उद्योग** : इसके कारखाने कैमोर, सतना, बामौर, जामूल, तिलदा, मैहर, नीमच, मान्धार, मझहार, अकलतारा, गोपालनगर और नरसिंहगढ़ में केन्द्रित हैं।
9. **कागज उद्योग** : प्रदेश के कागज उद्योग नेपानगर, अमलाई (शहडोल) में स्थापित हैं। राज्य में छोटे-छोटे कारखाने भोपाल, सीहोर, विदिशा, सागर, रतलाम तथा ग्वालियर में स्थित हैं। इसके अलावा होशंगाबाद में नोट बनाने का कागज तैयार किया जाता है जबकि इन्दौर में पतला कागज बनाने का कारखाना है।
10. **जूट उद्योग** : इसके उद्योग अमलाई व सतना में स्थित हैं।
11. **लोहा इस्पात उद्योग** : इसके उद्योग जबलपुर और उज्जैन में स्थित हैं।
12. **हैवी इलैक्ट्रिकल्स** : भोपाल में भारत हैवी इलैक्ट्रिकल्स लिमिटेड (बी.एच.ई.एल.) की स्थापना 1961-62 में हुई थी। इस कारखाने में ट्रांसफार्मर, कैपिसीटर, गियर, इलेक्ट्रिक ट्रेक्शन, इक्विपमेंट एवं इण्डस्ट्रियल मोटर आदि विद्युत उपकरण तैयार किए जाते हैं।
13. **कीटनाशक संयंत्र** : बीना ।
14. **जीवाणु खाद संयंत्र** : भोपाल।
15. **दानेदार मिश्रित खाद संयंत्र** : होशंगाबाद।
16. **आयल मिल** : मुरैना।
17. **चिपबोर्ड व पार्टिकल बोर्ड** : इटारसी।
18. **दियासलाई** : ग्वालियर।
19. **डेयरी उद्योग** : बाबई।
20. **पी.वी.सी. केबिल्स** : सतना।
21. **सिन्थेटिक यार्न** : उज्जैन।
22. **गन कैरेज फैक्ट्री** : जबलपुर।
23. **बिस्कुट** : ग्वालियर।
24. **कास्टिक सोडा** : अमलाई, नागदा, नेपानगर।
25. **मोपेड** : ग्वालियर।
26. **प्लेट** : इन्दौर।
27. **प्लास्टिक** : इन्दौर।
28. **बैटरी** : भोपाल।
29. **एल्कोहल** : रतलाम।
30. **रेलवे स्लीपर** : बुधनी।
31. **सल्फ्यूरिक एसिड** : नागदा, कुम्हारी।
32. **स्टील कास्टिंग फाउण्ड्री एवं रि-रौलिंग मिल** : इन्दौर, देवास, कुम्हारी, उज्जैन, ग्वालियर, शाजापुर, मन्दसौर, बांगरोद।

33. टंगस्टन फिलामेन्ट : इन्दौर।
34. लकड़ी के खिलौने : भोपाल, रीवा, रतलाम, ग्वालियर।
35. करेन्सी प्रिंटिंग प्रेस : देवास।
36. साईकिल : गुना।
37. कृषि उपकरण : खण्डवा।
38. चमड़ा उद्योग : ग्वालियर।
39. इंजीनियरिंग वर्क्स : इन्दौर।

मध्य प्रदेश में औद्योगिक विकास को गति प्रदान करने के लिए 1990 के 45 जिलों में से 5 को विकसित और 33 को पिछड़ा जिला माना गया। पिछड़े जिलों को पुन: 3 वर्गों—अ, ब और स—में विभक्त किया गया। राज्य के पिछड़े जिलों, में 'अ' वर्ग के 9, 'ब' वर्ग के 9 और 'स' वर्ग के 15 जिले हैं।

इनके अतिरिक्त शेष जिले औद्योगिक दृष्टि से शून्य हैं।

1. विकसित जिले : भोपाल, ग्वालियर, इन्दौर, उज्जैन व जबलपुर।

2. पिछड़े जिले 'अ' श्रेणी : 1. होशंगाबाद, 2. देवास, 3. खण्डवा, 4. मन्दसौर, 5. रतलाम, 6. मुरैना, 7. सतना, 8. शहडोल, और 9. विदिशा।

'ब' श्रेणी : 1. बालाघाट, 2. बैतूल, 3. छिंदवाड़ा, 4. गुना, 5. दमोह, 6. नरसिंहपुर, 7. सागर, 8. सीहोर और 9. सिवनी।

'स' श्रेणी : 1. भिण्ड, 2. छतरपुर, 3. झाबुआ, 4. दतिया, 5. धार, 6. खरगौन, 7. मण्डला, 7. पन्ना, 9. रायसेन, 10. राजगढ़, 11. शाजापुर, 12. रीवा, 13. शिवपुरी 14. सीधी और 15. टीकमगढ़।

प्रदेश में केन्द्रीय सार्वजनिक उद्योग

मध्य प्रदेश में केन्द्रीय रक्षा, संचार, रेल तथा वित्त मंत्रालयों के 9 प्रतिष्ठान स्थित हैं। इनके अतिरिक्त भारतीय खाद्य निगम का एक प्रतिष्ठान तथा केन्द्रीय सार्वजनिक क्षेत्र के 6 प्रतिष्ठान एवं केन्द्रीय कपड़ा उद्योग निगम के 7 प्रतिष्ठान मध्य प्रदेश में कार्यशील हैं। ये प्रतिष्ठान निम्नलिखित हैं :

नाम एवं स्थिति	स्थापना वर्ष	विवरण
A. रक्षा मंत्रालय		
1. गवर्नमेंट आर्डनेंस फैक्ट्री, खमरिया	1943-44	युद्धोपकरण
2. गन कैरिज फैक्ट्री, जबलपुर	1943-44	युद्धोपकरण
3. हैवी व्हीकल फैक्ट्री, जबलपुर	1955	रक्षात्मक एवं भारी व्यावसायिक वाहन
4. गवर्नमेंट आर्डनेंस फैक्ट्री, जबलपुर	1943-44	युद्धोपकरण

नाम एवं स्थिति	स्थापना वर्ष	विवरण
B. संचार मंत्रालय		
5. गवर्नमेंट पोस्ट एंड टेलीग्राफ वर्कशॉप, जबलपुर	1943-44	टेलीफोन एवं टेलीग्राफिक उपकरण
C. रेल मंत्रालय		
6. रेलवे कोच फैक्ट्री, भोपाल		रेल के डिब्बों का निर्माण
D. वित्त मंत्रालय		
7. करेन्सी प्रिंटिंग प्रेस, देवास		कागजी मुद्रा
8. सिक्योरिटी पेपर मिल, होशंगाबाद	1967-68	बैंक नोट छापने का कागज
9. एल्कलॉयड फैक्ट्री, नीमच (जिला मन्दसौर)	1975-76	अंश परिष्कृत मार्फीन, अंश परिष्कृत कोडीन नार्कोटीन
E. भारतीय खाद्य निगम		
10. कॉटन सीड साल्वेन्ट एक्सट्रक्शन प्लांट, उज्जैन	1963-64	कपास बीज एवं मूंगफली का तेल
F. केन्द्रीय सार्वजनिक क्षेत्र के अन्य प्रतिष्ठान		
11. भारत हैवी इलेक्ट्रिकल्स लि. पिपलानी, भोपाल	1961-62	स्विच गियर, कन्ट्रोल गियर ट्रांसफार्मर, टरबाइन, ट्रेक्शन आदि
12. नेशनल न्यूजप्रिंट एवं पेपर मिल, नेपानगर, जिला खण्डवा	1956-57	अखबारी कागज
13. आई.आई.एस.सी.ओ.एक्सटेंशन पाइप एण्ड फाउण्ड्री कं.लि. देवास रोड (उज्जैन)	1968-69	ढलवां लोहे के पाइप
14. ग्रे आयरन फाउण्ड्री कम्पनी, जबलपुर		कच्चा लोहा
G. राष्ट्रीय कपड़ा उद्योग		
15. दि न्यू भोपाल टेक्सटाइल लि०, भोपाल	1938-39	सूती कपड़ा एवं सूत
16. हीरा मिल्स लि., आगरा रोड, उज्जैन	1934-35	सूती कपड़ा एवं सूत
17. स्वदेशी कॉटन एण्ड फ्लोअर मिल्स लि., शीलनाथ कैंप, इन्दौर	1928-29	सूती कपड़ा एवं सूत
18. इन्दौर, मालवा यूनाइटेट मि०लि०, न्यू देवास रोड, इन्दौर	1907-08	सूती कपड़ा एवं सूत

	नाम एवं स्थिति	स्थापना वर्ष	विवरण
19.	बुरहानपुर ताप्ती मि०लि०, बुरहानपुर, जि. खण्डवा	1906-07	सूती कपड़ा एवं सूत
20.	कल्याणमल मिल्स लि., सीलनाथ कैम्प, इन्दौर	1934-35	सूती कपड़ा एवं सूत

H. खनन मंत्रालय

21. वेस्टर्न कोल फील्ड्स लि., नागपुर। इसमें मध्य प्रदेश के जिले भी शामिल हैं।

22. नार्दन कोल फील्ड्स लि., सिंगरोली, जिला सीधी

23. हिन्दुस्तान कॉपर प्रोजेक्ट, मलाजखण्ड, बालाघाट

प्रदेश के सार्वजनिक क्षेत्र के उद्योग

	नाम एवं स्थिति	स्थापना वर्ष	उत्पादित वस्तुएँ
	(अ) मध्य प्रदेश राज्य उद्योग निगम–		
(i)	रतलाम अल्कोहल प्लांट एण्ड कार्बन इण्डस्ट्रीज एस्टेट, रतलाम	1963-64	स्प्रिट, अल्कोहल तथा कार्बन डाइऑक्साइड
(ii)	ग्वालियर लैदर फैक्ट्री एण्ड टेनरी, ग्वालियर	1958	जूते, तम्बू एवं त्रिपाल
(iii)	ग्वालियर पॉट्रीज, ग्वालियर		चीनी के बर्तन
(iv)	कलेंडरिंग प्लांट, उज्जैन	1962	रंगाई, विरंजन तथा परिष्करण
(v)	टिम्बर ट्रीटमेंट प्लांट, इन्दौर	1952	इमारती लकड़ी
(vi)	छाता उद्योग, महू	–	ठोस कमानी
(vii)	इंजीनियरिंग वर्क्स, इन्दौर	–	ठेके का काम
(viii)	ब्रुश एवं स्पोर्टस् इण्डस्ट्रीज, इन्दौर	–	ब्रुश तथा खेल का सामान
(ix)	देवास इलैक्ट्रिकल्स, देवास	–	ऊष्मारोधी उपकरण
(x)	कृषि उपकरण फैक्ट्री, खण्डवा	–	पम्प एवं पम्पिंग सैट
(xi)	मैटल वर्क्स, विदिशा	–	जी.आई.कंटीले तार, तार की कीलें
(xii)	साइकिल उद्योग, गुना	–	साइकिलें एवं उपसाधन
(xiii)	फर्नीचर वर्क्स, जबलपुर	–	फर्नीचर
(xiv)	फर्नीचर वर्क्स, अभानपुर (दमोह)	–	फर्नीचर
(xv)	भोपाल उद्योग, भोपाल	–	फर्नीचर
	(आ) मध्य प्रदेश स्टेट टैक्सटाइल कार्पोरेशन लिमि., भोपाल		
(xvi)	सनावद कताई मिल, सनावद, जि. खरगौन	1963-64	सूती धागा

प्रदेश में उद्योगों के विकास हेतु कार्यरत संस्थाएं

मध्य प्रदेश में उद्योगों के विकास के लिए निम्न संस्थाएं कार्यरत हैं:—
 (1) मध्य प्रदेश राज्य उद्योग निगम, भोपाल (स्थापना 1961)
 (2) मध्य प्रदेश औद्योगिक विकास निगम, भोपाल (स्थापना 1965)
 (3) मध्य प्रदेश लघु उद्योग निगम, भोपाल (स्थापना 1969)
 (4) मध्य प्रदेश वस्त्रोद्योग मण्डल (स्थापना 1972, मुख्यालय-भोपाल)
 (5) मध्य प्रदेश माइनिंग कॉर्पोरेशन, भोपाल
 (6) मध्य प्रदेश खादी एवं ग्रामोद्योग बोर्ड, भोपाल
 (7) मध्य प्रदेश वित्त निगम, इन्दौर
 (8) मध्य प्रदेश वस्त्रोद्योग निगम, इन्दौर
 (9) मध्य प्रदेश हैण्डनालय संचालन (स्थापना 1976)
 (10) मध्य प्रदेश निर्यात निगम, भोपाल (स्थापना 1976)
 (11) मध्य प्रदेश हस्तशिल्प विकास निगम (स्थापना 1981)
 (12) एग्रो इन्डस्ट्रीज कॉर्पोरेशन, भोपाल।

एम्पोरियमः— मध्य प्रदेश उद्योग निगम 'मृगनयनी' के नाम से 8 एम्पोरियम चलाता है। मध्य प्रदेश में ये एम्पोरियम इन्दौर, भोपाल, जबलपुर, ग्वालियर, रीवां और उज्जैन में स्थित हैं। प्रदेश के बाहर 2 एम्पोरियम दिल्ली व कोलकाता में हैं।

राज्य सरकार द्वारा घोषित औद्योगिक विकास केन्द्र

मध्य प्रदेश सरकार द्वारा घोषित 26 औद्योगिक विकास केन्द्र निम्नलिखित हैं— (1) पीथमपुर (धार), (2) मेघनगर (झाबुआ), (3) मनेरी (मण्डला), (4) पुरेना (पन्ना), (5) पीलूखेड़ी (राजगढ़), (6) मालनपुर (भिण्ड), (7) प्रतापपुरा (टीकमगढ़), (8) बैढ़न (सीधी), (9) बोरेगांव (छिंदवाड़ा), (10) किरनापुर (बालाघाट), (11) अभानपुर (दमोह), (12) चैनपुरा (गुना), (13) करोढरा (शिवपुरी), (14) बड़ेरा (दतिया), (15) चन्द्रपुरा (छतरपुर), (16) बंडोल (सिवनी), (17) बगसपुर (नरसिंहपुर), (18) मंडीदीप (रायसेन), (19) बानमोर (मुरैना), (20) सिद्धगवा (सागर), (21) रीवा (रीवा), (22) मक्सी (शाजापुर), (23) जावरा (रतलाम), (24) विदिशा (विदिशा), (25) हरदा (हरदा) और (26) देवास।

11
जनसंख्या (2011 के अंतिम आँकड़ों के अनुसार)

कुल जनसंख्या : 7,26,26,809 व्यक्ति

पुरुष : 3,76,12,306

स्त्रियां : 3,50,14,503

प्रति 1000 पुरुषों पर स्त्रियों की संख्या : 931

जनसंख्या घनत्व : 236 व्यक्ति प्रति वर्ग किमी.

साक्षरता (कुल) : 69.3%

साक्षरता (पुरुष) : 78.7%

साक्षरता (महिला) : 59.2%

जनसंख्या क्रम में भारत में स्थान : पांचवाँ

सर्वाधिक जनसंख्या वाला जिला : इन्दौर (32,76,697)

सबसे कम जनसंख्या वाला जिला : हरदा (5,70,465)

सर्वाधिक जनसंख्या घनत्व वाला जिला : भोपाल (855 व्यक्ति प्रति वर्ग किमी)

सबसे कम जनसंख्या घनत्व वाला जिला : डिण्डोरी (94 व्यक्ति प्रति वर्ग किमी)

सर्वाधिक लिंगानुपात वाला जिला : बालाघाट (1021)

सबसे कम लिंगानुपात वाला जिला : भिंड (837)

मध्य प्रदेश की जनसंख्या, 1901 ई. से 2011 ई. तक

वर्ष	कुल जनसंख्या	ग्रामीण जनसंख्या	नगरीय जनसंख्या
1901	16860768	1502723	1458015
1911	19440965	18141958	1299007
1921	19171750	17731538	1440212
1931	21355657	1953786	1771871
1941	23990608	21637831	2352777
1951	26071637	22938700	3132937
1961	32372408	27745174	4627234
1971	41654119	34869352	6784767
1981	52178844	41592385	10586459
1991	66181170	50842333	15338837
2001	60,348,023	4,43,80,878	1,59,67,145
2011	7,26,26,809	52,557,404	20,069,405

जिलेवार ग्रामीण एवं नगरीय जनसंख्या, प्रतिशत जनसंख्या
(जनगणना—2011)

क्र.सं.	राज्य/जिला	जनसंख्या			प्रतिशत जनसंख्या	
		कुल	ग्रामीण	नगरीय	ग्रामीण	नगरीय
	मध्य प्रदेश	7,26,26,809	5,25,57,404	2,00,69,405	72.4	27.6
1.	श्योपुर	6,87,861	5,80,509	1,07,352	84.4	15.6
2.	मुरैना	19,65,970	14,95,508	4,70,462	76.1	23.9
3.	भिण्ड	17,03,005	12,70,083	4,32,922	74.6	25.4
4.	ग्वालियर	20,32,036	7,58,244	12,73,792	37.3	62.7
5.	दतिया	7,86,754	6,04,772	1,81,982	76.9	23.1
6.	शिवपुरी	17,26,050	14,30,627	2,95,423	82.9	17.1
7.	टीकमगढ़	14,45,166	11,95,293	2,49,873	82.7	17.3
8.	छतरपुर	17,62,375	13,63,359	3,99,016	77.4	22.6
9.	पन्ना	10,16,520	8,91,185	1,25,335	87.7	12.3
10.	सागर	23,78,458	16,69,662	7,08,796	70.2	29.8
11.	दमोह	12,64,219	10,13,668	2,50,551	80.2	19.8
12.	सतना	22,28,935	17,54,517	4,74,418	78.7	21.3
13.	रीवा	23,65,106	19,69,321	3,95,785	83.3	16.7
14.	उमरिया	6,44,758	5,34,214	1,10,544	82.9	17.1
15.	नीमच	8,26,067	5,80,837	2,45,230	70.3	29.7
16.	मन्दसौर	13,40,411	10,62,807	2,77,604	79.3	20.7
17.	रतलाम	14,55,069	10,20,038	4,35,031	70.1	29.9

क्र.सं.	राज्य/जिला	जनसंख्या			प्रतिशत जनसंख्या	
		कुल	ग्रामीण	नगरीय	ग्रामीण	नगरीय
18.	उज्जैन	19,86,864	12,07,651	7,79,213	60.8	39.2
19.	शाजापुर	15,12,681	12,19,133	2,93,548	80.6	19.4
20.	देवास	15,63,715	11,11,956	4,51,759	71.1	28.9
21.	धार	21,85,793	17,72,572	4,13,221	81.1	18.9
22.	इन्दौर	32,76,697	8,48,988	24,27,709	25.9	74.1
23.	प. निमाड़	18,73,046	15,74,190	2,98,856	84.0	16.0
24.	बड़वानी	13,85,881	11,81,812	2,04,069	85.3	14.7
25.	राजगढ़	15,45,814	12,69,357	2,76,457	82.1	17.9
26.	विदिशा	14,58,875	11,19,257	3,39,618	76.7	23.3
27.	भोपाल	23,71,061	4,54,010	19,17,051	19.1	80.9
28.	सीहोर	13,11,332	10,62,870	2,48,462	81.1	18.9
29.	रायसेन	13,31,597	10,28,172	3,03,425	77.2	22.8
30.	बैतूल	15,75,362	12,66,211	3,09,151	80.4	19.6
31.	हरदा	5,70,465	4,51,101	1,19,364	79.1	20.9
32.	होशंगाबाद	12,41,350	8,51,364	3,89,986	68.6	31.4
33.	कटनी	12,92,042	10,28,499	2,63,543	79.6	20.4
34.	जबलपुर	24,63,289	10,23,255	14,40,034	41.5	58.5
35.	नरसिंहपुर	10,91,854	8,88,314	2,03,540	81.4	18.6
36.	डिण्डोरी	7,04,524	6,72,206	32,318	95.4	4.6
37.	मण्डला	10,54,905	9,24,716	1,30,189	87.7	12.3
38.	छिन्दवाड़ा	20,90,922	15,85,739	5,05,183	75.8	24.2
39.	सिवनी	13,79,131	12,15,241	1,63,890	88.1	11.9
40.	बालाघाट	17,01,698	14,56,882	2,44,816	85.6	14.4
41.	गुना	12,41,519	9,28,844	3,12,675	74.8	25.2
42.	अशोक नगर	8,45,071	6,91,387	1,53,684	81.8	18.2
43.	शहडोल	10,66,063	8,46,463	2,19,600	79.4	20.6
44.	अनूपपुर	7,49,237	5,43,996	2,05,241	72.6	27.4
45.	सीधी	11,27,033	10,33,912	93,121	91.7	8.3
46.	सिंगरौली	11,78,273	9,51,487	2,26,786	80.8	19.2
47.	झाबुआ	10,25,048	9,33,065	91,983	91.0	9.0
48.	अलीराजपुर	7,28,999	6,71,925	57,074	92.2	7.8
49.	पू. निमाड़	13,10,061	10,50,625	2,59,436	80.2	19.8
50.	बुरहानपुर	7,57,847	4,97,560	2,60,287	65.7	34.3
51.	आगर-मालवा	—	—	—	—	—
52.	निवाड़ी	—	—	—	—	—

जनसंख्या का वितरण, जनसंख्या घनत्व, साक्षरता

क्र.	जिले	कुल आबादी	पुरुष	महिला	जनघनत्व	साक्षरता (% में)		
						कुल	पुरुष	महिला
	मध्य प्रदेश	7,26,26,809	3,76,12,306	3,50,14,503	236	69.3	78.7	59.3
1.	श्योपुर	6,87,861	3,61,784	3,26,077	104	57.4	69.3	44.2
2.	मुरैना	19,65,970	10,68,417	8,97,553	394	71.0	82.9	56.9
3.	भिंड	17,03,005	9,26,843	7,76,162	382	75.3	85.4	63.1
4.	ग्वालियर	20,32,036	10,90,327	9,41,709	446	76.7	84.7	67.4
5.	दतिया	7,86,754	4,20,157	3,66,597	271	72.6	84.2	59.4
6.	शिवपुरी	17,26,050	9,19,795	8,06,255	171	62.5	74.6	48.8
7.	टीकमगढ़	14,45,166	7,60,355	6,84,811	286	61.4	71.8	50.0
8.	छतरपुर	17,62,375	9,36,121	8,26,254	203	63.7	72.7	53.6
9.	पन्ना	10,16,520	5,33,480	4,83,040	142	64.8	74.1	54.4
10.	सागर	23,78,458	12,56,257	11,22,201	232	76.5	84.8	67.0
11.	दमोह	12,64,219	6,61,873	6,02,346	173	69.7	79.3	59.2
12.	सतना	22,28,935	11,57,495	10,71,440	297	72.3	81.4	62.5
13.	रीवा	23,65,106	12,25,100	11,40,006	375	71.6	81.4	61.2
14.	उमरिया	6,44,758	3,30,674	3,14,084	158	65.9	76.0	55.2
15.	नीमच	8,26,067	4,22,653	4,03,414	194	70.8	83.9	57.1
16.	मंदसौर	13,40,411	6,82,851	6,57,560	242	71.8	85.1	58.0
17.	रतलाम	14,55,069	7,38,241	7,16,828	299	66.8	77.5	55.8
18.	उज्जैन	19,86,864	10,16,289	9,70,575	326	72.3	83.5	60.7
19.	शाजापुर	15,12,681	7,80,520	7,32,161	244	69.1	81.5	55.9
20.	देवास	15,63,715	8,05,359	7,58,356	223	69.3	80.3	57.8
21.	धार	21,85,793	11,12,725	10,73,068	268	59.0	68.9	48.8
22.	इंदौर	32,76,697	16,99,627	15,77,070	841	80.9	87.3	74.0
23.	पं. निमाड़	18,73,046	9,53,121	9,19,925	233	62.7	72.1	53.0
24.	बड़वानी	13,85,881	6,99,340	6,86,541	255	49.1	55.7	42.4
25.	राजगढ़	15,45,814	7,90,212	7,55,602	251	61.2	73.0	48.9
26.	विदिशा	14,58,875	7,69,568	6,89,307	198	70.5	79.1	60.9
27.	भोपाल	23,71,061	12,36,130	11,34,931	855	80.4	85.4	74.9
28.	सिहोर	13,11,332	6,83,743	6,27,589	199	70.1	80.8	58.3
29.	रायसेन	13,31,597	7,00,358	6,31,239	157	73.0	80.8	64.2
30.	बैतुल	15,75,362	7,99,236	7,76,126	157	68.9	76.6	60.9
31.	हरदा	5,70,465	2,94,838	2,75,627	171	72.5	81.1	63.3
32.	होशंगाबाद	12,41,350	6,48,725	5,92,625	185	75.3	83.3	66.5
33.	कटनी	12,92,042	6,62,013	6,30,029	261	72.0	81.9	61.6

क्र.	जिले	कुल आबादी	पुरुष	महिला	जनघनत्व	साक्षरता (% में)		
						कुल	पुरुष	महिला
34.	जबलपुर	24,63,289	12,77,278	11,86,011	473	81.1	87.3	74.4
35.	नरसिंहपुर	10,91,854	5,68,810	5,23,044	213	75.7	83.6	67.1
36.	डिंडोरी	7,04,524	3,51,913	3,52,611	94	63.9	75.5	52.4
37.	मंडला	10,54,905	5,25,272	5,29,633	182	66.9	77.5	56.4
38.	छिंदवाड़ा	20,90,922	10,64,468	10,26,454	177	71.2	79.0	63.0
39.	सिवनी	13,79,131	6,95,879	6,83,252	157	72.1	80.4	63.7
40.	बालाघाट	17,01,698	8,42,178	8,59,520	184	77.1	85.4	69.0
41.	गुना	12,41,519	6,49,362	5,92,157	194	63.2	74.1	51.4
42.	अशोक नगर	8,45,071	4,43,837	4,01,234	181	66.4	78.1	53.4
43.	शहडोल	10,66,063	5,40,021	5,26,042	172	66.7	76.1	57.0
44.	अनूपपुर	7,49,237	3,79,114	3,70,123	200	67.9	78.3	57.3
45.	सीधी	11,27,033	5,75,912	5,51,121	232	64.4	74.4	54.1
46.	सिंगरौली	11,78,273	6,13,637	5,64,636	208	60.4	71.3	48.5
47.	झाबुआ	10,25,048	5,15,023	5,10,025	285	43.3	52.9	33.8
48.	अलीराजपुर	7,28,999	3,62,542	3,66,457	229	36.1	42.0	30.3
49.	पू. निमाड़	13,10,061	6,74,329	6,35,732	178	66.4	76.3	55.9
50.	बुरहानपुर	7,57,847	3,88,504	3,69,343	221	64.4	71.8	56.6
51.	आगर-मालवा	—	—	—	—	—	—	—
52.	निवाड़ी	—	—	—	—	—	—	—

राज्य और जिलों में 1911 से जनसंख्या की प्रतिशत दशकीय वृद्धि

क्र. सं.	राज्य/ जिला	प्रतिशत दशकीय वृद्धि								
		1911-21	1921-31	1931-41	1941-51	1951-61	1961-71	1971-81	1981-91	1991-2001	2001-2011
	मध्य प्रदेश	-2.40	10.21	12.06	8.38	24.73	29.28	27.16	27.24	24.26	20.3
01	श्योपुर	-8.92	5.43	12.54	10.61	27.69	25.94	33.20	33.32	29.72	22.9
02	मुरैना	-8.52	11.23	13.70	10.19	22.37	25.74	31.95	30.58	24.09	23.4
03	भिण्ड	-4.56	9.27	14.80	6.87	21.44	23.83	22.65	25.18	17.06	19.2
04	ग्वालियर	6.00	11.51	22.74	20.34	24.26	30.51	30.30	27.97	26.00	24.5
05	दतिया	-4.64	7.95	10.15	0.23	22.06	27.87	21.16	26.01	21.82	18.5
06	शिवपुरी	-9.38	6.83	10.99	3.73	17.19	21.26	27.99	30.84	27.16	22.8
07	गुना	-2.94	11.35	12.07	1.07	23.64	31.54	27.85	30.77	27.11	27.0
08	टीकमगढ़	-13.66	9.75	11.96	3.15	24.44	24.85	29.55	27.66	27.88	20.1
09	छतरपुर	-8.22	-0.76	6.92	3.68	22.08	21.28	24.46	30.61	27.33	19.5
10	पन्ना	-2.08	6.12	15.85	4.19	27.57	29.53	25.85	27.40	24.17	18.7
11	सागर	-2.38	3.13	9.56	6.56	25.21	33.36	24.55	24.53	22.70	17.6
12	दमोह	-13.79	6.42	11.96	4.15	22.63	30.78	25.85	24.49	20.46	16.6
13	सतना	-13.11	8.27	15.41	4.72	25.22	31.56	26.26	27.05	27.52	19.2

क्र. सं.	राज्य/ जिला	प्रतिशत दशकीय वृद्धि									
		1911-21	1921-31	1931-41	1941-51	1951-61	1961-71	1971-81	1981-91	1991-2001	2001-2011
14	रीवा	-3.18	6.71	14.44	8.06	21.90	26.57	23.49	28.77	26.84	19.9
15	उमरिया	-7.38	21.52	11.82	10.91	34.08	18.68	31.72	31.83	22.58	25.0
16	शहडोल	-7.03	20.18	14.97	8.96	25.48	25.91	30.28	28.96	18.87	17.4
17	सीधी	-13.89	14.71	17.21	9.46	24.95	33.90	27.51	38.67	33.28	23.7
18	नीमच	2.36	12.87	20.96	15.26	22.18	29.44	32.56	22.58	21.25	13.8
19	मन्दसौर	4.17	13.86	16.08	18.17	25.11	26.88	30.68	23.42	23.67	13.2
20	रतलाम	0.21	18.54	15.39	13.90	26.67	29.58	24.93	24.17	24.97	19.7
21	उज्जैन	-0.76	17.58	14.48	19.58	21.79	30.34	29.51	23.82	23.63	16.1
22	शाजापुर	-1.80	10.60	12.56	6.11	21.45	28.93	23.86	22.97	24.87	17.2
23	देवास	-2.40	14.37	6.27	5.85	29.42	32.99	33.81	29.99	26.39	19.5
24	झाबुआ	15.98	16.90	17.40	11.49	34.42	29.83	19.07	42.16	23.56	30.7
25	धार	14.66	9.88	9.54	6.38	27.74	30.85	25.53	29.31	27.29	25.6
26	इन्दौर	24.45	12.36	19.34	32.23	25.38	36.03	37.49	30.26	40.82	32.9
27	खरगौन	10.07	18.21	15.08	11.36	35.09	31.61	26.42	23.04	27.95	22.9
28	बड़वानी	10.07	18.21	14.99	11.44	24.53	26.99	27.71	26.30	29.87	27.6
29	खण्डवा	1.42	17.83	9.91	5.27	30.88	28.34	31.19	24.11	19.31	21.5
30	राजगढ़	-6.40	12.68	9.73	6.37	20.90	24.66	24.37	23.88	26.24	23.3
31	विदिशा	17.20	-0.64	10.85	0.71	26.71	34.59	18.93	23.92	25.18	20.1
32	भोपाल	-10.27	16.71	15.18	24.95	57.73	53.93	56.38	51.05	35.91	28.6
33	सीहोर	-4.84	8.33	5.98	2.05	34.27	33.99	28.67	27.99	28.22	21.5
34	रायसेन	-5.95	-1.73	4.73	1.61	30.46	34.42	28.48	23.35	27.80	18.3
35	बैतूल	-6.83	11.69	7.90	3.04	24.08	31.37	25.70	27.68	18.02	12.9
36	हरदा	-3.48	9.62	0.83	-0.12	27.73	28.48	22.63	29.14	24.53	20.2
37	होशंगाबाद	-2.63	9.40	-0.10	1.71	18.99	31.07	25.00	25.01	22.40	14.5
38	कटनी	-0.20	2.37	12.65	8.95	17.59	25.22	26.21	23.43	20.61	21.4
39	जबलपुर	0.09	4.69	21.12	18.83	24.29	36.29	32.53	19.12	22.59	14.5
40	नरसिंहपुर	-3.23	2.01	4.20	1.23	21.61	25.91	25.26	20.76	21.88	14.0
41	डिण्डोरी	-4.60	15.91	12.47	8.33	37.89	26.62	22.76	24.94	13.23	21.3
42	मण्डला	-4.66	15.05	13.58	8.64	18.09	28.25	16.28	24.17	14.66	18.0
43	छिन्दवाड़ा	-4.89	16.56	6.53	5.85	21.52	25.95	24.63	27.21	17.86	13.1
44	सिवनी	-11.94	12.86	7.52	2.53	20.66	27.61	21.15	23.60	16.49	18.2
45	बालाघाट	7.50	9.77	12.95	9.31	16.34	21.18	17.41	19.00	5.85	13.6
46	अनूपपुर	—	—	—	—	—	—	—	—	—	12.3
47	अशोकनगर	—	—	—	—	—	—	—	—	—	22.7
48	बुरहानपुर	—	—	—	—	—	—	—	—	—	19.4
49	अलीराजपुर	—	—	—	—	—	—	—	—	—	19.5
50	सिंगरौली	—	—	—	—	—	—	—	—	—	28.0
51	आगर-मालवा	—	—	—	—	—	—	—	—	—	—
52	निवाड़ी	—	—	—	—	—	—	—	—	—	—

जनगणना-2011 के अंतिम आंकड़ों के अनुसार

सर्वाधिक जनसंख्या वाले पाँच जिले

क्रम	जिले	जनसंख्या
1.	इंदौर	32,76,697
2.	जबलपुर	24,63,289
3.	सागर	23,78,458
4.	भोपाल	23,71,061
5.	रीवा	23,65,106

न्यूनतम जनसंख्या वाले पाँच जिले

क्रम	जिले	जनसंख्या
1.	हरदा	570465
2.	उमरिया	644758
3.	श्योपुर	687861
4.	डिंडोरी	704524
5.	अलीराजपुर	728999

सर्वाधिक लिंगानुपात वाले पाँच जिले

क्रम	जिले	लिंगानुपात
1.	बालाघाट	1021
2.	अलीराजपुर	1011
3.	मंडला	1008
4.	डिंडोरी	1002
5.	झाबुआ	990

न्यूनतम लिंगानुपात वाले पाँच जिले

क्रम	जिले	लिंगानुपात
1.	भिण्ड	837
2.	मुरैना	840

क्रम	जिले	लिंगानुपात
3.	ग्वालियर	864
4.	दतिया	873
5.	शिवपुरी	877

सर्वाधिक जनघनत्व वाले पाँच जिले

क्रम	जिले	जनघनत्व
1.	भोपाल	855
2.	इंदौर	841
3.	जबलपुर	437
4.	ग्वालियर	446
5.	मुरैना	394

न्यूनतम जनघनत्व वाले पाँच जिले

क्रम	जिले	जनघनत्व
1.	डिंडोरी	94
2.	श्योपुर	104
3.	पन्ना	142
4.	सिवनी/बैतुल/रायसेन	157
5.	उमरिया	158

सर्वाधिक साक्षरता दर वाले पाँच जिले

क्रम	जिले	साक्षरता दर % में
1.	जबलपुर	81.1
2.	इंदौर	80.9
3.	भोपाल	80.4
4.	बालाघाट	77.1
5.	ग्वालियर	76.7

न्यूनतम साक्षरता दर वाले पाँच जिले

क्रम	जिले	साक्षरता दर % में
1.	अलीराजपुर	36.1
2.	झाबुआ	43.3
3.	बड़वानी	49.1
4.	श्योपुर	57.4
5.	धार	59.0

सर्वाधिक पुरुष साक्षरता दर वाले पाँच जिले

क्रम	जिले	पुरुष साक्षरता दर % में
1.	जबलपुर/इंदौर	87.3
2.	भोपाल/बालाघाट/भिण्ड	85.4
3.	मंदसौर	85.1
4.	सागर	84.8
5.	ग्वालियर	84.7

न्यूनतम पुरुष साक्षरता दर वाले पाँच जिले

क्रम	जिले	पुरुष साक्षरता दर % में
1.	अलीराजपुर	42.0
2.	झाबुआ	52.9
3.	बड़वानी	55.7
4.	धार	68.9
5.	श्योपुर	69.3

सर्वाधिक महिला साक्षरता दर वाले पाँच जिले

क्रम	जिले	साक्षरता दर % में
1.	भोपाल	74.9
2.	जबलपुर	74.4
3.	इंदौर	74.0
4.	बालाघाट	69.0
5.	ग्वालियर	67.4

न्यूनतम महिला साक्षरता दर वाले पाँच जिले

क्रम	जिले	साक्षरता दर % में
1.	अलीराजपुर	30.3
2.	झाबुआ	33.8
3.	बड़वानी	42.4
4.	श्योपुर	44.2
5.	शिवपुरी	48.5

स्त्री पुरुष अनुपात : भारत, मध्य प्रदेश एवं जिले

क्र.सं.	देश/राज्य/जिला	1991	2001	2011
	भारत	927	933	943
	मध्य प्रदेश	912	919	931
01	श्योपुर	880	893	901
02	मुरैना	808	822	840
03	भिण्ड	816	829	837
04	ग्वालियर	831	847	864
05	दतिया	847	858	873
06	शिवपुरी	849	858	877
07	गुना	875	885	912
08	टीकमगढ़	871	886	901
09	छतरपुर	856	869	883
10	पन्ना	897	907	905
11	सागर	881	884	893
12	दमोह	905	902	910
13	सतना	918	926	926
14	रीवा	932	939	931
15	उमरिया	942	947	950
16	शहडोल	940	958	974
17	सीधी	922	932	957
18	नीमच	943	950	954
19	मन्दसौर	947	956	963
20	रतलाम	948	959	971
21	उज्जैन	929	940	955
22	शाजापुर	918	927	938
23	देवास	924	932	942

क्र.सं.	देश/राज्य/जिला	1991	2001	2011
24	झाबुआ	977	990	990
25	धार	951	954	964
26	इन्दौर	906	911	928
27	खरगौन	941	948	965
28	बड़वानी	964	973	982
29	खण्डवा	938	936	944
30	राजगढ़	923	931	956
31	विदिशा	874	876	896
32	भोपाल	889	896	918
33	सीहोर	898	908	918
34	रायसेन	879	880	901
35	बैतूल	966	965	971
36	हरदा	914	919	935
37	होशंगाबाद	892	898	914
38	कटनी	939	941	952
39	जबलपुर	903	910	929
40	नरसिंहपुर	913	909	920
41	डिण्डोरी	985	994	1002
42	मण्डला	990	1002	1008
43	छिन्दवाड़ा	953	953	964
44	सिवनी	974	982	982
45	बालाघाट	1002	1022	1021
46	अनूपपुर	—	—	976
47	अशोक नगर	—	—	904
48	बुरहानपुर	—	—	951
49	अलीराजपुर	—	—	1011
50	सिंगरौली	—	—	920
51	आगर-मालवा	—	—	—
52	निवाड़ी	—	—	—

राज्य और जिलों में 1911 से स्त्री-पुरुष अनुपात

क्र. सं.	राज्य/ जिला	स्त्री-पुरुष अनुपात										
		1911	1921	1931	1941	1951	1961	1971	1981	1991	2001	2011
	मध्य प्रदेश	967	949	947	946	945	932	920	921	912	919	931
01	श्योपुर	854	829	831	837	908	861	886	887	880	893	901
02	मुरैना	843	819	823	830	832	831	822	817	808	822	840
03	भिण्ड	851	835	835	839	843	849	834	827	816	829	837

क्र. सं.	राज्य/जिला	स्त्री-पुरुष अनुपात									
		1911	1921	1931	1941	1951	1961	1971	1981	1991	2001	2011
04	ग्वालियर	861	822	834	853	885	853	834	844	831	847	864
05	दतिया	935	922	912	914	912	903	882	854	847	858	873
06	शिवपुरी	912	892	899	903	908	888	864	855	849	858	877
07	गुना	918	908	901	905	919	899	884	882	875	885	912
08	टीकमगढ़	957	932	926	921	911	906	877	883	871	886	901
09	छतरपुर	943	923	920	911	893	891	864	864	856	869	883
10	पन्ना	974	966	968	965	941	938	923	913	897	907	905
11	सागर	960	941	942	979	934	920	892	891	881	884	893
12	दमोह	982	954	974	981	980	965	941	925	905	902	910
13	सतना	1034	1016	1006	986	976	965	950	936	918	926	926
14	रीवा	1012	1012	992	996	979	987	973	969	932	939	931
15	उमरिया	1012	996	992	987	968	936	962	963	942	947	950
16	शहडोल	1018	999	996	987	969	963	953	944	940	958	974
17	सीधी	1006	1000	995	987	971	977	961	951	922	932	952
18	नीमच	944	950	944	941	967	924	920	940	943	950	954
19	मन्दसौर	949	947	941	945	940	925	925	941	947	956	963
20	रतलाम	961	948	946	957	966	941	941	948	948	959	971
21	उज्जैन	920	918	913	935	952	921	918	926	929	940	955
22	शाजापुर	942	932	927	946	966	943	931	929	918	927	938
23	देवास	986	941	946	947	960	937	929	929	924	932	942
24	झाबुआ	1001	971	958	956	949	958	969	985	977	990	990
25	धार	1004	987	979	971	963	962	962	966	951	954	964
26	इन्दौर	891	848	838	861	900	882	880	898	906	911	928
27	खरगौन	962	956	952	966	969	951	939	944	941	948	965
28	बड़वानी	967	961	957	970	974	968	967	969	964	973	982
29	खण्डवा	948	930	929	946	948	939	934	939	938	936	944
30	राजगढ़	928	906	906	912	924	917	907	931	923	931	956
31	विदिशा	940	908	917	905	915	890	882	881	874	876	896
32	भोपाल	937	903	897	881	895	816	840	874	889	896	918
33	सीहोर	962	928	929	919	922	914	905	907	898	908	918

क्र. सं.	राज्य/जिला	स्त्री-पुरुष अनुपात									
		1911	1921	1931	1941	1951	1961	1971	1981	1991	2001	2011
34	रायसेन	993	952	952	933	913	907	900	908	879	880	901
35	बैतूल	1011	1025	1020	1003	997	994	982	973	966	965	971
36	हरदा	981	965	957	972	957	955	939	930	914	919	935
37	होशंगाबाद	985	967	962	968	956	925	902	899	892	898	914
38	कटनी	1031	1016	1010	996	989	975	965	956	939	941	952
39	जबलपुर	977	953	953	905	914	897	887	894	903	910	929
40	नरसिंहपुर	1013	990	992	972	969	952	926	930	913	909	920
41	डिण्डोरी	1017	1011	1015	1010	1011	1011	999	999	985	994	1002
42	मण्डला	1017	1012	1013	1008	1048	1002	994	1006	990	1002	1008
43	छिन्दवाड़ा	1020	1026	1011	997	995	980	968	965	953	953	964
44	सिवनी	1053	1045	1046	1031	1015	1006	986	982	974	982	982
45	बालाघाट	1037	1032	1028	1021	989	1009	1000	1006	1002	1022	1021
46	अनूपपुर	—	—	—	—	—	—	—	—	—	—	976
47	अशोकनगर	—	—	—	—	—	—	—	—	—	—	904
48	बुरहानपुर	—	—	—	—	—	—	—	—	—	—	951
49	अलीराजपुर	—	—	—	—	—	—	—	—	—	—	1011
50	सिंगरौली	—	—	—	—	—	—	—	—	—	—	916
51	आगर-मालवा	—	—	—	—	—	—	—	—	—	—	—
52	निवाड़ी	—	—	—	—	—	—	—	—	—	—	—

स्त्री-पुरुष अनुपात

जिले का नाम	स्त्री-पुरुष अनुपात	
	2001	2011
बालाघाट	1022	1021
मण्डला	1002	1008
डिण्डोरी	994	1002
झाबुआ	990	990
सिवनी	982	982
बड़वानी	973	982
बैतूल	965	971

जिले का नाम	स्त्री-पुरुष अनुपात	
	2001	*2011*
रतलाम	959	971
शहडोल	958	974
मन्दसौर	956	963
धार	954	964
छिन्दवाड़ा	953	964
नीमच	950	954
खरगौन	948	965
उमरिया	947	950
कटनी	941	952
उज्जैन	940	955
रीवा	939	931
खण्डवा	936	943
सीधी	932	957
देवास	932	942
राजगढ़	931	956
शाजापुर	927	938
सतना	926	926
हरदा	919	935
इन्दौर	911	928
जबलपुर	910	929
नरसिंहपुर	909	920
सीहोर	908	918
पन्ना	907	905
दमोह	902	910
होशंगाबाद	898	914
भोपाल	896	918
श्योपुर	893	901
टीकमगढ़	886	901
गुना	885	912
सागर	884	893

जिले का नाम	स्त्री-पुरुष अनुपात	
	2001	2011
रायसेन	880	901
विदिशा	876	896
छतरपुर	869	883
दतिया	858	873
शिवपुरी	858	877
ग्वालियर	847	864
भिण्ड	829	837
मुरैना	822	840
अनूपपुर	—	976
अशोकनगर	—	904
बुरहानपुर	—	951
अलीराजपुर	—	1011
सिंगरौली	—	920
आगर-मालवा	—	—
निवाड़ी	—	—

मध्य प्रदेश : धर्म आधारित जनगणना आँकड़े-2011

धर्म	राज्य की कुल जनसंख्या में प्रतिशत
हिन्दू	90.9
मुस्लिम	6.6
ईसाई	0.3
सिख	0.2
बौद्ध	0.3
जैन	0.8
अन्य	0.9
कुल जनसंख्या	100

मध्य प्रदेश में 0-6 आयु वर्ग की जिलेवार जनसंख्या एवं लिंगानुपात

क्रम	जिला	जनसंख्या			लिंगानुपात
		पुरुष	महिला	कुल	
1.	श्योपुर	61,490	55,149	1,16,639	897
2.	मुरैना	1,66,858	1,38,298	3,05,156	829

क्रम	जिला	जनसंख्या			लिंगानुपात
		पुरुष	महिला	कुल	
3.	भिंड	1,34,705	1,13,525	2,48,230	843
4.	ग्वालियर	1,42,098	1,19,320	2,61,418	840
5.	दतिया	59,335	50,779	1,10,114	856
6.	शिवपुरी	1,50,950	1,34,820	2,85,770	893
7.	टीकमगढ़	1,20,303	1,07,261	2,27,564	892
8.	छतरपुर	1,48,,861	1,33,,933	2,82,794	900
9.	पन्ना	85,,494	78,126	1,63,620	914
10.	सागर	1,85,400	1,71,503	3,56,903	925
11.	दमोह	99,544	92,424	1,91,968	928
12.	सतना	1,73,093	1,57,568	3,30,661	910
13.	रीवा	1,86,697	1,65,286	3,51,983	885
14.	उमरिया	53,237	50,177	1,03,414	943
15.	नीमच	55,,724	51,660	1,07,384	927
16.	मंदसौर	92,188	85,471	1,77,659	927
17.	रतलाम	1,12,637	1,05,717	2,18,354	939
18.	उज्जैन	1,40,597	1,30,709	2,71,306	930
19.	शाजापुर	1,13,404	1,04,355	2,17,759	920
20.	देवास	1,19,566	1,09,773	2,29,339	918
21.	धार	1,86,684	1,73,265	3,59,949	928
22.	इंदौर	2,21,612	1,99,768	4,21,380	901
23.	प. निमाड़ (खरगौन)	1,54,758	1,45,232	2,99,990	938
24.	बड़वानी	1,36,212	1,29,087	2,65,299	948
25.	राजगढ़	1,20,815	1,11,172	2,31,987	920
26.	विदिशा	1,22,200	1,13,191	2,35,391	926
27.	भोपाल	1,58,721	1,45,992	3,04,713	920
28.	सीहोर	1,03,240	94,189	1,97,429	912

क्रम	जिला	जनसंख्या			लिंगानुपात
		पुरुष	महिला	कुल	
29.	रायसेन	1,07,499	1,00,200	2,07,699	932
30.	बैतुल	1,08,034	1,03,399	2,11,433	957
31.	हरदा	43,667	40,524	84,191	928
32.	होशंगाबाद	85,781	78,821	1,64,602	919
33.	कटनी	99,761	93,634	1,93,395	939
34.	जबलपुर	1,54,210	1,42,355	2,96,,565	923
35.	नरसिंहपुर	74,445	67,805	1,42,250	911
36.	डिंडोरी	56,767	55,053	1,11,820	970
37.	मंडला	76,288	73,975	1,50,263	970
38.	छिंदवाड़ा	1,39,220	1,33,069	2,72,289	956
39.	सिवनी	92,567	88,217	1,80,784	953
40.	बालाघाट	1,08,278	1,04,653	2,12,931	967
41.	गुना	1,08,473	98,704	2,07,177	910
42.	अशोक नगर	72,239	66,548	1,38,787	921
43.	शहडोल	81,943	77,863	1,59,806	950
44.	अनूपपुर	54,388	51,683	1,06,071	950
45.	सीधी	1,01,633	92,895	1,94,528	914
46.	सिंगरौली	1,09,094	1,00,698	2,09,792	923
47.	झाबुआ	1,09,040	1,02,829	2,11,869	943
48.	अलीराजपुर	74,818	73,143	1,47,961	978
49.	पू. निमाड़ (खण्डवा)	1,07,730	1,00,410	2,08,140	932
50.	बुरहानपुर	63,874	58,995	1,22,869	924
51.	आगर-मालवा	—	—	—	—
52.	निवाड़ी	—	—	—	—

12
मध्य प्रदेश के समाचार पत्र एवं पत्रिकाएं

मध्य प्रदेश का प्रथम समाचार पत्र 1840 में प्रकाशित होने वाला 'ग्वालियर अखबार' था, जो पहले उर्दू भाषा में छपता था। 'मालवा अखबार' का प्रकाशन 6 मार्च, 1848 को प्रारम्भ हुआ, जो हिन्दी भाषा का प्रथम समाचार पत्र था। इन्दौर से प्रकाशित होने वाला यह समाचार पत्र तीन भाषाओं में छपता था। इसके उपरान्त सन् 1853 में ग्वालियर से 'ग्वालियर गजट', सन् 1873 में इन्दौर से 'होल्कर सरकार गजट', सन् 1873 में जबलपुर से 'जबलपुर समाचार' यहीं से 1883 में साप्ताहिक पत्र 'शुभचिंतक' एवं 1887 में रीवा से 'भारत भ्राता' का प्रकाशन आरम्भ हुआ था। 'नवजीवन' नाम से ही प्रदेश का पहला हिन्दी दैनिक समाचार पत्र वर्ष 1939 में इन्दौर से प्रकाशित किया गया था। प्रदेश का पहला हिन्दी मासिक पत्र 'नवजीवन' था। यह सन् 1915 में इन्दौर से प्रकाशित हुआ।

इन्दौर से प्रकाशित होने वाला 'नई दुनिया' प्रदेश का प्रमुख दैनिक है। नई दुनिया का प्रकाशन 5 जून, 1947 को प्रारम्भ किया गया था। इन्दौर से प्रकाशित होने वाला 'खेल हलचल' प्रदेश का खेलकूद संबंधी समाचार पत्र है।

भारतीय भाषाओं विशेषतः हिन्दी में पत्रकारिता के क्षेत्र में शिक्षा, प्रशिक्षण और शोध के लिए प्रदेश सरकार ने 16 जनवरी, 1991 को भोपाल में माखनलाल चतुर्वेदी राष्ट्रीय पत्रकारिता विश्वविद्यालय संस्थान की स्थापना की। 'मध्य प्रदेश माध्यम' के द्वारा रोजगार एवं निर्माण का प्रकाशन किया जाता है।

मध्य प्रदेश की प्रमुख साहित्यिक पत्रिकाएं

मध्य प्रदेश से प्रकाशित होने वाली प्रमुख पत्रिकाएं निम्नलिखित हैं :

वीणा (इन्दौर), वसुधा (जबलपुर, भोपाल, रीवा), साक्षात्कार, पूर्वाग्रह, अन्ततः (भोपाल), चौमासा, नया पथ, कलावार्ता (भोपाल), अकंठ (पिपरिया), आवेग, कंकर (रतलाम), नया विकल्प (विदिशा, भोपाल), यात्रा (कटनी), प्रसंग (व्यावरा), पहल (जबलपुर) आदि।

मध्य प्रदेश से प्रकाशित होने वाले दैनिक समाचार-पत्र

प्रकाशन स्थल	प्रकाशित होने वाले समाचार-पत्रों के नाम
ग्वालियर	नवभारत, आज, दैनिक भास्कर, स्वदेश, दैनिक निरंन, भारत भूमि, मध्य भारत प्रकाश, ग्वालियर समाचार, दैनिक लोकपथ, मध्य प्रताप, लोक गाथा, नादर, सान्ध्य निरन्जन, जनउत्थान, जवाहर निरन्जन, ग्वालियर समाचार, आचरण, जनउत्थान, जवाहर के लाल, मध्य वाणी, चम्बल वाणी (सभी हिन्दी में), डेकुल टाइम्स, न्यूज कमाण्डर।
भोपाल	दैनिक भास्कर, जागरण, दैनिक आलोक, नवभारत, रोजगार और निर्माण (साप्ताहिक) हितवाद, एम.पी. क्रॉनिकल (अंग्रेजी में), सान्ध्य प्रकाश, स्वदेश, सतपुड़ा वाणी, सान्ध्य रपट, नवजीवन, दिगंत, नवप्रभात, सुरनाम सन्देश, सान्ध्य प्रचार, मालव अंचल, अग्रदूत, जन जबाव, अफ़कार, सही खबर, महिलाओं की दुनिया, सान्ध्य प्रदेश, यंग एक्सप्रेस, सातवीं दुनिया, फिर नई राह, प्रदेश बन्धु (सभी हिन्दी में) आफ़ताब-ए-जदीद और अलमरा नदीम (उर्दू में), (हिन्दी, सिन्धी में)।
इन्दौर	इन्दौर समाचार, अवन्तिका, नवभारत, नई दुनिया, दैनिक भास्कर, स्वदेश, देनिक जनार्दन, प्रजादूत, चौथा प्रहरी, अपनी दुनिया, दोपहर, परिवारिक दस्तक, प्रचार विज्ञान, दिग्दर्शन, विश्वभ्रमण (हिन्दी में), नेशनल हैराल्ड एवं फ्री प्रेस जर्नल (अंग्रेजी में), सांध्य लोक स्वामी।
उज्जैन	जलती मशाल, अवन्तिका, प्रजादूत, व्यापारिक रिपोर्ट, विक्रम दर्शन, बिग्रेडियर, अग्निवाण, क्षिप्रा के स्वर, जन अनुभूति व इन्द्रदूत।
कटनी	मध्य प्रदेश जन्मेजय, महाकौशल केसरी, आलोक, कटनी सन्देश, भारती।
जबलपुर	नर्मदा ज्योति, देशबन्धु, नवभारत, नवीन दुनिया, युग धर्म, लोकसेवा, शताब्दी चर्चा, भास्कर, जनभारती, प्रहरी एवं नर्मदा हैराल्ड (अंग्रेजी में)।
बड़वानी	निमाड़ एक्सप्रेस
खण्डवा	सार्वजनिक निधि, ताप्ती टाइम्स, शान-ए-बुरहानपुर, निहार।
देवास	देवास दर्पण, देवासपूत, देवास विस्फोट, ढाल तलवार।
बुरहानपुर	वीर सन्तरी
रतलाम	हमदेश, लक्झरी टाइम्स, प्रसारण, आलोकन, अग्नि पुत्र, जनवृत।
दमोह	कर्तव्य, दमोह दीपक।
मुरैना	चम्बल वाणी, मध्यराज, अमर सैनिक, युग प्रणेता।
सागर	सागर टाइम्स, राही, आचरण, जनजन की पुकार, गोल दुनिया, ब्लैक टाइगर।
नीमच	अमृत मंथन, नई विधा।
टीकमगढ़	ओरछा टाइम्स।
सतना	जवान भारत, सतना समाचार, सतना टाइगर, देशबन्धु।
रीवा	बांधवीय समाचार, जागरण, आलोक।
दतिया	अंजाम, दतिया की पुकार, दतिया प्रकाश, दतिया चन्द।
छतरपुर	राष्ट्रभ्रमण, छतरपुर टाइम्स, जनहित दर्शन, घसान टाइम्स, फौलादी कलम, कृष्ण क्रान्ति।
शाजापुर	शाजापुर टाइम्स।
गुना	प्रजापूत।
शहडोल	समय, जनबोध, दैनिक मध्य प्रदेश, शहडोल टाइम्स, भारती।
मन्दसौर	दशपुरदर्शन, ध्वज, कीर्तिमान, वर्ल्ड ऑफ न्यूज, नई विधा, दशपुर एक्सप्रेस
बालाघाट	भवानी टाइम्स, बालाघाट टाइम्स, विश्व सूर्य।
सीधी	विन्ध्यटाइगर, समय, विन्ध्यवाणी।
भिण्ड	ऋतुराज बसंत।

13
प्रशासन

मध्य प्रदेश का क्षेत्रफल 3,08,000 वर्ग किमी. है। प्रदेश में प्रशासन को सुचारु रूप से चलाने के लिए 10 (नवसृजित सम्भाग शहडोल) संभाग या कमिश्नरी बनाई गई हैं, जिनके अन्तर्गत 52 जिले हैं। 17 मई, 2008 को दो नए जिलों अलीराजपुर व सिंगरौली का गठन किया गया, जिसके पश्चात जिलों की संख्या 50 हो गई। आगर-मालवा को प्रदेश का 51वाँ जिला बनाया गया। वर्ष 2018 में निवाड़ी प्रदेश का 52वां जिला बना है।

मध्य प्रदेश में नई पंचायत व्यवस्था

73वें संविधान संशोधन के अनुरूप 29 दिसम्बर, 1993 को मध्य प्रदेश विधान सभा में मध्य प्रदेश पंचायत राज 1993 विधेयक प्रस्तुत किया गया तथा 30 दिसम्बर, 1993 को मध्य प्रदेश विधान सभा ने इस विधेयक को पारित कर दिया। 19 जनवरी, 1994 को मध्य प्रदेश राज्य निर्वाचन आयोग का गठन किया गया। 25 जनवरी, 1994 को मध्य प्रदेश राज्य पंचायत राज अधिनियम संस्थापित किया गया। राज्य निर्वाचन आयोग द्वारा 15 अप्रैल, 1994 को पंचायतों के चुनावों की अधिसूचना जारी हुई और अधिसूचना के बाद पहली बार मई-जून 1994 में चुनाव संपन्न हुए। पंच, सरपंच, जनपद सदस्य व जिला पंचायत सदस्य के लिए सीधा चुनाव किया जाता है, किन्तु ग्राम पंचायत के उप सरपंच एवं जनपद तथा जिला पंचायत के अध्यक्ष व उपाध्यक्ष हेतु निर्वाचित सदस्यों में से उन्हीं के द्वारा अप्रत्यक्ष रूप से चुनाव किया जाता है।

इस विधेयक के आधार पर प्रदेश में त्रिस्तरीय पंचायतों की व्यवस्था की गई है:-
(1) ग्राम पंचायत (2) जनपद पंचायत (3) जिला पंचायत। 52 जिला पंचायतों में से अध्यक्ष के कई पद अनुसूचित जाति, अनुसूचित जनजाति, पिछड़ा वर्ग और महिलाओं के लिए आरक्षित

हैं। तीन स्तरों वाली पंचायतों के लिए सदस्यों के निर्वाचन सीधे चुनाव से होते हैं। क्षेत्र विभाजन का आधार निम्नलिखित है:—

(1) **ग्राम पंचायत:-** एक हजार तक की आबादी वाली ग्राम पंचायत में कम से कम 10 वार्ड तथा एक हजार से अधिक आबादी वाली ग्राम पंचायत में 20 वार्ड।

(2) **जनपद पंचायत:-** प्रत्येक 5000 की आबादी के लिए एक निर्वाचन क्षेत्र, लेकिन जहाँ विकास खंड की जनसंख्या 50,000 से कम है वहाँ कम-से-कम 10 निर्वाचन क्षेत्र।

(3) **जिला पंचायत:-** जिला पंचायतों के लिए 50,000 जनसंख्या के लिए एक निर्वाचन क्षेत्र।

मध्य प्रदेश में प्रत्येक पंचायत का पूर्ण कार्यकाल 5 वर्ष का होता है और कार्यकाल के मध्य पंचायत विघटित होने की स्थिति में शेष कार्यकाल के लिए नई पंचायत का गठन आवश्यक है।

प्रदेश में 2 अक्टूबर 1994 से नवीन पंचायती राज व्यवस्था को व्यापक अधिकारों के साथ लागू कर दिया गया है। नई पंचायत व्यवस्था में आरक्षण की भी व्यवस्था है। जिन पंचायतों के अध्यक्ष अनुसूचित जाति, जनजाति और पिछड़े वर्ग के नहीं हैं, वहाँ उपाध्यक्ष इन वर्गों से चुना जाएगा। जिन पंचायतों में अनुसूचित जाति और जनजाति के 50% से कम पद आरक्षित हैं वहाँ 25% पद पिछड़े वर्गों के लिए आरक्षित हैं। प्रदेश सरकार द्वारा 2 अप्रैल 2005 को पंचायती राजव्यवस्था और ग्राम स्वराज अधिनियम में किए गए संशोधनों के अन्तर्गत अब प्रत्येक ग्राम सभा में एक वर्ष में चार बार सम्मेलन की व्यवस्था की गई है। ग्राम सभा में अब 8 के स्थान पर 2 ही स्थायी समितियाँ होंगी, एक ग्राम निर्माण समिति व दूसरी ग्राम विकास समिति।

पंचायतों के कर्तव्य एवं अधिकार:- ग्राम पंचायतों को अपने क्षेत्र के सर्वांगीण विकास के लिए जिम्मेदार बनाया गया है। असामाजिक तत्वों पर नियन्त्रण तथा रोक, खतरनाक वस्तुओं के उत्पादन तथा व्यापार पर प्रतिबंध के उपाय और समाज की आग, बाढ़ आदि आपदाओं से जान-माल की रक्षा के उपाय पंचायतों के प्रमुख सामाजिक कार्य हैं। शुद्ध पेयजल, तालाब, कुओं आदि का निर्माण एवं मरम्मत, वृक्षारोपण, खानों, कारखानों और अन्य औद्योगिक इकाइयों पर नियन्त्रण तथा लावारिस पशु, अपशिष्ट और हानिकारक सामग्री को नष्ट करना, छूत रोगों की रोकथाम के उपाय आदि जन स्वास्थ्य के कार्य हैं। मेला एवं विपणन व्यवस्था, अतिक्रमण हटाना, भवनों की गणना, पुलिया तथा सार्वजनिक भवन बनाना आदि पंचायतों के अन्य कार्य हैं। इसके अलावा पंचायतों द्वारा कई शासकीय योजनाओं का क्रियान्वयन भी किया जाता है।

मध्य प्रदेश पंचायत विधेयक (1993) एक दृष्टि में

	ग्राम पंचायत	जनपद पंचायत	जिला पंचायत
1. (क) स्थापना	राज्यपाल द्वारा विनिर्दिष्ट प्रत्येक समूह के लिए [खंड-10(1)]	प्रत्येक विकास खंड के लिए [खंड-10(2)]	प्रत्येक जिले के लिए [खंड-10(3)]
(ख) वार्ड/निर्वाचन क्षेत्र	न्यूनतम-10, अधिकतम-20 (खंड-12)	यथासाध्य 5000 जनसंख्या पर एक सदस्य परन्तु जिस खंड की जनसंख्या 50,000 से कम है, निर्वाचन क्षेत्रों की संख्या कम भी हो सकती है, न्यूनतम-10 सदस्य अधिकतम 25 सदस्य [खंड-23(1)]	यथासाध्य 50,000 जनसंख्या पर एक सदस्य परन्तु जिस जिले की जनसंख्या 5 लाख से कम है, निर्वाचन क्षेत्रों की संख्या कम भी हो सकती है न्यूनतम-10 सदस्य अधिकतम 35 सदस्य [खंड-30(1)]
2. निर्वाचन की प्रक्रिया	पंच/सरपंच-प्रत्यक्ष [खंड-13(1)]	सदस्य-प्रत्यक्ष (खंड-22) अध्यक्ष/उपाध्यक्ष-अप्रत्यक्ष (खंड-25) राज्य विधान सभा के सदस्य (खंड-22)	सदस्य-प्रत्यक्ष (खंड-29) अध्यक्ष/ उपाध्यक्ष-अप्रत्यक्ष (खंड-32) संसद सदस्य/राज्य सभा सदस्य, राज्य विधान सभा के समस्त सदस्य, जिला सहकारी बैंक-अध्यक्ष [खंड-29(1)]

	ग्राम पंचायत	जनपद पंचायत	जिला पंचायत
3. सहयोजन	अ.जा./अ.ज.जा. [खंड-13(6)] सहकारी सोसायटी [खंड-13(7)]	अ.जा./अ.ज.जा. (खंड-22(3)) सहकारी बैंक/विपणन सोसायटी [खंड-22(4)]कृषि उपज मंडी [खंड-22(5)]	अ.जा./अ.ज.जा. [खंड-29(2)]
4. आरक्षण			
क. सदस्य अ.जा./अ.ज.जा. पिछड़े वर्ग	ग्राम पंचायत क्षेत्र की जनसंख्या के अनुपात में [खंड-13(4)](एक) जिस ग्राम पंचायत में अनुसूचित जाति/अनुसूचित जनजाति के 50 प्रतिशत या इससे कम सीटें आरक्षित हैं वहां 25 प्रतिशत स्थान [खंड-13(4) (दो)]	जनपद पंचायत क्षेत्र की जन-संख्या के अनुपात में [खंड-23(3)] जिस जनपद पंचायत में अ.जा./अ.ज.जा. के 50 प्रतिशत या इससे कम सीटें आरक्षित हैं, उसका 25 प्रतिशत स्थान [खंड-23(3) (दो)]	जिला पंचायत क्षेत्र की जनसंख्या के अनुपात में [खंड 30(3)] जिस जिला पंचायत में अ.जा./अ.ज.जा. के 50 प्रतिशत या इससे कम सीटें आरक्षित हैं उसका 25 प्रतिशत स्थान (खंड-30)
महिलाएं	स्थानों की कुल संख्या के कम से कम एक तिहाई स्थान [खंड-13 (6)]	स्थानों की कुल संख्या के कम से कम एक तिहाई [खंड-23(4)]	स्थानों की कुल संख्या के कम-से-कम एक तिहाई स्थान [खंड-30 (5)]
ख. सरपंच/अध्यक्ष/अ.जा./अ.ज.जा. पिछड़े वर्ग	खंड की जनसंख्या के अनुपात में खंड में जहां अनु.जाति/अनु. जनजाति की सम्मिलित जनसंख्या 50 प्रतिशत से कम है, 25 प्रतिशत पद (खंड-17)	जिले की जनसंख्या के अनु पात में जिले में जहां अनु. जाति/अनु. जनजाति की सम्मिलित जनसंख्या 50 प्रति-शत से कम है, जिले की जनपद के 25 प्रतिशत पद (खंड-25)	राज्य की जनसंख्या के अनुपात में राज्य में 25 प्रतिशत पद (खंड-32)
महिलाएं	कम-से-कम एक तिहाई पद	कम-से-कम एक तिहाई पद	कम-से-कम एक तिहाई पद

नगरीय प्रशासन

मध्य प्रदेश राज्य पुनर्गठन 1956 ई. से पूर्व महाकौशल, मध्य भारत, विंध्य प्रदेश, भोपाल, सिरोंज आदि भागों में अलग-अलग अधिनियमों के आधार पर नगरपालिकाओं द्वारा प्रशासन होता था। 1 नवम्बर, 1956 को मध्य प्रदेश राज्य की स्थापना के बाद मध्य प्रदेश नगरपालिका अधिनियम, 1956 लागू किया गया तथा नगर निगमों का गठन किया गया। 74वें संवैधानिक संशोधन, 1994 के अन्तर्गत मध्य प्रदेश में तीन प्रकार के नगरीय निकायों का गठन किया गया है:-

(1) **नगर पंचायत:-** नगर पंचायतें ऐसे क्षेत्रों के लिए हैं जो ग्रामीण क्षेत्र से नगरीय क्षेत्र की ओर बढ़ रहे हैं। प्रदेश में ऐसे सभी क्षेत्रों में नगर पंचायतों का गठन किया गया है जिनकी संख्या 5,000 से 20,000 के बीच है।

(2) **नगरपालिका परिषद्:-** नगरपालिका परिषदें ऐसे नगरीय क्षेत्रों के लिए हैं, जिनकी जनसंख्या 20,000 से अधिक हैं। जनसंख्या की कोई उच्चतम सीमा निर्धारित नहीं है।

(3) **नगर निगम:-** प्रदेश के वृहत्तर नगरीय क्षेत्रों के लिए नगर निगम की व्यवस्था की गई है। नगर निगमों में सात परामर्शदात्री समितियाँ होती हैं। इन समितियों में कम से कम पाँच तथा अधिक से अधिक सात पार्षद होते हैं।

अनुच्छेद 243(प) के अनुसार निर्वाचित परिषदों का कार्यकाल प्रथम अधिवेशन से पाँच वर्ष का होता है। किसी भी नगरीय निकाय को किसी भी हालत में 6 माह से अधिक विघटित नहीं रखा जा सकता है। नगर निगम में महापौर तथा नगरपालिका में अध्यक्ष के पदों की व्यवस्था है। इन पदों में अनुसूचित जाति, अनुसूचित जनजाति, पिछड़ा वर्ग एवं महिलाओं के लिए आरक्षण की व्यवस्था की गई है। निर्वाचित पार्षद अपने में से ही महापौर व अध्यक्ष या उपाध्यक्ष का चुनाव करते हैं।

कर्त्तव्य एवं अधिकार:- नगरीय निकायों के कर्त्तव्यों को दो भागों में विभाजित किया जा सकता है। पहला अनिवार्य कर्त्तव्य तथा दूसरा विवेकाधीन कर्त्तव्य। अनिवार्य कर्त्तव्यों में सफाई, सड़क, नाली, सड़क की रोशनी, अग्निशमन, जलप्रदाय, सार्वजनिक शौचालय, सार्वजनिक बाजारों एवं वधशालाओं की व्यवस्था प्रमुख है। विवेकाधीन कर्त्तव्यों में गन्दी बस्ती सुधार, सार्वजनिक बाग, पुस्तकालय, वाचनालय, पर्यावरण संरक्षण, सार्वजनिक स्नानागार आदि की व्यवस्था करना है।

राज्य वित्त आयोग:- मध्य प्रदेश शासन द्वारा संविधान से प्रदत्त अधिकार के आधार पर जुलाई 1994 में राज्य वित्त आयोग का गठन किया गया। आयोग राज्य में ग्रामीण और नगरीय स्थानीय संस्थाओं के बीच करों और अन्य शुल्कों के बँटवारे के बारे में राज्य शासन को अपने सुझाव देता है।

प्रदेश के संभाग, जिले, तहसीलें और विकास खंड

क्रम सं.	जिला का नाम	क्षेत्रफल (वर्ग किमी.)	जनसंख्या (2011)	तहसील	विकास खंड
1	2	3	4	5	6
1. चम्बल संभाग (43,56,836)					
1.	श्योपुर	6,606	6,87,861	1. श्योपुर कलां 2. विजयपुर 3. कराहल 4. बडोडा 5. बीरपुर	1. श्योपुर कलां 2. विजयपुर 3. कराहल
2.	मुरैना	4,989	19,65,970	1. मुरैना 2. अम्बाह 3. पोरसा 4. जौरा 5. पहाड़गढ़ 6. सबलगढ़ 7. कैलारस	1. मुरैना 2. अम्बाह 3. पोरसा 4. जौरा 5. पहाड़गढ़ 6. सबलगढ़ 7. कैलारस
3.	भिण्ड	4,459	17,03,562	1. भिण्ड 2. अटेर 3. मेहगांव 4. लहार 5. रौन 6. मिहोना 7. गोहद 8. गोरमी	1. भिण्ड 2. अटेर 3. मेहगांव 4. लहार 5. मिहोना 6. गोहद
2. ग्वालियर संभाग (66,31,430)					
4.	ग्वालियर	5,214	20,32,036	1. गिर्द (ग्वालियर) 2. डबरा 3. भितरवार 4. चिनोर	1. मुरार 2. बराई 3. डबरा 4. भितरवार
5.	शिवपुरी	10,278	17,26,050	1. शिवपुरी 2. कोलारस 3. करेरा 4. नरवर	1. शिवपुरी 2. कोलारस 3. करेरा 4. नरवर

1	2	3	4	5	6
				5. पोहरी	5. पोहरी
				6. पिछोर	6. पिछोर
				7. खनियाधाना	7. खनियाधाना
				8. बदरबास	8. बदरवास
6.	गुना	11,065	12,41,519	1. गुना	1. गुना
				2. बमोरी	2. बमोरी
				3. चचोड़ा	3. चचोड़ा
				4. कुम्भराज	
				5. राधोगढ़	4. राधोगढ़
				6. आरोन	5. आरोन
				7. मधुसूदनगढ़	
7.	अशोक नगर	4,673.90	8,45,071	1. अशोक नगर	1. अशोक नगर
				2. ईसागढ़	2. ईसागढ़
				3. मुंगावली	3. मुंगावली
				4. चन्देरी	4. चन्देरी
				5. शाढौरा	
				6. नईसराय	
				7. पिपरई	
8.	दतिया	2,038	7,86,754	1. दतिया	1. दतिया
				2. सेवड़ा	2. सेवड़ा
				3. भाण्डेर	3. भाण्डेर
				4. इंदरगढ़	
			3. उज्जैन संभाग (86,84,807)		
9.	देवास	7,020	15,63,715	1. देवास	1. देवास
				2. सोनकच्छ	2. सोनकच्छ
				3. टोंकखुर्द	3. टोंकखुर्द
				4. कन्नौद	4. कन्नौद
				5. खातेगांव	5. खातेगांव
				6. बागली	6. बागली
				7. सतवास	
				8. हाटपिपल्या	
				9. उदयनगर	
10.	रतलाम	4,861	14,55,069	1. रतलाम	1. रतलाम
				2. सैलाना	2. सैलाना*
				3. बाजना	3. बाजना*
				4. जाबरा	4. जाबरा

1	2	3	4	5	6
				5. पिपलौदा 6. आलोट 7. राउती 8. ताल	5. पिपलौदा 6. आलोट
11.	शाजापुर	6,196	15,12,681	1. शाजापुर 2. मोहन बड़ौदिया 3. गुलाना 4. शुजालपुर 5. कालापीपल	1. शाजापुर 2. मोहन बड़ौदिया 3. शुजालपुर 4. कालापीपल
12.	आगर मालवा	—	—	1. आगर 2. बड़ोद 3. सुसनेर 4. नलखेड़ा	1. आगर 2. बड़ोद 3. सुसनेर 4. नलखेड़ा
13.	मन्दसौर	5,535	13,40,411	1. मन्दसौर 2. सीतामऊ 3. मल्हारगढ़ 4. गरोठ 5. भानपुरा 6. शामगढ़ 7. दालौदा 8. सुवसरा	1. मन्दसौर 2. सीतामऊ 3. मल्हारगढ़ 4. गरोठ 5. भानपुरा
14.	नीमच	4,256	8,26,067	1. नीमच 2. जावद 3. मनासा 4. जीरान 5. सिंगोली	1. नीमच 2. जावद 3. मनासा
15.	उज्जैन	6,091	19,86,864	1. उज्जैन 2. घटिया 3. बड़नगर 4. खाचरोद 5. नागदा 6. महिदपुर 7. तराना	1. उज्जैन 2. घटिया 3. बड़नगर 4. खाचरोद — 5. महिदपुर 6. तराना
			4. इन्दौर संभाग (1,25,43,372)		
16.	इन्दौर	3,898	32,76,697	1. इन्दौर 2. महू	1. इन्दौर 2. महू

1	2	3	4	5	6
				3. सांवेर	3. सांवेर
				4. देपालपुर	4. देपालपुर
				5. हाटोड	
17.	धार	8,153	21,85,793	1. धार	1. धार*
					2. नालछा*
					3. तिरला*
				2. बदनावर	4. बदनावर
				3. सरदारपुर	5. सरदारपुर*
				4. मनावर	5. मनावर*
				5. धरमपुरी	7. धरमपुरी*
				6. गंधवानी	8. गंधवानी*
					9. बाकानेर* (उमरवन)
				7. कुक्षी	10. कुक्षी*
					11. निसरपुर*
					12. बाग*
				8. डही	13. डही
18.	झाबुआ	6,782	10,25,048	1. झाबुआ	1. झाबुआ
					2. रामा*
				2. रानापुर	3. रानापुर*
					4. सोण्डवा*
					5. कट्टीवाड़ा*
					6. उदयगढ़*
				3. पेटलावद	7. पेटलावद*
				4. थांदला	8. थांदला*
				5. मेघनगर	9. मेघनगर*
19.	अलीराजपुर	2,165	7,28,677	1. अलीराजपुर	1. अलीराजपुर*
				2. जोवट	2. जोवट*
				3. भावरा	3. भावरा*
20.	खरगौन (पश्चिमी निमाड़)	8,030	18,73,046	1. खरगौन	1. खरगौन*
				2. गोगांव	2. गोगांव*
				3. भगवानपुरा	3. भगवानपुरा*
				4. सेगांव	4. सेगांव*
				5. भीकनगांव	5. भीकनगांव*
				6. झिरन्या	6. झिरन्या*
				7. महेश्वर	7. महेश्वर*
				8. बड़वाहा	8. बड़वाहा
				9. कसरावद	9. कसरावद

1	2	3	4	5	6
21.	बड़वानी	5,422	13,85,881	1. बड़वानी	1. बड़वानी
					2. पाटी
				2. ठीकरी	3. ठीकरी
				3. राजपुर	4. राजपुर
				4. पानसेमल	5. पानसेमल
				5. सेंधवा	6. सेंधवा
				6. निवाली	7. निवाली
22.	खण्डवा (पूर्वी निमाड़)	10,779	13,10,061	1. खण्डवा	1. खण्डवा
				2. पुनासा	2. पुनासा
					3. छेगांव माखन
				3. पंधाना	4. पंधाना
				4. हरसूद	5. हरसूद
				5. खालवा	6. खालवा
					7. बलड़ी किल्लौद
23.	बुरहानपुर	2472.5	7,57,847	1. बुरहानपुर	1. बुरहानपुर
				2. खकनार	2. खकनार*
				3. नेपानगर	

5. भोपाल संभाग (80,18,679)

1	2	3	4	5	6
24.	भोपाल	2,772	23,71,061	1. हुजूर	1. हन्दा
				2. बेरसिया	2. बेरसिया
25.	सीहोर	6,578	13,11,332	1. सीहोर	1. सीहोर
				2. इछावर	2. इछावर
				3. आष्टा	3. आष्टा
				4. बुधनी	4. बुधनी
				5. नसरुल्लागंज	5. नसरुल्लागंज
				6. जावर	
				7. रेहटी	
				8. श्यामपुर	
26.	रायसेन	8,466	13,31,597	1. रायसेन	1. सांची
				2. गोहरगंज	2. ओबेदुल्लागंज
				3. बेगमगंज	3. बेगमगंज
				4. गैरतगंज	4. गैरतगंज
				5. सिलवानी	5. सिलवानी
				6. बरेली	6. बरेली
				7. उदयपुरा	7. उदयपुरा
				8. बडी	

1	2	3	4	5	6
27.	राजगढ़	6,154	15,45,814	1. राजगढ़ 2. खिलचीपुर 3. जीरापुर 4. नरसिंहगढ़ 5. ब्यावरा 6. सारंगपुर 7. पचोर	1. राजगढ़ 2. खिलचीपुर 3. जीरापुर 4. नरसिंहगढ़ 5. ब्यावरा 6. सारंगपुर
28.	विदिशा	2,742	14,58,875	1. विदिशा 2. ग्यासपुर 3. बासोदा 4. नटेरन 5. कुरवाई 6. सिरोंज 7. लटेरी 8. गुलाबगंज 9. शमशाबाद 10. ट्योंडा	1. विदिशा 2. ग्यासपुर 3. बासोदा 4. नटेरन 5. कुरवाई 6. सिरोंज 7. लटेरी

6. नर्मदापुरम (होशंगाबाद) संभाग (33,87,177)

1	2	3	4	5	6
29.	बैतूल	10,043	15,75,362	1. बैतूल 2. चिचोली 3. घोड़ाडोंगरी 4. शाहपुर 5. मुलताई 6. आमला 7. भैंसदेही 8. आठनेर	1. बैतूल* 2. चिचोली* 3. घोड़ाडोंगरी* 4. शाहपुर 5. मुलताई 6. प्रभातपत्तनम 7. आमला 8. भैंसदेही* 9. आठनेर* 10. भीमपुर*
30.	होशंगाबाद	6,707	12,41,350	1. होशंगाबाद 2. बाबई 3. इटारसी 4. सोहागपुर 5. वनखेड़ी 6. पिपरिया 7. सिवनी मालवा 8. डोलरिया	1. होशंगाबाद 2. बाबई 3. केसला* 4. सोहागपुर 5. वनखेड़ी 6. पिपरिया 7. सिवनी मालवा

1	2	3	4	5	6
31.	हरदा	3,330	5,70,465	1. खिकरिया 2. हरदा 3. टिमरनी 4. हंडिया 5. रेहतगांव 6. सिराली	1. खिकरिया 2. हरदा 3. टिमरनी
			7. सागर संभाग (78,66,738)		
32.	सागर	10,252	23,78,458	1. सागर 2. राहतगढ़ 3. रहली 4. गढ़ाकोटा 5. देवरी 6. केसली 7. बंडा 8. शाहगढ़ 9. खुरई 10. मालथोन 11. बीना	1. सागर 2. राहतगढ़ 3. जैसी नगर 4. रहली 5. देवरी 6. केसली 7. बंडा 8. शाहगढ़ 9. खुरई 10. मालथोन 11. बीना
33.	दमोह	7,306	12,64,219	1. दमोह 2. पथरिया 3. जबेरा 4. तेन्दूखेड़ा 5. हटा 6. पटेरा 7. बतियागढ़	1. दमोह 2. पथरिया 3. जबेरा 4. तेन्दूखेड़ा 5. हटा 6. पटेरा 7. बतियागढ़
34.	पन्ना	7,135	10,16,520	1. पन्ना 2. गुनौर 3. पवई 4. शाहनगर 5. अजयगढ़ 6. अमनगंज 7. देवेन्द्रनगर 8. रायपुरा	1. पन्ना 2. गुनौर 3. पवई 4. शाहनगर 5. अजयगढ़
35.	छतरपुर	8,687	17,62,375	1. छतरपुर 2. राजनगर	1. छतरपुर 2. राजनगर

1	2	3	4	5	6
				3. नौगांव	3. नौगांव
				4. लवकुशनगर	4. लवकुशनगर
				5. गौरीहार	5. गौरीहार
				6. बिजावर	6. बिजावर
				7. बड़ा मलहरा	7. बड़ा मलहरा
				8. बक्सवाहा	8. बक्सवाहा
				9. धुवारा	
				10. महाराजपुर	
				11. चंदला	
36.	टीकमगढ़	5,048	14,45,166	1. टीकमगढ़	1. टीकमगढ़
				2. बल्देवगढ़	2. बल्देवगढ़
				3. पृथ्वीपुर	3. पृथ्वीपुर
				4. जतारा	4. जतारा
				5. पलेरा	5. पलेरा
				6. खड्गपुर	
				7. मोहनगढ़	
				8. ओरछा	
37.	निवाड़ी	—	—	निवाड़ी	निवाड़ी
	8. जबलपुर संभाग (1,10,73,841)				
38.	जबलपुर	5,211	24,63,289	1. जबलपुर	1. जबलपुर
				2. कुण्डम	2. कुण्डम
				3. पनागर	3. पनागर
				4. सीहोरा	4. सीहोरा
				5. मझौली	5. मझौली
				6. पाटन	6. पाटन
				7. शाहपुरा	7. शाहपुरा
39.	कटनी	4,950	12,92,042	1. बहोरीबंद	1. बहोरीबंद
				2. ढीमरखेड़ा	2. ढीमरखेड़ा
				3. मुड़वारा	3. कटनी
				4. बड़वारा	4. बड़वारा
				5. विजयराघवगढ़	5. विजयराघवगढ़
				6. रीठी	6. रीठी
				7. बरही	
40.	नरसिंहपुर	5,133	10,91,854	1. नरसिंहपुर	1. नरसिंहपुर
				2. गोटेगांव	2. गोटेगांव
				3. करेली	3. करेली

1	2	3	4	5	6
				4. गाडरवारा	4. साईखेड़ा
				5. तेन्दूखेड़ा	5. चीचली
					6. चावरपाठा
41.	छिन्दवाड़ा	11,815	20,90,922	1. छिन्दवाड़ा	1. छिन्दवाड़ा
				2. तामिया	2. तामिया
				3. परासिया	3. परासिया
					4. मोहखेड़
				4. जूनारदेव	5. जूनारदेव
				5. सौंसर	6. सौंसर
				6. पांढुर्ना	7. पांढुर्ना
				7. बिछुआ	8. बिछुआ*
				8. अमरबाड़ा	9. अमरबाड़ा*
				9. चौरई	10. चौरई
				10. हर्रई	10. हर्रई*
				11. उमरेठ	
				12. मोहखेड़	
				13. चांद	
42.	सिवनी	8,758	13,79,131	1. सिवनी	1. सिवनी
				2. बरघाट	2. बरघाट
				3. कुरई	3. कुरई
				4. केवलारी	4. केवलारी
				5. लखनादौन	5. लखनादौन*
				6. छपारा	6. छपारा*
				7. घंसौर	7. घंसौर
				8. धनोरा	8. धनोरा
43.	मण्डला	5,800	10,54,905	1. मण्डला	1. मण्डला*
					2. मोहगांव
				2. घुघरी	3. घुघरी
				3. नैनपुर	4. नैनपुर*
				4. बिछिया	5. बिछिया*
					6. मवई*
				5. निवास	7. निवास*
				6. नारायणगंज	8. नारायणगंज*
					9. बीजाडांडी
44.	बालाघाट	9,229	17,01,698	1. बालाघाट	1. बालाघाट
				2. लांजी	2. लांजी

1	2	3	4	5	6
				3. किरनापुर	3. किरनापुर
				4. बैहर	4. बैहर*
				5. परसवाड़ा	5. परसवाड़ा*
				6. टिरोड़ी	6. बिरसा*
				7. वारासिवनी	7. वारासिवनी
				8. खैरलांजी	8. खैरलांजी
				9. लालबर्रा	9. लालबर्रा
				10. कटंगी	10. कटंगी
45.	डिण्डोरी	7,470	7,04,524	1. डिण्डोरी	1. डिण्डोरी
					2. अमरपुर
					3. करंजिया
					4. समनापुर
					5. बजाग
					6. मेहदवानी
				2. शाहपुरा	7. शाहपुरा

9. रीवा संभाग (68,99,347)

1	2	3	4	5	6
46.	रीवा	6,314	23,65,106	1. हुजूर	1. रीवा
				2. रायपुर कुर्चुलियान	2. रायपुर कुर्चुलियान
				3. मऊगंज	3. मऊगंज
				4. हनुमना	4. हनुमना
				5. गुढ़	5. नई गढ़ी
				6. नई गढ़ी	
				7. त्योंथर	6. त्योंथर
				8. जवा	7. जवा
				9. सिरमौर	8. सिरमौर
					9. गांगेव
				10. मंगवान	
				11. सेमरिया	
47.	सीधी	10,256	11,27,033	1. गोपदबनास	1. सीधी
				2. सिंहावल	2. सिंहावल
				3. कुसमी	3. कुसमी*
				4. मझौली	4. मझौली
				5. रामपुर नैकिन	5. रामपुर नैकिन
				6. चुरहट	

1	2	3	4	5	6
48.	सिंगरौली	—	11,78,273	1. देवसर 2. चितरंगी 3. सिंगरौली	1. देवसर 2. चितरंगी 3. वायधान
49.	सतना	7,502	22,28,935	1. सतना 2. रामपुर बघेलान 3. नागोद 4. उचेहरा 5. अमरपाटन 6. रामनगर 7. मैहर 8. मझगवां 9. कोटार 10. बीरसिंहपुर	1. सतना 2. चित्रकूट (मझगवां) 3. रामपुर बघेलान 4. नागोद 5. उचेहरा 6. अमरपाटन 7. रामनगर 8. मैहर

10. शहडोल संभाग (31,64,582)

1	2	3	4	5	6
50.	शहडोल	9,952	10,66,063	1. सोहागपुर 2. जैतपुर 3. ब्यौहारी 4. जयसिंह नगर	1. सोहागपुर* 2. गोहपारु* 3. बुढ़ार* 4. ब्यौहारी* 5. जयसिंह नगर*
51.	उमरिया	4,076	6,44,758	1. बांधवगढ़ 2. पाली 3. चंदिया 4. मानपुर 5. नौरोजाबाद	1. ककरेली 2. मानपुर 3. पाली
52.	अनूपपुर	3,746	7,49,237	1. अनूपपुर 2. पुष्पराजगढ़ 3. कोतमा 4. जैतहरी	1. पुष्पराजगढ़ 2. कोतमा 3. राजगढ़ी

* आदिवासी विकास खण्ड

पुलिस प्रशासन

प्रदेश का सबसे बड़ा पुलिस अधिकारी 'पुलिस महानिदेशक' (Director General of Police) कहलाता है। पुलिस के निरन्तर बढ़ते हुए उत्तरदायित्वों को दृष्टिगत रखते हुए बेहतर समन्वय के उद्देश्य से प्रदेश में कई नए रेंज स्थापित किए गए हैं और इसके साथ ही 'क्षेत्रीय पुलिस महानिरीक्षक' के पद सृजित किए गए हैं।

इस समय जबलपुर, इन्दौर, ग्वालियर और भोपाल में 'क्षेत्रीय पुलिस महानिरीक्षक' कार्यरत हैं। वर्तमान में पुलिस विभाग को 15 संभागों में विभाजित किया गया है। प्रत्येक संभाग की प्रशासन व्यवस्था देखने के लिए एक 'उप महानिरीक्षक' (डी.आई.जी.) होता है।

ये संभाग पुन: उप-संभागों में विभाजित किए गए हैं। प्रत्येक उप-संभाग 'उप संभागीय अधिकारी' के नियंत्रण में होता है। उप-संभाग जिलों में विभाजित है। जिले का नियंत्रण पुलिस अधीक्षक (एस.पी.) करता है।

जिले पुन: सर्किल में विभक्त किए गए हैं। प्रत्येक सर्किल में कुछ निर्धारित क्षेत्रों के लिए एक-एक थाना होता है। प्रत्येक सर्किल का जिम्मेदार अधिकारी 'सर्किल इंसपेक्टर' तथा थाने का नियंत्रक 'थानेदार' कहलाता है।

सशस्त्र पुलिस बल

वर्तमान में सशस्त्र पुलिस बल के बटालियनों की संख्या 26 है। सशस्त्र पुलिस बल में इस समय 1 पुलिस महानिरीक्षक, 5 पुलिस उपमहानिरीक्षक, 28 कमाण्डेन्ट, 24 डिप्टी कमाण्डेन्ट एवं 107 सहायक कमाण्डेन्ट हैं।

रेलवे पुलिस : मध्य प्रदेश में रेलवे पुलिस के लिए पृथक पुलिस महानिरीक्षक के पद का सृजन किया गया है। इसके अधीन भोपाल, इन्दौर एवं जबलपुर सेक्शनों में पुलिस अधीक्षक (रेलवे) के कार्यालय स्थापित हैं। इन तीनों सेक्शनों में स्थापित रेलवे पुलिस थानों की कुल संख्या 28 है।

भोपाल सेक्शन के अन्तर्गत 10 थाने क्रमश: इटारसी, खण्डवा, आमला, भोपाल, बीना, विदिशा, ग्वालियर-बीजी, ग्वालियर-एनजी, हबीबगंज एवं मुरैना में हैं।

इन्दौर सेक्शन के अन्तर्गत 10 थाने क्रमश: इन्दौर, उज्जैन, रतलाम, शामगढ़, नीमच, व्यावरा, शिवपुरी, अशोक नगर, गुना एवं मेघनगर में हैं।

जबलपुर सेक्शन के अन्तर्गत 8 थाने क्रमश: जबलपुर, गाडरवारा, कटनी, सागर, छिन्दवाड़ा, नैनपुर, शहडोल एवं रीवा में हैं।

पुलिस प्रशिक्षण केन्द्र

1. **सशस्त्र पुलिस प्रशिक्षण केन्द्र** : इन्दौर
2. **जिला पुलिस प्रशिक्षण केन्द्र** :
   (a) तिगरा (ग्वालियर), *(b)* उमरिया, *(c)* इन्दौर, *(d)* रीवा, *(e)* पंचमढ़ी (होशंगाबाद)
3. **पुलिस वायरलैस प्रशिक्षण केन्द्र** : इन्दौर
4. **यातायात पुलिस प्रशिक्षण केन्द्र** : भोपाल
5. **पुलिस मोटर वर्कशाप प्रशिक्षणशाला** : रीवा
6. **सागर पुलिस महाविद्यालय एवं अपराध अनुसंधान केन्द्र** : सागर

मध्य प्रदेश में 1956 से 1982 तक के पुलिस महानिरीक्षक

मध्य प्रदेश के निर्माण के पश्चात् पुलिस प्रशासन को संगठित रखने एवं उसके व्यवस्थित संचालन हेतु पुलिस महानिरीक्षक के पद का सृजन किया गया। 1956 से 1982 तक के पुलिस महानिरीक्षकों को उनके कार्यकाल सहित निम्नलिखित तालिका में प्रस्तुत किया गया है :

क्र.सं.	नाम		कार्यकाल
1.	श्री वी.जी. घाटे	आई.पी.	1-11-1956 से 31-5-1958
2.	श्री के.एफ. रुस्तमजी	आई.पी.	1-6-1958 से 19-7-1965
3.	श्री बी.एम. शुक्ला	आई.पी.एस.	20-7-1965 से 15-2-1968
4.	श्री बी.एम. शर्मा	—	16-2-1968 से 14-4-1969
5.	श्री बी.एम. शुक्ला	—	15-4-1969 से 31-12-1972
6.	श्री बी.एम. नागू	—	1-1-1973 से 4-5-1974
7.	श्री के. एल. दीवान	—	5-5-1974 से 3-1-1975
8.	श्री एच.एम. जोशी	—	4-1-1975 से 21-4-1977
9.	श्री जे.एस. कुकरेजा	—	22-4-1977 से 6-5-1977
10.	श्री एच.एम. जोशी	—	7-5-1977 से 1-8-1977
11.	श्री के.के. दुबे	—	2-8-1977 से 2-12-1978
12.	श्री बी.पी. दुबे	—	3-12-1978 से 20-2-1979
13.	श्री पी.आर. खुराना	—	21-2-1979 से 6-3-1980
14.	श्री जे.एस. कुकरेजा	—	7-3-1980 से 14-4-1981
15.	श्री बी.पी. दुबे	—	15-4-1981 से 22-3-1982

मध्य प्रदेश में अब तक के पुलिस महानिदेशक

मध्य प्रदेश में पुलिस महानिरीक्षक के स्थान पर अब पुलिस का सबसे वरिष्ठ अधिकारी 'पुलिस महानिदेशक (Director General of Police) होता है। अब तक पुलिस महानिदेशक के पद पर निम्नलिखित व्यक्ति पदस्थ रहे हैं—

क्र.सं.	नाम		कार्यकाल
1.	श्री बी.पी. दुबे	आई.पी.एस.	23-03-1982 से 28-05-1983
2.	श्री एच.एम. जोशी	—	28-05-1983 से 31-03-1984
3.	श्री बी.के. मुकर्जी	—	27-04-1984 से 06-12-1986
4.	श्री एम. नटराजन	—	06-12-1986 से 23-02-1988
5.	श्री बी.के. मुकर्जी	—	24-02-1988 से 27-01-1989
6.	श्री एम. नटराजन	—	27-01-1989 से 31-10-1989
7.	श्री पी.डी. मालवीय	—	31-10-1989 से 05-06-1990
8.	श्री एस.बी. सिंह	—	05-06-1990 से 31-12-1990
9.	श्री आर.पी. शर्मा	—	01-01-1991 से 10-05-1992
10.	श्री के.एस. राठौर	—	10-05-1992 से 30-11-1992
11.	श्री दया किशोर आर्य	—	30-11-1992 से 31-12-1992
12.	श्री आर.पी. शर्मा	—	01-01-1993 से 31-12-1993
13.	श्री जे.एन. सक्सेना	—	01-01-1994 से 30-06-1994
14.	श्री प्रताप सिंह	—	30-06-1994 से 30-04-1995
15.	श्री शरद चन्द्रा	—	01-05-1995 से 30-06-1996
16.	श्री देव प्रकाश खन्ना	—	01-07-1996 से 31-12-1996
17.	श्री ए.एन. पाठक	—	01-07-1997 से 31-12-1997
18.	श्री वी.पी. सिंह	—	31-12-1997 से 20-02-1999
19.	श्री सुभाषचंद्र त्रिपाठी	—	20-02-1999 से 31-12-2001
20.	श्री ए.एन. सिंह	—	01-02-2002 से 31-07-2002
21.	श्री डी.सी. जुगरान	—	01-08-2002 से 12-12-2003
22.	श्री एस. के. दास	—	12-12-2003 से 31-03-2005
23.	श्री स्वराज पुरी	—	01-04-2005 से 23-09-2006
24.	श्री ए.आर. पवार	—	23-09-2006 से 19-05-2008
25.	श्री एस.के राउत	—	19-05-2008 से 29-02-2012
26.	श्री नंदन दुबे	—	01-03-2012 से 30-09-2014
27.	श्री सुरेन्द्र सिंह	—	01-10-2014 से 30-06-2016
28.	श्री ऋषि कुमार शुक्ला	—	01-07-2016 से अब तक

कुछ अन्य महत्त्वपूर्ण तथ्य

राज्य पुलिस का सर्वोच्च अधिकारी 'पुलिस महानिदेशक' होता है। यह गृह सचिव के अधीन कार्य करता है। पुलिस मुख्यालय भोपाल में स्थित है।

राज्य में विशिष्ट अपराधों की प्रवृत्तियों का अध्ययन करने के लिए सन् 1960 में सी.आई.डी. मुख्यालय, भोपाल में एक अनुसन्धान इकाई की स्थापना की गई है।

प्रदेश में पुलिस प्रशिक्षण महाविद्यालय इन्दौर में स्थित है।

'पुलिस प्रशिक्षण केन्द्र, सागर' का प्रभारी पुलिस उपमहानिरीक्षक होता है।

प्रदेश के बड़े नगरों में थाना प्रभारी (तीन स्टार) निरीक्षक स्तर का होता है, इसे (टी.आई.) टाउन इन्सपेक्टर कहते हैं।

14
प्रदेश की राजनीतिक स्थिति

शासन को सुचारू रूप से चलाने के लिए प्रदेश में विधायिका, कार्यपालिका और न्यायपालिका का गठन किया गया है। विधायिका का कार्य राज्य में कानून बनाना तथा कार्यपालिका पर नियन्त्रण रखना, कार्यपालिका का कार्य कानून के अनुसार राज्य के शासन को संचालित करना और न्यायपालिका का कार्य कानून के अनुसार लोगों को न्याय दिलाना है।

लोकसभा के लिए मध्य प्रदेश से 29 तथा राज्यसभा के लिए 11 सदस्यों को चुना जाता है। लोकसभा के 29 सदस्यों में से 4 अनुसूचित जातियों तथा 6 अनुसूचित जनजातियों के लिए आरक्षित हैं।

मध्य प्रदेश में लोकसभा के निर्वाचन क्षेत्र

1. मुरैना
2. भिण्ड (अ.जाति)
3. ग्वालियर
4. गुना
5. सागर
6. खजुराहो
7. दमोह
8. सतना
9. रीवां
10. सीधी
11. शहडोल (अ.जन.जा.)
12. बालाघाट
13. मण्डला (अ.जन.जा.)
14. जबलपुर
15. टीकमगढ़ (अ.जाति)
16. छिन्दवाड़ा
17. बैतूल (अ.जन.जा.)
18. भोपाल
19. विदिशा
20. राजगढ़
21. देवास (अ.जाति)
22. खण्डवा
23. खरगौन (अ.जन.जा.)
24. धार (अ.जन.जा.)
25. इन्दौर
26. उज्जैन (अ.जाति)
27. होशंगाबाद
28. मन्दसौर
29. रतलाम (अ.जन.जाति)

विधायिका : राज्य में विधानमण्डल एकसदनात्मक है। राज्य विधानमंडल का गठन राज्यपाल और विधानसभा को मिलाकर होता है।

विधानसभा : राज्य विधानसभा का गठन राज्य के वयस्क मतदाताओं द्वारा चुने गए सदस्यों द्वारा होता है। राज्य विधानसभा में कुल 230 सीटें हैं जिसमें से 35 सीटें अनुसूचित जाति के लिए और 47 सीटें अनुसूचित जनजाति के लिए आरक्षित हैं। राज्य विधानसभा के सदस्य विधानसभा की कार्यवाही को सुचारु रूप से संचालित करने के लिए विधानसभा के सदस्यों में से ही अध्यक्ष और उपाध्यक्ष का चुनाव करते हैं।

विधानमण्डल के पदाधिकारी : संविधान में विधानसभा के लिए अध्यक्ष (Speaker) तथा उपाध्यक्ष (Deputy-Speaker) और विधान परिषद् के लिए एक सभापति (Chairman) तथा उप-सभापति (Vice-Chairman) की व्यवस्था की गई है। हर विधानसभा अपने सदस्यों में से एक अध्यक्ष और एक उपाध्यक्ष चुनती है। इसी तरह हर विधानपरिषद् अपने सदस्यों में से एक सभापति और एक उप-सभापति चुनती है। इन अधिकारियों का काम 'सभा' अथवा 'परिषद्' की बैठकों में सभापति का आसन ग्रहण करना, उसमें अनुशासन कायम रखना, उनका कार्यक्रम बनाना, सदस्यों के अधिकारों की रक्षा करना तथा सभा की बैठक में सुचारु रूप से कार्यवाही चलाना है। उपाध्यक्ष तथा उप-सभापति केवल उस दशा में कार्य करते हैं जब अध्यक्ष अथवा सभापति किसी कारण से काम न कर सकें। 'सभा' तथा 'परिषद्' की बैठकों में सभापति का आसन ग्रहण करने वाला व्यक्ति अपने मत का प्रयोग [जिसे निर्णायक मत (Casting Vote) कहते हैं], तभी करता है जब किसी विषय पर पक्ष तथा विपक्ष में बराबर मत हों।

विधानमण्डल के अधिकार तथा कार्य : राज्य विधानमण्डलों को संविधान की सातवीं अनुसूची की राज्य-सूची में दिये गये विषयों पर कानून बनाने का पूर्ण अधिकार प्राप्त है। समवर्ती सूची में दिये गये विषयों पर भी वह कानून बना सकते हैं। विधानमण्डल ही राज्यपाल द्वारा जारी किये गये अध्यादेशों को मंजूरी देता है। राज्य की मंत्रिपरिषद राज्य की विधानसभा के प्रति उत्तरदायी होती है। धन विधेयक विधान सभा में ही पेश किए जा सकते हैं। विधानपरिषद के पास जब धन विधेयक आता है, तो उसे 14 दिनों के भीतर ही अपनी सिफारिश सहित विधेयक को विधानसभा के पास लौटाना होता है। विधानसभा विधानपरिषद् द्वारा की गई सिफारिश को चाहे तो स्वीकार कर ले या न चाहे तो न स्वीकार करे।

कार्यपालिका : राज्य में कार्यपालिका का गठन राज्यपाल तथा मंत्रिपरिषद् को मिलाकर किया जाता है।

राज्यपाल : राज्य में कार्यपालिका की शक्ति राज्यपाल में उसी प्रकार निहित होती है, जिस प्रकार केन्द्र में कार्यपालिका की शक्ति राष्ट्रपति में निहित है। राज्यपाल अपनी इस शक्ति का प्रयोग संविधान के प्रावधानों के अनुसार अपने अधीनस्थ पदाधिकारियों अर्थात् मंत्रिपरिषद् के सदस्यों के माध्यम से करता है। राज्यपाल राज्य का औपचारिक प्रधान होता है। पद के योग्य किसी व्यक्ति को एक या एक से अधिक राज्यों का राज्यपाल नियुक्त किया जा सकता

है। राज्यपाल की नियुक्ति केन्द्रीय मंत्रिमंडल की सलाह से राष्ट्रपति करता है, इसलिए राज्यपाल को राष्ट्रपति का अभिकर्ता या केन्द्रीय सरकार का प्रतिनिधि माना जाता है। राज्यपाल को 5 वर्ष के लिए नियुक्त किया जाता है, लेकिन राष्ट्रपति उसे 5 वर्ष से पूर्व भी पद से हटा सकता है।

योग्यताएं और कार्यकाल : उसे (i) भारत का नागरिक होना चाहिए, (ii) उसकी आयु 35 वर्ष से कम नहीं होनी चाहिए। संविधान की धारा 156 में कहा गया है कि राज्यपाल

राष्ट्रपति के प्रसाद पर्यन्त (during the pleasure of the President) अपने पद पर रहेगा और उसका कार्यकाल 5 वर्ष होगा। राज्यपाल को संविधान की रक्षा की शपथ लेनी होती है। उसे 1.10 लाख रु. मासिक वेतन (बजट 2018-19 में 3.50 लाख रुपए प्रस्तावित) और भत्ते व सुविधायें मिलती हैं।

राज्यपाल की शक्तियां : राज्य के शासन में राज्यपाल की स्थिति प्राय: वैसी ही है जैसी संघ शासन में राष्ट्रपति की। राज्य का कोई भी कानून उस समय तक लागू नहीं हो सकता, जब तक राज्यपाल उस पर हस्ताक्षर न कर दें। मुख्यमंत्री की नियुक्ति उसी के द्वारा की जाती है। राज्य के विधानमंडल (Legislature) का अधिवेशन बुलाना, उसे स्थगित करना तथा विधानसभा को भंग करना भी उसी का कार्य है। राज्यपाल बिलों पर स्वीकृति प्रदान करता है; बिलों को पुन: विचार के लिए विधानमण्डल के पास वापस भेज सकता है और राज्य की अदालतों द्वारा सजा प्राप्त किसी व्यक्ति की सजा माफ या कम कर सकता है। परन्तु दो बातों में उसकी स्थिति राष्ट्रपति से भिन्न है—1. आपातकाल में राष्ट्रपति को शासन की असाधारण शक्तियां प्राप्त हो जाती हैं किन्तु राज्यपाल को ऐसी शक्तियां प्राप्त नहीं होतीं, और 2. राष्ट्रपति जहां केवल अपने प्रधानमंत्री अथवा मंत्रिमंडल की सलाह से कार्य करने के लिए बाध्य हैं वहां राज्यपाल पर एक प्रकार से दोहरा उत्तरदायित्व है। वह एक ओर तो राष्ट्रपति तथा संघ सरकार की आज्ञाओं को मानने के लिए बाध्य है और दूसरी ओर उसे राज्य मंत्रिपरिषद् की सलाह से कार्य करना पड़ता है। इस प्रकार राज्यपाल का कार्य कठिन है।

निम्न विषयों में राज्यपाल स्वविवेक से काम कर सकता है :
(i) यदि राज्य में अनुसूचित क्षेत्र हों, तो उनका प्रशासन; और
(ii) राज्य में संवैधानिक व्यवस्था टूटने पर राष्ट्रपति को उसकी रिपोर्ट भेजने में।

राज्य मंत्रिपरिषद् : राज्य में मंत्रिपरिषद् का गठन उसी प्रकार किया जाता है जैसे केन्द्र में। राज्य में मंत्रिमण्डल के नेता को मुख्यमंत्री कहते हैं। मुख्यमंत्री की नियुक्ति राज्यपाल द्वारा ऐसे व्यक्तियों में से की जाती है जिसे विधानसभा में बहुमत का विश्वास प्राप्त हो, अर्थात् जो बहुमत दल का नेता हो। यदि किसी एक दल को बहुमत प्राप्त नहीं होता तो एक संयुक्त मिली-जुली सरकार का निर्माण भी किया जा सकता है। दूसरे मंत्रियों की नियुक्ति राज्यपाल द्वारा मुख्यमंत्री के परामर्श से की जाती है। संघीय शासन की भांति राज्यों में भी कैबिनेट मंत्री, राज्यमंत्री, उपमंत्री होते हैं। मंत्रियों के पद की कोई निश्चित अवधि नहीं होती। वे उस समय तक अपने पद पर बने रह सकते हैं, जब तक उन्हें मुख्यमंत्री व विधानसभा के बहुमत का विश्वास प्राप्त रहे।

राज्यों में मंत्रियों के काम करने का ढंग, उनके बीच विभागों का बंटवारा, कैबिनेट का संगठन, उसके कार्य की व्यवस्था, प्राय: उसी प्रकार की जाती है जैसी संघ शासन में। वैसे दिन-प्रतिदिन के कार्य में सभी अपने-अपने विभाग में स्वतंत्रतापूर्वक कार्य करते हैं, परन्तु नीति संबंधी विषयों का फैसला कैबिनेट की बैठकों में किया जाता है।

मध्य प्रदेश के विधानसभा क्षेत्र

जिला	विधानसभा क्षेत्र
श्योपुर	1. श्योपुर, 2. विजयपुर
मुरैना	1. सबलगढ़, 2. जौरा, 3. मुरैना, 4. सुमावली, 5. दिमनी, 6. अम्बाह (अ.जा.)
भिण्ड	1. गोहद (अ.जा.), 2. मेहगांव, 3. अटेर, 4. लहार, 5. भिण्ड
ग्वालियर	1. ग्वालियर, 2. ग्वालियर ग्रामीण, 3. ग्वालियर पूर्व, 4. ग्वालियर दक्षिण, 5. भितरवार, 6. डबरा (अ.जा.)
दतिया	1. सेवढ़ा, 2. दतिया, 3. भाण्डेर (अ.जा.)
शिवपुरी	1. करेरा (अ.जा.), 2. पोहरी, 3. शिवपुरी, 4. कोलारस, 5. पिछोर
गुना	1. गुना (अ.जा.), 2. चाचौड़ा, 3. राघोगढ़, 4. बामोरी
अशोक नगर	1. अशोक नगर (अ.जा.), 2. चंदेरी, 3. मुंगावली
सागर	1. बीना (अ.जा.), 2. खुरई, 3. नरयावली (अ.जा.), 4. बण्डा, 5. सागर, 6. सुरखी, 7. रहली, 8. देवरी
टीकमगढ़	1. निवाड़ी, 2. जतारा (अ.जा.), 3. खरगापुर, 4. टीकमगढ़, 5. पृथ्वीपुर
छतरपुर	1. मलहरा, 2. बिजावर, 3. छतरपुर, 4. चन्दला (अ.जा.), 5. महाराजपुर, 6. राजनगर
दमोह	1. दमोह, 2. पथरिया, 3. हटा (अ.जा.), 4. जबेरा
पन्ना	1. पन्ना, 2. पवई, 3. गुनौर (अ.जा.)
सतना	1. मैहर, 2. नागौद, 3. रैगांव (अ.जा.), 4. सतना, 5. चित्रकूट, 6. रामपुर बघेलान, 7. अमरपाटन
रीवा	1. रीवा, 2. गुढ़, 3. मनगवां (अ.जा.), 4. सिरमौर, 5. त्यौंथर, 6. देवतालाब, 7. मऊगंज, 8. सेमरिया
सीधी	1. चुरहट, 2. सीधी, 3. सिहावल, 4. धौहनी (अ.ज.जा.)
सिंगरौली	1. चितरंगी (अ.ज.जा.), 2. सिंगरौली, 3. देवसर (अ.जा.)
शहडोल	1. ब्यौहारी (अ.ज.जा.), 2. जयसिंहनगर (अ.ज.जा.), 3. जैतपुर (अ.ज.जा.)
अनूपपुर	1. कोतमा, 2. अनूपपुर (अ.ज.जा.), 4. पुष्पराजगढ़ (अ.ज.जा.)
उमरिया	1. बांधवगढ़ (अ.ज.जा.), 2. मानपुर (अ.ज.जा.)
कटनी	1. बड़वारा (अ.ज.जा.), 2. विजयराघवगढ़, 3. मुड़वारा, 4. बहोरीबंद
जबलपुर	1. पाटन, 2. बरगी, 3. जबलपुर पूर्व (अ.जा.), 4. जबलपुर उत्तर, 5. जबलपुर केन्टोनमेंट, 6. जबलपुर पश्चिम, 7. पनागर, 8. सिहोरा (अ.ज.जा.)
डिण्डोरी	1. डिण्डोरी (अ.ज.जा.), 2. शहपुरा (अ.ज.जा.)
मण्डला	1. बिछिया (अ.ज.जा.), 2. निवास (अ.ज.जा.), 3. मण्डला (अ.ज.जा.)
बालाघाट	1. बैहर (अ.ज.जा.), 2. लांजी, 3. वारासिवनी, 4. कटंगी, 5. बालाघाट, 6. परसवाड़ा
सिवनी	1. बरघाट (अ.ज.जा.), 2. सिवनी, 3. केवलारी, 4. लखनादौन (अ.ज.जा.)

नरसिंहपुर	1. गोटेगांव (अ.जा.), 2. नरसिंहपुर, 3. तेंदूखेड़ा, 4. गाडरवारा
छिंदवाड़ा	1. जुनारदेव (अ.ज.जा.), 2. अमरवाड़ा (अ.ज.जा.), 3. चौरई, 4. सौंसर, 5. छिन्दवाड़ा, 6. परासिया (अ.जा.), 7. पांढुर्णा (अ.ज.जा.)
बैतूल	1. मुलताई, 2. आमला (अ.जा.), 3. बैतूल, 4. घोड़ाडोंगरी (अ.ज.जा.), 5. भैंसदेही (अ.ज.जा.)
हरदा	1. टिमरनी (अ.ज.जा.), 2. हरदा
होशंगाबाद	1. होशंगाबाद, 2. सिवनी मालवा, 3. सोहागपुर, 4. पिपरिया (अ.जा.)
रायसेन	1. उदयपुरा, 2. भोजपुर, 3. सांची (अ.जा.), 4. सिलवानी
विदिशा	1. विदिशा, 2. बासौदा, 3. कुरवाई (अ.जा.), 4. सिरोंज, 5. शमशाबाद
भोपाल	1. बैरसिया (अ.जा.), 2. भोपाल उत्तर, 3. नरेला, 4. भोपाल दक्षिण-पश्चिम, 5. भोपाल मध्य, 6. गोविन्दपुरा, 7. हुजूर
सीहोर	1. बुधनी, 2. आष्टा (अ.जा.), 3. इछावर, 4. सीहोर
राजगढ़	1. नरसिंहगढ़, 2. ब्यावरा, 3. राजगढ़, 4. खिलचीपुर, 5. सारंगपुर (अ.जा.)
आगर-मालवा	1. सुसनेर, 2. आगर (अ.जा.)
शाजापुर	1. शाजापुर, 2. शुजालपुर, 3. कालापीपल
देवास	1. सोनकच्छ (अ.जा.), 2. देवास, 3. हाटपिपल्या, 4. खातेगांव, 5. बागली (अ.ज.जा.)
खण्डवा	1. मांधाता, 2. हरसूद (अ.ज.जा.), 3. खण्डवा (अ.जा.), 4. पंधाना (अ.ज.जा.)
बुरहानपुर	1. नेपानगर (अ.ज.जा.), 2. बुरहानपुर
खरगोन	1. भीकनगांव (अ.ज.जा.), 2. बड़वाह, 3. महेश्वर (अ.जा.), 4. कसरावद, 5. खरगोन, 6. भगवानपुरा (अ.ज.जा.)
बड़वानी	1. सेंधवा (अ.ज.जा.), 2. राजपुर (अ.ज.जा.), 3. पानसेमल (अ.ज.जा.), 4. बड़वानी (अ.ज.जा.)
अलीराजपुर	1. अलीराजपुर (अ.ज.जा.), 2. जोबट (अ.ज.जा.)
झाबुआ	1. झाबुआ (अ.ज.जा.), 2. थांदला (अ.ज.जा.), 3. पेटलावद (अ.ज.जा.)
धार	1. सरदारपुर (अ.ज.जा.), 2. गंधवानी (अ.ज.जा.), 3. कुक्षी (अ.ज.जा.), 4. मनावर (अ.ज.जा.), 5. धरमपुरी (अ.ज.जा.), 6. धार, 7. बदनावर
इन्दौर	1. देपालपुर, 2. इन्दौर-एक, 3. इन्दौर-दो, 4. इन्दौर-तीन, 5. इन्दौर-चार, 6. इन्दौर-पांच, 7. डॉ. अम्बेडकरनगर-महू, 8. राऊ, 9. सांवेर (अ.जा.)
उज्जैन	1. नागदा-खाचरोद, 2. महिदपुर, 3. तराना (अ.जा.), 4. घट्टिया (अ.जा.), 5. उज्जैन उत्तर, 6. उज्जैन दक्षिण, 7. बड़नगर
रतलाम	1. रतलाम ग्रामीण (अ.ज.जा.), 2. रतलाम सिटी, 3. सैलाना (अ.ज.जा.), 4. जावरा, 5. आलोट (अ.जा.)
मंदसौर	1. मंदसौर, 2. मल्हारगढ़ (अ.जा.), 3. सुवासरा, 4. गरोठ
नीमच	1. मनासा, 2. नीमच, 3. जावद

मुख्यमंत्री : मुख्यमंत्री राज्य शासन का वास्तविक प्रधान होता है तथा राज्यपाल मुख्यमंत्री की सलाह पर राज्य का संचालन करता है। राज्यपाल विधानसभा में बहुमत प्राप्त दल के नेता को मुख्यमंत्री नियुक्त करता है। यदि किसी भी राजनीतिक दल को आम चुनाव में स्पष्ट बहुमत नहीं प्राप्त होता तो राज्यपाल विधानसभा में सबसे बड़े दल के नेता को मुख्यमंत्री नियुक्त कर उसे निश्चित समय के अन्तर्गत अपना बहुमत साबित करने का निर्देश दे सकता है। मुख्यमंत्री बनने के लिए यह आवश्यक है कि वह राज्य विधानसभा का सदस्य हो। यदि विधानसभा में बहुमत प्राप्त दल किसी ऐसे व्यक्ति को अपना नेता चुनता है, जो विधानसभा का सदस्य नहीं है, तो भी राज्यपाल उसे मुख्यमंत्री पद पर नियुक्त कर सकता है, लेकिन इस प्रकार नियुक्त किए जाने वाले मुख्यमंत्री के लिए 6 माह के अन्दर विधानसभा का सदस्य निर्वाचित होना आवश्यक है।

न्यायपालिका

न्यायपालिका का कार्य कानून के अनुसार लोगों को न्याय दिलाना है। संवैधानिक व्यवस्था के अनुसार भारत के प्रत्येक राज्य में एक उच्च न्यायालय तथा अनेक अधीनस्थ न्यायालय होते हैं।

उच्च न्यायालय : मध्य प्रदेश के उच्च न्यायालय की स्थापना सन् 1956 में हुई। इसका मुख्यालय जबलपुर में है। इन्दौर एवं ग्वालियर में इसकी खण्डपीठ शाखाएं हैं। उच्च न्यायालय का प्रमुख कार्य अपने अधीनस्थ न्यायालयों की अपीलें सुनना तथा विशेष कानूनों के अधीन प्रारम्भिक मामलों का पुनर्निरीक्षण करना है। उच्च न्यायालय के प्रथम मुख्य न्यायाधीश श्री एम. हिदायतुल्ला थे जिन्होंने इस पद पर 1 नवम्बर, 1956 से 12 दिसम्बर, 1958 तक कार्य किया।

महाभियोग : सर्वोच्च न्यायालय के न्यायाधीशों की भांति उच्च न्यायालय के न्यायाधीशों को भी महाभियोग लगाकर पद से हटाया जा सकता है। महाभियोग की प्रक्रिया वही है जो कि सर्वोच्च न्यायालय के न्यायाधीशों के लिए निर्धारित है। जब संसद के दोनों सदनों द्वारा निर्धारित प्रक्रिया से महाभियोग का प्रस्ताव स्वीकार हो जाता है, तो राष्ट्रपति संबंधित न्यायाधीश को पद से हटा देता है।

स्थानांतरण : उच्च न्यायालय के मुख्य न्यायाधीश एवं अन्य न्यायाधीशों का एक राज्य से दूसरे राज्य में राष्ट्रपति द्वारा स्थानांतरण भी किया जा सकता है।

अतिरिक्त न्यायाधीश : उच्च न्यायालय के न्यायाधीश पद के योग्यताधारी व्यक्ति को राष्ट्रपति दो वर्ष की अवधि के लिए उच्च न्यायालय का अतिरिक्त न्यायाधीश भी नियुक्त कर सकता है। अतिरिक्त न्यायाधीशों की नियुक्ति न्यायालय में इकट्ठे हुए कार्य का निबटारा करने के लिए की जाती है।

क्षेत्राधिकार एवं शक्तियां : उच्च न्यायालय राज्य का सबसे बड़ा न्यायालय होता है। इनको संविधान द्वारा वे सभी अधिकार प्राप्त हैं जो इन्हें संविधान लागू होने के पहले प्राप्त थे। इनके अधिकार-क्षेत्र और शक्तियां निम्नांकित हैं :

(1) समवर्ती प्रारंभिक क्षेत्राधिकार : संविधान द्वारा नागरिकों को दिए गए मूल अधिकारों को लागू करने के संबंध में सर्वोच्च न्यायालय के साथ-साथ राज्यों के उच्च न्यायालयों को भी अधिकार प्रदान किए गए हैं। मूल अधिकारों को लागू कराने के लिए उच्च न्यायालय आवश्यक कार्यवाही कर सकते हैं। उच्च न्यायालयों को मूल अधिकारों की रक्षा हेतु रिटें जारी करने का अधिकार भी है और यह संघ या राज्य सरकारों, किसी को भी रिट जारी करके उन्हें नागरिकों के मूल अधिकारों का हनन करने से रोक सकता है।

(2) अपील संबंधी क्षेत्राधिकार : राज्य के किसी भी अधीनस्थ न्यायालय अथवा न्यायाधिकरण द्वारा निर्णीत दीवानी और फौजदारी मुकदमों की अपील उच्च न्यायालय में की जा सकती है। उच्च न्यायालय जिला एवं सत्र न्यायाधीशों एवं दीवानी न्यायाधीशों के फैसलों के विरुद्ध अपीलें सुनता है।

(3) परिवीक्षण क्षेत्राधिकार : राज्य के सभी अधीनस्थ न्यायालयों एवं न्यायाधिकरणों के परिवीक्षण एवं निरीक्षण का दायित्व उच्च न्यायालय का है। वह उन्हें समय-समय पर आवश्यक निर्देश दे सकता है।

(4) मुकदमे स्थानांतरित करने का अधिकार : उच्च न्यायालय अधीनस्थ न्यायालयों में चल रहे मुकदमों को अन्य अधीनस्थ न्यायालयों में स्थानांतरित कर सकता है। यदि उच्च न्यायालय यह समझता है कि अधीनस्थ न्यायालय में चल रहे किसी मुकदमे में किसी ऐसे कानून का मामला सन्निहित है जो कि संविधान की व्याख्या से संबंधित है तो उस मुकदमें को सुनवाई हेतु अपने यहां मंगा सकता है।

(5) अभिलेख न्यायालय : उच्च न्यायालय भी एक अभिलेख न्यायालय है और उसे अपनी अवमानना तथा अधीनस्थ न्यायालयों की अवमानना के लिए व्यक्तियों को दंडित करने का अधिकार है। उच्च न्यायालय के निर्णय भी अन्य न्यायालयों में साक्ष्य के रूप में स्वीकार किये जाते हैं।

लोक अदालत : मध्य प्रदेश में लोक अदालत की शुरूआत 13 अप्रैल, 1986 को हुई। लोक अदालतों ने विवादों को आसान तरीके से तत्काल निपटाने का सिद्धान्त अपनाया है, ताकि न्याय आम आदमी के निकट पहुंच सके। प्रदेश की अदालतों को यह दायित्व सौंपा गया है कि वे उन मामलों को निर्धारित करें जिनमें लोक अदालतों के माध्यम से समझौते की गुंजाइश हो एवं जिनमें लोगों को न्याय पाने के लिए अपनी काफी शक्ति का अपव्यय करना पड़ता हो। प्रदेश में अब तक अनेकों लोक अदालतें लगायी जा चुकी हैं, जिनके माध्यम से हजारों मामले सुलझा लिए गए हैं।

15
मध्य प्रदेश में शिक्षा

शैक्षिक दृष्टि से मध्य प्रदेश पिछड़ा हुआ राज्य है। खास तौर पर यहां के आदिवासी क्षेत्रों में शिक्षा का विकास नहीं के बराबर हो पाया है। वर्ष 1956 में अपनी स्थापना के समय मध्य प्रदेश में साक्षरता का प्रतिशत केवल 10 था। राज्य में साक्षरता का प्रतिशत 1961 में 17.13, 1971 में 22.14, 1981 में 27.81, 1991 में 43.45, 2001 में 63.7 और 2011 में 69.3 के स्तर तक पहुँच गया है।

शिक्षा सम्बन्धी नीति-निर्माण और कार्यक्रमों का क्रियान्वयन राज्य स्तर पर लोक शिक्षण संचालनालय करता है। इसकी मदद के लिए राज्य के सभी शैक्षणिक संभागों में संयुक्त संचालक हैं। जिलों में शिक्षा उप-संचालक नियुक्त हैं। प्रत्येक जिले में विकास शिक्षा अधिकारी की नियुक्ति की गई है। बालिकाओं की शिक्षा पर विशेष जोर दिया गया है और इसके लिए विभिन्न योजनाएं बनाई गई हैं। इस दिशा में सफल कार्यान्वयन तथा समीक्षा के लिए स्त्री शिक्षा परिषद् भी कार्यरत है। मध्य प्रदेश में महिला साक्षरता में विगत दशक में उल्लेखनीय प्रगति हुई है। 1961 में महिला साक्षरता का प्रतिशत केवल 6.70 था, जो बढ़कर 1971 में 10.92, 1981 में 15.53, 1991 में 28.39, 2001 में 50.3 और 2011 में 59.2 प्रतिशत हो गया। पुरुष साक्षरता का प्रतिशत 1961 में 27.00 था, जो बढ़कर 1971 में 32.70, 1981 में 39.49, 1991 में 57.43, 2001 में 76.1 और 2011 में 78.7 प्रतिशत हो गया। 2001-2011 के दशक में साक्षरता में उल्लेखनीय वृद्धि हुई है, यह वृद्धि राष्ट्रीय स्तर पर हुई वृद्धि की तुलना में बहुत थोड़ी ही कम है।

मध्य प्रदेश के विश्वविद्यालय

केन्द्रीय विश्वविद्यालय

विश्वविद्यालय	*स्थापना वर्ष*	*स्थान*
1. डॉ. हरिसिंह गौर विश्वविद्यालय	1946	सागर
2. इन्दिरागांधी राष्ट्रीय जनजाति विश्वविद्यालय	2007	अमर कंटक

राज्य विश्वविद्यालय

विश्वविद्यालय	स्थापना वर्ष	स्थान
1. विक्रम विश्वविद्यालय	1957	उज्जैन
2. रानी दुर्गावती विश्वविद्यालय	1957	जबलपुर
3. देवी अहिल्या विश्वविद्यालय	1964	इन्दौर
4. जीवाजी विश्वविद्यालय	1964	ग्वालियर
5. अवधेश प्रताप सिंह विश्वविद्यालय	1968	रीवा
6. बरकतउल्ला विश्वविद्यालय	1970	भोपाल
7. जवाहरलाल नेहरू कृषि विश्वविद्यालय	1964	जबलपुर
8. माखनलाल चतुर्वेदी राष्ट्रीय पत्रकारिता विद्यालय	1991	भोपाल
9. महात्मा गांधी चित्रकूट ग्रामोदय विश्वविद्यालय	1991	चित्रकूट
10. मध्य प्रदेश भोज खुला विश्वविद्यालय	1995	भोपाल
11. महर्षि महेश योगी वैदिक विश्वविद्यालय	1995	कटनी
12. महर्षि पाणिनी संस्कृत विश्वविद्यालय	2008	उज्जैन
13. राष्ट्रीय विधि विश्वविद्यालय	1998	भोपाल
14. राजीव गांधी तकनीकी विश्वविद्यालय	1998	भोपाल
15. राजमाता विजयाराजे सिंधिया कृषि विश्वविद्यालय	2008	ग्वालियर
16. मध्य प्रदेश पशु चिकित्सा विज्ञान विश्वविद्यालय	2009	जबलपुर

डीम्ड विश्वविद्यालय

विश्वविद्यालय	स्थापना वर्ष	स्थान
1. पं. द्वारका प्रसाद मिश्र इंडियन इंस्टीच्यूट ऑफ इंफोरमेशन टेक्नोलॉजी, डिजाइन एंड मैन्युफैक्चरिंग	2005	जबलपुर
2. इंडियन इंस्टीच्यूट ऑफ इंफोरमेशन टेक्नोलॉजी एंड मैनेजमेंट	1997	ग्वालियर
3. लक्ष्मीबाई राष्ट्रीय शारीरिक शिक्षा विश्वविद्यालय	1957	ग्वालियर

निजी विश्वविद्यालय

विश्वविद्यालय	स्थापना वर्ष	स्थान
1. जेपी यूनिवर्सिटी ऑफ इंजीनियरिंग एंड टेक्नोलॉजी	2003	गुना
2. एमिटी यूनिवर्सिटी मध्य प्रदेश	2010	ग्वालियर
3. आईटीएम यूनिवर्सिटी	2011	ग्वालियर

मध्य प्रदेश के चिकित्सा महाविद्यालय

चिकित्सा महाविद्यालय	स्थापना वर्ष	स्थान
1. गजरा राजा चिकित्सा महाविद्यालय	1946	ग्वालियर
2. महात्मा गांधी मेमोरियल मेडिकल कॉलेज	1948	इन्दौर
3. गांधी चिकित्सा महाविद्यालय	1955	भोपाल
4. शासकीय चिकित्सा महाविद्यालय	1955	जबलपुर
5. एस.एन. मेडिकल कॉलेज	1964	रीवा
6. दन्त चिकित्सा महाविद्यालय	1961	इन्दौर
7. नर्सिंग महाविद्यालय	1960	इन्दौर
8. शासकीय आयुर्वेदिक महाविद्यालय		इन्दौर
9. शासकीय आयुर्वेदिक महाविद्यालय		ग्वालियर
10. शासकीय आयुर्वेदिक महाविद्यालय		जबलपुर
11. शासकीय आयुर्वेदिक महाविद्यालय		रीवा
12. शासकीय आयुर्वेदिक महाविद्यालय		उज्जैन
13. शासकीय आयुर्वेदिक महाविद्यालय		बुरहानपुर

मध्य प्रदेश के अभियंत्रण महाविद्यालय

अभियन्त्रण महाविद्यालय	स्थापना वर्ष	स्थान
1. श्री गोविन्द राम सेक्सरिया इन्स्टीट्यूट ऑफ टेक्नॉलॉजी एंड साइंस	1952	इन्दौर
2. माधव इंजीनियरिंग महाविद्यालय	1957	ग्वालियर
3. शासकीय इंजीनियरिंग महाविद्यालय	1947	जबलपुर
4. शासकीय इंजीनियरिंग महाविद्यालय	1964	रीवा
5. मौलाना महाविद्यालय ऑफ टेक्नॉलॉजी	1960	भोपाल
6. एस.ए. इन्स्टीट्यूट ऑफ टेक्नॉलॉजी	1959	विदिशा
7. शासकीय इंजीनियरिंग महाविद्यालय	1966	उज्जैन
8. शासकीय इंजीनियरिंग महाविद्यालय	1983	सागर
9. शासकीय इंजीनियरिंग महाविद्यालय	1990-91	भोपाल
10. गुरु रामदास इन्स्टीट्यूट ऑफ साइंस एंड टेक्नॉलॉजी	—	जबलपुर
11. हितकारिणी कॉलेज ऑफ इंजीनियरिंग एंड टेक्नॉलॉजी	—	जबलपुर
12. इंस्टीट्यूट ऑफ टेक्नॉलॉजी एंड मैनेजमेंट	—	ग्वालियर

	अभियन्त्रण महाविद्यालय	*स्थापना वर्ष*	*स्थान*
13.	आई.पी.एस. एकेडमी इंस्टीट्यूट ऑफ इंजी. एंड टेक्नॉलॉजी	—	इन्दौर
14.	जवाहरलाल नेहरू इंस्टीट्यूट ऑफ टेक्नॉलॉजी	—	खरगौन
15.	लक्ष्मी नारायण कॉलेज ऑफ टेक्नॉलॉजी	—	भोपाल
16.	महाराणा प्रताप कॉलेज ऑफ इंजी. एंड टेक्नॉलॉजी	—	ग्वालियर
17.	नेशनल इंस्टीट्यूट ऑफ इंजीनियरिंग एंड मैनेजमेंट	—	मुरैना
18.	ओरिएंटल इंस्टीट्यूट ऑफ साइंस एंड टेक्नॉलॉजी	—	भोपाल
19.	आर.के.डी.एफ. इंस्टीट्यूट ऑफ टेक्नॉलॉजी एंड साइंस	—	मण्डीदीप
20.	टी. आई. टी.	—	भोपाल
21.	श्री सत्य साय इंस्टीट्यूट ऑफ साइंस एंड टेक्नॉलॉजी	—	सीहोर
22.	श्री वैष्णव इंस्टीट्यूट ऑफ टेक्नॉलॉजी एंड साइंस	—	इन्दौर
23.	कॉलेज ऑफ इन्जीनियरिंग भोपाल विश्वविद्यालय	—	भोपाल
24.	इंस्टीट्यूट ऑफ इंजी. एण्ड टेक्नोलॉजी, देवी महिला वि.वि.	—	इन्दौर
25.	आई.पी.साइंस एण्ड टेक्नोलॉजी, एम.जी. ग्रामोदय वि.वि.	—	चित्रकूट
26.	मंदसौर इंस्टीट्यूट ऑफ टेक्नोलॉजी	—	मंदसौर
27.	रूस्तमजी इंस्टी. ऑफ टेक्नोलॉजी., बी.एस.एफ. एकेडमी	—	टेकनपुर
28.	आई.ई. जीवाजी विश्वविद्यालय	—	ग्वालियर
29.	मेडीकेप्स इंस्टीट्यूट ऑफ टेक्नोलॉजी एण्ड मैनेजमेंट	—	इन्दौर

मध्य प्रदेश में शिक्षा से सम्बन्धित कुछ योजनाएं

प्राथमिक शिक्षा से सम्बन्धित योजनाएं : प्रदेश में प्राथमिक शिक्षा को मजबूती प्रदान करने के लिए भूतपूर्व प्रधानमंत्री स्वर्गीय श्री राजीव गांधी के नाम पर राजीव गांधी प्राथमिक शिक्षा मिशन की स्थापना 4 जनवरी, 1994 को की गई थी। मध्य प्रदेश में निम्नलिखित योजनाएं हैं :

1. राजीव गांधी प्राथमिक शिक्षा मिशन
2. ग्रामीण अंचलों में शिक्षा
3. छात्रवृत्ति अभियान
4. मध्याह्न भोजन योजना
5. मनीषा योजना
6. औपचारिकेत्तर शिक्षा
7. आपरेशन ब्लैक बोर्ड

माध्यमिक शिक्षा से सम्बन्धित योजनाएं : मध्य प्रदेश में माध्यमिक शिक्षा से सम्बन्धित निम्नलिखित योजनाएं हैं :

1. नवोदय विद्यालय
2. पढ़ो-कमाओ शिक्षा
3. दस धन दो शिक्षा
4. कम्प्यूटर शिक्षा
5. व्यावसायिक शिक्षा

शिक्षा में गुणात्मक सुधार की योजनाएं : ऐसी योजनाएं निम्नलिखित हैं :

1. शिक्षा गारंटी योजना
2. खेलोन्मुखी शिक्षा योजना
3. शिक्षक प्रशिक्षण
4. विकलांग बालकों की समेकित शिक्षा योजना
5. विज्ञान शिक्षण सुधार
6. योग शिक्षा योजना
7. शिक्षक समाख्या योजना
8. पर्यावरण उन्मुखीकरण
9. टेलीविजन प्रदाय
10. मानव मूल्यों की शिक्षा

शालेय शिक्षा : मध्य प्रदेश में छात्राओं को शालाओं में अधिकाधिक प्रवेश देने पर विशेष बल दिया जा रहा है। राज्य शासन की प्राथमिकता सूची में प्राथमिक शिक्षा कार्यक्रम सर्वोपरि है। इसी कारण 300 तथा इससे अधिक आबादी वाले लगभग सभी गांवों में प्राथमिक शालाएं, 200 से 300 के बीच की जनसंख्या वाले गांवों में शिक्षा गारंटी योजना के तहत शिक्षा केन्द्र तथा 200 से कम जनसंख्या के गांवों में गैर-औपचारिक शिक्षा केन्द्र की सुविधा उपलब्ध कराने के प्रयास तेजी से चल रहे हैं।

मध्य प्रदेश हिन्दी ग्रन्थ अकादमी : यह अकादमी हिन्दी में विश्वविद्यालयी पाठ्य एवं सन्दर्भ ग्रंथों का प्रकाशन करती है। यह कार्य इस अकादमी द्वारा 1969 से किया जा रहा है। प्रदेश के शिक्षा मंत्री इस अकादमी के पदेन अध्यक्ष होते हैं।

इन्दिरा गांधी राष्ट्रीय मुक्त विश्वविद्यालय : मध्य प्रदेश में इन्दिरा गांधी राष्ट्रीय मुक्त विश्वविद्यालय के अध्ययन केन्द्र बैतूल, भोपाल, जबलपुर, ग्वालियर, इन्दौर, सागर, सतना, अंबिकापुर तथा रीवा में स्थित हैं। इस मुक्त विश्वविद्यालय का भोपाल पहला केन्द्र है जिसकी स्थापना 5 सितम्बर, 1987 को की गई थी।

मध्य प्रदेश के सृजनपीठ

1. निराला सृजनपीठ—बरकतउल्ला विश्वविद्यालय, भोपाल
2. मुक्ति बोध सृजनपीठ—डॉ. हरिसिंह गौर विश्वविद्यालय, सागर
3. प्रेमचन्द सृजनपीठ—विक्रम विश्वविद्यालय, उज्जैन

मध्य प्रदेश के प्रमुख पुस्तकालय

1. राजकीय मौलाना आजाद केन्द्रीय पुस्तकालय, भोपाल
2. राजकीय केन्द्रीय बाल पुस्तकालय, ग्वालियर
3. राजकीय केन्द्रीय पुस्तकालय, ग्वालियर
4. राजकीय केन्द्रीय पुस्तकालय, रीवा
5. राजकीय जिला पुस्तकालय, छतरपुर
6. राजकीय जिला पुस्तकालय, छिंदवाड़ा
7. राजकीय जिला पुस्तकालय, दतिया

8. राजकीय जिला पुस्तकालय, होशंगाबाद
9. राजकीय जिला पुस्तकालय, रायसेन
10. राजकीय जिला पुस्तकालय, सीहोर
11. राजकीय जिला पुस्तकालय, सतना
12. राजकीय जिला पुस्तकालय, टीकमगढ़
13. राजकीय वरमेन्दर पुस्तकालय, नागौड़ (जिला सतना)

मध्य प्रदेश पाठ्य-पुस्तक निगमः- इस निगम की स्थापना 1968 में की गई थी। यह शालेय स्तर की पुस्तकें प्रकाशित करता है तथा बिना लाभ के विद्यार्थियों तक पहुँचाता है।

मध्य प्रदेश राज्य शैक्षिक अनुसंधान एवं प्रशिक्षण परिषदः- इसके अन्तर्गत शिक्षा महाविद्यालय संस्थान, जिला शिक्षा एवं प्रशिक्षण संस्थान एवं पूर्व माध्यमिक प्रशिक्षण संस्थान आते हैं।

माध्यमिक शिक्षा मंडलः- माध्यमिक शिक्षा मंडल का कार्यालय भोपाल में है। सुविधा की दृष्टि से संभागीय कार्यालय इन्दौर में भी खोला गया है।

अस्वच्छ धन्धों में लगे परिवारों के बच्चों के लिए केन्द्र प्रवर्तित योजनान्तर्गत विशेष छात्रवृत्ति योजनाः- इस योजना का उद्देश्य अस्वच्छ धन्धों में कार्यरत/नियोजित कामगारों के बालक/बालिकाओं को विशेष छात्रवृत्ति सुविधा उपलब्ध कराना है। इस छात्रवृत्ति का उद्देश्य इस समुदाय के बालक/बालिकाओं को शिक्षा के प्रति आकर्षित करना है। उक्त छात्रवृत्ति के अतिरिक्त प्रत्येक कक्षा के विद्यार्थी को 500 रुपए की सहायता अनुदान भी प्रदान की जाती है।

मध्याह्न भोजन कार्यक्रमः- मध्य प्रदेश में केन्द्रीय योजना के तहत मध्याह्न भोजन कार्यक्रम प्रदेश की समस्त शासकीय अनुदान प्राप्त प्राथमिक शालाओं, ई.जी.एस. केन्द्रों तथा अनुदान प्राप्त मदरसों में संचालित है। मध्याह्न भोजन योजना से स्कूलों को जोड़ने वाले राज्यों में देश में मध्य प्रदेश का दूसरा स्थान है।

बुक बैंक योजनाः- इस योजना के अन्तर्गत प्रदेश के सभी हाईस्कूल एवं उच्चतर माध्यमिक शालाओं में पढ़ाई करने वाले अनुसूचित जाति/अनुसूचित जनजाति के छात्र/छात्राओं को शिक्षा उपलब्ध कराने के उद्देश्य से निःशुल्क पाठ्य-पुस्तकें उपलब्ध करायी जाती हैं।

विकलांग छात्रवृत्ति योजनाः विकलांग छात्रवृत्ति योजना का उद्देश्य प्रदेश के विकलांग छात्रों को शिक्षण-प्रशिक्षण के क्षेत्र में आर्थिक रूप से सहायता देकर उन्हें आत्मनिर्भर बनाने का प्रयास करना है।

उच्च शिक्षा

मध्य प्रदेश में उच्च शिक्षा में गुणात्मक सुधार हेतु अनेक कदम उठाए गए हैं। गुणात्मक सुधार हेतु निरन्तर मूल्यांकन पद्धति लागू है जिससे विद्यार्थियों का शिक्षकों से निरन्तर सम्पर्क बना

रहता है। शासकीय महाविद्यालयों में सूचना प्रौद्योगिकी के विकास हेतु ठोस कदम उठाए गए हैं। वर्तमान में मध्य प्रदेश विश्वविद्यालय अधिनियम के अन्तर्गत कुल 457 सरकारी महाविद्यालय संचालित हैं। उच्च शिक्षा में गुणात्मक सुधार हेतु राज्य के 40 महाविद्यालयों को स्वशासी महाविद्यालयों का दर्जा दिया गया है। इन महाविद्यालयों में पाठ्यक्रम स्वतः तैयार किए जाते हैं तथा वे स्वयं परीक्षा व्यवस्था करते हैं।

महाविद्यालयों में सूचना प्रौद्योगिकीः- प्रदेश के शासकीय महाविद्यालयों में कंप्यूटर शिक्षा उपलब्ध कराने के लिए निजी संस्थान की भागीदारी की योजना संचालित है। इस योजना के अन्तर्गत आई.ई.सी. साफ्टवेयर कंपनी, दिल्ली द्वारा छात्रों को नाममात्र के शुल्क पर कम्प्यूटर शिक्षा दी जा रही है। 225 महाविद्यालयों में ई-मेल एकाउन्ट प्रारम्भ हो गए हैं। प्रदेश के प्रत्येक महाविद्यालय को ई-मेल एवं इन्टरनेट कनेक्शन प्राप्त करने के निर्देश शासन द्वारा दिए गए हैं। 100 से अधिक महाविद्यालयों की जानकारी ऑनलाइन उपलब्ध है।

मध्य प्रदेश भोज मुक्त विश्वविद्यालयः– मध्य प्रदेश भोज मुक्त विश्वविद्यालय की स्थापना दूरस्थ शिक्षा पद्धति के माध्यम से उच्च शिक्षा के विस्तार हेतु की गई है। विश्वविद्यालय शिक्षण-प्रशिक्षण के विभिन्न साधनों जैसे-पाठ्यक्रम संबंधी सामग्री, टेलीविजन, ऑडियो-वीडियो एवं सेटलाइट संचार आदि के माध्यम से प्रदेश के दूरस्थ ग्रामीण अंचलों और आदिवासी बाहुल्य क्षेत्रों में उच्च शिक्षा उपलब्ध कराने का प्रयास कर रहा है। विश्वविद्यालय अपने 9 क्षेत्रीय अध्ययन केन्द्रों तथा 1.07 हजार सहायक केन्द्रों के माध्यम से यह कार्य संचालित कर रहा है।

मध्य प्रदेश उच्च शिक्षा अनुदान आयोगः- इस आयोग का गठन 27 जुलाई, 1973 को मध्य प्रदेश अधिनियम क्र. 21, 1973 के अन्तर्गत किया गया था। इस आयोग का उद्देश्य राज्य में विश्वविद्यालयीन शिक्षा का पर्यवेक्षण, सुधार एवं संबंधित अन्य विषयों की व्यवस्था करना है।

आयोग द्वारा उच्च शिक्षा के स्वरूप और पाठ्यक्रम निर्धारित करने और परीक्षा संबंधी सुधार करने से संबंधित कार्य किए जाते हैं। अनुदान आयोग द्वारा निर्धारित मानकों का पालन करने वाली अशासकीय संस्थाओं को मान्यता, अनुदान तथा अन्य प्रशासनिक मुद्दों के संबंध में निर्णय लिए जाते हैं।

स्वामी विवेकानन्द कैरियर मार्गदर्शन योजनाः- स्वामी विवेकानन्द कैरियर मार्गदर्शन योजना की शुरुआत विद्यालय एवं महाविद्यालय के विद्यार्थियों को शिक्षा के साथ उनके लिए उपयुक्त कैरियर अवसरों की जानकारी देने के लिए की गई है। इस योजना का मुख्य उद्देश्य युवा पीढ़ी के लिए शिक्षा के साथ अधिक से अधिक रोजगार के अवसर उपलब्ध कराना है।

2001 एवं 2011 में राज्य और जिलों में स्त्री-पुरुष साक्षरता दर

क्र. सं.	राज्य/जिला	साक्षरता दर **					
		व्यक्ति		पुरुष		स्त्रियां	
		2001	2011	2001	2011	2001	2011
	मध्य प्रदेश	63.7	69.3	76.1	78.7	50.3	59.2
01	श्योपुर	46.61	57.4	62.19	69.3	28.99	44.2
02	मुरैना	65.58	71.0	80.97	82.9	46.81	56.9
03	भिण्ड	71.22	75.3	84.06	85.4	55.73	63.1
04	ग्वालियर	69.79	76.7	80.83	84.7	56.76	67.4
05	दतिया	73.51	72.6	82.94	84.2	62.48	59.4
06	शिवपुरी	59.55	62.5	74.78	74.6	41.54	48.8
07	गुना	59.93	63.2	74.70	74.1	43.06	51.4
08	टीकमगढ़	55.80	61.4	68.83	71.8	40.98	50.0
09	छतरपुर	53.44	63.7	65.50	72.7	39.38	53.6
10	पन्ना	61.61	64.8	74.02	74.1	47.84	54.4
11	सागर	68.08	76.5	79.96	84.8	54.50	67.0
12	दमोह	62.06	69.7	75.05	79.3	47.51	59.2
13	सतना	65.12	72.3	77.82	81.4	51.40	62.5
14	रीवा	62.33	71.6	75.97	81.4	47.83	61.2
15	उमरिया	60.26	65.9	74.11	76.0	45.57	55.2
16	शहडोल	57.76	66.7	69.55	76.1	45.40	57.0
17	सीधी	52.82	64.4	68.03	74.4	36.43	54.1
18	नीमच	66.47	70.8	83.04	83.9	49.12	57.1
19	मन्दसौर	70.65	71.8	85.77	85.1	54.87	58.0
20	रतलाम	67.65	66.8	80.10	77.5	54.66	55.8
21	उज्जैन	71.18	72.3	83.70	83.5	57.58	60.7
22	शाजापुर	71.14	69.1	83.68	81.5	57.58	55.9
23	देवास	61.04	69.3	76.07	80.3	44.90	57.8
24	झाबुआ	37.08	43.3	48.75	52.9	25.50	33.8
25	धार	52.70	59.0	66.18	68.9	38.62	48.8
26	इन्दौर	74.82	80.9	84.32	87.3	63.96	74.0

क्र. सं.	राज्य/जिला	साक्षरता दर **					
		व्यक्ति		पुरुष		स्त्रियां	
		2001	2011	2001	2011	2001	2011
27	खरगौन	63.41	62.7	75.23	72.1	50.89	53.0
28	बड़वानी	41.35	49.1	51.09	55.7	31.35	42.4
29	खण्डवा	61.71	66.4	74.09	76.3	48.46	55.9
30	राजगढ़	54.05	61.2	69.53	73.0	37.37	48.9
31	विदिशा	62.10	70.5	74.71	79.1	47.45	60.9
32	भोपाल	75.08	80.4	82.56	85.4	66.67	74.9
33	सीहोर	63.83	70.1	78.14	80.8	47.95	58.3
34	रायसेन	72.76	73.0	82.18	80.8	61.89	64.2
35	बैतूल	66.87	68.9	77.31	76.6	56.05	60.9
36	हरदा	66.82	72.5	78.45	81.1	54.14	63.3
37	होशंगाबाद	70.36	75.3	81.36	83.3	58.02	66.5
38	कटनी	64.68	72.0	79.88	81.9	48.48	61.6
39	जबलपुर	76.21	81.1	91.40	87.3	59.47	74.4
40	नरसिंहपुर	78.34	75.7	86.79	83.6	69.02	67.1
41	डिण्डोरी	54.49	63.9	70.41	75.5	38.48	52.4
42	मण्डला	60.77	66.9	76.71	77.5	45.39	56.4
43	छिन्दवाड़ा	66.03	71.2	76.70	79.0	54.82	63.0
44	सिवनी	65.88	72.1	77.50	80.4	54.06	63.7
45	बालाघाट	68.81	77.1	81.09	85.4	57.02	69.0
46	अनूपपुर	—	67.9	—	78.3	—	57.3
47	अशोकनगर	—	66.4	—	78.1	—	53.4
48	बुरहानपुर	—	64.4	—	71.8	—	56.6
49	अलीराजपुर	—	36.1	—	42.0	—	30.3
50	सिंगरोली	—	60.4	—	71.3	—	48.5
51	आगर-मालवा	—	—	—	—	—	—
52	निवाड़ी	—	—	—	—	—	—

नोटः— ** साक्षरता दर 7 वर्ष और उससे अधिक आयु की जनसंख्या में साक्षरों का प्रतिशत है।

मध्य प्रदेश में जिलेवार साक्षरों की संख्या एवं साक्षरता दर
(जनगणना 2011 के अनुसार)

क्र. सं.	राज्य/ जिला	साक्षरों की संख्या			साक्षरता दर		
		व्यक्ति	पुरुष	स्त्रियां	व्यक्ति	पुरुष	स्त्रियां
	मध्य प्रदेश	42851169	25174328	17676841	69.3	78.7	59.2
1.	श्योपुर	328025	208201	119824	57.4	69.3	44.2
2.	मुरैना	1179685	747652	432033	71.0	82.9	56.9
3.	भिंड	1094917	676513	418404	75.3	85.4	63.1
4.	ग्वालियर	1357210	803114	554096	76.7	84.7	67.4
5.	दतिया	491445	303815	187630	72.6	84.2	59.4
6.	शिवपुरी	900846	573242	327604	62.5	74.6	48.8
7.	टीकमगढ़	747940	459353	288587	61.4	71.8	50.0
8.	छतरपुर	943033	572010	371023	63.7	72.7	53.6
9.	पन्ना	552559	332140	220419	64.8	74.1	54.4
10.	सागर	1545719	908607	637112	76.5	84.8	67.0
11.	दमोह	747715	445737	301978	69.7	79.3	59.2
12.	सतना	1371781	801051	570730	72.3	81.4	62.5
13.	रीवा	1441757	845572	596185	71.6	81.4	61.2
14.	उमरिया	356672	210907	145765	65.9	76.0	55.2
15.	नीमच	508834	307889	200945	70.8	83.9	57.1
16.	मंदसौर	834591	502898	331693	71.8	85.1	58.0
17.	रतलाम	825880	485090	340790	66.8	77.5	55.8
18.	उज्जैन	1240990	730817	510173	72.3	83.5	60.7
19.	शाजापुर	894612	543509	351103	69.1	81.5	55.9
20.	देवास	925369	550716	374653	69.3	80.3	57.8
21.	धार	1077338	638479	438859	59.0	68.9	48.8
22.	इंदौर	2309130	1289631	1019499	80.9	87.3	74.0
23.	खरगौन	986234	575428	410806	62.7	72.1	53.0
24.	बड़वानी	549926	313642	236284	49.1	55.7	42.4
25.	राजगढ़	804245	488797	315448	61.2	73.0	48.9
26.	विदिशा	862918	512344	350574	70.5	79.1	60.9
27.	भोपाल	1660690	920314	740376	80.4	85.4	74.9
28.	सिहोर	780362	469208	311154	70.1	80.8	58.3
29.	रायसेन	820220	479093	341127	73.0	80.8	64.2
30.	बैतुल	939769	529783	409986	68.9	76.6	60.9

क्र. सं.	राज्य/जिला	साक्षरों की संख्या			साक्षरता दर		
		व्यक्ति	पुरुष	स्त्रियां	व्यक्ति	पुरुष	स्त्रियां
31.	हरदा	352550	203807	148743	72.5	81.1	63.3
32.	होशंगाबाद	810644	469199	341445	75.3	83.3	66.5
33.	कटनी	790773	460583	330190	72.0	81.9	61.6
34.	जबलपुर	1756468	980307	776161	81.1	87.3	74.4
35.	नरसिंहपुर	718785	413491	305294	75.7	83.6	67.1
36.	डिंडोरी	378714	222759	155955	63.9	75.5	52.4
37.	मंडला	604962	348033	256929	66.9	77.5	56.4
38.	छिंदवाड़ा	1294198	731294	562904	71.2	79.0	63.0
39.	सिवनी	864194	485341	378853	72.1	80.4	63.7
40.	बालाघाट	1147623	626468	521155	77.1	85.4	69.0
41.	गुना	653980	400537	253443	63.2	74.1	51.4
42.	अशोकनगर	469109	290304	178805	66.4	78.1	53.4
43.	शहडोल	604194	348761	255433	66.7	76.1	57.0
44.	अनूपपुर	436595	254120	182475	67.9	78.3	57.3
45.	सीधी	600785	353030	247755	64.4	74.4	54.1
46.	सिंगरोली	585054	359923	225131	60.4	71.3	48.5
47.	झाबुआ	352081	214582	137499	43.3	52.9	33.8
48.	अलीराजपुर	209754	120905	88849	36.1	42.0	30.3
49.	खांडवा	731615	432259	299356	66.4	76.3	55.9
50.	बुरहानपुर	408679	233073	175606	64.4	71.8	56.
51.	आगर-मालवा	—	—	—	—	—	—
52.	निवाड़ी	—	—	—	—	—	—

साक्षरता दर 1951-2011

वर्ष	व्यक्ति	पुरुष	स्त्रियां
1951	13.16	20.28	4.96
1961	21.41	32.96	8.88
1971	27.27	39.37	13.93
1981	38.63	49.25	26.94
1991	44.67	58.54	29.35
2001	64.11	76.80	50.28
2011	69.3	78.7	59.2

टिप्पणी : 1951, 1961 और 1971 की साक्षरता दरें 5 वर्ष और उससे अधिक आयु की जनसंख्या से सम्बन्धित हैं। 1981 से 2011 की दरें 7 वर्ष और उससे अधिक आयु की जनसंख्या से सम्बन्धित हैं।

16
मध्य प्रदेश की आदिवासी जनजातियां

वर्ष 2011 की जनगणना के अनुसार मध्य प्रदेश की कुल जनसंख्या में अनुसूचित जनजातियों की जनसंख्या 1,53,16,784 है, जो कुल जनसंख्या का 21.1% है। मध्य प्रदेश एक आदिवासी बहुल प्रदेश है।

मध्य प्रदेश में पाई जाने वाली प्रमुख जनजातियां सोवर, खैरवार, कोरकू, खड़िया, कीर, खोंड, मोगिया, कोल, भीलमीना, कोलम, दमोर, कोरवां, गरसिया, झझवार, गोंड, मुण्डा, नगेसिया, सहरिया, निहाल, भील, ओरांव, अन्ध, भिलाला, परधान, परधी, बैगा, परंजा, मैना, साओला, नट, मारिया-भूमिया, अगारिया, भूजिया, बियार, बिंझवार, बिरहोर, मवासी, धनवार, गडाबा, पतिका, पाओ, कमार, सौर, कावर, मीना आदि हैं।

भिण्ड जिले में सबसे कम आदिवासी 6,131 लोग निवास करते हैं जबकि सबसे अधिक आदिवासी धार (12,22,814) जिले में निवास करते हैं।

मध्य प्रदेश में 41 जनजातियां पाई जाती हैं, जिनमें से अधिकांश छत्तीसगढ़ में चली गई हैं। इनके वितरण पर दृष्टिपात करने से ज्ञात होता है कि प्रदेश में जनजाति बहुल क्षेत्रों की स्पष्ट पेटियां हैं, जो पश्चिम में झाबुआ से सम्पूर्ण सतपुड़ा तक, मैकाल श्रेणी से पूर्व में बघेलखण्ड पठार तक विस्तृत हैं।

आंकड़ों से ज्ञात होता है कि धार, झाबुआ, डिंडोरी, बड़वानी, अलीराजपुर तथा मण्डला जिलों की जनसंख्या में 50 प्रतिशत से अधिक भाग आदिवासियों का है। खरगौन, छिंदवाड़ा, सिवनी, सिंगरौली तथा शहडोल जिलों में 30 से 50 प्रतिशत व्यक्ति जनजातियों के हैं। आदिवासी जनजातियों में मध्य प्रदेश की सबसे बड़ी जनजाति गोंड है और सबसे छोटी जनजाति कमार है, जो गोंड की ही एक उपजाति है।

प्रदेश के आदिवासी क्षेत्रों को चार भागों में विभक्त किया जा सकता है। ये क्षेत्र हैं—पूर्वी क्षेत्र, पश्चिमी क्षेत्र, दक्षिणी क्षेत्र और मध्य क्षेत्र।

1. पूर्वी क्षेत्र : यहां मुख्य रूप से बैगा जाति के लोग रहते हैं।

2. पश्चिमी क्षेत्र : इस क्षेत्र में धार, झाबुआ और खण्डवा जिले आते हैं। यहां मुख्य रूप से भील जाति के लोग रहते हैं।

3. दक्षिणी क्षेत्र : इस क्षेत्र में शहडोल, मण्डला आदि जिले आते हैं। इन जिलों में मुख्य रूप से झरिया, माडिया, और हल्वा जाति के लोग रहते हैं।

4. मध्य क्षेत्र : इस क्षेत्र में मुख्य रूप से गोंड, कोल, कोरकू और बैगा नामक जनजातियों के लोग निवास करते हैं।

मध्य प्रदेश में विभिन्न अनुसूचित जनजातियों में गोंड (माड़िया और मुरिया इसी में शामिल हैं) जनजातियों के लोग सबसे अधिक हैं। इसके बाद भील और भिलाला जाति की संख्या दूसरे नम्बर पर है। कोल, कोरकू, सहरिया और बैगा भी प्रमुख जनजातियां हैं।

मध्य प्रदेश की आदिवासी जनजातियां

	जनजाति	उप-जनजाति	निवासस्थल
1.	गोंड	परधान, अगरिया, नगारची, सोलहास	प्रदेश के सभी जिलों में, मुख्यत: नर्मदा के दोनों किनारों पर विन्ध्य और सतपुड़ा अंचल में
2.	भील	बरेला, भिलाला, पटलिया	धार, खण्डवा, झाबुआ
3.	बैगा	बिझवार, नरोतिया, भरोतिया, नाहर, रैभैना, काढ़, मैना	मण्डला, बालाघाट, शहडोल
4.	कोरकू	मोवासी रूमा, नहाला, बवारी, बोडोया	खण्डवा, बैतूल, होशंगाबाद, छिंदवाडा
5.	मारिया	भूमिया, भूईहार, पांडो	छिंदवाडा, जबलपुर
6.	कोल	रोहिया, रौठैल	रीवा, जबलपुर
7.	सहरिया	—	शिवपुरी, मुरैना, गुना
8.	सउर		छतरपुर, पन्ना, टीकमगढ़, सागर, दमोह
9.	अगरिया		मण्डला, सीधी, शहडोल
10.	पनिका		शहडोल, सीधी
11.	परधान		सिवनी, छिंदवाड़ा, बालाघाट, बैतूल
12.	खैरवार		सीधी, छतरपुर, पन्ना, शहडोल

प्रदेश की प्रमुख जनजातियों का संक्षिप्त वर्णन

1. गोंड : मध्य प्रदेश की यह जनजाति भारत की जनजातियों में सबसे बड़ी है। इस जनजाति के लोग मध्य प्रदेश के सभी जिलों में निवास करते हैं। गोंड जनजाति प्राक् द्रविड़

प्रजाति है। इस समुदाय के सदस्यों की त्वचा का रंग काला, बाल काले व रूखे, नाक बड़ी और फैली हुई, होंठ मोटे और सिर गोल होता है। इनका शारीरिक गठन सन्तुलित, पर देखने में सुन्दर नहीं होता है। स्त्रियां पुरुषों की तुलना में कम लम्बी, सुगठित और सुन्दर होती हैं। इनकी त्वचा का रंग कम काला, होंठ मोटे, आंखें काली, बाल काले और खड़े होते हैं। उष्ण व नम जलवायु के कारण ये कम वस्त्र पहनते हैं। पुरुष कमर के चारों ओर छोटा-सा कपड़ा लपेटते हैं और कभी-कभी सिर पर एक टुकड़ा बांध लेते हैं। कुछ लोग पेट और रीढ़ ढंकने के लिए बन्डी भी पहनते हैं। स्त्रियां चोली आदि नहीं पहनती हैं। उनकी छाती का भाग खुला रहता है। उत्सवों व पर्वों के अवसर पर ये आकर्षक वस्त्र पहनते व अपने को सजाते हैं। इनका भोजन मांस व वनों से प्राप्त कन्दमूल व फलों पर निर्भर करता है। गोंड जनजाति क्षेत्र में महुआ के फूल पर्याप्त मात्रा में होते हैं, जिनसे ये लोग शराब बनाते हैं। गोंड जनजाति में मद्यपान का बहुत प्रचलन है। इनका मुख्य व्यवसाय कृषि है। ये स्थानान्तरण कृषि विधि अपनाते हैं। इस विधि के अन्तर्गत वन काटकर जला दिए जाते हैं और बाद में उन पर फसल बोई जाती है। गोंड लोग कृषि में धान, कोदो, ज्वार, गेहूं, चना और कपास बोते हैं। ये शिकार भी करते हैं और इसके अतिरिक्त फल-फूल, कन्दमूल, जड़ी-बूटी आदि एकत्र करते हैं। कुछ गोंड टोकरी, रस्सी आदि बनाकर समीपस्थ शहरों में बेचकर जीविका चलाते हैं।

गोंड जनजाति में संयुक्त परिवार और वैयक्तिक परिवार दोनों का ही प्रचलन है। उनमें विवाह कई प्रकार के होते हैं। गोंडों में भाई का लड़का और बहन की लड़की अथवा भाई की लड़की और बहन का लड़का के बीच विवाह प्रचलित है, जिसे 'दूध लौटावा' कहते हैं। कभी-कभी अपहरण क्रिया द्वारा भी विवाह सम्पन्न होते हैं। गोंडों में विधवा विवाह का भी प्रचलन है। इनका धर्म आत्मावाद और जादुई क्रियाओं के चारों ओर केन्द्रित है।

भील जनजाति : यह भारत की तीसरी और मध्य प्रदेश की दूसरी सबसे बड़ी जनजाति है। मध्य प्रदेश में इसका निवास क्षेत्र धार, झाबुआ और खरगौन जिलों में है।

भील जनजाति की उत्पत्ति : भील शब्द का प्रयोग तमिल भाषा में बिल्लुवर के रूप में हुआ है, जिसका अर्थ धनुषधारी होता है। भील जनजाति के लोग शताब्दियों पूर्व से पशुओं का आखेट कर जीवन निर्वाह करते आए हैं। भील जनजाति के सदस्य अपने को महादेव की सन्तान मानते हैं। एक पौराणिक कथा के अनुसार एक बार महादेव जंगल में विचरण कर रहे थे। वहां उनकी भेंट एक स्त्री से हुई। महादेव उस पर मोहित हो गए और उससे विवाह कर लिया। उस स्त्री से अनेक सन्तानें हुईं। उनमें से एक संतान अत्यन्त कुरूप और भ्रष्ट थी। उसने अपने पिता के बैल का वध कर डाला। इस अपराध के दण्डस्वरूप महादेव ने उसे घर से निकाल दिया। वह जंगलों और पर्वतों पर भटकता रहा, उसी के वंशज भील कहलाते हैं।

भील की उपजातियां : भील जनजाति में राजपूतों के रक्तमिश्रण की पूर्ण सम्भावनाएं हैं। डावी, जारगट, लेखिका, गेटार आदि भील गोत्रों में राजपूती तत्वों का सम्मिश्रण नहीं है, परन्तु

दूबल, बूंदी, गोयल, राड, परमार, चौहान, देया, लोटिया, कड़वा, अलिया, लिलडिया, येडेडा, चुर, कलेदा, करवा, नोचिया, सोलखी और भाटी गोत्रों वाली जनजाति में राजपूत तत्वों का अविरल रक्तमिश्रण होता रहा है।

भील जनजाति की शारीरिक बनावट : भील जनजाति प्रोटो ऑस्ट्रेलॉयड प्रजाति की है। इनका कद छोटा-मध्यम, बाल रूखे, आंखें लाल और जबड़ा कुछ बाहर निकला हुआ होता है। पुरुषों की अपेक्षा स्त्रियां सुन्दर होती हैं।

भील जनजाति का सामाजिक एवं पारिवारिक जीवन : भील स्वभाव से भोले परन्तु वीर, साहसी एवं निडर होते हैं। ये स्वामिभक्त भी होते हैं। भील पहाड़ियों पर छोटे-छोटे गांव बसाकर रहते हैं। एक गांव में बीस-तीस परिवार होते हैं। छोटे गांव को फला और बड़े गांव को पाल कहते हैं। पाल का नेता ग्रामपति या मुखिया कहलाता है, जो सामाजिक, आर्थिक और व्यक्तिगत झगड़ों को निपटाता है। भील जनजाति में पंचायत प्रधान होती है। गांव में वैद्य, पण्डित, पुरोहित, चरवाहे, कोतवाल और ढोल बजाने वाले भी रहते हैं। भीलों में सामुदायिक उत्तरदायित्व की भावना प्रबल होती है। अगर अन्य समूह के लोग किसी भील पर आक्रमण करते या उसे चोट पहुंचाते हैं तो ये लोग उसे पूरे गांव पर आक्रमण मानते हैं और सामूहिक रूप से उसका बदला लेते हैं। भीलों के मकान 'कू' कहलाते हैं, जिनमें खिड़कियां नहीं होती हैं।

भीलों में संयुक्त परिवार प्रथा प्रचलित है। पिता ही घर का स्वामी होता है तथा घर की समस्त जिम्मेदारी उसकी होती है। उसका निर्णय अन्तिम होता है और परिवार के सभी सदस्यों को मान्य होता है। भील जनजाति में स्त्रियों को बहुत कम अधिकार प्राप्त हैं, लेकिन वे पुरुषों के साथ कृषि एवं अन्य कार्यों में हाथ बंटाती हैं। शादी के उपरान्त लड़का परिवार से अलग रहता है और पिता से प्राप्त जायदाद से अपनी पत्नी और बच्चों का भरण-पोषण करता है।

भील जनजाति में बहिर्विवाह होते हैं। ये अपनी जाति से पृथक् गोत्रों में शादी करते हैं। भील जाति में चेचेरे-ममेरे भाई-बहनों में विवाह हो जाता है। पत्नी की मृत्यु के बाद उसकी छोटी बहन से विवाह कर लिया जाता है। देवर-भाभी के विवाह का भी प्रचलन है। भील जनजाति में भील युवक को विवाह योग्य तभी समझा जाता है जब वह आज्ञाकारी, परिश्रमी, कठोर, मितव्ययी तथा ऋणहीन हो। लड़की के लिए सुन्दरता तथा माता-पिता की आज्ञानुसार चलना श्रेष्ठ गुण समझे जाते हैं।

भील जनजाति का भोजन मक्का, चावल, सावां आदि की रोटियां, दूध व मांस तथा मछली है। भील लोग शराब पीने के बहुत शौकीन होते हैं और प्रायः अपनी दिन भर की आय का आधा भाग शराब में व्यय कर देते हैं।

भीलों का पहनावा अति साधारण होता है। ये लोग मोटा सूती कपड़ा पहनते हैं। उष्ण प्रदेशों में रहने के कारण ये लोग कम वस्त्रों का प्रयोग करते हैं। पुरुष घुटनों तक बस्वतरी,

धोती तथा सिर पर फेंटा (पगड़ी) पहनते हैं। स्त्रियां लहंगा तथा चोली व सिर पर ओढ़नी व काचली पहनती हैं। पोतियावाल भील धोती पहनते हैं और लंगोटिया भील लंगोटी बांधते हैं। स्त्रियां मारवाड़ी नारियों की भांति बड़ा घाघरा पहनती हैं और लम्बा घूंघट निकालती हैं।

भील जनजाति की अर्थव्यवस्था : आर्थिक दृष्टि से भील जनजाति अत्यन्त निर्धन है। जीविका के साधनों के अभाव में भुखमरी और उनकी आवश्यकताओं के प्रति शासन की उदासीनता ने उन्हें अपराधी जीवन व्यतीत करने को बाध्य किया है।

सामान्यतया भील कृषक हैं। कुछ लकड़हारे और कुछ श्रमिक हैं। मैदानी भागों में भील ज्वार, बाजरा, चना, मटर, तम्बाकू, मक्का तथा कपास की कृषि करते हैं। जहां कृषि भूमि का अभाव है वहां भील पशुपालन से अपना जीविकोपार्जन करते हैं। कुछ भील जंगलों से छाल, गोंद, बेर, कन्द-मूल आदि एकत्रित करते हैं।

मारिया : मारिया जनजाति मध्य प्रदेश के छिंदवाड़ा और जबलपुर जिलों में रहती हैं। इस जनजाति की प्रमुख उपजातियां भूमियां, भुईहार और पांडो हैं। मारिया जनजाति अधिकांशत: पहाड़ी भागों में निवास करती हैं। कुछ मारिया मैदानों में भी रहते हैं। मैदानी मारिया की बस्तियां अधिकांशत: नदी की घाटियों और समतल भूमि पर अवस्थित हैं जहां ये कृषि करती हैं। इनके शरीर की रचना गोंड जनजाति के समान है।

धार्मिक दृष्टि से मारिया हिन्दू प्रतीत होते हैं। ये हिन्दू देवी-देवताओं की पूजा करते हैं और यहां तक कि सर्प, बाघ आदि को भी पूजते हैं। इनका मुख्य देवता भीमसेन है।

इनका सामाजिक संगठन वनिस्वत है जो प्रजातांत्रिक है। इनमें संयुक्त और वैयक्तिक दोनों प्रकार के परिवार मिलते हैं। इन परिवारों में स्त्रियों, पुरुषों और बच्चों के लिए कार्य स्पष्ट विभाजित रहता है।

कोल : कोल जनजाति पूर्णत:, हिन्दू रीति-रिवाज से जीवनयापन करती है। मध्य प्रदेश के रीवा संभाग और जबलपुर जिले में कोल जनजाति निवास करती है। इनको कोलेरियन और मुण्डारी जनजाति भी कहते हैं। इनकी उपजातियों में रोहिया व रोठैल आदि हैं।

कोल जनजाति के प्रमुख देवी-देवता में दुल्हा, देव, बैरम एवं बड़े देव हैं। ये लोग भूत-प्रेत में भी विश्वास करते हैं। जादू टोने में भी इनका विश्वास रहता है।

कोल जनजाति का मुख्य पेशा कृषि है। ये कृषक या श्रमिक के रूप में अपना जीवनयापन करते हैं। कृषि के अतिरिक्त पशुपालन भी इनका पेशा है। इनकी अपनी पंचायत होती है, जिसे गोहिया कहते हैं।

कोरकू : कोरकू जनजाति मध्य प्रदेश के छिंदवाड़ा, होशंगाबाद, खण्डवा, बैतूल आदि जिलों में निवास करती है। यह भी मुण्डा या कोलेरियन जनजाति की एक शाखा है। मोवासी, बवारी, रूमा, नहाला, बोडोया आदि इसकी प्रमुख उपजातियां हैं। कोरकू जनजाति कृषक और

कृषि श्रमिक के रूप में अपना जीवनयापन करती है। इसके अतिरिक्त ये वनोपज एकत्रित कर और मजदूरी कर अपना पेट पालते हैं। कोरकू जनजाति में भू-स्वामी कृषकों को राजकोरकू और शेष लोगों को पोथरिया कोरकू कहते हैं। कोरकू जनजाति हिन्दू देवी-देवताओं की ही पूजा करते हैं। वे दीपावली, दशहरा और होली आदि उत्सवों को बड़े उत्साह से मनाते हैं। इनमें विवाह सम्बन्धों में वर पक्ष को कन्या का मूल्य चुकाना पड़ता है। तलाक व विधवा विवाह का भी प्रचलन है। गांवों में पंचायत होती है। मुखिया के निर्देशों का पालन होता है।

सहरिया : यह जनजाति मध्य प्रदेश के गुना, शिवपुरी और मुरैना जिलों में निवास करती है। पारसी भाषा में सहर का अर्थ जंगल होता है। चूंकि ये लोग जंगलों में निवास करते हैं, अतः इन्हें सहरिया कहते हैं। ये जंगलों से कन्द-मूल और शहद एकत्रित कर अपनी जीविका चलाते हैं। कुछ सहरिया कृषि मजदूर के रूप में कार्य करते हैं। ये जंगलों से जड़ी-बूटी एकत्र कर दवाएं बनाने में दक्ष होते हैं।

सहरिया जनजाति हिन्दू धर्म के देवी-देवताओं की पूजा करती है। इनमें दुर्गा पूजा का स्थान मुख्य है। सहरिया की अपनी पंचायत होती है। ये छोटे-छोटे गांवों में बिखरे हैं। पंचायत में बड़े-बूढ़े का महत्त्वपूर्ण स्थान रहता है।

बैगा : इस जनजाति के लोगों का निवास स्थान मुख्यतः मध्य प्रदेश में मण्डला, शहडोल एवं बालाघाट जिले हैं। बैगा आदिवासियों की शाखाएं बिंझवार, भरोतिया, नरोतिया, रायमैना, कठमैना, कोडमान या कंडी आदि हैं। इनकी त्वचा का रंग काला होता है। ये लोग अपने सिर के बाल नहीं कटवाते हैं।

बैगा लोग मुख्यतः मांस, मोटे अनाज, फल एवं कन्द-मूल खाते हैं। विशेष अवसरों पर सुअरों की बलि दी जाती है। ये लोग धूम्रपान भी करते हैं। बैगा जनजाति के पुरुष कम वस्त्रों का प्रयोग करते हैं। ये अपनी कमर में लंगोटी पहनते हैं। स्त्रियां एक छोटी धोती पहती हैं, जो कमर के सहारे घुटनों तक नीचे लटकी रहती है। यह धोती कपची कहलाती है।

बैगा लोग कुशल शिकारी होते है। जंगली पशु-पक्षियों का शिकार धनुष बाण से करते हैं। बैगा लोगों का जीवन सादा होता है। साल का वृक्ष पूज्य होता है। देवी-देवताओं की पूजा पुरुष ही करते हैं। ये लोग झाड़-फूंककर बीमारियों एवं सर्पदंश को ठीक कर लेते हैं। इनकी अर्थव्यवस्था में कृषि बहुत महत्त्वपूर्ण होती है। बैगा लोग जितना कमाते हैं उसका अधिकांश भाग भोजन पर ही व्यय कर देते हैं। कमाई का शेष कपड़ों पर तथा अन्य आवश्यक सामग्री पर व्यय होता है।

कमार : यह जनजाति शहडोल, डिंडोरी आदि जिलों में पाई जाती है। ये लोग टोकरियां अधिक बनाते हैं तथा बहुत मुश्किल से अपना जीवन-यापन करते हैं। ये लोग फौज में कार्य करना अपना परम्परागत कार्य मानते हैं। ये कृषक तथा मजदूर भी होते हैं। ये लोग पशुपालन, आखेट तथा संचयन भी करते हैं।

कमार लोगों में स्वगोत्र में विवाह वर्जित है। इनमें ममेरे, मौसेरे भाई-बहनों से भी विवाह नहीं होता है। कमार जनजाति में गरीब वर्ग मृत शरीर को दफना देते हैं, लेकिन संपन्न परिवार दाह संस्कार करते हैं। इनमें पंचायत व्यवस्था को विशेष महत्त्व दिया जाता है। कमार लोग देवी-देवताओं की पूजा करते हैं तथा जादू-टोने में भी विश्वास करते हैं।

पारधी : वैसे तो यह जनजाति मध्य प्रदेश के विभिन्न क्षेत्रों में मिलती है, किन्तु सबसे ज्यादा मात्रा में यह रायसेन और सीहोर जिलों में पाई जाती है। इनका प्रमुख पेशा वन्य पशुओं का शिकार तथा उन्हें पकड़ना है।

पारधी मराठी शब्द 'पारध' का तद्भव रूप है जिसका शाब्दिक अर्थ आखेट होता है। पारधी जनजाति के अनेक उपभेद हैं। जैसे बन्दर वाले पारधी, फांस पारधी, शीशी का तेल वाले पारधी, गोसाईं पारधी, ताकनकार व ताकिया पारधी, चीता पारधी, लंगोटी पारधी, भील पारधी आदि।

अपने कार्यों में सिद्धहस्तता के आधार पर ही पारधी जनजाति में विभिन्न उपजातियों के नामकरण हुए हैं। चीता पारधी चीता पकड़ने में सिद्धहस्त होते हैं तो बाज पारधी बाज की सहायता से चिड़ियों का शिकार करने में।

अगरिया : यह जनजाति गोंडों की उप जनजाति है। ये मध्य प्रदेश के मण्डला तथा शहडोल जिलों में निवास करते हैं। अगरिया जनजाति के लोग लौह अयस्क को साफ कर लौह धातु के निर्माण के कार्य में लगे हैं। इनके प्रमुख देवता लोहा सूर हैं जिनका निवास धधकती भट्टी में माना जाता है। अपने देवता को खुश रखने के लिए ये काली मुर्गी की भेंट चढ़ाते हैं। इनका मुख्य भोजन मोटे अनाज और सभी प्रकार के मांस है। सुअर का मांस इन्हें विशेष प्रिय है। किसी लड़की से शादी करने से पूर्व उसका मूल्य चुकाया जाता है। इनके समाज में विधवा विवाह को मान्यता प्राप्त है।

भिलाला : भील जनजाति की ही एक शाखा को भिलाला कहा जाता है। इनका निवास स्थान मध्य प्रदेश के खण्डवा, झाबुआ, नीमच, रतलाम, खरगौन जिले सहित मध्य प्रदेश का पश्चिमी अंचल है।

भिलालों में राजपूतों के गुण पाए जाते हैं, क्योंकि भीलों के राजपूतों से बने सम्बन्धों से इनकी उत्पत्ति हुई है। इस कारण समाज में इनकी इज्जत भीलों से ऊंची मानी जाती है। भिलाला लोग मुख्यतः कृषक हैं। इनकी जीविका का प्रमुख साधन कृषि है। उच्चकोटि की कृषि के कारण कुछ भिलाला बहुत सम्पन्न हो गए हैं। इनका परिवार अधिकांशतः एकाकी ही होता है, परन्तु कहीं-कहीं संयुक्त परिवार भी होते हैं।

पनिका : पनिका जनजाति मुख्यतः मध्य प्रदेश के विन्ध्य प्रदेश में पाई जाती है। ज्यादातर पनिका कबीर पंथी होते हैं। ऐसा कहा जाता है कि कबीरदास का भी पालन पोषण पनिका महिला द्वारा ही हुआ था। पनिकाओं के दूसरे वर्ग को शक्ति पनिका कहा जाता है। कबीर पंथी

पनिकाओं को कबीरहा कहते हैं। पनिका एक द्रविड़ जनजाति है। कट्टर कबीरपंथी देवी-देवताओं की पूजा नहीं करते हैं। शक्ति पनिका पूजा करते हैं। कबीर पंथी पनिका पुरुष एवं औरतें श्वेत वस्त्र पहनते हैं। ये लोग गले में कंठी भी पहनते हैं।

खैरवार : खैरवार मुण्डा जनजाति की उपजाति है। मध्य प्रदेश में मण्डला और विन्ध्य क्षेत्र में कत्था निकालने वाले खैरवारों को खैरुआ भी कहा जाता है। इनका मूल स्थान खरियागढ़ माना जाता है। खैरवार लोग कत्था निकालने के मौसम आने से पहले ही जंगलों में चले जाते हैं। वहां ये अस्थाई झोंपड़ियां बनाकर रहने लगते हैं और कत्था निकाल चुकने के बाद वापस अपने गांव में आकर रहने लगते हैं।

मध्य प्रदेश की अनुसूचित जातियों व अनुसूचित जनजातियों की जनसंख्या (2011)

राज्य/जिले	अनुसूचित जाति			अनुसूचित जनजाति		
	व्यक्ति	पुरुष	महिलाएँ	व्यक्ति	पुरुष	महिलाएँ
मध्य प्रदेश	11342320	5908638	5433682	15316784	7719404	7597380
श्योपुर	108391	57838	50553	161448	82637	78811
मुरैना	421519	228548	192971	17030	8947	8083
भिण्ड	374799	204212	170587	6131	3283	2848
ग्वालियर	393068	210354	182714	72133	37704	34429
दतिया	200270	107132	93138	15061	7870	7191
शिवपुरी	321515	171565	149950	227802	117111	110691
टीकमगढ़	361604	190666	170938	67857	34923	32934
छतरपुर	405313	215258	190055	73597	38081	35516
पन्ना	207990	109421	98569	170879	87697	83182
सागर	501630	266306	235324	221936	114771	107165
दमोह	246337	129877	116460	166295	84809	81486
सतना	398569	205987	192582	319975	163166	156809
रीवा	383508	198144	185364	311985	161696	150289
उमरिया	58147	29902	28245	300687	151988	148699
नीमच	111162	56400	54762	71441	36738	34703
मन्दसौर	249024	126822	122202	33092	17023	16069
रतलाम	198612	100629	97983	409865	206290	203575
उज्जैन	523869	267235	256634	48730	24925	23805
शाजापुर	353914	182961	170953	37836	19416	18420
देवास	292007	150260	141747	272701	139174	133527
धार	145436	74291	71145	1222814	614619	608195
इन्दौर	545239	280184	265055	217679	112687	104992

खरगौन	209091	107013	102078	730169	366827	363342
बड़वानी	87991	44478	43513	962145	482182	479963
राजगढ़	295718	151260	144458	53751	27477	26274
विदिशा	292144	154504	137640	67603	34993	32610
भोपाल	357516	185902	171614	69429	35966	33463
सीहोर	271281	141366	129915	145512	74391	71121
रायसेन	225891	119226	106665	205006	105627	99379
बैतूल	159296	81621	77675	667018	333166	333852
हरदा	92865	48553	44312	159678	81446	78232
होशंगाबाद	205007	107237	97770	197300	101041	96259
कटनी	155717	79369	76348	317699	159799	157900
जबलपुर	348029	179858	168171	375231	189915	185316
नरसिंहपुर	184155	96079	88076	145879	74127	71752
डिण्डोरी	39782	20366	19416	455789	225699	230090
मण्डला	48425	24652	23773	610528	299918	310610
छिन्दवाड़ा	232244	118465	113779	769778	385785	383993
सिवनी	130797	66830	63967	519856	258121	261735
बालाघाट	125426	61576	63850	383026	186979	196047
गुना	193115	100646	92469	190819	98206	92613
अशोक नगर	175764	92216	83548	82072	42447	39625
शहडोल	89733	45547	44186	476008	236947	239061
अनूप पुर	74385	37841	36544	358543	177977	180566
सीधी	130202	66174	64028	313304	159192	154112
सिंगरौली	150664	77882	72782	383994	196133	187861
झाबुआ	17427	8770	8657	891818	446359	445459
अलीराजपुर	26877	13481	13396	648638	321842	326796
खण्डवा	156601	80697	75904	459122	234867	224255
बुरहानपुर	64254	33037	31217	230095	116420	113675
आगर-मालवा	64254	33037	31217	230095	116420	113675
निवाड़ी	—	—	—	—	—	—

प्रदेश में अनुसूचित जाति : मध्य प्रदेश में अनुसूचित जातियों की जनसंख्या अनुसूचित जनजातियों की जनसंख्या से कम है। 2011 की जनगणना के अनुसार मध्य प्रदेश में अनुसूचित जाति की जनसंख्या 113,42,320 है। अर्थात् प्रदेश की जनसंख्या का लगभग 15.6 प्रतिशत भाग अनुसूचित जाति का है। मध्य प्रदेश की अनुसूचित जातियों में चमार, भंगी, बागरी, मोची, बलाही, बलई, बसोर, चामरी, जाटव, धनुक, गण्डा, घासी, कटिया, कोली, धोबी, कुम्हार एवं महार प्रमुख हैं।

प्रदेश में अनुसूचित जातियों में सबसे अधिक जनसंख्या क्रमानुसार चमार, भंगी, मोची तथा बलई जातियों की है। प्रदेश में 21 जातियां विभुक्त जातियों के रूप में एवं 6 जातियां घुमक्कड़ एवं अर्द्ध-घुमक्कड़ जातियों के रूप में घोषित हैं।

मध्य प्रदेश में आदिवासी क्षेत्रों के विकास और आदिवासियों के लाभार्थ कई योजनाएं शासन द्वारा चलाई जा रही हैं। कुछ प्रमुख योजनाएं अग्रलिखित हैं :

अन्त्योदय योजनाएं : नवम्बर, 1990 में मध्य प्रदेश सरकार ने अनुसूचित जाति, जनजाति एवं पिछड़े वर्ग के उत्थान के लिए 13 अन्त्योदय योजनाएं शुरू कीं। ये योजनाएं निम्नलिखित हैं:

1. **नवजीवन** : आवास हेतु नाममात्र मूल्य पर भूखंड।
2. **वसुन्धरा** : कृषकों को ब्याज मुक्त ऋण देने का प्रावधान।
3. **जल जीवन** : सामूहिक सिंचाई का लाभ देने की योजना।
4. **स्वावलम्बन** : स्वरोजगार हेतु कार्यशील पूंजी एवं ऋण।
5. **पवनपुत्र** : बेरोजगार युवकों को ऑटो/टेम्पो देने की योजना।
6. **मधुबन** : सामुदायिक डेयरी एवं पशुपालन विकास फार्म।
7. **निर्मित** : लघु निर्माण कार्य की ठेका योजना।
8. **सहकार** : खनिज एवं ईंट-भट्टा सहकारी समिति योजना।
9. **रफ्तार** : यातायात समिति एवं ट्रकों/बसों हेतु अनुदान।
10. **वनजा** : लघु वनोपजों पर आधारित रोजगार योजना।
11. **धन्वन्तरि** : चिकित्सकों को प्राइवेट, प्रैक्टिस हेतु मदद।
12. **न्याय निकेतन** : अभिभावकों को मदद।
13. **सहारा** : कुष्ठ रोगी, विकलांग, निराश्रित, विधवा और परित्यक्ताओं को अतिरिक्त अनुदान।

आर्थिक विकास की योजनाएं : आर्थिक विकास की योजनाओं के अन्तर्गत आदिवासी कृषकों के लिए नए सिंचाई कूप के निर्माण, पुराने कुओं की मरम्मत, बिजली तथा डीजल के सिंचाई पम्पों की खरीद के लिए सहायता दी जाती है।

शिक्षा सम्बन्धी विकास योजनाएं : आदिवासी इलाकों में 250 से अधिक जनसंख्या वाले गांवों में प्राथमिकशालाएं खोली जा रही हैं। लड़कियों में साक्षरता को बढ़ावा देने के लिए 38 अनुसूचित जनजातियों का चयन किया गया है।

इसके साथ ही साथ अनुसूचित जातियों के उत्थान के लिए अन्य योजनाएं भी चलाई जा रही हैं। हरिजन आधिक्य वाले क्षेत्रों में कुएं, कम्युनिटी हॉल, नाले, चबूतरे आदि बनाए जाते हैं। हरिजन परिवारों को विभिन्न स्वरोजगार की योजनाओं के लिए ऋण उपलब्ध कराया जाता है। सरकार ने अम्बेडकर जन्म शताब्दी वर्ष के मध्य अनुसूचित जाति के आवासहीन परिवारों में से एक लाख परिवारों को आवास देने का निर्णय लिया था। इस योजना के अन्तर्गत विभिन्न परिवारों को आवास उपलब्ध कराए गए हैं।

17
यातायात के साधन

मध्य प्रदेश में यातायात के प्रमुख साधन रेल तथा सड़कें हैं। इनका विकास ब्रिटिश काल में उस समय हुआ था जब इनके निर्माण का मुख्य ध्येय मुम्बई, कोलकाता तथा चेन्नई के बन्दरगाहों को देश के भीतरी मार्गों से जोड़ना था।

सड़क मार्ग : मध्य प्रदेश में अधिकांशत: भाग पठारी होने के कारण रेल की अपेक्षा सड़क मार्ग का विकास अधिक हुआ है तथा सड़कें राज्य के यातायात की प्रमुख साधन हैं। मध्य प्रदेश में पक्की व कच्ची दोनों प्रकार की सड़कें पाई जाती हैं। राज्य में जनवरी 2018 तक कुल 64.71 हजार किलोमीटर सड़कें हैं जिनमें राष्ट्रीय राजमार्गों की लम्बाई 7,806 किलोमीटर और राज्य के राजमार्गों की लम्बाई 11,389 किलोमीटर है।

सड़कों के विस्तार हेतु एक योजना बनाई गई है जिसके अन्तर्गत राज्य के प्रत्येक उस गांव को मुख्य सड़क के साथ जोड़ा जाएगा जिसकी जनसंख्या 1000 से अधिक है। 1988 में सम्पूर्ण मध्य प्रदेश में बनी पक्की सड़कों का औसत घनत्व 14.6 किलोमीटर प्रति 100 वर्ग किलोमीटर था जो अब बढ़कर 22 किलोमीटर प्रति 100 वर्ग किलोमीटर हो गया। राज्य में दोनों प्रकार की सड़कों का औसत घनत्व 23.5 किलोमीटर प्रति 100 वर्ग किलोमीटर है। जो राष्ट्रीय औसत (43 किमी.) से आधा है।

सड़कों के वितरण के अध्ययन से ज्ञात होता है कि जिलेवार सड़कों की लम्बाई प्रति 100 वर्ग किलोमीटर क्षेत्र में 15 किलोमीटर से अधिक सतना, रीवा, सीधी, पन्ना, दतिया, टीकमगढ़, छतरपुर, झाबुआ, इन्दौर, धार एवं जबलपुर जिलों में है। किन्तु कुछ अन्य जिलों में इतनी लम्बाई भी नहीं मिलती है। विदिशा (9.5 किलोमीटर), शाजापुर (8.9 किलोमीटर), देवास (8.6 किलोमीटर), गुना (7.2 किलोमीटर), मुरैना (6.6 किलोमीटर), रायसेन (5.4 किलोमीटर), इस दृष्टि से पिछड़े हुए जिले हैं।

प्रथम पंचवर्षीय योजना (1951-56) के पश्चात् मध्य प्रदेश में 19256 किलोमीटर लम्बी सड़कें थीं। द्वितीय योजना के अन्तर्गत 3211 किलोमीटर सड़कें बनाने का लक्ष्य था जिससे सड़कों की कुल लम्बाई 32049 किलोमीटर हो सके। तृतीय योजना काल (1961-66) में

2575 किलोमीटर लम्बी सड़कें बनाने का लक्ष्य था जिससे सड़कों की कुल लम्बाई 28075 किलोमीटर हो सके। चौथी योजना के पश्चात् 1974 में राज्य की पक्की सड़कों की लम्बाई 34882 किलोमीटर और कच्ची सड़कों की लम्बाई 12178 किलोमीटर थी। 1988-89 में अतिरिक्त 2000 किलोमीटर पक्की सड़कों का निर्माण हुआ। वर्ष 2000 में प्रदेश का विभाजन हो जाने के पश्चात् वर्तमान मध्य प्रदेश में सड़कों की लम्बाई 64.71 हजार किलोमीटर है। राष्ट्रीय राजमार्ग मुख्यत: देश के प्रमुख नगरों को मिलाता है। मध्य प्रदेश होते हुए गुजरने वाले प्रमुख राष्ट्रीय राजमार्गों का विवरण इस प्रकार है :

मध्य प्रदेश से गुजरने वाले प्रमुख राष्ट्रीय राजमार्ग

राष्ट्रीय मार्ग क्रमांक	मार्ग	राज्य में लम्बाई (किमी. में)
3	आगरा-ग्वालियर-शिवपुरी-इन्दौर	712
7	वाराणसी-मंगवां-रीवां	504
12	जबलपुर-भोपाल-खिलचीपुर	486
12-A	जबलपुर-मण्डला-चिलपी	482
25	लखनऊ-झाँसी-शिवपुरी	82
26	झाँसी-लखनादौन	268
27	इलाहाबाद-मंगवा	50
59	गोधरा-धार-इन्दौर	139
59-A	इन्दौर-बैतूल	264
69	नागपुर-औबेदुल्लागंज	295
75	ग्वालियर-झाँसी-छतरपुर-पन्ना-सतना	600
76	उदयपुर-कोटा-शिवपुरी-झाँसी-बाँदा	60
78	कटनी-शहडोल-अम्बिकापुर	178
79	अजमेर-नीमच-मन्दसौर-रतलाम	240
86	कानपुर-छतरपुर-सागर-भोपाल	379
92	भोगाँव-इटावा-ग्वालियर	96
927-A	रतलाम-बांसवाड़ा	37

सड़क यातायात कार्पोरेशन एक्ट 1950 के अधीन मध्य प्रदेश राज्य सड़क परिवहन निगम की स्थापना वर्ष 1962 में की गई थी। इसकी स्थापना का मुख्य उद्देश्य यात्रियों को सुगम एवं मितव्ययी परिवहन सुविधा उपलब्ध कराना है। प्रदेश में वर्ष 2005 को 'सड़क-वर्ष' के रूप में मनाया गया था।

मध्य प्रदेश : विभिन्न सड़कों की लम्बाई

(किमी.)

वर्ष	राष्ट्रीय राजमार्ग	प्रान्तीय राजमार्ग	मुख्य जिला मार्ग
2005-06	4,476	8,333	10,817
2006-07	4,280	8,729	11,572
2013-14	4,709	10,501	19,574
2014-15	4,771	10,934	19,429
2015-16	4,771	10,934	19,429
2016-17	7,806	11,060	20,412
2017-18	7,806	11,389	22,129

रेलमार्ग : मध्य प्रदेश के पठारी राज्य होने के कारण यहां रेलमार्ग का विकास कम हो पाया है। प्रदेश के कुछ ऐसे क्षेत्र हैं जहां रेल मार्गों का नितान्त अभाव है। मध्य प्रदेश में रेलमार्गों की कुल लम्बाई 5,916 किलोमीटर है। मध्य प्रदेश में एक मात्र रेलवे जोन जबलपुर में है।

मध्य प्रदेश में रेलमार्ग 19वीं शताब्दी के अन्त में ही बनने आरम्भ हो गए थे। मुम्बई से दिल्ली जाने वाला रेलमार्ग जो मध्य प्रदेश में पड़ता है, सन् 1865-1878 ई. के मध्य बन गया था। इलाहाबाद-जबलपुर मार्ग सन् 1867 में परिवहन के लिए खुल गया था। भोपाल-उज्जैन मार्ग तथा बीना-कोटा मार्ग सन् 1895 में तथा बीना-कटनी मार्ग सन् 1889-1899 ई. में बन गए थे। झांसी-मानिकपुर लाइन सन् 1889 में बनी।

सन् 1951 में भारतीय रेलवे को जोनों में बांटा गया। मध्य प्रदेश की रेल लाइनें पश्चिम-मध्य रेलवे, पश्चिमी रेलवे तथा दक्षिणी-पूर्वी रेलवे के अन्तर्गत आती हैं। मध्य प्रदेश में रेल सेवा आयोग का मुख्यालय भोपाल में स्थित है।

पश्चिमी रेलवे : इन्दौर, देवास, सीहोर, उज्जैन, रतलाम, मन्दसौर आदि क्षेत्र पश्चिमी रेलवे के अन्तर्गत आते हैं।

पश्चिम-मध्य रेलवे : ग्वालियर, भोपाल, रीवा व जबलपुर के क्षेत्र पश्चिम-मध्य रेलवे के अन्तर्गत आते हैं।

दक्षिणी-पूर्वी रेलवे : शहडोल, छिंदवाड़ा, बालाघाट और सिवनी के क्षेत्र दक्षिण-पूर्वी रेलवे के अन्तर्गत आते हैं।

मध्य प्रदेश से गुजरने वाले प्रमुख रेलमार्ग

1. दिल्ली-आगरा-ग्वालियर-भोपाल-इटारसी-मुंबई
2. दिल्ली-रतलाम-नागदा-मुंबई
3. मुंबई-इटारसी-जबलपुर-कटनी-कोलकाता
4. मुंबई-इटारसी-जबलपुर-कटनी-इलाहाबाद
5. दिल्ली-ग्वालियर-बीना-भोपाल-इटारसी-हैदराबाद-चेन्नई

मध्य प्रदेश से खुलने वाली प्रमुख रेलगाड़ियां

	गाड़ी का नाम	कहां से कहां तक
1.	मालवा एक्सप्रेस	इन्दौर से नई दिल्ली
2.	शताब्दी एक्सप्रेस	भोपाल से नई दिल्ली
3.	ताज एक्सप्रेस	ग्वालियर से नई दिल्ली
4.	क्षिप्रा एक्सप्रेस	इन्दौर से हावड़ा
5.	चम्बल एक्सप्रेस	ग्वालियर से हावड़ा
6.	महानदी एक्सप्रेस	भोपाल से बिलासपुर
7.	अमरकंटक एक्सप्रेस	भोपाल से दुर्ग
8.	उज्जैनी एक्सप्रेस	उज्जैन से देहरादून
9.	अहिल्यानगरी एक्सप्रेस	इन्दौर से कोचीन
10.	महाकौशल एक्सप्रेस	जबलपुर से नई दिल्ली
11.	अवन्तिका एक्सप्रेस	इन्दौर से मुम्बई (दादर)
12.	इन्दौर-निजामुद्दीन एक्सप्रेस	इन्दौर से निजामुद्दीन (नई दिल्ली)
13.	सतपुड़ा एक्सप्रेस	जबलपुर से गोंदिया
14.	इन्दौर एक्सप्रेस	दुर्ग से इन्दौर
15.	बुन्देलखण्ड एक्सप्रेस	ग्वालियर से वाराणसी
16.	चित्रकूट एक्सप्रेस	जबलपुर से लखनऊ
17.	विन्ध्याचल एक्सप्रेस	बीना से इटारसी

वायुमार्ग : मध्य प्रदेश में 5 प्रमुख हवाई अड्डे हैं, जो भोपाल, इन्दौर, जबलपुर, खजुराहो और ग्वालियर में हैं। भोपाल हवाई अड्डे का नाम 'राजा भोज' और इन्दौर हवाई अड्डे का नाम 'रानी अहिल्या' हवाई अड्डा रखा गया है। राज्य के हवाई अड्डों से दिल्ली, मुम्बई, वाराणसी, नागपुर जाने के लिए वायुसेवाएं उपलब्ध हैं। प्रदेश में 33 हवाई पटि्टयाँ हैं, जिनमें से 10 वायु सेना के लिए हैं।

मध्य प्रदेश में वायुदूत सेवाएं खजुराहो, जबलपुर, इन्दौर, गुना, भोपाल और सतना से उपलब्ध हैं। ग्वालियर को अन्तर्राष्ट्रीय हवाई अड्डा बनाने की घोषणा हो चुकी है। मध्य प्रदेश में स्थित हवाई पट्टियों पर राष्ट्रीय विमान पत्तन प्राधिकरण का नियंत्रण है।

राज्य से होकर गुजरने वाली वायुसेवाएं

1. दिल्ली-ग्वालियर-भोपाल-इन्दौर-मुम्बई — प्रतिदिन
2. दिल्ली-खजुराहो — प्रतिदिन
3. आगरा-खजुराहो — प्रतिदिन
4. दिल्ली-ग्वालियर-भोपाल-जबलपुर-रायपुर — सप्ताह में तीन दिन (प्रति मंगलवार, गुरुवार तथा शनिवार)

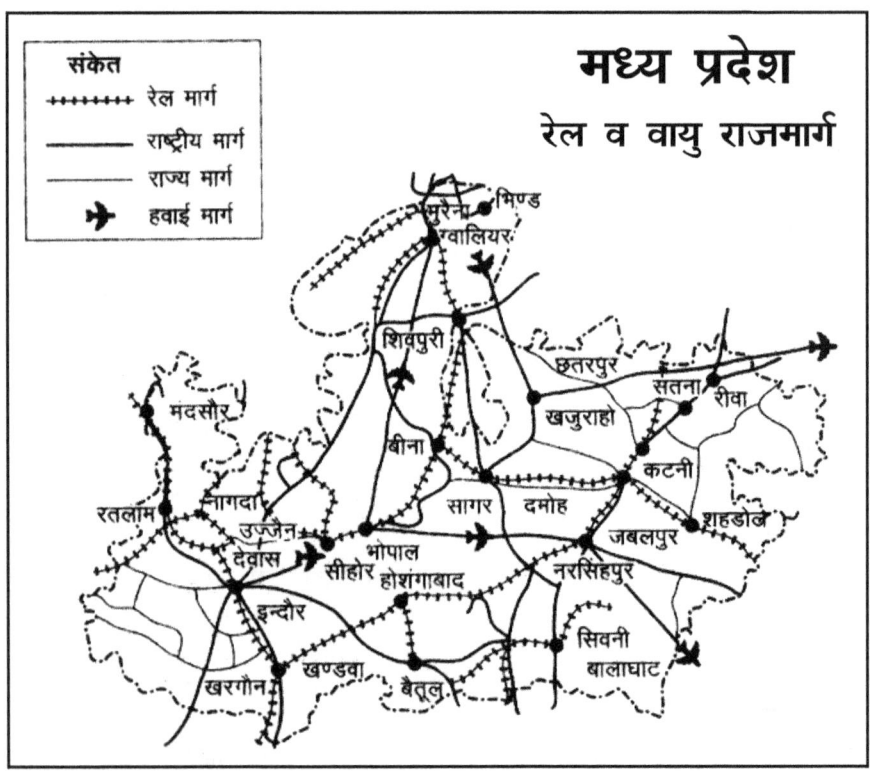

18
आकाशवाणी, दूरदर्शन एवं संचार साधन

आकाशवाणी : मध्य प्रदेश में आकाशवाणी के सर्वप्रथम कार्यक्रम का प्रसारण 1955 ई. में हुआ। प्रदेश का पहला आकाशवाणी केन्द्र इन्दौर में स्थापित हुआ था जिसका विधिवत् उद्घाटन 22 मई, 1955 को हुआ। इस केन्द्र से चार भाषाओं हिन्दी, उर्दू, मराठी और मालवी में कार्यक्रम प्रसारित किए जाते हैं। प्रसारण क्षेत्र की दृष्टि से इन्दौर का आकाशवाणी केन्द्र मध्य प्रदेश का सबसे बड़ा केन्द्र है।

31 अक्टूबर, 1956 को मध्य प्रदेश का दूसरा आकाशवाणी केन्द्र भोपाल में स्थापित किया गया। 15 सितम्बर, 1964 को ग्वालियर में, 8 नवम्बर, 1964 को जबलपुर में और 7 अगस्त, 1976 को छतरपुर में मध्य प्रदेश में आकाशवाणी के क्रमशः तीसरे, चौथे और पाँचवें केन्द्र की स्थापना की गई।

आकाशवाणी केन्द्र	प्रसारण की सीमा (*वर्ग किमी.*)	स्थापना वर्ष
1. इन्दौर	150	22 मई, 1955
2. भोपाल	50	31 अक्टूबर, 1956
3. ग्वालियर	80	15 सितम्बर, 1964
4. जबलपुर	50	8 नवम्बर, 1964
5. छतरपुर	50	7 अगस्त, 1976

वर्तमान में मध्य प्रदेश में 32 आकाशवाणी, केन्द्र हैं। भोपाल में विज्ञापन प्रसारण सेवा की शुरूआत वर्ष 1975 से हुई। 'रेडियो मिर्ची' निजी क्षेत्र में स्थापित एफ.एम. रेडियो इन्दौर में कार्यशील है।

दूरदर्शन केन्द्र : मध्य प्रदेश में सर्वप्रथम केन्द्र सरकार द्वारा संचालित साईट परियोजना के अन्तर्गत 1972-73 में रायपुर (अब छत्तीसगढ़ में) में रिले केन्द्र स्थापित किया गया। भोपाल में अल्पशक्ति ट्रांसमीटर 1982 में तथा भोपाल और इन्दौर में उच्चशक्ति ट्रांसमीटर 1984 में स्थापित हुआ। धीरे-धीरे मध्य प्रदेश में दूरदर्शन केन्द्रों का जाल फैलता गया और आज पूरे प्रदेश में दूरदर्शन के 86 रिले केन्द्र हैं।

HPT (High Power Transmitter) रिले केन्द्र : भोपाल, ग्वालियर, इन्दौर, जबलपुर।

LPT (Low Power Transmitter) रिले केन्द्र : अलीराजपुर, बालाघाट, बैतूल, भिण्ड, बुरहानपुर, दतिया, चन्देरी, छतरपुर, छिंदवाड़ा, दमोह, डूंगरगढ़, गुना, हरदा, इटारसी, खण्डवा, खरगौन, कुरवाई, लहर, मलंजखण्ड, मण्डला, मन्दसौर, मुरवारा, नागदा, नरसिंहपुर, नीमच, पंचमढ़ी, पन्ना, रतलाम, रीवा, सागर, सतना, सिवनी, शहडोल, शाजापुर, शिवपुर, शिवपुरी, सीधी, सिंगरौली, उज्जैन, टीकमगढ़, भोपाल, DD II, कटनी, झाबुआ, राजगढ़, श्योपर कला आदि।

VLPT : परासिया

ट्रांसपोजर : सिंगरौली

वर्तमान में राज्य की 95 प्रतिशत जनसंख्या को दूरदर्शन सेवा उपलब्ध है।

संचार व्यवस्था : मध्य प्रदेश में 1 अप्रैल, 1962 को एक पृथक डाक-तार परिमण्डल का गठन कर संचार सेवाओं के क्षेत्र में प्रारंभिक कदम उठाया गया था। आरम्भ में इस डाक-तार परिमण्डल का मुख्यालय नागपुर में स्थापित किया गया था, जिसे 1 जुलाई, 1965 को भोपाल में स्थानान्तरित कर दिया गया। वर्तमान में डाक-तार सर्किल राज्य के साढ़े चार लाख वर्ग किलोमीटर क्षेत्र में बसे लगभग चार करोड़ लोगों को डाक सुविधाएं उपलब्ध करा रहा है।

डाक व्यवस्था : मध्य प्रदेश में नगरीय क्षेत्रों में प्रति 3.20 वर्ग किलोमीटर पर एवं ग्रामीण क्षेत्रों में प्रति 48 वर्ग किलोमीटर पर एक डाकघर स्थापित है। जनसंख्या की दृष्टि से शहरी क्षेत्र में प्रति 7687 व्यक्ति एवं ग्रामीण क्षेत्रों में प्रति 3850 व्यक्तियों पर डाकघर की शाखाएं स्थित थीं। वर्ष 1957-58 में राज्य में डाकघरों की संख्या 3854 थी तथा डाक पेटियों की संख्या 6100 थी जो 1991 में बढ़कर क्रमशः 10094 एवं 49824 हो गई। छत्तीसगढ़ का विभाजन हो जाने के बाद अब राज्य में डाकघरों की संख्या 8,323 है। मध्य प्रदेश में विदेशी डाक की संख्या में भी पर्याप्त वृद्धि हुई है। ग्रामीण डाक सेवा, रेल डाक सेवा, पोस्ट बॉक्स बैग सेवा आदि आरम्भ की गई है।

दूरसंचार सेवा : डाक-तार विभाग के पुनर्गठन के उपरान्त दूरसंचार सेवाओं की स्थापना 1 सितम्बर, 1974 को की गई, जिसके अन्तर्गत सम्पूर्ण प्रदेश का भू-भाग आता है। वर्तमान में दूरसंचार के कार्यों में विशेष वृद्धि हुई है तथा विभाग की कार्य कुशलता को बढ़ाने की दृष्टि से डाक सर्किल तथा पोस्ट मास्टर जनरल आदि पदों को भी दूरसंचार के अधीन कर दिया गया है।

वर्ष 1989 में दूरसंचार व्यवस्था को अधिक सुचारु बनाने की दृष्टि से भोपाल में पृथक निदेशक के कार्यालयों की स्थापना की गई है। प्रदेश में कुल 2404 दूरभाष केन्द्र हैं। मध्य प्रदेश में देश की पहली निजी टेलीफोन सुविधा 'एयरटेल' के नाम से प्रारम्भ की गई है। निजी क्षेत्र में एयरटेल, वोडाफोन, आइडिया सहित कई कंपनियों द्वारा टेलीफोन सुविधा उपलब्ध कराई गई है।

मध्य प्रदेश में दूरसंचार सेवा केन्द्र

क्र.	केन्द्र	स्थापना वर्ष	सम्बन्धित जिले
1.	इन्दौर	22 मई, 1955	इन्दौर, उज्जैन, देवास, रतलाम, शाजापुर, मन्दसौर
2.	भोपाल	31 अक्टूबर, 1956	भोपाल, सीहोर, रायसेन, होशंगाबाद, विदिशा
3.	ग्वालियर	15 सितम्बर, 1964	ग्वालियर, भिण्ड, मुरैना, दतिया, शिवपुरी
4.	जबलपुर	8 नवम्बर, 1964	जबलपुर, मण्डला, सिवनी, बालाघाट, नरसिंहपुर
5.	छतरपुर	7 अगस्त, 1976	छतरपुर, पन्ना, टीकमगढ़
6.	सागर	1995	सागर

19
भाषा, साहित्य, कला एवं संस्कृति

मध्य प्रदेश की विशेष भौगोलिक स्थिति ने इसकी कला, संस्कृति, साहित्य एवं इतिहास पर विशेष प्रभाव छोड़ा है। यह राज्य सम्पूर्ण भारत की एकात्मक भावना एवं विविधता का प्रतीक है।

प्रदेश की भाषा एवं प्रमुख बोलियां : मध्य प्रदेश की राजभाषा हिन्दी है जिसे प्रदेश के 84.37 प्रतिशत लोग बोलते हैं। हिन्दी से ही मिलती-जुलती क्षेत्रीय भाषाओं में बघेली, बुन्देली, ब्रजभाषा प्रमुख हैं। ये भाषाएं हिन्दी की ही उपभाषा हैं। प्रदेश में 3.09 प्रतिशत भीली/मिलोदी, 2.59 प्रतिशत गोंडी, 2.28 प्रतिशत मराठी, 2.18 प्रतिशत उर्दू, 1.12 प्रतिशत लोग उड़िया भाषा बोलते हैं।

प्रमुख बोलियों का क्षेत्रीय वितरण इस प्रकार है :
1. **भीली** : रतलाम, अलीराजपुर, धार, झाबुआ, खरगौन आदि।
2. **बघेली** : रीवा, सतना, शहडोल, सीधी, उमरिया, आदि।
3. **बुन्देली** : दतिया, गुना, शिवपुरी, ग्वालियर, भिण्ड, मुरैना, सागर, छतरपुर, दमोह, पन्ना, टीकमगढ़, विदिशा, रायसेन, होशंगाबाद, नरसिंहपुर, जबलपुर, सिवनी, छिन्दवाड़ा, बालाघाट आदि।
4. **ब्रजभाषा** : मुरैना, भिण्ड, ग्वालियर आदि।
5. **निमाड़ी** : खण्डवा, खरगौन, धार, देवास, बड़वानी, झाबुआ, इन्दौर आदि।
6. **मालवी** : सीहोर, नीमच, रतलाम, मन्दसौर, शाजापुर, झाबुआ, उज्जैन, देवास, इन्दौर आदि।
7. **गोंडी** : छिंदवाड़ा, सिवनी, बालाघाट, मण्डला, डिण्डोरी, होशंगाबाद आदि।
8. **कोरकू** : बैतूल, होशंगाबाद, खरगौन, छिन्दवाड़ा आदि।
9. **खड़ी बोली** : सम्पूर्ण मध्य प्रदेश।

साहित्य : मध्य प्रदेश की साहित्यिक धरोहर बहुत प्राचीन एवं समृद्ध है। पुराणकाल के आरम्भ में ही यहां अगस्त्य मुनि ने साहित्य रचना की थी। हिन्दी साहित्य के विकास में प्रदेश का योगदान काफी महत्वपूर्ण रहा है। यदि कहा जाए कि हिन्दी साहित्य सृजन की प्रारम्भिक अवस्था से ही इस प्रदेश ने अपना महान् योगदान दिया, तो यह गलत नहीं होगा।

महाकवि कालिदास मध्य प्रदेश के ही थे। वे कुछ समय तक महाराजा प्रवरसेन के दरबार में रहे थे। उन्होंने 'मेघदूत' की रचना करके राजदरबार में अपूर्व सम्मान प्राप्त किया था।

प्रदेश के साहित्यकार

प्राचीनकालीन साहित्यकार : नागार्जुन, भारवि, भास्कर भट्ट, मण्डन मिश्र, कवि गंगाधर, महाकवि कालिदास, ऋषि अगस्त्य, सुतीक्ष्ण, शरभंग, सोमशंगु, भवभूति, दण्डी, कवि विल्हण, पृथ्वीधर, शशिधर, कविराज ईशान, वैध श्रीकृष्ण दण्डी, पुष्पदन्त, निषाध आदि।

मध्यकालीन साहित्यकार : महाकवि बिहारी, केशवदास, दामोदरदास, कुम्भनदास, हरिदासस्वामी, बक्षी हंसराज, गजाधर भट्ट, गोलाचन्द्र मिश्र, पद्माकर, कृष्णभट्ट, कुमारमणि, राजा छत्रसाल, लाल कवि, चिंतामणि, कवि भूषण, माखन और मदन भट्ट, गोपाल, भाखचन्द्र आदि।

आधुनिककालीन साहित्यकार : माखनलाल चतुर्वेदी, सुभद्रा कुमारी चौहान, जगन्नाथ प्रसाद 'भानु', विनायकराव, सैयद अमीर अली, रायदेवी प्रसाद 'पूर्ण', सुखराम चौबे, 'गुणकर', लोचन प्रसाद पाण्डेय, मुकुटधर पांडे, कामता प्रसाद गुरु, रामेश्वर प्रसाद गुरु, श्यामाकान्त पाठक, माधव राव सप्रे, रघुवर प्रसाद द्विवेदी, बालमुकुन्द त्रिपाठी, पं. द्वारिका प्रसाद मिश्र, बलदेव प्रसाद मिश्र, सेठ गोविन्ददास, मातादीन शुक्ल, रामेश्वर शुक्ल 'अंचल', पदुमलाल पुन्ना लाल बख्शी, डा. विनय मोहन शर्मा, ऊषा देवी मिश्र, डा. रामकुमार वर्मा, भवानी प्रसाद मिश्र, नर्मदा प्रसाद खरे, गजानन माधव मुक्तिबोध, प्रभाकर माचवे, गिरिजा कुमार माथुर, शिवमंगल सिंह 'सुमन', सूर्य नारायण व्यास, हरिकृष्ण प्रेमी, जगन्नाथ प्रसाद मिलिंद, बाल कवि बैरागी, वीरेन्द्र मिश्र, शरद जोशी, हरिशंकर परसाई, रमेश बख्शी, श्रीकांत वर्मा, राजेन्द्र अवस्थी, दुष्यन्त कुमार, श्रीकृष्ण सरल, रामकुमार चतुर्वेदी, देवव्रत जोशी, डा. परशुराम विरही, श्री कालीप्रसाद भटनागर 'विरही', विद्यानन्दन 'राजीव', दामोदर शर्मा, मुकुटबिहारी सरोज, डा. प्रभुदयाल अग्निहोत्री, कोमल सिंह सोलंकी, मोहन अम्बर, भगवान स्वरूप चैतन्य, शान्तिस्वरूप 'चाचा', लक्ष्मीनारायण 'शोभन', राम प्रकाश शर्मा 'अनुरागी', कविरत्न पराशर, ओम प्रभाकर, अनिरुद्ध, सुरेश नीरव, प्रभाकर श्रोत्रिय, डा. महेन्द्र भटनागर, सत्यव्रत अवस्थी, महावीर प्रसाद शर्मा, ज्वालाप्रसाद जोशी, जगदीश प्रसाद 'स्थापक', मालती जोशी, मुरारी लाल गुप्त, जगदीश चतुर्वेदी, लक्ष्मी चन्द्र जैन, जगदीश तोमर, ठाकुर जगमोहन सिंह आदि।

कला और संस्कृति : मध्य प्रदेश भारत की सामाजिक संस्कृति का रंगारंग समुच्चय है। हालांकि इस प्रदेश की कीर्ति अनपढ़ और पिछड़े परिवेश की रही है, लेकिन आज यह सम्पूर्ण विश्व में एक ऐसे सांस्कृतिक केन्द्र के रूप में स्थापित हुआ है, जहां कलाएं, मनुष्य की कालजयी छवियों का सृजन कर रही हैं। मध्य प्रदेश ने ललित कला के क्षेत्र में उल्लेखनीय कार्य किया है।

भारत भवन : इसकी स्थापना 13 फरवरी, 1982 ई. को हुई। इसकी स्थापना का मुख्य उद्देश्य सृजनात्मक कलाओं का विकास, परिरक्षण, अन्वेषण, प्रसार-प्रचार, प्रोत्साहन आदि है। भारत भवन न्यास अधिनियम 1982 के अन्तर्गत इसे स्थापित किया गया है।

लोक एवं आदिवासी कला के दो बड़े संग्रहालय, व्यावसायिक रंगमंच का संचालन भारत भवन द्वारा किया जाता है।

मध्य प्रदेश कला परिषद्, भोपाल : इसकी स्थापना 6 जून, 1952 ई. में हुई थी। यह परिषद् राज्य की संगीत, नृत्य, नाटक और ललित कलाओं की राज्य अकादमी के रूप में कार्यरत है।

प्रादेशिक स्तर पर मध्य प्रदेश संगीत समारोह, मध्य प्रदेश नाट्य समारोह, मध्य प्रदेश कला प्रदर्शनी, रजा पुरस्कार प्रदर्शनी, जिलों में सांस्कृतिक कार्यक्रम, अखिल भारतीय खजुराहो नृत्य समारोह, भोपाल उत्सव, संभागीय तीन दिवसीय उत्सव का संचालन करती है।

मध्य प्रदेश साहित्य परिषद्, भोपाल : इसकी स्थापना 1954 ई. में हुई थी। यह परिषद् मध्य प्रदेश में हिन्दी साहित्य के प्रोत्साहन, संरक्षण हेतु नए रचनात्मक एवं आलोचनात्मक साहित्य का प्रकाशन, साहित्य सम्मेलन, परिचर्चा, गोष्ठियां आदि करवाती है। यह परिषद् प्रतिवर्ष श्रेष्ठ साहित्यिक कृतियों के लिए पुरस्कार प्रदान करती है।

मध्य प्रदेश उर्दू अकादमी : इसकी स्थापना 1976 ई. में हुई थी। यह अकादमी प्रदेश में उर्दू साहित्य के प्रोत्साहन एवं संरक्षण हेतु अदीबों और शायरों, मुशायरा कराने वाली साहित्यिक संस्थाओं को किताबों की छपाई, उर्दू पुस्तकालयों आदि के लिए आर्थिक सहायता देती है। यह संस्था प्रतिवर्ष नाट्य शिविर में तैयार दो उर्दू नाटकों का मंचन करवाती है तथा तीन-दिवसीय 'यादे रफ्तंगा' मुशायरा, सेमिनार एवं शबे-गजल का आयोजन करवाती है। उर्दू साहित्य के विशिष्ट कार्यों के लिए यह संस्था सम्मान एवं पुरस्कार देती है।

कालिदास अकादमी, उज्जैन : इसकी स्थापना 1977 ई. में हुई थी। यह अकादमी कला एवं लोकप्रिय व्याख्यान, शोध संगोष्ठियां, नृत्य तथा संगीत प्रशिक्षण हेतु शास्त्र विचार परिषद् एवं वेद विधि सम्मेलन, कला प्रदर्शनियां, पारंपरिक नाटक, प्रदर्शनमूलक लोक कलाएं, संगीत, नृत्य शोध, अनुशीलन तथा प्रकाशन कार्य आदि करती है। इस अकादमी ने आचार्य कुल की स्थापना और कालिदास साहित्य में वर्णित पेड़-पौधे, फूलों और लताओं पर आधारित उद्यान का निर्माण किया है।

अकादमी महाकवि कालिदास की रचनाओं के सम्पादन एवं अनुवाद के प्रकाशन के साथ ही अन्य प्राचीन साहित्य के प्रकाशन की दिशा में भी गतिशील है।

उस्ताद अलाउद्दीन खां संगीत अकादमी : यह अकादमी उस्ताद अलाउद्दीन खां की अक्षय कीर्ति को संस्था का रूप देते हुए और उनकी उपलब्धियों आदि को सामने रखते हुए विभिन्न आयोजनों को संचालित करती है। अलाउद्दीन खां अकादमी व्याख्यान माला "दुर्लभ वाद्य विनोद", चक्रधर समारोह, कत्थक प्रसंग, अलाउद्दीन खां स्मृति संगीत समारोह (मेहर), अमीर खां समारोह (इंदौर) आदि कार्यक्रमों का आयोजन करती है।

अकादमी द्वारा समय-समय पर स्मारिकाओं का प्रकाशन, मेरी कथा (उस्ताद अलाउद्दीन खां) रजब अली खां (अमीक हनफली) कुमार गंधर्व कत्थक, एट द सेंटर हिन्दी अनुवाद (मोहन नाडकर्णी) और संगीत कलाकारों को उल्लेखनीय उपलब्धियों के लिए पुरस्कृत किया जाता है।

मध्य प्रदेश लोक कला परिषद्, भोपाल : परिषद् जनजातीय लोक संस्कृति को बढ़ावा देती है। यह परिषद् विभिन्न उत्सवों का आयोजन करती है जिसमें प्रमुख हैं : लोकरंग भोपाल, लोकरंजन खजुराहो।

मध्य प्रदेश सिन्धी साहित्य अकादमी, भोपाल : इसकी स्थापना 1983 ई. में हुई थी। साहित्य अकादमी परिचर्चा, विचार गोष्ठी, व्याख्यान माला, मुशायरा, हिन्दी-सिन्धी-उर्दू-पंजाबी की एक ही मंच पर कविता, कहानीपाठ, सिन्धी नाट्य प्रस्तुति, लोकगीत आदि का आयोजन तथा 'सिन्धी प्रतिनिधि' का प्रकाशन करती है।

अल्लामा इकबाल अदबी मरकज, भोपाल : इसकी स्थापना 1984 ई. में हुई थी। यह उर्दू भाषा, साहित्य शिक्षा शोध, अल्लामा इकबाल सम्बन्धी सूचनाओं का संग्रहण, रचनाओं का अनुवाद तथा अनुवादित एवं सेमिनार की पुस्तकों का प्रकाशन करती है।

मध्य प्रदेश संस्कृत अकादमी, भोपाल : इसकी स्थापना 1985 ई. में हुई थी। यह अकादमी संस्कृत के विकास में काफी योगदान देती है।

मध्य प्रदेश तुलसी अकादमी, भोपाल : इसकी स्थापना 1987 ई. में हुई थी। यह अकादमी संस्कार अभियान, मंगलाचरण, लोकमंगल, जनरंजन, लोकयात्रा, तुलसी उत्सव, तुलसी शोध संस्थान का संचालन और शोध, सर्वे और पाण्डुलिपि संग्रह आदि कार्य करती है।

मध्य प्रदेश का फिल्म जगत में योगदान

निर्देशक : सेठ गोविन्द दास, द्वारिका प्रसाद मिश्र, रवि टण्डन, किशोर साहू, रामकुमार भ्रमर।

संगीत निर्देशक : ओ.पी. नैयर, ऊषा खन्ना।

गीतकार : निदा फाजली, वीरेन्द्र मिश्र, जॉनिसार अख्तर, विट्ठल भाई पटेल।

कहानीकार : सलीम जावेद, रामकुमार भ्रमर, मनमोहन कुमार तमन्ना, बी.सी. माहौर, जॉनिसार अख्तर।

कलाकार : किशोर कुमार, जया भादुड़ी, अशोक कुमार, प्रेमनाथ, जॉनी वाकर, अनूप कुमार, बनमाला पंवार, विजयेन्द्र घाटगे, शरद सक्सेना, प्रदीप सक्सेना, ओम कटारे, मधु शिरालकर।

प्रदेश सरकार द्वारा दिए जाने वाले सम्मान व पुरस्कार

1. कालिदास सम्मान : इस पुरस्कार की स्थापना सन् 1980 में कला के क्षेत्र में सृजनात्मक श्रेष्ठता को प्रोत्साहन देने की दृष्टि से की गई थी। इसके अन्तर्गत राष्ट्रीय स्तर पर 2 लाख रुपए का नकद पुरस्कार प्रदान किया जाता है।

2. लता मंगेशकर पुरस्कार : नवम्बर, 1984 में मध्य प्रदेश सरकार ने सुगम संगीत के लिए 'लता मंगेशकर पुरस्कार' के नाम से एक राष्ट्रीय पुरस्कार देने की घोषणा की। यह पुरस्कार 2 लाख रुपए का है।

3. तानसेन सम्मान : तानसेन समारोह में संगीतकारों को उनकी उत्कृष्टता, सृजनात्मकता और निष्ठा के लिए दिए जाने वाले इस पुरस्कार की स्थापना 1980 में की गई थी। इसमें 2 लाख रुपए, रजत पट्टिका और प्रशस्ति पत्र दिया जाता है।

4. कबीर सम्मान : मध्य प्रदेश सरकार द्वारा कविता के क्षेत्र में दिए जाने वाले कबीर सम्मान पाने वाले को एक लाख रुपए से पुरस्कृत किया जाता था। अब इस पुरस्कार की धनराशि बढ़ाकर 3 लाख रुपए कर दी गई है।

5. मैथिलीशरण गुप्त सम्मान : मध्य प्रदेश सरकार द्वारा हिन्दी कविता के क्षेत्र में दिए जाने वाले इस सम्मान में 2 लाख रुपए की नकद राशि दी जाती है।

6. तुलसी सम्मान : सृजनात्मक कलाओं में उत्कृष्टता और श्रेष्ठतम उपलब्धि हेतु सम्मानित करने तथा पारम्परिक लोक कलाओं के विकास के लिए 2 लाख रुपए का यह राष्ट्रीय पुरस्कार सितम्बर, 1983 में स्थापित किया गया।

7. जवाहरलाल नेहरू पुरस्कार : वर्ष 1982 में मध्य प्रदेश सरकार द्वारा जवाहरलाल नेहरू राष्ट्रीय पुरस्कार की स्थापना की गई। यह पुरस्कार तीन क्षेत्रों में दिया जाता है। ये क्षेत्र हैं : आधारभूत विज्ञान, तकनीकी विकास तथा इंजीनियरिंग विज्ञान। प्रत्येक क्षेत्र के लिए पुरस्कार के रूप में एक लाख रुपए की धनराशि प्रदान की जाती है।

8. राज्य स्तरीय शिखर सम्मान : साहित्य, प्रदर्शनकारी और रूपंकर कलाओं के लिए 62 हजार रुपए दिए जाते हैं। यह पुरस्कार 1980 में स्थापित किए गए।

9. नरेन्द्र तिवारी स्मृति पत्रकारिता पुरस्कार : इन्दौर के प्रतिष्ठित पत्रकार एवं दैनिक नई दुनिया के प्रबन्ध सम्पादक स्व. नरेन्द्र तिवारी की स्मृति में मध्य प्रदेश सरकार ने श्रेष्ठ पत्रकारिता के लिए 50 हजार रुपए का वार्षिक पुरस्कार स्थापित किया है।

10. इकबाल सम्मान : उर्दू के मशहूर शायर अली सरदार जाफरी को सबसे पहले इकबाल सम्मान से सम्मानित किया गया। 2 लाख रुपए का यह राष्ट्रीय सम्मान मध्य प्रदेश सरकार ने उर्दू में श्रेष्ठ रचनात्मक लेखन के लिए उर्दू के सुप्रसिद्ध कवि अल्लामा इकबाल के नाम पर स्थापित किया है।

11. अखिल भारतीय इन्दिरा गांधी पुरस्कार : इस पुरस्कार की स्थापना 26 मई, 1985 को मध्य प्रदेश सरकार ने की। इस पुरस्कार के रूप में एक लाख रुपया नकद तथा प्रशस्ति पत्र दिए जाते हैं।

12. किशोर कुमार सम्मान : संगीत के क्षेत्र का यह सम्मान हिन्दी सिनेमा के प्रसिद्ध गायक किशोर कुमार की याद में स्थापित किया गया है। इसके अंतर्गत 2 लाख रुपए की पुरस्कार राशि प्रदान की जाती है।

13. मध्य प्रदेश सरकार द्वारा दी जाने वाली फेलोशिप : *(i)* साहित्य के लिए : मुक्तिबोध फेलोशिप ***(ii)* ललित कला के लिए :** अमृता शेरगिल फेलोशिप ***(iii)* संगीत के लिए:** उस्ताद अलाउद्दीन खां फेलोशिप ***(iv)* लोक कलाओं के लिए :** चक्रधर फेलोशिप, ***(v)* हिन्दीतर भारतीय भाषाओं में हिन्दी कविता के अनुवाद के लिए :** श्रीकान्त वर्मा फेलोशिप, ***(vi)* पत्रकारिता के लिए:** राजेन्द्र प्रसाद माथुर फेलोशिप।

14. संत रविदास स्मृति पुरस्कार : राज्य सरकार ने 26 अक्टूबर, 2005 को संत रविदास स्मृति पुरस्कार नियम 2004 को स्वीकृति प्रदान की। इस पुरस्कार की स्थापना प्रदेश में सामाजिक चेतना जागृत करने तथा दलित वर्गों के उत्थान के क्षेत्र में उत्कृष्ट कार्य करने वाले व्यक्तियों एवं स्वैच्छिक संस्थाओं को प्रोत्साहित करने के उद्देश्य से की गई है।

15. महाराणा प्रताप शौर्य राज्य पुरस्कार : 1 फरवरी, 2000 को मध्य प्रदेश के मूल निवासी को साहसिक कार्य हेतु महाराणा प्रताप शौर्य राज्य पुरस्कार की घोषणा की गई। यह पुरस्कार 1 लाख रुपए की नकद राशि तथा प्रशस्ति पत्र का है।

16. माखनलाल चतुर्वेदी पत्रकारिता पुरस्कार : यह पुरस्कार किसी ऐसे समाचार पत्र के सम्पादक को दिया जाता है जिसने श्रेष्ठ सम्पादन किया है।

मध्य प्रदेश के उत्सव एवं समारोह

1. खजुराहो नृत्य समारोह : खजुराहो नृत्य समारोह की शुरुआत सन् 1976 में की गई थी। यह समारोह फरवरी-मार्च के महीनों में आयोजित होकर सात दिन तक चलता है। यह भारत में शास्त्रीय नृत्यों का सबसे बड़ा समारोह है। इसमें मोहिनी अट्टम, भरत नाट्यम, कथक, कुचिपुड़ी, ओडिसी, मणिपुरी आदि नृत्य विधाओं के कलाकार भाग लेते हैं। इस समारोह का मुख्य उद्देश्य देशी व विदेशी पर्यटकों को अत्यधिक संख्या में आकर्षित करना है।

2. मालवा उत्सव : मध्य प्रदेश राज्य पर्यटन विकास निगम ने वर्ष 1991 में मालवा उत्सव की शुरुआत की। इसका आयोजन प्रतिवर्ष गणेश चतुर्थी से त्रयोदशी तक उज्जैन, मांडू और इन्दौर में संयुक्त रूप से होता है।

3. कला समारोह : लगभग दो दशकों से प्रतिवर्ष मध्य प्रदेश में वार्षिक कला समारोह का आयोजन किया जा रहा है। उत्सव में सृजनात्मक कलाओं का समागम होता है, जिनमें शास्त्रीय संगीत, शास्त्रीय नृत्य, रंगमंच चित्रकला और काव्य पाठ सम्मिलित हैं। विशिष्ट कलाकारों को सम्मानित भी किया जाता है।

4. तानसेन समारोह : संगीत सम्राट तानसेन के समाधि स्थल ग्वालियर में यह समारोह प्रतिवर्ष आयोजित किया जाता है। मध्य प्रदेश सरकार 1980 से इस समारोह में सम्मान प्रदान करती है। इस समारोह में पूरे भारत के शास्त्रीय संगीत के प्रसिद्ध कलाकार भाग लेते हैं।

20
मध्य प्रदेश के नगर

वर्ष 2011 की जनगणना के अनुसार मध्य प्रदेश में 5,25,57,404 व्यक्ति ग्रामीण अधिवासों में और 2,00,69,405 व्यक्ति नगरीय अधिवासों में निवास करते हैं। प्रतिशत जनसंख्या के आधार पर 72.4% जनसंख्या गांवों में और 27.60% जनसंख्या नगरों में निवास करती है। वर्ष 1901 में मध्य प्रदेश की नगरीय जनसंख्या 10.49% थी जो कि वर्ष 2011 में बढ़कर 27.60% हो गई है। प्रदेश का भोपाल जिला सर्वाधिक नगरीय जनसंख्या वाला जिला है, जहाँ 80.9% व्यक्ति नगरों में और 19.1% व्यक्ति गांवों में निवास करते हैं। सबसे कम नगरीय जनसंख्या वाला जिला डिण्डोरी है जहाँ मात्र 4.6% जनसंख्या ही नगरीय है। मध्य प्रदेश में मात्र 4 जिले ऐसे हैं जहाँ नगरीय जनसंख्या 50% से अधिक पाई जाती है। ये जिले भोपाल (80.9%), इन्दौर (74.1%), ग्वालियर (62.7%) और जबलपुर (58.5%) हैं।

मध्य प्रदेश-नगरीय जनसंख्या (1901-2011)

वर्ष	नगरीय जनसंख्या (प्रतिशत में)	वर्ष	नगरीय जनसंख्या (प्रतिशत में)
1901	10.49	1961	16.64
1911	8.23	1971	18.58
1921	9.18	1981	22.34
1931	10.22	1991	25.27
1941	11.98	2001	26.45
1951	14.87	2011	27.60

एक लाख से अधिक जनसंख्या वाले नगर

मध्य प्रदेश में नगरों की जनसंख्या में तेजी से वृद्धि हुई है। प्रदेश में 1901 की जनगणना के समय राज्य की कुल जनसंख्या 1,26,79,214 व्यक्ति थी जिसमें 13,29,445 व्यक्ति 97 नगरीय अधिवासों में निवास करते थे। 2011 में मध्य प्रदेश की कुल जनसंख्या 7,26,26,809 व्यक्ति हो गई। इस जनसंख्या में 2,00,69,405 व्यक्ति नगरीय अधिवासों के हैं अर्थात् राज्य

में 27.60% लोग नगरों में रहते हैं। वर्ष 2011 की जनगणना के अनुसार मध्य प्रदेश में एक लाख से अधिक जनसंख्या वाले 32 नगर हैं। प्रदेश के चार नगरों इन्दौर, भोपाल, जबलपुर और ग्वालियर की जनसंख्या 10 लाख से अधिक है। एक लाख से अधिक जनसंख्या वाले नगरों की सूची निम्नलिखित है:—

एक लाख से अधिक जनसंख्या वाले नगर

	नगर	*जनसंख्या*
1.	मुरैना	200506
2.	भिण्ड	197332
3.	ग्वालियर	1053505
4.	दतिया	100466
5.	शिवपुरी	179972
6.	छत्तरपुर	133626
7.	सागर	273357
8.	दमोह	124979
9.	सतना	280248
10.	रीवा	235422
11.	नीमच	128108
12.	मन्दसौर	141468
13.	रतलाम	264810
14.	नागदा	100036
15.	उज्जैन	515215
16.	देवास	289438
17.	पिथमपुर	126099
18.	इन्दौर	1960631
19.	खरगौन	106452
20.	विदिशा	155959
21.	भोपाल	1795648
22.	सिहोर	108818
23.	बेतुल	103341
24.	हौशंगाबाद	117956
25.	मुरवाड़ा (कटनी)	221875
26.	जबलपुर	1054336
27.	छिन्दवाड़ा	138266
28.	सिवनी	102377
29.	गुना	180978
30.	सिंगरौली	220295
31.	खण्डवा	200681
32.	बुरहानपुर	210891

प्रदेश के विभिन्न नगरों के उपनाम

उपमान	नगर
1. झीलों का शहर	भोपाल
2. महाकाल की नगरी	उज्जैन
3. संगीत नगरी	मैहर
4. पर्यटकों का स्वर्ग	पंचमढ़ी
5. शिल्प कला तीर्थ	खजुराहो
6. आनन्द नगरी	माण्डू
7. मध्य प्रदेश का लखनऊ	सिवनी
8. मैंगनीज नगरी	बालाघाट
9. चूना नगरी	बालाघाट
10. तानसेन की नगरी	ग्वालियर
11. मध्य प्रदेश का मुम्बई	इन्दौर
12. मध्य प्रदेश संस्कारधानी	जबलपुर
13. संगमरमर नगरी	भेड़ाघाट
14. मंदिर-मूर्तियों का नगर	उज्जैन
15. बौद्ध जगत की पवित्र नगरी	सांची

मध्य प्रदेश में नदियों पर बसे प्रमुख नगर

	नगर	नदी
1.	जबलपुर	नर्मदा नदी
2.	विदिशा	बेतवा नदी
3.	रतलाम	चम्बल नदी
4.	मऊ	चम्बल नदी
5.	शाजापुर	पार्वती नदी
6.	निमाड़	नर्मदा नदी
7.	पंचमढ़ी	तवा नदी
8.	धार	नर्मदा नदी
9.	शिवपुरी	सिन्ध नदी
10.	गुना	बेतवा नदी
11.	श्योपुर	चम्बल नदी
12.	उज्जैन	क्षिप्रा नदी

	नगर	नदी
13.	राजगढ़	पार्वती नदी
14.	झाबुआ	नर्मदा नदी
15.	दतिया	सिन्ध नदी
16.	देवास	काली नदी
17.	महेश्वर	नर्मदा नदी
18.	बड़वानी	नर्मदा नदी
19.	मण्डला	नर्मदा नदी
20.	ओंकारेश्वर	नर्मदा नदी
21.	ओरछा	बेतवा नदी
22.	सांची	बेतवा नदी
23.	आएटा	पार्वती नदी
24.	तवानगर	तवा नदी
25.	सोनकच्छ	काली सिन्ध नदी
26.	बुरहानपुर	ताप्ती नदी
27.	बालाघाट	बैनगंगा नदी

मध्य प्रदेश के विभिन्न नगरों के संस्थापक

	नगर	संस्थापक/पुनर्निर्माणकर्ता	स्थापना काल
1.	इन्दौर	रानी अहिल्याबाई	1770 ई.
2.	भोपाल	राजा भोज	11 वीं सदी
3.	खजुराहो	चन्देल राजाओं ने	950 ई.
4.	माण्डू (पूर्व नाम शादियाबाद)	राजपूत राजा माण्डवा	छठी सदी
5.	ग्वालियर (नामकरण प्रख्यात संत ग्वालपा के नाम पर)	राजा सूरजसेन	छठी सदी
6.	पंचमढ़ी	अंग्रेजों द्वारा	
7.	आसीरगढ़	आसा नाम का एक अहीर राजा	
8.	सांची	सम्राट अशोक	तीसरी सदी ई.पू.
9.	होशंगाबाद	होशंगशाह	15 वीं सदी
10.	इस्लामनगर	दोस्त मुहम्मद	11 वीं सदी
12.	जबलपुर	मदन शाह	1116 ई.

21
मध्य प्रदेश में खेल-कूद गतिविधि

मध्य प्रदेश में खेलकूद का विकास पंजाब, महाराष्ट्र, प. बंगाल, हरियाणा, कर्नाटक, तमिलनाडु और केरल की तरह नहीं हो पाया है। मध्य प्रदेश में राज्य सरकार ने खेल-कूद की गतिविधियों के विकास के लिए 'खेल-कूद एवं युवक कल्याण विभाग' की स्थापना 1 अक्टूबर, 1975 को की थी। इसका प्रमुख कार्य राज्य में खेल-कूद गतिविधियों का प्रचार-प्रसार, संचालन एवं ग्रामीण अंचलों में इन्हें प्रोत्साहन देना है। यह विभाग अपनी खेल-कूद सम्बन्धी गतिविधियां 'मध्य प्रदेश राज्य क्रीड़ा परिषद्' की सलाह से संचालित करता है। क्रीड़ा परिषद् मूलत: एक परामर्शदात्री समिति है। वह खेल संघों तथा संस्थाओं को मान्यता प्रदान करती है। क्रीड़ा परिषद् राज्य सरकार को पुरस्कार सम्बन्धी तथ्यों पर परामर्श देती है। वह यह भी परामर्श देती है कि राज्य में किस खिलाड़ी को पुरस्कार मिलना चाहिए। मध्य प्रदेश के प्रसिद्ध 'विक्रम पुरस्कार' परिषद् की अनुशंसा पर ही प्रदान किए जाते हैं। क्रीड़ा परिषद् ने राज्य में कई प्रशिक्षण केन्द्र खोल रखे हैं। राष्ट्रीय क्रीड़ा संस्थान (पटियाला) के सहयोग से भोपाल में क्षेत्रीय प्रशिक्षण केन्द्र, सागर, जबलपुर, ग्वालियर और इन्दौर में तथा उज्जैन में उप-प्रशिक्षण केन्द्र संचालित किए जा रहे हैं। इन केंद्रों पर वॉलीबॉल, टेबिल-टेनिस, बैडमिण्टन, क्रिकेट, बास्केटबॉल, हॉकी, कुश्ती तथा भारोत्तोलन का प्रशिक्षण दिया जाता है।

क्रीड़ा परिषद्, राज्य सरकार तथा केन्द्रीय सरकार के सम्मिलित आर्थिक प्रावधानों की सहायता से राज्य में ग्रामीण क्रीड़ा केन्द्र कार्यरत हैं। राज्य में खेल प्रतियोगिताओं का आयोजन राज्य स्तर से लेकर विकास खण्ड स्तर तक किया जाता है। राज्य की प्रमुख ग्रामीण खेल प्रतियोगिताओं में बास्केटबॉल, हॉकी, कबड्डी, खो-खो, कुश्ती, धनुर्विद्या समूह, एथलेटिक्स समूह, वॉलीबॉल, फुटबॉल एवं जिम्नास्टिक आदि हैं।

क्रीड़ा परिषद् राज्य सरकार को परामर्श देकर खेल-कूद संस्थाओं को अनुदान दिलवाती है। इन संस्थाओं में स्थानीय खेलकूद संघों से लेकर जिला और राज्य स्तर के संघ और संस्थाएं सम्मिलित हैं। क्रीड़ा परिषद् हरिजन तथा आदिवासी युवाजनों के लिए खेलकूद के विशेष

कार्यक्रम आयोजित करती है। इसके साथ ही यह खेल-कूद उपकरणों की व्यवस्था तथा खिलाड़ियों को आवश्यकतानुसार वृत्तियां और अंशदान स्वीकृत करवाती है। 35 वें राष्ट्रीय खेलों (केरल) में मध्य प्रदेश ने 23 स्वर्ण, 27 रजत व 41 कांस्य जीतकर छठा स्थान प्राप्त किया।

राज्य में विभिन्न खेलों का विकास

क्रिकेट : 1941 ई. में महाराजा यशवन्त राव ने कर्नल सी.के.नायडू के नेतृत्व में 'होलकर क्रिकेट एसोसिएशन' की स्थापना की थी। इसके पहले 1890 ई. में इन्दौर में 'पारसी क्लब' की स्थापना से क्रिकेट की परम्परा प्रारंभ हुई थी। इसके उपरान्त राज्य में अनेक क्लबों का गठन हुआ, जिन्होंने क्रिकेट के क्षेत्र में राष्ट्रीय एवं अन्तर्राष्ट्रीय ख्याति प्राप्त की।

होलकर क्रिकेट एसोसिएशन की टीम चार बार रणजी ट्रॉफी विजेता बनी। होलकर टीम को विजय हजारे जैसे विख्यात खिलाड़ी का प्रतिनिधित्व भी मिला। होलकर टीम के अनेक सदस्य भारतीय टीम में भी स्थान बना चुके हैं। होलकर क्रिकेट एसोसिएशन ही बाद में मध्य प्रदेश क्रिकेट एसोसिएशन में परिवर्तित हो गया। वर्तमान में यह संगठन राज्य का शीर्ष संगठन है। 1916 ई. में होलकर के राजा श्रीमंत तुकोजी राव ने एक क्रिकेट का मैदान बनवाया। इसके अतिरिक्त महाराजा ने 1913 ई. में कर्नल डेली के नाम से डेली शील्ड टूर्नामेंट प्रतियोगिता प्रारम्भ की, जिसका पहला टूर्नामेंट सेंट्रल इण्डिया एजेन्सी क्रिकेट क्लब ने जीता। मध्य प्रदेश में पहला बड़ा मैच सेन्ट्रल इण्डिया एकादश तथा एम.सी.सी. के मध्य 1934 ई. में इन्दौर में खेला गया। इसी बीच यहां क्रिकेट एसोसिएशन का गठन हुआ।

प्रमुख खिलाड़ी : नरेन्द्र हिरवानी, विजय हजारे, राजेन्द्र निगम, भगवान दास, विजय नायडू, अशोक जगदाले, सुबोध सक्सेना, गुलरेज अली, रमेश भाटिया, नरेन्द्र मेनन, संजीव राव, राजेश्वरी ढोलकिया, अमिताभ विजयवर्गीय आदि।

हॉकी : हॉकी के क्षेत्र में मध्य प्रदेश ने राष्ट्रीय और अन्तर्राष्ट्रीय मंच पर महत्त्वपूर्ण उपलब्धियां प्राप्त की हैं। मध्य प्रदेश में भोपाल हॉकी एसोसिएशन, भोपाल एवं मध्य प्रदेश हॉकी एसोसिएशन, जबलपुर पुरुष हॉकी के दो राज्यस्तरीय संगठन हैं तथा न्यू मध्य प्रदेश वीमेन्स हॉकी एसोसिएशन, भोपाल, मध्य भारत महिला हॉकी एसोसिएशन, ग्वालियर तथा महाकौशल महिला हॉकी एसोसिएशन, जबलपुर महिला हॉकी के तीन राज्यस्तरीय संगठन हैं।

मध्य प्रदेश ने अनेक उच्च स्तरीय खिलाड़ी इस खेल को दिए हैं। प्रारम्भिक काल में भोपाल वान्डरर्स, भगवन्त क्लब टीकमगढ़, जीवाजी क्लब, कल्याण मिल, ग्वालियर तथा इन्दौर की हॉकी टीमों के खिलाड़ियों ने राष्ट्रीय स्तर की टीमों में स्थान प्राप्त किया है। ग्वालियर क्षेत्र से हॉकी के जादूगर ध्यानचंद के लघुभ्राता रूप सिंह भी विश्व स्तर के

खिलाड़ी थे। गुलाम रसूल दुर्ग, बाला पंवार और शिवाजी पंवार के नाम भी हॉकी के क्षेत्र में उल्लेखनीय हैं।

प्रमुख खिलाड़ी : ध्यानचंद, इस्माइल अब्बासी, रूपसिंह, इरमेम, शिवराम, मन्ना सिंह, के. मुखर्जी, गेंदालाल, अहमद शेर, लतीफ अनवर, शकूर, बन्ने खां, कबी अंसारी, दाउद मोहम्मद, कमर मियां, दाऊ उदहमान, किशनलाल, लक्ष्मण शंकर, मास्टर राजोरिया, असलम शेर खां, सन्तुराम, चम्पालाल, गेंदालाल, गुलाम रसूल, बाला पंवार, शिवाजी पंवार आदि।

बैडमिण्टन : राज्य में बैडमिण्टन खेल की शुरुआत 19 अक्टूबर, 1946 को मध्य प्रदेश बैडमिण्टन एसोसिएशन की स्थापना के साथ हुई। यह एसोसिएशन राज्य का शीर्ष बैडमिण्टन संगठन है, जिसका मुख्यालय जबलपुर में स्थित है। मध्य प्रदेश में बैडमिण्टन के लिए इण्डोर स्टेडियम जबलपुर, इन्दौर, रतलाम, भोपाल, ग्वालियर, इटारसी, उज्जैन एवं कटनी में स्थापित किए गए हैं। मध्य प्रदेश बैडमिण्टन एसोसिएशन के तत्वाधान में इस खेल के विभिन्न प्रतियोगियों को गुलाब राय चड्ढा कप, यश कप, राजेन्द्र सिंह कप, राधेश्याम अग्रवाल कप, ट्रिपल क्राउन शील्ड, एम.पी. जैन कप एवं मास्टर अरविन्द खांडेकर चैलेन्ज शील्ड प्रदान किए जाते हैं।

प्रमुख खिलाड़ी : बी. एम. तपाड़िया, सी.डी. देवरस, प्रणव बोस, कु. एम. ताम्बे, अशोक सैदा, पार्थो गांगुली, संजय मिश्रा, सीमा भण्डारी, कविता आसना आदि।

फुटबॉल : फुटबॉल खेल के मामले में यह राज्य बंगाल, पंजाब, केरल, गोवा, महाराष्ट्र आदि राज्यों से काफी पीछे है। इस राज्य में राष्ट्रीय स्तर के खिलाड़ी बहुत कम हुए हैं। राज्य के प्रमुख स्टेडियम, जहां पर फुटबॉल खेला जाता है, निम्नलिखित जगहों पर हैं : इन्दौर, रतलाम, ग्वालियर, मन्दसौर, खरगौन, रीवा, सागर, दमोह, भोपाल, बैतूल एवं जबलपुर।

प्रमुख खिलाड़ी : प्रह्लाद अहीर, डी. सेना, राजू सैनी, राकेश जैन, राजेन्द्र सिंह, सम्मति प्रकाश सैनी, कुमारी मीना शेडगे, राजा महेन्द्र बहादुर सरायपाली, राम खिलावन शर्मा आदि।

टेबिल टेनिस : मध्य प्रदेश में टेबिल टेनिस एसोसिएशन की स्थापना सन् 1957 में जबलपुर में हुई। राज्य का प्रमुख टेबिल टेनिस केन्द्र इन्दौर है। सम्पूर्ण राज्य में इस खेल के दो हजार से अधिक खिलाड़ी मध्य प्रदेश टेबिल टेनिस एसोसिएशन से सम्बन्धित हैं।

प्रमुख खिलाड़ी : श्री जाल गोदरेज, रीता जैन, समीर सरकार, कु. रिंकू गुप्ता, कुमारी सीमा तारे, पंकज सत्पथी, ज्योति मेहता, कर्म मानिक आदि।

खेल वृत्ति, पुरस्कार नियम व सम्मान निधि

मध्य प्रदेश शासन के खेल एवं युवा कल्याण विभाग ने 26 जुलाई, 2005 को विभिन्न नियम बनाए हैं, जो इस प्रकार हैं :

1. खेल वृत्ति : यह 19 वर्ष से कम आयु के किसी ऐसे खिलाड़ी को प्रदान की जाती है जिसने राष्ट्रीय अथवा राज्य स्तरीय खेल प्रतियोगिताओं में स्वर्ण/रजत/कांस्य पदक प्राप्त किया

हो। सामान्यत: एक खिलाड़ी को अधिकतम दो वर्षों तक ही खेल वृत्ति दी जाती है परन्तु यदि खिलाड़ी प्रतिभावान एवं उत्कृष्ट है तो खेल वृत्ति दो वर्ष के बाद भी दी जा सकती है।

2. एकलव्य पुरस्कार : इस पुरस्कार की स्थापना 1994 में की गई है। यह पुरस्कार 19 वर्ष से कम आयु के खिलाड़ियों को दिया जाता है। मध्य प्रदेश के मूल निवासी उन खिलाड़ियों को यह पुरस्कार दिया जाता है जिन्होंने पिछले पांच वर्षों में न्यूनतम 2 वर्षों में राष्ट्रीय/अन्तर्राष्ट्रीय खेल प्रतियोगिताओं में राज्य का प्रतिनिधित्व किया हो।

पुरस्कार प्राप्त खिलाड़ी को 50 हजार रुपए तथा अन्य समस्त सुविधाएं जो विक्रम पुरस्कार में दी जाती हैं, मिलेंगी।

3. विश्वामित्र पुरस्कार : यह पुरस्कार उन प्रशिक्षकों को दिया जाता है जिन्होंने पिछले पांच वर्षों में कम से कम दो ऐसे खिलाड़ियों को प्रशिक्षित किया हो जिन्होंने राष्ट्रीय/अन्तर्राष्ट्रीय प्रतियोगिता में एकलव्य/विक्रम पुरस्कार/2 स्वर्ण पदक अथवा 4 रजत पदक अथवा 6 कांस्य पदक जीते हों।

पुरस्कृत प्रशिक्षक को 1,00,000 रुपए नकद, ब्लेजर, टाई, प्रतीक चिन्ह, प्रमाण-पत्र, 100 रुपए प्रतिदिन के हिसाब से भत्ता, आवास तथा भोजन की सुविधा उपलब्ध कराई जाती है।

4. विक्रम पुरस्कार : यह पुरस्कार राज्य के ऐसे मूल निवासी खिलाड़ी को प्रदान किया जाता है जिसने पिछले पांच वर्षों में कम से कम दो वर्षों तक वरिष्ठ वर्ग की राष्ट्रीय/अंतर्राष्ट्रीय खेल प्रतियोगिताओं में राज्य का प्रतिनिधित्व किया हो। पुरस्कार प्राप्त करने वाले प्रत्येक खिलाड़ी को 1,00,000 रुपए नकद, ब्लेजर, टाई, प्रतीक चिन्ह, प्रमाण-पत्र, किराया, 100 रुपए प्रतिदिन के हिसाब से भत्ता तथा आवास, भोजन तथा परिवहन की व्यवस्था की जाएगी।

5. अन्तर्राष्ट्रीय पदक विजेता खिलाड़ी पुरस्कार : यह पुरस्कार म.प्र. के ऐसे मूल निवासी खिलाड़ी को प्रदान किया जाता है जिसने सीनियर वर्ग की किसी अन्तर्राष्ट्रीय प्रतियोगिता में पदक प्राप्त किया हो।

6. सम्मान निधि : यह निधि मध्य प्रदेश के ऐसे मूल निवासी खिलाड़ी को प्रदान की जाती है जिसने अन्तर्राष्ट्रीय खेल प्रतियोगिताओं, ओलम्पिक, वर्ल्ड चैम्पियनशिप, वर्ल्ड कप, एशियाई, अन्तर्राष्ट्रीय क्रिकेट में देश का प्रतिनिधित्व किया हो तथा कोई पदक जीता हो।

7. खेल संस्थाओं को अनुदान
A. राज्य स्तरीय प्रतियोगिता आयोजित करने पर 50 हजार रुपए।
B. जिला स्तर पर अन्तर्राष्ट्रीय प्रतियोगिता आयोजित करने पर 50 हजार रुपए।
C. राज्य स्तर पर राष्ट्रीय प्रतियोगिता आयोजित करने पर 1 लाख 50 हजार रुपए।
D. अन्तर्राष्ट्रीय प्रतियोगिता आयोजित करने पर 2 लाख रुपए।

मध्य प्रदेश के प्रमुख स्टेडियम

इन्दौर, रतलाम, ग्वालियर, मन्दसौर, खरगौन, भोपाल, रीवा, सागर, दमोह, बैतूल, जबलपुर आदि।

मध्य प्रदेश की नवीन खेल नीति, 2005

मध्य प्रदेश में वर्ष 2005 से नई खेल नीति लागू है। इसमें शारीरिक शिक्षण को अनिवार्य बनाया गया है। इस नवीन नीति में इस बात पर विशेष जोर दिया गया है कि खेल प्रबन्ध में राष्ट्रीय एवं अन्तर्राष्ट्रीय स्तर के वरिष्ठतम खिलाड़ियों को अवश्य सम्मिलित किया जाय। इस नवीन नीति के निम्नलिखित दीर्घकालिक एवं अल्पकालिक लक्ष्य हैं :

दीर्घकालिक लक्ष्य

1. 6 से 15 वर्ष के बालक-बालिकाओं की खेल प्रतिभा का पता लगाकर उसे दीर्घकालिक प्रशिक्षण देकर राष्ट्रीय या अन्तर्राष्ट्रीय स्तर पर खिलाड़ी बनाना।
2. शहरी एवं ग्रामीण दोनों क्षेत्रों में खेलों का विकास करने वाली योजनाओं को क्रियान्वित करना।
3. राज्य के समस्त विभागों के खेल संसाधनों को सूचीबद्ध कर उन्हें अधिक-से-अधिक उपयोगी बनाने के लिए लोकल खेल एजेन्सी बनाना।
4. भारत सरकार के मापदण्डों के अनुसार प्रत्येक जिले में कम-से-कम एक खेल परिसर का निर्माण करना जिसके लिए भारत सरकार का अधिक-से-अधिक सहयोग प्राप्त करना।
5. स्वशासी उद्योगों का खेलों के प्रति रुझान बढ़ाना।
6. क्षेत्रीय कार्यालय वाले नगर में कम-से-कम एक सेण्टर फॉर एक्सीलेन्स का निर्माण करना।
7. उत्कृष्ट खिलाड़ियों के भविष्य को सुरक्षित करने के लिए समुचित संरक्षण प्रदान करना।

अल्पकालिक लक्ष्य

1. खेल प्रतिभाओं की तलाश एवं उनका संरक्षण व पोषण।
2. नगर के साथ-साथ तहसील, ब्लाक तथा गांवों में खेल संस्कृति का विकास तथा प्रसार।
3. खेल के लोक व्यापीकरण हेतु खेलों के प्रति समाज की सकारात्मक मनोवृत्ति बढ़ाना।
4. नैसर्गिक गुणों के आधार पर खेलों का चयन एवं उनका विकास करना।
5. वर्तमान में उपेक्षित एवं अर्ध विकसित मैदानों को तैयार करके उन्हें खेल हेतु उपलब्ध कराना।
6. विद्यालयों में 40 मिनट के खेल पीरियड की अनिवार्यता।
7. प्रदेश में शीर्ष उपलब्धि तैयार केन्द्रों का विकास।

22

प्रदेश के प्रमुख मन्दिर एवं मस्जिद

प्रमुख मन्दिर

1. लक्ष्मीनारायण मन्दिर, भोपाल : अरेरा पहाड़ी पर स्थित यह लक्ष्मीनारायण का नवनिर्मित मन्दिर है।

2. गोपाल मन्दिर, उज्जैन : यह भगवान कृष्ण का मन्दिर है। इसके द्वार चांदी के हैं।

3. महाकाल मन्दिर, उज्जैन : यह भगवान शिव का अति प्राचीन मन्दिर है। 13वीं शताब्दी में इसे नष्ट कर दिया गया था, किन्तु 18 वीं शताब्दी में इसका पुनर्निर्माण कराया गया।

4. गीता भवन, इन्दौर : यह मन्दिरों का समूह है। इसमें अन्नपूर्णा माता का मन्दिर प्रमुख है। इस मन्दिर का निर्माण दक्षिण की वास्तुकला शैली पर कराया गया है।

5. कांच मन्दिर, इन्दौर : इसे हुकुमचन्द्र जैन मन्दिर के नाम से भी पुकारते हैं। इसमें 3 जैन तीर्थंकर विद्यमान हैं। यह कांच विभिन्न रंग के दानों आदि से सुसज्जित है।

6. माई का मन्दिर, अमरकण्टक : यह मन्दिर नर्मदा नदी के उद्गम स्थान पर स्थित है। यह 10 वीं शताब्दी में बना था। इसे कलचुरी वंश के शासकों ने बनवाया था।

7. मुक्तागिरी के मन्दिर, मुक्तागिरी : यहां जैन धर्म से सम्बन्धित 52 मन्दिर हैं। कुछ मन्दिर चट्टानों के अन्दर बने हैं। निर्जन तथा वनों से आच्छादित गुफाओं तथा पर्वत शिखरों पर निर्मित ये मन्दिर बड़े आकर्षक दृष्टिगत होते हैं।

8. नीलकण्ठ महादेव मन्दिर, माण्डू : यह शिव मन्दिर है।

9. चौंसठ योगिनी मन्दिर, खजुराहो : यह चौंसठ योगिनियों को समर्पित तान्त्रिकों का मन्दिर है।

10. कन्दरिया महादेव मन्दिर, खजुराहो : यह खजुराहो का सबसे बड़ा मन्दिर है।

11. विश्वनाथ एवं नन्दी मन्दिर, खजुराहो : यह शिव मन्दिर माणिक मोती से बना है। इसमें ब्रह्मा की मूर्ति भी है और साथ ही शिवजी के वाहन नन्दी की मूर्ति भी है।

12. घन्टई मन्दिर, खजुराहो : इसमें एक जैन देवी गरुड़ पर सवार है तथा महावीर स्वामी की माता को जो 16 स्वप्न दिखाई दिए थे, उनका चित्रण है।

13. देवी जगदम्बा मन्दिर, खजुराहो : खजुराहो में जगदम्बा का एक बड़ा मन्दिर है।

14. **चित्रगुप्त मन्दिर, खजुराहो** : यह सूर्य मन्दिर है। दशावतारों में एक विष्णु की मूर्ति भी है।

15. **पार्वती मन्दिर, खजुराहो** : कहने को यह पार्वती मन्दिर है किन्तु यहां मूर्ति गंगा की है।

16. **पार्श्वनाथ मन्दिर, खजुराहो** : यह जैन धर्म का सबसे बड़ा मन्दिर है।

17. **लक्ष्मण मन्दिर, खजुराहो** : इसे रामचन्द्र चतुर्भुज मन्दिर भी कहते हैं। यह विष्णु को समर्पित है।

18. **मंगतेश्वर एवं वाराह मन्दिर, खजुराहो** : इसमें विष्णु के अवतार वाराह को पृथ्वी को मुक्त कराते हुए दर्शाया गया है।

19. **पशुपतिनाथ का मन्दिर, अमरकण्टक** : घुरैल पहाड़ी पर स्थित इस मन्दिर में पशुपतिनाथ महादेव की सवा पांच फीट ऊंची प्रतिमा लगी है। इस मन्दिर में पशुपतिनाथ की प्रतिमा के अतिरिक्त चार छोटी प्रतिमाएं भी हैं, जो पार्वती, गणपति, कार्तिकेय तथा नन्दी की हैं। इनमें से केवल पार्वती की प्रतिमा नाखूनी रंग के पत्थर से निर्मित है, शेष चारों प्रतिमाएं महसाना, मकराना पत्थर की बनी हुई हैं।

20. **महादेव का मन्दिर, ओंकारेश्वर** : खण्डवा से 78 किलोमीटर और इन्दौर से 77 किलोमीटर दूर नर्मदा नदी के तट पर ओंकारेश्वर महादेव का मन्दिर अवस्थित है। यह मन्दिर मध्यकालीन ब्राह्मण शैली में बना ओंकार मन्धाता का सुन्दर मन्दिर है। यह देश के सुप्रसिद्ध 12 ज्योतिर्लिंगों में से एक है।

प्रमुख मस्जिद

1. **कमाल मौला मस्जिद** : कमाल मौला मस्जिद का निर्माण मालवा की पूर्व राजधानी धार में सन् 1400 ई. में किया गया था। जनश्रुतियों के अनुसार इस मस्जिद का निर्माण मन्दिर तोड़कर किया गया था।

2. **लाट मस्जिद** : लाट मस्जिद का निर्माण धार में 1405 ई. में किया गया था। कहा जाता है कि इस मस्जिद का निर्माण भी मन्दिर तोड़कर किया गया था।

3. **मलिक मुगीस की मस्जिद** : मलिक मुगीस की मस्जिद का निर्माण मालवा के शासकों ने 1442 ई. में माण्डू में किया था। 150 फुट लम्बी एवं 132 फुट चौड़ी यह मस्जिद एक ऊंचे चबूतरे पर बनाई गई है।

4. **दिलावर खां मस्जिद** : दिलावर खां मस्जिद का निर्माण माण्डू में 1405 ई. में मालवा के शासकों ने किया था। इस मस्जिद को भी मन्दिर तोड़कर बनाया गया माना जाता है।

5. **जामी मस्जिद, माण्डू** : इस मस्जिद का निर्माण 1454 ई. में किया गया। मस्जिद का निर्माण कार्य होशंगशाह ने प्रारम्भ किया था पर अन्तिम रूप से इसका निर्माण महमूद खिलजी ने करवाया। वर्गाकार आकार में बनी मस्जिद की एक भुजा 288 फीट की है।

6. **ताज ताजुल मस्जिद, भोपाल** : इस मस्जिद का निर्माण कार्य सन् 1887 में प्रारम्भ किया गया। यद्यपि भोपाल में बहुत मस्जिद हैं, लेकिन यह मस्जिद विश्व की चंद बड़ी मस्जिदों में से एक है। इस मस्जिद का निर्माण नवाब शाहजहां बेगम ने करवाया था।

23
मध्य प्रदेश के प्रमुख मेले एवं त्योहार

प्रमुख मेले

मध्य प्रदेश में अनेक मेलों का आयोजन होता है। इन मेलों में कुछ मेले क्षेत्रीय होते हैं, तो कुछ मेले राज्य स्तर के होते हैं। लेकिन प्रदेश में प्रति 12 वर्ष के उपरान्त होने वाला उज्जैन का कुम्भ मेला पूरे देश में विख्यात है। मध्य प्रदेश में सबसे अधिक मेलों का आयोजन चैत्र तथा वैशाख (मार्च से मई के मध्य) में होता है। इन्दौर सम्भाग (प्रमण्डल) में सबसे अधिक मेले लगते हैं। प्रदेश में निम्नलिखित महत्त्वपूर्ण मेले लगते हैं।

1. शिवरात्रि मेला : पंचमढ़ी में आयोजित इस मेले में एक लाख से अधिक श्रद्धालु भाग लेते हैं। इस मेले में मध्य प्रदेश एवं महाराष्ट्र राज्य के अतिरिक्त अन्य राज्य से भी श्रद्धालु आते हैं।

2. बाबा शाहबुद्दीन औलिया का उर्स मेला : मध्य प्रदेश के नीमच जिले में यह उर्स मेला प्रति वर्ष फरवरी माह में चार दिन तक चलता है। यह मेला लगभग 85 वर्षों से लगता आ रहा है।

3. रामलीला मेला : ग्वालियर जिले के भाण्डेर तहसील में प्रतिवर्ष माघ माह (जनवरी-फरवरी) में यह मेला आयोजित होता है। लगभग 100 वर्ष पूर्व इस उत्सव को स्वामी पीताम्बर दास ने प्रारम्भ कराया था।

4. हीरा भूमिया का मेला : ग्वालियर, गुना तथा आसपास के गांवों में हीरा भूमिया संत की स्मृति में भाद्र माह (अगस्त-सितम्बर) में अलग-अलग तिथियों को क्षेत्र भर में मेले लगते हैं। ये मेले लगभग 1000 वर्षों से लगते चले आ रहे हैं।

5. जोगेश्वरी देवी का मेला : गुना जिले में चंदेरी नामक स्थान पर यह मेला प्रतिवर्ष चैत्र माह (मार्च-अप्रैल) में लगता है।

6. नागाजी का मेला : मुगल शासक अकबर के काल में मुरैना जिले के पोरसा गांव में नागाजी नामक एक सन्त थे। उनकी स्मृति में ही अगहन मास (नवम्बर-दिसम्बर) में यह मेला आयोजित होता है, जो एक माह तक चलता है। इस मेले में पशुओं का क्रय-विक्रय होता है।

7. पीर बुधान का मेला : शिवपुरी जिले के ग्राम सांवरा में प्रतिवर्ष भाद्र माह (अगस्त-सितम्बर) में लगने वाला यह एक दिवसीय मेला 250 वर्षों से अधिक पुराना है।

8. कालूजी महाराज का मेला : राज्य के खरगौन जिले के पिपल्या खुर्द गांव का यह प्रसिद्ध मेला 200 वर्षों से अधिक समय से लगता आ रहा है। यह मेला एक महीने तक चलता है।

9. मान्धाता का मेला : यह मेला मध्य प्रदेश के खण्डवा जिले के मान्धाता नामक स्थान पर कार्तिक माह (सितम्बर-अक्टूबर) में लगता है। यह मेला एक सप्ताह तक चलता है। यहां लाखों लोग शिवजी की पूजा करने आते हैं।

10. तेजाजी का मेला : गुना जिले के भामावद गांव में यह मेला प्रतिवर्ष भाद्र माह (अगस्त-सितम्बर) में तेजाजी की जन्मतिथि पर लगभग 70 वर्षों से लगता आ रहा है।

11. सिंगाजी का मेला : खरगौन जिले के ग्राम पिपल्या में यह मेला प्रतिवर्ष क्वार माह (अगस्त-सितम्बर) में लगता है, जो एक सप्ताह तक चलता है।

12. बरमान का मेला : नरसिंहपुर जिले की गाडरवारा तहसील में बरमान का मेला प्रति वर्ष पौष माह (जनवरी) में लगता है। मकर संक्रान्ति से प्रारम्भ होकर यह मेला 13 दिन तक चलता है।

13. माघ घोघरा का मेला : सिवनी जिले के भैरोथान स्थान पर प्रतिवर्ष शिवरात्रि पर माघ घोघरा का मेला लगता है, जो 15 दिन तक चलता है।

14. चांदी देवी का मेला : सीधी जिले के घोघरा गांव में चांदी देवी का एक पुराना मंदिर है। इसी मंदिर के पास एक मेले का आयोजन किया जाता है।

15. रामजी बाबा का मेला : रामजी बाबा का मेला होशंगाबाद जिले में प्रतिवर्ष आयोजित किया जाता है।

16. जल बिहारी का मेला : जल बिहारी का मेला मध्य प्रदेश के छतरपुर में प्रतिवर्ष अक्टूबर माह में लगता है। इस दस दिवसीय मेले में अनेक कार्यक्रम होते हैं।

17. अमरकण्टक का शिवरात्रि मेला : शहडोल जिले के अमरकण्टक नामक स्थान पर (नर्मदा का उद्गम स्थान) प्रति वर्ष यह मेला शिवरात्रि पर्व पर लगता है। इस मेले की शुरुआत लगभग 90 वर्ष पूर्व हुई थी।

18. गरीबनाथ बाबा का मेला : शाजापुर जिले के अवन्तीपुर बरोडिया गांव में यह मेला पूरे चैत्र माह (मार्च-अप्रैल) तक चलने वाला मेला है।

19. धामोजी उर्स मेला : सागर जिले के धामोनी नामक ऐतिहासिक महत्त्व के मस्तान शाह वाली की दरगाह पर होने वाला यह छः दिवसीय उर्स मेला है, जो अप्रैल-मई में लगता है।

20. काना बाबा का मेला : होशंगाबाद जिले के ग्राम सोदालपुर में प्रतिवर्ष काना बाबा का मेला लगता है। यह मेला लगभग 300 साल पुराना है।

21. महामृत्युन्जय का मेला : रीवा जिले में महामृत्युन्जय का मन्दिर है। इसी मन्दिर के पास प्रति वर्ष वसन्त पंचमी व शिवरात्रि को यहां मेला लगता है।

22. अन्य मेले : प्रदेश के अन्य मेलों में नया गांव का रामनवमी मेला, रतलाम का त्रिवेणी मेला, वयावरा का चैती मेला, पन्ना का बलदाऊजी का मेला, हीरापुर का धुपदेही का मेला आदि प्रसिद्ध हैं।

प्रमुख त्योहार

मध्य प्रदेश क्षेत्रफल की दृष्टि से भारत का द्वितीय बड़ा राज्य है इसलिए यहां विभिन्न धर्मावलम्बियों के लोग रहते हैं। मध्य प्रदेश में भारत के अन्य राज्यों की तरह होली, दीपावली, दशहरा आदि पर्व बड़ी धूम-धाम से मनाए जाते हैं। इसके अलावा इस राज्य में आदिवासियों की बहुलता होने के कारण इनके क्षेत्रीय पर्व-त्योहार भी काफी मनाए जाते हैं।

1. भुजरिया : आल्हा-ऊदल की लोककथा पर आधारित यह बघेलखण्ड क्षेत्र का एक महत्त्वपूर्ण त्योहार है। इस मेले में पुरुषों का एक समूह नाचता हुआ महिलाओं का मार्ग दर्शन करता है तथा जलाशय के समीप पहुंचकर महिलाओं को भुजरिया को जल में विसर्जित करने का अवसर दिया जाता है। यह रीवा, जबलपुर आदि स्थानों में बड़े धूमधाम से मनाया जाता है।

2. नवरात्रि : यह पर्व मध्य प्रदेश के मालवा और निमाड़ क्षेत्रों में हर्षोल्लास के साथ मनाया जाता है। चैत्र मास में रामनवमी तक प्रत्येक घर में देवी पूजन होता है तथा नवमी के दिन गांव के बाहर मेला लगता है, जिसमें अपने सगे सम्बन्धियों को 'ज्वारे' दी जाती है।

3. दशहरा : यह सम्पूर्ण मध्य प्रदेश में मनाया जाता है। इन्दौर का दशहरा बहुत ही प्रसिद्ध है। कुछ समय पहले तक यह विजय पर्व के रूप में मनाया जाता रहा परन्तु वर्तमान में यह रामकथा पर आधारित होने लगा है। इस अवसर पर राम का पूजन एवं कीर्तन आदि किए जाते हैं।

4. दीपावली : यह त्योहार कार्तिक मास की अमावस्या को हिन्दू समाज और जैन समाज में बड़ी धूमधाम से मनाया जाता है। इस पर्व के आने से पूर्व घरों, दुकानों आदि की सफाई, पुताई और रंगाई होती है और उन्हें सजाया जाता है। जैन समाज के लोग यह पर्व भगवान श्री महावीर के जन्मदिवस के रूप में मनाते हैं और हिन्दू लोग इसे राम की रावण पर विजय के उपरान्त अयोध्या आगमन के रूप में मनाते हैं।

5. ईद : ईद मुसलमानों का सबसे बड़ा पर्व है। रमजान के महीने में मुसलमान लोग तीस दिन रोजा रखते हैं। रोजा का अर्थ दिन भर का उपवास है। जिस दिन रमजान का महीना समाप्त होता है, उसके दूसरे दिन ईद का पर्व मनाया जाता है। ईद के दिन रंग-बिरंगे व नए कपड़े पहने जाते हैं। बूढ़े, बच्चे व युवक सभी ईदगाह जाकर नमाज अदा करते हैं। नमाज के उपरान्त खुतबा (उपदेश) पढ़ा जाता है। खुतबा समाप्त होने पर सभी प्रेम से एक दूसरे के गले मिलते हैं। इस दिन सेवईं व मिठाईयां खाई जाती हैं।

6. मुहर्रम : मुहर्रम अरबी के पहले महीने का नाम है। इस दिन हजरत इमाम हुसैन, उनके परिवार के अन्य सदस्य एवं अनुयायी शहीद हुए थे। इसी महत्त्वपूर्ण घटना की याद में मुहर्रम मनाया जाता है। इस अवसर पर इमाम हुसैन को मानने वाले अलम (पताका), ताजिया, जुलजनाह, सपर आदि निकालते हैं और गरीबों को मुफ्त भोजन बांटा जाता है। यह महीना इस्लाम धर्म मानने वालों के लिए सच्चाई पर अपना सब कुछ लुटाने का प्रतीक है।

7. क्रिसमस : यह ईसाईयों का सबसे बड़ा पर्व है। यह पर्व हर साल दिसम्बर महीने की 25 तारीख को मनाया जाता है। इसी दिन ईसाइयों के महाप्रभु ईसा का जन्म हुआ था। इस दिन प्रातः काल सभी ईसाई लोग चर्च में जाकर सामूहिक प्रार्थना करते हैं। सभी नए परिधान पहनते हैं। सम्बन्धियों, मित्रों आदि से मिलते और उन्हें क्रिसमस की शुभकामनाएं देते हैं। कुछ लोग दूर रहने वाले मित्र व सम्बन्धियों को क्रिसमस का बधाई सन्देश भेजते हैं एवं बच्चों को उपहार देते हैं।

8. महावीर जयन्ती : भगवान महावीर का जन्म दिन चैत्र शुक्ल त्रयोदशी पर बड़े धूमधाम से मनाया जाता है। इस अवसर पर मन्दिरों को सजाया जाता है तथा विभिन्न सांस्कृतिक कार्यक्रमों का आयोजन किया जाता है। इस अवसर पर जैन धर्म से सम्बन्धित उपदेश होते हैं तथा भगवान के जीवन सम्बन्धी प्रकरणों पर प्रकाश डाला जाता है।

9. रक्षाबन्धन : यह त्योहार श्रावण माह की पूर्णिमा को मनाया जाता है। इस दिन बहन अपने भाइयों को राखी बांधती हैं जिसका अर्थ भाइयों द्वारा बहनों की रक्षा का प्रण है।

24

मध्य प्रदेश के प्रमुख महल, किले एवं समाधि व मकबरे

महल

1. जय विलास पैलेस : जीवाजी राव सिंधिया ने ग्वालियर में अपने रहने के लिए इसे बनवाया था। यहां का संग्रहालय देखने योग्य है।

2. गुजरी महल/मोती महल : ग्वालियर के राजा मानसिंह तोमर ने अपनी गुज्जरी प्रेमिका 'मृगनयनी' के लिए इसे बनवाया था।

3. मदन महल : जबलपुर नगर में एक विशाल पहाड़ी पर स्थित इस महल को गोंड राजा मदन शाह ने 1200 ई. में बनवाया था।

4. मोती महल (रामनगर, मण्डला) : सघन वन में मण्डला से लगभग 16 किलोमीटर दूर रामनगर में 65 मीटर लम्बा तथा 61 मीटर चौड़ा यह आयताकार महल बना है। इसे गोंड राजा नरेश हृदयशाह ने बनवाया था। यहीं से 3 किलोमीटर की दूरी पर नर्मदा तट पर वघेलन महल भी बना है। यह भी एक सुन्दर पर्यटन स्थल है।

5. माण्डू का महल : माण्डू में प्रसिद्ध रूपमती महल, दाई का महल तथा अशरफी महल है। अशरफी महल माण्डू की मुख्य इमारत है तथा अफगानों की कला का यह सर्वश्रेष्ठ नमूना है। ताजमहल बनवाने के पूर्व शाहजहां ने इसकी कला का अध्ययन करने के लिए कारीगरों को भेजा था। इसकी जालीदार बेलबूटी वाली खिड़कियां अत्यंत सुन्दर हैं। माण्डू में सागर तालाब के किनारे दाई का महल है। यहां नीलकण्ठ का मन्दिर तथा मन्दिर के बीचों-बीच लम्बा-चौड़ा आंगन है। माण्डू से तीन किलोमीटर दूर रेवा कुण्ड झील है, जिसे रानी रूपमती ने चौड़ा करवाया तथा एक महल बनवाया था। यहीं से बाज बहादुर के महल को पानी जाता था। बाज बहादुर की प्रेयसी रूपमती प्रतिदिन यहां नर्मदा दर्शन करने आती थी।

6. खरबूजा महल : धार के किले में पुरानी जीर्ण-शीर्ण अवस्था में एक इमारत है, जिसे खरबूजा महल कहते हैं। इस महल के ऊपर से देखने से सारा नगर दिखाई देता है।

7. राज मन्दिर : बेतवा नदी के द्वीप में राजा वीर सिंह देवजू ने एक विशाल महल बनवाया था, जो सुन्दर व कलात्मक था। इसके खण्डहर ओरछा दुर्ग के निकट विद्यमान हैं।

8. राजा रोहित का महल : यह महल राजबसंती द्वारा निर्मित करवाया गया था।

9. जहांगीर महल : जहांगीर ने अपने विश्राम के लिए ओरछा के दुर्ग में एक सुन्दर महल बनवाया था। यह महल पत्थर में बारीक व सजीव पच्चीकारी का अनुपम उदाहरण है।

10. राजा अमन का महल : अजयगढ़ दुर्ग में राजा अजयपाल ने अठारहवीं शताब्दी में यह महल बनवाया था। यह महल पत्थर में बारीक व सजीव पच्चीकारी का अनुपम उदाहरण है।

11. नौखण्डा महल : यह महल चन्देरी के किले में है, जिसे 11 वीं शताब्दी में राजा कीर्तिपाल ने बनवाया था।

12. हवा महल : चन्देरी के किले में प्रतिहार राजा कीर्तिपाल ने इस महल को 11 वीं शताब्दी में बनवाया था।

13. बादल महल : इस महल को राजबसंती ने रायसेन दुर्ग में सोलहवीं शताब्दी में बनवाया था।

14. इत्रदार महल : यह महल रायसेन दुर्ग में स्थित है; इसे राजबसंती ने बनवाया था।

किले एवं दुर्ग

1. धार का किला : इन्दौर के पश्चिम में धार जिले का मुख्यालय है। यहां एक छोटी पहाड़ी पर यह किला अवस्थित है। इसका पुनर्निर्माण सन 1344 ई. में मोहम्मद तुगलक ने दक्षिण विजय से लौटते समय देवगिरी जाते हुए करवाया था। औरंगजेब के साथ युद्ध के समय शाहजहां के बड़े लड़के ने भी यहां आश्रय लिया था। मराठा पवार नरेशों ने 1732 ई. में इस पर अधिकार कर लिया। इस किले का सबसे प्राचीन भाग खरबूजा महल है, जो अब जीर्ण-शीर्ण दशा में है। इस पर खड़े होकर पूरे शहर को देखा जा सकता है। इसके पास ही हजरत मकबूल की कब्र है तथा किले के भीतर पेशवा बाजीराव का जन्म स्थान है।

2. असीरगढ़ का किला : यह ऐतिहासिक किला पहले गुजरात, महाराष्ट्र तथा दक्षिण की ओर उत्तरी आक्रमणों से बचने के लिए एक ढाल माना जाता था। इसी के नीचे 10 वीं सदी का प्राचीन शिव मंदिर है। 'आसा' नाम के एक अहीर राजा ने इसे बनवाया था। इसकी दीवारें 250 मीटर ऊंची हैं। इसमें आशा देवी का मन्दिर है। इस किले के मध्य भाग का निर्माण आदिल खां फारूखी ने कराया था।

3. चंदेरी का किला : बीना-कोटा रेलगार्म पर मुंगावली रेलवे स्टेशन से 38 किलोमीटर दूर चंदेरी किला स्थित है। ललितपुर से यह स्थान 34 किलोमीटर दूर है। बेतवा नदी पर यह किला 11 वीं सदी में प्रतिहार राजा कीर्तिपाल ने बनवाया था। यह 70 मीटर ऊंची पहाड़ी पर बना है। चंदेरी के मुस्लिम शासकों ने इसकी दीवारें बनवाई। इसमें एक महल भी बना है जो

जीर्ण-शीर्ण हालत में है। इस किले में 'जौहर कुण्ड', नौखण्डा महल, 'हवा महल' देखने योग्य स्थान हैं। बाबर के आक्रमण के समय जौहरकुण्ड में 800 राजपूत नारियां जलकर भस्म हुई थीं।

4. ओरछा का किला : बेतवा नदी पर झांसी-मानिकपुर रेलमार्ग पर झांसी से अगले स्टेशन ओरछा में बुंदेला राजाओं का बनवाया हुआ बहुत ही सुदृढ़ विशाल किला है। इसमें अनेक प्राचीन मंदिर हैं, जैसे-राम मंदिर, चतुर्भुज मंदिर, लक्ष्मी नारायण मंदिर आदि। इस किले में जहांगीर ने अपने विश्राम के लिए 'जहांगीर महल' बनवाया था।

5. रायसेन का किला : राजा राजबसंती द्वारा बनवाया गया 16 वीं सदी का रायसेन का किला भोपाल से 40 किमी. दूर पहाड़ी पर स्थित है। इस किले का सैनिक महत्त्व बहुत अधिक है। मुस्लिम शासकों ने मालवा पर नियंत्रण करने के लिए इस किले का उपयोग किया था। इस किले में 40 कुएं, चार तालाब तथा अन्न व गोलाबारूद रखने के लिए बड़े विशाल तहखाने बने हैं। इसमें बादल महल, राजा रोहित महल तथा इत्रदार महल भी हैं।

6. अजयगढ़ का किला : पन्ना से 34 किलोमीटर उत्तर में अजयगढ़ में बड़ा विशाल मजबूत किला राजा अजयपाल ने बनवाया था। 18 वीं सदी में पन्ना के राजाओं ने इसका पुनर्निर्माण कराया। राजा अमन का महल विशेष महत्त्व का कलात्मक महल है। इसमें पत्थरों पर बारीक पच्चीकारी की गई है।

7. नरवर का किला : सतनावाड़ा स्टेशन से 25 किलोमीटर दूर उत्तर की ओर एक सुदृढ़ किला नरवर नामक स्थान पर है। यह स्थान राजा नल की राजधानी थी। इस किले का संबंध कछवाहों, तोमरों तथा जयपुर के राजाओं से रहा है। इस किले का सैनिक दृष्टि से ग्वालियर के किले के समान ही महत्त्व है।

8. मन्दसौर का किला : मालवा के पठार में शिवना नदी के किनारे मन्दसौर नगर के पूर्वी भाग में अलाउद्दीन खिलज़ी ने 14 वीं सदी में इसे बनवाया था। इसकी दीवारें टूट-फूट गई हैं। इन दीवारों के पत्थरों पर हिन्दू देवी-देवताओं की मूर्तियां हैं। किले में 12 दरवाजे हैं। यहां तापेश्वर महादेव का 500 वर्ष पुराना मन्दिर भी है।

9. बांधवगढ़ का किला : कटनी-बिलासपुर रेलमार्ग पर डमरिया स्टेशन से 30 किलोमीटर दूर विन्ध्याचल पर्वत के घने वनों में 900 मीटर की ऊंचाई पर बांधवगढ़ का किला 14 वीं सदी का बना हुआ है। किले के भीतर तालाब तथा लक्ष्मीनारायण का मंदिर है। शिखर के 400 मीटर नीचे एक चमत्कारी सन्त के नाम पर शेखशाही तालाब बना है। इसके किनारे पर उनकी समाधि बनी है।

10. गिन्नौरगढ़ का किला : गिन्नौरगढ़ का किला भोपाल से 60 किमी. दूर 390 मीटर लम्बी तथा 50 मीटर चौड़ी पहाड़ी पर बना है। यह 13 वीं सदी के महाराजा उदयवर्मन द्वारा बनवाया गया था। इस किले में एक महल है, जो बहुत महत्त्वपूर्ण है।

11. मण्डला का किला : जबलपुर से 96 किलोमीटर दूर महिष्मति नामक प्राचीन नगर है, जिसे वर्तमान में मण्डला कहते हैं। यहां बंजर व नर्मदा के संगम पर एक दुर्ग विद्यमान है, जिसे मण्डला दुर्ग कहते हैं। नर्मदा नदी इसे तीन ओर से घेरे हुए है और चौथी ओर गहरी खाई बनी है। पहले यह दुर्ग चारों ओर से पानी से घिरा था। दुर्ग के नीचे सुरंग थी जो मदन महल को जोड़ती थी। यह दुर्ग गोंड राजाओं की राजधानी और शक्ति का प्रमुख केन्द्र रहा है। इसका निर्माण प्रख्यात गोंड नरेश राजा नरेन्द शाह ने कराया था। इसे बनाने में अनेकों वर्ष लगे थे।

समाधि व मकबरे

1. तानसेन का मकबरा : प्रसिद्ध संगीतज्ञ तानसेन एक ब्राह्मण परिवार में पैदा हुए थे। वे मुगल बादशाह अकबर के दरबार के नौ रत्नों में से एक थे। ग्वालियर में इनका मकबरा बना है, जो मुगलकालीन कला और स्थापत्य का उत्कृष्ट नमूना है।

2. मुहम्मद गौस का मकबरा : पीर मुहम्मद गौस बाबर तथा अकबर के गुरु थे। ग्वालियर के किले के बाहर उनका मकबरा बना है, जो मुगलकालीन कला का अन्यतम नमूना है।

3. रानी दुर्गावती की समाधि : जबलपुर में शत्रुओं से लड़ने के उपरान्त अपनी हार को सुनिश्चित देखकर रानी दुर्गावती ने आत्महत्या कर ली थी। उन्हीं की याद में यहां समाधि बनाई गई है।

4. महारानी सांख्यराजे सिंधिया की समाधि : महारानी सांख्यराजे सिंधिया की समाधि शिवपुरी में सांख्य सागर के पास बनवाई गई है।

25
मध्य प्रदेश में विद्युत

मध्य प्रदेश में विद्युत तापीय विद्युत गृह, जलविद्युत गृह, सौर ऊर्जा, पवन ऊर्जा, बायोगैस संयंत्र तथा अन्य स्रोतों से प्राप्त होती है। इनमें से सबसे अधिक विद्युत तापीय विद्युत गृह से प्राप्त होती है। तापीय विद्युत तथा जलविद्युत दोनों को मिलाकर राज्य को 95 प्रतिशत से अधिक विद्युत की प्राप्ति होती है।

मध्य प्रदेश में विद्युत का इतिहास 100 वर्ष से अधिक पुराना है। यहां विद्युत उत्पादन 1905 ई. में आरम्भ किया गया था। 1930 ई. तक इस क्षेत्र में केवल 10 छोटे-छोटे विद्युत गृह ही कार्यरत थे। इन विद्युत गृहों का नियंत्रण निजी कम्पनियों और देशी रियासतों के हाथ में था। देशी और विदेशी कम्पनियां प्रारम्भ में प्रदेश के चुने हुए शहरों में ही केन्द्रित थीं। 1945 ई. में मध्यवर्ती प्रान्त में शासकीय स्तर पर स्वतंत्र विद्युत विभाग की स्थापना की गई। 10 सितम्बर 1948 ई. को विद्युत प्रदाय अधिनियम लागू किया गया। उसके उपरान्त विद्युत प्रदाय का कार्य मध्य प्रदेश विद्युत मण्डल को हस्तान्तरित कर दिया गया। मध्य प्रदेश के पुनर्गठन के समय विद्युत सेवा रीवा, जबलपुर, इन्दौर, भोपाल, ग्वालियर, सतना आदि कुछ गिने-चुने नगरों तक ही सीमित थी।

मध्य प्रदेश के प्रमुख विद्युत उत्पादन केन्द्र

मध्य प्रदेश में दो प्रकार के विद्युत उत्पादन केन्द्र हैं:-
  (क) तापीय विद्युत गृह (Thermal Power Stations)
  (ख) जल विद्युत केन्द्र (Hydro Electric Centres)

(क) तापीय विद्युत गृहः– जिन स्थानों पर विद्युत उत्पादन कोयले से किया जाता है, उन्हें तापीय विद्युत गृह कहते हैं। प्रदेश की विद्युत व्यवस्था में ताप विद्युत की अधिकता है। प्रदेश के प्रमुख तापीय विद्युत केन्द्र निम्नलिखित हैं:–

1. **चाँदनी ताप विद्युत केन्द्रः**– इस केन्द्र की स्थापना सन् 1953 ई. में की गई थी। इसकी स्थापना मुख्यतः बुरहानपुर के नेपानगर के अखबारी कागज के कारखाने की विद्युत पूर्ति करने के लिए की गई थी। यहाँ 55 मेगावाट की तीन तथा 9 मेगावाट की एक इकाई कार्यरत हैं। इस केन्द्र की कुल उत्पादन क्षमता 17 मेगावाट है।

2. **अमरकंटक ताप विद्युत गृहः**—अमरकंटक ताप विद्युत केन्द्र की स्थापना शहडोल जिले के सोहागपुर कोयला क्षेत्र में 13.14 हेक्टेयर क्षेत्र में की गई है। इस केन्द्र में कुल चार इकाइयाँ हैं जिनकी स्थापित क्षमता 450 मेगावाट है। इस केन्द्र से विद्युत का वितरण प्रदेश के बुन्देलखण्ड एवं बघेलखण्ड क्षेत्रों को किया जाता है।
3. **पेंच ताप विद्युत गृहः**—यह ताप विद्युत गृह छिंदवाड़ा जिले में स्थापित किया गया है। इसमें 210 मेगावाट क्षमता की दो इकाइयों की स्थापना की गई है।
4. **सतपुड़ा ताप विद्युत केन्द्रः**—यह ताप विद्युत केन्द्र बैतूल जिले के पाथर खेड़ा कोयला क्षेत्र में स्थित है। इस केन्द्र की स्थापना का प्रस्ताव 1960 में किया गया था, परन्तु निर्माण कार्यक्रम सितम्बर, 1962 में प्रारम्भ हुआ था। इस केन्द्र की 62.5 मेगावाट की प्रथम इकाई नवम्बर 1967 में तथा पाँचवीं इकाई मार्च 1969 में क्रियाशील हुई। चतुर्थ चरण का कार्यक्रम पूरा होने के बाद सतपुड़ा ताप विद्युत केन्द्र की स्थापित क्षमता बढ़कर 1330 मेगावाट हो गई है।
5. **संजय गांधी ताप विद्युत केन्द्रः**—संजय गांधी ताप विद्युत केन्द्र शहडोल जिले के बीरसिंहपुर में स्थित है। इसके प्रथम चरण में 210 मेगावाट क्षमता की दो तथा द्वितीय चरण में भी 210 मेगावाट क्षमता की दो इकाइयाँ स्थापित की गई हैं। इसके तीसरे चरण में 500 मेगावाट की एक इकाई स्थापित की गई है।
6. **बाँधव तथा मांडू ताप विद्युत गृहः**— यह ताप विद्युत गृह मध्य प्रदेश व गुजरात की संयुक्त परियोजना है।
7. **विन्ध्याचल वृहत् ताप विद्युत परियोजनाः**— यह परियोजना मध्य प्रदेश के सीधी जिले में बेढ़न के निकट स्थित है। इस केन्द्र की आधारशिला 1982 में श्रीमती इन्दिरा गाँधी ने रखी थी। यह संयंत्र, 13 जुलाई, 2001 को राष्ट्र को समर्पित किया गया। इस विद्युत केन्द्र की कुल क्षमता 2,260 मेगावाट है।
8. **जबलपुर ताप विद्युत केन्द्रः**—जबलपुर ताप विद्युत केन्द्र की उत्पादन क्षमता 15 मेगावाट है। यहाँ 44 मेगावाट की तीन, 2 मेगावाट की 4 तथा 1 मेगावाट की एक इकाई कार्यरत हैं।

(ख) जल विद्युत केन्द्रः— जिन स्थानों पर ऊँचाई से गिरने वाले जल की शक्ति से विद्युत उत्पन्न की जाती है, उन्हें जल विद्युत केन्द्र कहते हैं। मध्य प्रदेश में जल विद्युत का उत्पादन सर्वप्रथम चम्बल घाटी बहुमुखी परियोजना के अन्तर्गत प्रारम्भ हुआ।

1. **चम्बल घाटी परियोजनाः**— यह परियोजना राजस्थान व मध्य प्रदेश की सम्मिलित परियोजना है। इस परियोजना के अन्तर्गत 3 बाँध, 5 बिजलीघर और एक सिंचाई अवरोधक द्वारा जलाशय का निर्माण किया गया। इस परियोजना में तीनों बाँधों पर स्थित विद्युत केन्द्रों से 376 मेगावाट विद्युत उत्पन्न की जाती है। इस परियोजना के अन्तर्गत बनाए गए तीनों बाँधों पर स्थित जल विद्युत केन्द्र निम्नलिखित हैं:—
    - *(i)* **गाँधी सागर जल विद्युत केन्द्रः**— गाँधी सागर बाँध का निर्माण सन् 1960 में किया गया था। यह बांध मंदसौर जिले की भानपुरा तहसील में स्थित है। यह बाँध 510 मीटर लम्बा और 62 मीटर ऊँचा है। बाँध पर ही गाँधी सागर विद्युत केन्द्र 93 मीटर लम्बा है, जिसमें 15-15 मीटर की दूरी पर 23,000 किलोवाट शक्ति के 5 विद्युत उत्पादन संयंत्र लगाए गए हैं।

(ii) **राणा प्रताप सागर जल विद्युत केन्द्रः–** इस विद्युत केन्द्र की स्थापना गाँधी सागर बाँध से 48 किलोमीटर दूर चित्तौड़गढ़ जिले में 40 फीट ऊँचे धूलिया प्रपात के पास रावतभाटा में की गई है। इस बाँध की लम्बाई 1100 मीटर और ऊँचाई 36 मीटर है। इसके द्वारा बनने वाले जलाशय का क्षेत्रफल 113 वर्ग किलोमीटर है। यहाँ 43,000 किलोवाट की 4 विद्युत इकाइयाँ हैं।

(iii) **कोटा या जवाहर सागर जल विद्युत केन्द्रः–** कोटा या जवाहर सागर बाँध का निर्माण राणा प्रताप सागर बाँध से 32 किलोमीटर आगे किया गया है। यह बाँध 548 मीटर लम्बा और 45 मीटर ऊँचा है। यहाँ विद्युत उत्पादन हेतु 3 संयंत्र स्थापित किए गए हैं, जिनमें से प्रत्येक की क्षमता 33,000 किलोवाट की है।

2. **बरगी परियोजनाः–** रानी अवन्तिबाई सागर (बरगी) परियोजना जबलपुर जिले में बिजौरा गाँव के समीप स्थित है। यहाँ 45 मेगावाट की दो विद्युत इकाइयों में उत्पादन कार्य शुरू हो गया है।

ऊर्जा के अन्य स्त्रोतों द्वारा विद्युतीकरण

पारम्परिक ऊर्जा स्त्रोतों के अतिरिक्त ऊर्जा के वैकल्पिक साधनों का पता लगाने, उन्हें अधिकाधिक उपयोग में लाने तथा उनके विकास के लिए मध्य प्रदेश विकास निगम की स्थापना अगस्त, 1982 में की गई। निगम ने व्यावसायिक तौर पर वर्ष 1983-84 से अपना कार्य प्रारम्भ किया। गैर-पारम्परिक एवं पुनरोपयोगी ऊर्जा स्त्रोतों के दोहन हेतु उपयोग में लाए जाने वाले साधनों के विकास में इस निगम का उल्लेखनीय योगदान रहा है। उर्जा के कुछ वैकल्पिक स्रोत निम्नलिखित हैं:

1. **सौर ऊर्जा गर्म जल संयंत्र**
2. **सौर प्रकाश वोल्टीय संयंत्र**
3. **सोलर कुकर**
4. **सौर आसुत जल संयंत्र**
5. **पवन चक्की एवं एयरो जेनरेटर**
6. **बायो गैस संयंत्र**
7. **बायोगैस गैसी फायर**
8. **हाइड्रेम**
9. **उन्नत चूल्हा**
10. **ऊर्जा ग्राम**
11. **एकीकृत ग्रामीण ऊर्जा कार्यक्रम**

निजी विद्युत संयंत्रों की स्थापना : प्रदेश में उद्योगपति अपनी आवश्यकता के लिए नए विद्युत संयंत्र लगा सकेंगे। जो इकाईयां 100 करोड़ तक के अपने विद्युत उत्पादन संयंत्र लगाएंगी, उन्हें पावर जनरेटिंग कम्पनी के रूप में मान्यता दी जाएगी। उनकी आवश्यकता की खपत से ज्यादा उत्पादित विद्युत को मध्य प्रदेश विद्युत मण्डल द्वारा खरीद लिया जाएगा। विद्युत उत्पादन कर्ता इकाई को विद्युत मण्डल के निकटतम केन्द्र तक लाइन खींचकर बिजली देनी होगी।

दूध के अवशिष्ट पदार्थ से बिजली : मध्य प्रदेश ऊर्जा विकास निगम ने 1000 मेगावाट बिजली केवल वन ऊर्जा से बनाने के लिए एक 'एक्सन प्लान' बनाया है। चावल, सरसों की भूसी व गन्नों की खोई से बिजली बनाने के बाद अब डिस्टलरीज के बदबूदार, द्रव्य व डेयरी से निकले अवशिष्ट दुग्ध पदार्थ से भी बिजली बनाने की एक महत्त्वाकांक्षी परियोजना गठित की गई है।

मध्य प्रदेश जल-विद्युत केन्द्र

क्र॰	विद्युत केन्द्र	स्थिति	उत्पादन	अन्य विवरण
1.	गाँधी सागर (चम्बल नदी)	मन्दसौर जिले की भानपुरा तहसील	115 मेगावाट (म॰प्र॰ को 57.5 मेगावाट	बाँध का निर्माण 1960 में किया गया। यहाँ 23,000 किलोवाट के 5 विद्युत संयन्त्र हैं। यह मध्य प्रदेश और राजस्थान की संयुक्त परियोजना है।
2.	राणा प्रताप सागर (चम्बल नदी)	राजस्थान, चित्तौड़गढ़ में रावतभाटा में चुलिया प्रपात के पास बना है।	172 मेगावाट (मध्य प्रदेश को 86 मेगावाट)	स्थापना-1967-68 में, यहाँ 43000 किलोवाट की 4 विद्युत इकाइयाँ हैं।
3.	जवाहर सागर या कोटा	यह गाँधी व राणा सागर द्वारा छोड़े गए पानी का उपयोग करता है	99 मेगावाट (मध्य प्रदेश को 49.5 मेगावाट)	3 संयन्त्र स्थापित हैं जिनमें प्रत्येक 33000 किलोवाट का है
4.	पेंच जल-विद्युत	महाराष्ट्र	160 मेगावाट (मध्य प्रदेश को 107 मेगावाट)	यहाँ 1986-87 में स्थापित 80 मेगावाट के 2 संयन्त्र हैं।
5.	बरगी परियोजना (रानी अवन्ति बाई)	जबलपुर बिजौरा ग्राम में बरगी नदी पर	90 मेगावाट	विद्युत की दो इकाइयाँ 45 मेगावाट की हैं।
6.	बाण सागर (टोन्स गृह) क्रमांक-2, क्रमांक-3	सिरमौर, रीवा गोविन्दगढ़ (20 × 2), सीधी (15 × 2)	345 मेगावाट, 40 मेगावाट, 30 मेगावाट	यहाँ तीन इकाइयाँ हैं (3 × 115), प्रथम इकाई 1991में प्रारम्भ हुई। 2 यूनिट।
7.	बीरसिंह पुर	उमरिया	20 मेगावाट	1991 में प्रारम्भ
8.	राजघाट	ललितपुर (उ॰प्र॰)	(22.5 मेगावाट मध्य प्रदेश को) कुल 45 मेगावाट	
9.	लघु केन्द्र	लयु विक्रय केन्द्रों से	5.455 मेगावाट	मध्य प्रदेश को प्राप्त होती है।

मध्य प्रदेश तापीय विद्युत केन्द्र

क्र०	तापीय केन्द्र	स्थिति	क्षमता	अन्य विवरण
1.	सतपुड़ा-I	बैतूल जिले के पाथर खेड़ा में	312.5 मेगावाट (म०प्र० को 187.5 मेगावाट)	1967 से उत्पादन प्रारम्भ; इसकी पाँच इकाई हैं (62.5×5) मध्य प्रदेश, राजस्थान की संयुक्त परियोजना है।
2.	सतपुड़ा-II	बैतूल जिले के पाथर खेड़ा में	410 मेगावाट	दो इकाइयाँ हैं ($200 + 210$)
3.	सतपुड़ा-III	बैतूल जिले के पाथर खेड़ा में	420 मेगावाट	दो इकाइयाँ हैं (210×2)
4.	संजय गाँधी बीरसिंहपुर-I	उमरिया जिला	420 मेगावाट	दो इकाइयाँ हैं (210×2) 1991 में प्रथम इकाई पूर्ण
5.	संजय गाँधी बीरसिंहपुर-II	उमरिया जिला ग्राम बीरसिंहपुर	420 मेगावाट	दो इकाइयाँ (2×210) 1999-2000 में पूर्ण
6.	अमरकण्टक	शहडोल के सोहागपुर कोयला क्षेत्र में	50 मेगावाट	(30×2) क्षमता है। 1965 में स्थापित
7.	अमरकण्टक		240 मेगावाट	2×120 मेगावाट
8.	विन्ध्याचल तापीय विद्युत केन्द्र	सीधी बैढ़न	2260 मेगावाट	आधारशिला 1982 में श्रीमती इन्दिरा गाँधी द्वारा; रूस की सहायता से मध्य प्रदेश का सर्वाधिक बड़ा संयन्त्र; 13 जुलाई, 2001 को राष्ट्र को समर्पित।
9.	चाँदनी ताप (खण्डवा)	नेपानगर कागज कारखाने हेतु	17 मेगावाट	1953 में स्थापित
10.	जबलपुर ताप-विद्युत गृह	जबलपुर	15 मेगावाट	1974 को मध्य प्रदेश विद्युत मण्डल के अधीन हुआ
11.	पेंच ताप-विद्युत गृह	छिन्दवाड़ा	160 मेगावाट	क्षमता 420 मेगावाट
12.	बाँधव तथा माण्डू ताप-विद्युत केन्द्र			यह ताप-विद्युत गृह मध्य प्रदेश व गुजरात की संयुक्त परियोजना है।
13.	बीना ताप विद्युत गृह	सागर	1000 मेगावाट	विंध्य प्रदेश कोयला क्षेत्र में

26
मध्य प्रदेश की पंचवर्षीय योजनाएं एवं नवीन कार्यक्रम

पंचवर्षीय योजनाएं

भारत में प्रथम पंचवर्षीय योजना 1 अप्रैल, 1951 में प्रारम्भ हुई। इसका उद्देश्य पंचवर्षीय योजना के माध्यम से भारत में आर्थिक विकास करना था। भारत के एक विशाल देश होने के कारण यहां के विकास के लिए पंचवर्षीय योजना को लागू करना अति आवश्यक था। भारत सरकार के योजना आयोग की अनुशंसा पर मध्य प्रदेश सरकार ने 24 अक्टूबर, 1972 को एक अधिसूचना जारी कर 'योजना मण्डल' का गठन किया। इसके अध्यक्ष मुख्यमंत्री, उपाध्यक्ष योजना मंत्री तथा महासचिव, राज्य शासन के योजना सचिव, पदेन सचिव और इनके अतिरिक्त मण्डल में 6 सदस्यों, 15 परामर्शदाताओं व 12 उपपरामर्शदाताओं का एक संगठन होता है।

सन् 1978 में योजना मण्डल का पुनर्गठन किया गया और उसके कार्य नए सिरे से परिभाषित किए गए। प्रदेश की दस-वर्षीय परिप्रेक्ष्य योजना तैयार करने का दायित्व 'योजना मण्डल' को सौंपा गया। मण्डल का कार्यक्षेत्र बढ़ाकर महत्त्वपूर्ण परियोजनाओं के मूल्यांकन तथा सिंचाई, लोकनिर्माण कार्य व लोक स्वास्थ्य कार्यक्रमों की गतिविधियों के परिवीक्षण का दायित्व भी उसे सौंपा गया।

प्रथम पंचवर्षीय योजना (1951-56) : प्रथम पंचवर्षीय योजना 1951 ई. में शुरू हुई और इसकी अवधि 1956 तक थी। उस समय तक मध्य प्रदेश को वर्तमान स्वरूप प्राप्त नहीं हुआ था, वरन् उस समय तक मध्य प्रदेश के चार घटक थे। चारों घटकों की अपनी पृथक-पृथक योजनाएं थीं। चारों घटकों को मिलाकर 83.86 करोड़ रुपए खर्च हुए थे। प्रथम पंचवर्षीय योजना का मुख्य उद्देश्य अर्थव्यवस्था के प्रमुख आधार कृषि को सुदृढ़ करना था। कुल योजना परिव्यय का 30.97 प्रतिशत भाग कृषि एवं सामुदायिक विकास के लिए निर्धारित किया गया। सिंचाई तथा विद्युत के लिए 22.57 प्रतिशत राशि ही निर्धारित की गई थी। उद्योगों को बहुत

कम महत्त्व दिया गया था। योजना के कुल परिव्यय का केवल 4.30 प्रतिशत भाग उद्योग-धन्धों और खानों पर व्यय किया गया। परिहवन और संचार के लिए केवल 9 प्रतिशत राशि निर्धारित की गई थी। उत्पादन क्षेत्र पर कुल मिलाकर कुल राशि का 66.84 प्रतिशत भाग निर्धारित किया गया। शेष 33.16 प्रतिशत राशि समाज सेवा के लिए निर्धारित की गई थी। समाज सेवा क्षेत्र में सबसे अधिक राशि शिक्षा पर व्यय के लिए रखी गई थी, यानि कुल राशि का 15.55 प्रतिशत। स्वास्थ्य पर 13.67 प्रतिशत राशि के व्यय का प्रावधान किया गया था। इस योजना में वास्तविक व्यय कुल निर्धारित परिव्यय का 87 प्रतिशत रहा।

द्वितीय पंचवर्षीय योजना (1956-61) : द्वितीय पंचवर्षीय योजना में 190.90 करोड़ रुपए परिव्यय करने का प्रावधान था। इस योजना में सबसे अधिक सिंचाई एवं विद्युत पर (56.52 करोड़ रुपए) व्यय किए गए। कृषि एवं सामुदायिक विकास पर 41.56 करोड़ रुपए, शिक्षा पर 14.74 करोड़ रुपए, परिवहन और संचार के विकास पर 8.89 करोड़ रुपए, स्वास्थ्य पर 9.59 करोड़ रुपए, समाज सेवाओं पर 3.28 करोड़ रुपए, गृह निर्माण पर 2.85 करोड़ रुपए एवं अन्य कार्यों के लिए 7.20 करोड़ रुपए व्यय किए गए। इस योजना में कुल प्रस्तावित व्यय राशि का केवल 78 प्रतिशत ही व्यय किया जा सका। इस योजना का काल 1956 से 1961 के बीच था।

तृतीय पंचवर्षीय योजना (1961-1966) : यह पंचवर्षीय योजना 1 अप्रैल, 1961 से 31 मार्च 1966 के बीच चली। राज्य के पुनर्गठन के बाद बनी यह पहली योजना थी जिसमें समस्त राज्य के साधनों तथा आवश्यकताओं एवं क्षमताओं को ध्यान में रखकर समन्वित विकास की योजना तैयार की गई थी। तीसरी योजना में 300 करोड़ रुपए परिव्यय करने का लक्ष्य रखा गया था। इस योजना में भी सिंचाई एवं विद्युत पर सबसे अधिक 126.07 करोड़ रुपए, कृषि एवं सामुदायिक विकास पर 70.79 करोड़ रुपए, शिक्षा पर 27.24 करोड़ रुपए, स्वास्थ्य पर 21.54 करोड़ रुपए, परिवहन एवं संचार पर 15.44 करोड़ रुपए, उद्योग एवं खनिज पर 8.05 करोड़ रुपए, समाज सेवाओं पर 7.70 करोड़ रुपए, आवास पर 3.05 करोड़ रुपए एवं अन्य कार्यों पर 6.81 करोड़ रुपए व्यय किए गए।

वार्षिक योजनाएं (1966-67, 67-68, 68-69) : तीसरी पंचवर्षीय योजना के अन्तिम दो वर्षों में प्राकृतिक संकटों तथा राजनीतिक अस्थिरता से उत्पन्न परिस्थितियों के कारण अगली पंचवर्षीय योजना का निर्माण नहीं किया जा सका। इसके स्थान पर वार्षिक योजनाएं क्रियान्वित की गईं। 1966-67, 1967-68 तथा 1968-69 के तीन वर्ष वार्षिक योजनाओं के रहे। इन वार्षिक योजनाओं की कुल धनराशि 178.82 करोड़ रुपए थी, किन्तु इसमें से केवल 167.79 करोड़ रुपए ही व्यय किए जा सके।

चतुर्थ पंचवर्षीय योजना (1969-1974) : इस योजना का कार्यकाल 1 अप्रैल, 1969 से 31 मार्च 1974 तक था। चतुर्थ पंचवर्षीय योजना में 455 करोड़ रुपए परिव्यय करने का लक्ष्य

था। इस योजना को 1966 में प्रारम्भ हो जाना था, किन्तु यह 3 वर्ष बाद सन् 1969 से लागू की जा सकी। इस योजना में सबसे अधिक परिव्यय सिंचाई तथा विद्युत पर 207.89 करोड़ रुपए किया गया। कृषि तथा सामुदायिक विकास पर 122.68 करोड़ रुपए, शिक्षा पर 25.47 करोड़ रुपए, यातायात एवं संचार पर 40.51 करोड़ रुपए, स्वास्थ्य पर 30.35 करोड़ रुपए, भवन निर्माण पर 6.42 करोड़ रुपए, उद्योग एवं खनिज पर 11.73 करोड़ रुपए, विभिन्न समाज सेवाओं पर 16.13 करोड़ रुपए एवं अन्य क्षेत्रों पर 14.32 करोड़ रुपए व्यय किए गए।

पांचवीं पंचवर्षीय योजना (1974-1979) : इस योजना का कार्यकाल 1974 से 1979 के बीच था। इस योजना का मुख्य उद्देश्य देश की निर्धनता को दूर करना तथा आत्मनिर्भरता बढ़ाना था। इस योजना में विभिन्न कार्यों पर 1439.51 करोड़ रुपए व्यय किए गए। इस योजना में कृषि एवं सामुदायिक विकास कार्य पर सबसे अधिक 367.89 करोड़ रुपए व्यय किए गए थे। समाज सेवाओं पर 226.34 करोड़ रुपए, परिवहन पर 103.74 करोड़ रुपए, सिंचाई पर 93.89 करोड़ रुपए एवं उद्योग पर 27.73 करोड़ रुपए व्यय किए गए।

छठी पंचवर्षीय योजना (1980-1985) : इस योजना का कार्यकाल 1980 से 1985 तक था। प्रदेश की छठी पंचवर्षीय योजना के लिए कुल 3800 करोड़ रुपए व्यय करने का प्रावधान था। इस योजना में सबसे अधिक सिंचाई एवं बिजली पर 2285 करोड़ रुपए व्यय किए गए थे। कृषि एवं सामुदायिक विकास पर 779 करोड़ रुपए, उद्योग एवं खनिज पर 69 करोड़ रुपए, परिवहन एवं संचार पर 163 करोड़ रुपए, सामाजिक सेवाओं एवं अन्य क्षेत्रों पर 506 करोड़ रुपए व्यय किए गए थे।

सातवीं पंचवर्षीय योजना (1985-90) : प्रदेश की सातवीं पंचवर्षीय योजना पर 7000 करोड़ रुपए व्यय करने का प्रावधान था। इस पंचवर्षीय योजना में सबसे अधिक व्यय कृषि एवं सिंचाई पर 4900 करोड़ रुपए किया गया था। वन के विकास एवं संरक्षण पर 80 करोड़ रुपए, बुनियादी स्वास्थ्य सुविधाओं पर 157 करोड़ रुपए, पेयजल परियोजनाओं पर 261.91 करोड़ रुपए, न्यूनतम आवश्यकता कार्यक्रम पर 281.39 करोड़ रुपए, शिक्षा एवं युवक कल्याण पर 212.51 करोड़ रुपए, उद्योगों के विकास हेतु 200 करोड़ रुपए और हरिजन व आदिवासियों के कल्याण के लिए 160.74 करोड़ रुपए व्यय किए गए थे।

आठवीं पंचवर्षीय योजना (1992-97) : इस पंचवर्षीय योजना का कार्यकाल 1992 से 1997 के बीच था। प्रदेश की आठवीं पंचवर्षीय योजना पर 12999.64 करोड़ रुपए व्यय करने का प्रावधान किया गया था। इस परियोजना में सबसे अधिक ऊर्जा एवं सिंचाई तथा बाढ़ नियंत्रण पर 7302 करोड़ रुपए व्यय किए गए। कृषि एवं सम्बद्ध सेवाएं तथा सहकारिता पर 875.98 करोड़ रुपए, ग्रामीण विकास कार्यक्रम एवं सामुदायिक विकास पर 616.76 करोड़ रुपए, उद्योग एवं

खनिज पर 545.50 करोड़ रुपए, परिवहन एवं संचार पर 502.79 करोड़ रुपए, सामान्य आर्थिक एवं वैज्ञानिक सेवाओं और अनुसंधान पर 711.85 करोड़ रुपए, सामान्य शिक्षा पर 824 करोड़ रुपए, लोक स्वास्थ्य एवं कर्मचारी राज्य सेवा तथा जलापूर्ति एवं स्वच्छता पर 774.74 करोड़ रुपए, हरिजन कल्याण पर 296 करोड़ रुपए और अन्य सेवाओं पर 549.11 करोड़ रुपए खर्च करने का प्रावधान था।

नवीं पंचवर्षीय योजना (1997-2002) : 1997-2002 की अवधि के लिए राज्य सरकार के प्रस्तावों के आधार पर योजना आयोग ने मध्य प्रदेश की नवीं पंचवर्षीय योजना का आकार 20,075 करोड़ रुपए रखने का निश्चय किया था। इससे पूर्व आठवीं पंचवर्षीय योजना का कुल परिव्यय 12 हजार करोड़ रुपए ही था। इस योजना में कृषि एवं सहायक कार्य पर 1129.50 करोड़, ग्रामीण विकास पर 2005.59 करोड़, सिंचाई एवं बाढ़ नियन्त्रण पर 2722.02 करोड़, ऊर्जा पर 3479.46 करोड़, उद्योग व खनन पर 1112.97 करोड़, यातायात पर 562.92 करोड़, विज्ञान टेक्नोलॉजी व पर्यावरण पर 210.30 करोड़, सामान्य आर्थिक सेवाओं पर 317.53 करोड़, समाज सेवा पर 8506.69 करोड़ तथा सामान्य सेवा पर 28.12 करोड़ रुपए व्यय किए गए।

दसवीं पंचवर्षीय योजना (2002-2007) : दसवीं पंचवर्षीय योजना की अवधि का प्रावधान 2002 से 2007 तक था। इस योजना में 25737.25 करोड़ रुपयों के परिव्यय का प्रावधान था। इससे पूर्व नवीं पंचवर्षीय योजना का कुल परिव्यय 20,075 करोड़ रुपये ही था। इस योजना में कृषि एवं सहायक कार्य पर 1617.63 करोड़, ग्रामीण विकास पर 1288.40 करोड़, सिंचाई एवं बाढ़ नियन्त्रण पर 1047.46 करोड़, ऊर्जा पर 5506.20 करोड़, उद्योग व खनन पर 2023.8 करोड़, यातायात पर 1353.05 करोड़, विज्ञान, टेक्नोलॉजी व पर्यावरण पर 597 करोड़, सामान्य आर्थिक सेवाओं पर 723.23 करोड़, समाज सेवा पर 7634.96 करोड़ तथा सामान्य सेवा पर 842.75 करोड़ रुपये व्यय किए गए।

ग्यारहवीं पंचवर्षीय योजना : 2007-2012

केन्द्रीय योजना आयोग ने मध्य प्रदेश की ग्यारहवीं योजना को वर्ष 2007 के अंत में अन्तिम स्वीकृति प्रदान कर दी थी। उस पर कार्यान्वयन के लिए 70 हजार 329 करोड़ रुपये खर्च किए जाने का प्रावधान था।

(राशि करोड़ रुपये में)

मुख्य क्षेत्र	क्षेत्रवार आवंटित धनराशि (2007-2012)	क्षेत्रवार धनराशि आवंटन प्रतिशत
कृषि और उससे जुड़े क्षेत्र	3408.19	4.85
ग्रामीण विकास	7940.08	11.29
विशेष क्षेत्र योजना	3132.04	4.45
सिंचाई और बाढ़ नियन्त्रण	15102.61	21.47
ऊर्जा	9491.78	13.50
उद्योग और खनन	597.06	0.85
परिवहन	8574.84	12.19
विज्ञान, प्रौद्योगिकी और पर्यावरण	189.88	0.27
सामान्य आर्थिक सेवाएँ	1529.90	2.18
सामाजिक सेवाएँ (शिक्षा) स्वास्थ्य व अन्य	20207.35	28.73
सामान्य सेवाएँ	155.27	0.22
कुल योग	**70329.00**	**100.00**

बारहवीं पंचवर्षीय योजना : 2012-2017

केन्द्रीय योजना आयोग ने मध्य प्रदेश की बारहवीं पंचवर्षीय योजना को अंतिम स्वीकृति प्रदान कर दी है। उस पर कार्यान्वयन के लिए 2 लाख 1 हजार 862 करोड़ रुपए खर्च किए जाने का प्रावधान है।

(राशि करोड़ रुपये में)

मुख्य क्षेत्र	क्षेत्रवार आवंटित धनराशि (2012-2017)	क्षेत्रवार धनराशि आवंटन प्रतिशत
कृषि और उससे जुड़े क्षेत्र	17475.39	8.66
ग्रामीण विकास	12976.80	6.43
विशेष क्षेत्र योजना	8356.90	4.14
सिंचाई और बाढ़ नियन्त्रण	27527.60	13.64
ऊर्जा	20596.41	10.20
उद्योग और खनन	5664.70	2.81
परिवहन	24610.90	12.19
विज्ञान, प्रौद्योगिकी और पर्यावरण	594.00	0.29
सामान्य आर्थिक सेवाएँ	3354.99	1.66
सामाजिक सेवाएँ	79839.22	39.55
अन्य सामान्य सेवाएँ	865.09	0.43
कुल योग	**201862.00**	**100.00**

नवीन कार्यक्रम तथा योजनाएं

1. स्वावलम्बन योजना : महिलाओं को पूर्ण स्वावलम्बी बनाने के उद्देश्य से प्रदेश में स्वावलम्बन योजना का क्रियान्वयन किया जा रहा है। इसके अंतर्गत जिला एवं तहसील स्तर पर फोटोकॉपी मशीन लगाने के लिए 90 प्रतिशत ऋण तथा 10 प्रतिशत अनुदान दिया जाता है, साथ ही कलेक्टर एवं तहसील कार्यालयों में मशीन लगाने का स्थान दिया जाता है। वे महिलाएं जो स्वयं का उद्योग स्थापित करना चाहती हैं, उनके लिए 50 हजार तक की ऋण सुविधा दी जाती है। साथ ही उन्हें निःशुल्क प्रशिक्षण भी दिया जा रहा है।

2. समर्थन योजना : 19 से 35 वर्ष की बेसहारा महिलाओं को रोजगार प्रदान करने के लिए आई.टी.आई. पॉलिटेक्निक तथा अन्य मान्यता प्राप्त प्रशिक्षण संस्थाओं में शीघ्र लेखन, नर्सिंग, लेबोरेटरी, टेक्निक, टेलरिंग, हैण्ड कम्पोजिंग, लेटर प्रेस मशीन, बाइण्डिंग, प्लम्बिंग, कढ़ाई-बुनाई, इलेक्ट्रिशियन, डिजाइनिंग इत्यादि विषयों पर प्रशिक्षण दिया जा रहा है।

3. जाबालि योजना : वेश्यावृत्ति में लगी महिलाओं को सम्मानजनक रोजगार धन्धों में लगाने के उद्देश्य से प्रदेश के कुछ जिलों में 'जाबालि योजना' चलाई जा रही है। इस योजना के अन्तर्गत महिलाओं को समूह में गठित कर स्वरोजगार शुरू करने के लिए प्रति महिला 25-25 हजार के मान से ऋण उपलब्ध कराया जाता है, जिसे पांच वर्षों में आसान किस्तों द्वारा वापस करना होता है।

4. कोसा उत्पादन में वृद्धि की योजना : मध्य प्रदेश में कोसा रेशम उत्पादन वृद्धि और अधिकाधिक क्षेत्रों में इसके विस्तार के लिए कारगर प्रयास किए जा रहे हैं। पूर्वी अंचल में कोसा के पारम्परिक उद्योग के रूप में अपनाए जाने के बाद अब इस योजना को रायसेन और जबलपुर जिलों के साथ ही सागर संभाग में भी प्रोत्साहित किया जा रहा है।

5. किशोर बालिकाओं के लिए नई योजना : 11 से 15 वर्ष की बालिकाओं को आंगनवाड़ियों के कार्यकलापों का प्रशिक्षण दिया जाता है ताकि वे स्वयं आंगनवाड़ी चला सकें। 16 से 18 वर्ष की बालिकाओं को व्यावसायिक प्रशिक्षण दिया जाता है ताकि वे घर में आसानी से किए जा सकने वाले व्यवसाय कर सकें।

6. पंचधारा योजना : इसके अंतर्गत रोजगारप्रधान तीन योजनाएं हैं : ग्राम्य योजना के अन्तर्गत ग्रामीण महिलाओं को लघु व्यवसाय प्रारम्भ करने के लिए कार्यशील पूंजी उपलब्ध करायी जाती है। योजना में विधवा, तलाकशुदा महिलाओं को प्राथमिकता दी जाती है।

7. कल्पवृक्ष योजना : प्रदेश की अनुसूचित जाति/जनजाति की महिलाओं को सीधे रोजगार उपलब्ध कराने के उद्देश्य से यह योजना चलाई जा रही है। इसके अतिरिक्त महिलाओं को सामाजिक न्याय प्रदान करने के उद्देश्य से निराश्रित, विधवा पेंशन योजनाएं भी पंचधारा योजना के अंतर्गत क्रियाशील हैं।

8. ग्राम निकुंज योजना : ग्राम की एक या दो हेक्टेयर सामुदायिक भूमि पर ग्रामवासियों द्वारा प्रति हेक्टेयर 625 फलदार पौधे लगाकर अमराई निकुंज निर्मित करने पर दो वर्षों में तीन किश्तों में, खन्ती निर्माण करने पर 7000 रुपए अथवा बागड़ लगाने पर 3500 रुपए प्रति हेक्टेयर की दर से अनुदान दिया जाता है।

9. निःशुल्क समूह बीमा योजना : 15 अगस्त, 1987 से भूमिहीन खेतिहर श्रमिकों के लिए निःशुल्क समूह बीमा योजना का प्रारम्भ हुआ।

10. तेंदू पत्ता संग्राहकों के लिए समूह बीमा योजना : यह प्रदेश की सबसे बड़ी योजना है, जो तेंदू पत्ता संग्राहकों को निःशुल्क रूप से देय है। इसमें सुरक्षा हेतु मृतक के परिवार को 3500 रुपए व दुर्घटनावश मृत्यु हो जाने पर 25000 रुपए की राशि देय होती है। इसमें भारत सरकार द्वारा स्थापित 'सामाजिक सुरक्षा कोष' से प्रीमियम का 50 प्रतिशत तथा शेष 50 प्रतिशत प्रदेश सरकार द्वारा देय है। यह योजना 1991 से प्रदेश के तेंदू पत्ता संग्राहकों को लाभान्वित कर रही है।

11. लोक सेवाओं के प्रदान की गारंटी अधिनियम 2010 : यह अधिनियम निर्धारित समय सीमा में नागरिकों को सार्वजनिक सेवाओं के प्रदान की गारंटी देता है और ऐसा करने में विफलता के लिए जवाबदेही तंत्र की योजना करता है। यह "ऐतिहासिक अधिनियम" अच्छे शासन को प्राप्त करने के लिए राज्य की प्रतिबद्धता का एक प्रतिबिंब है। इस अधिनियम के तहत, जाति, जन्म, विवाह और अधिवास प्रमाण पत्र जारी करना, पीने के पानी के कनेक्शन, राशन कार्ड, भू-अभिलेखों की प्रतियां जैसी 52 महत्वपूर्ण सार्वजनिक सेवाओं को अधिसूचित किया गया है। हर सेवा की डिलीवरी के लिए एक समय अवधि तय की गई है। जो अधिकारी अपने कर्तव्यों का पालन करने में विफल रहता है और इन सेवाओं को समय पर प्रदान नहीं करता है, उसे प्रति दिन 250 रुपये से लेकर अधिकतम 5000 रुपये तक की रकम का भुगतान, जुर्माने के रूप में करना पड़ता है।

12. आयुष्मति योजना : इस कार्यक्रम के अन्तर्गत गरीब और भूमिहीन स्त्रियों के लिए रोगोपचार की सुविधा के तहत् रोगी महिलाओं का अस्पतालों में मुफ्त उपचार किए जाने के साथ ही साथ उनकी सेवा करने वाले परिवारजन के लिए उस अवधि में मुफ्त भोजन और आवास की व्यवस्था का प्रावधान है।

13. स्टाम्प वेंडर योजना : मध्य प्रदेश के अनुसूचित जाति और जनजाति वर्ग के शिक्षित बेरोजगारों को रोजगार उपलब्ध कराने के उद्देश्य से यह योजना प्रारम्भ की गई है। इस योजना के तहत् 35000 रुपए का ऋण तहसील न्यायालय के समक्ष न्यायालयीन उपयोग की सामग्री विक्रय हेतु उपलब्ध कराया जाता है।

14. चर्म शिल्पियों के लिए 'जनता जूता' निर्माण योजना : मध्य प्रदेश में अनुसूचित जाति के चर्म शिल्पियों को रोजगार उपलब्ध कराने की दृष्टि से मध्य प्रदेश चर्म विकास निगम द्वारा 'जनता जूता निर्माण योजना' प्रारम्भ की गई है। प्रथम चरण में यह योजना भोपाल एवं इन्दौर जिलों में प्रारम्भ की गई। इसके तहत् अनुसूचित जाति के चर्म शिल्पियों को प्रति जोड़े जूते के हिसाब से मजदूरी दी जाती है। जूता निर्माण में लगने वाला सभी कच्चा माल निगम द्वारा प्रदान किया जाता है।

15. सेमफेक्स योजना : सैनिकों की विधवाओं को ग्रामीण क्षेत्र में रोजगार के अवसर उपलब्ध कराने हेतु 'सेमफेक्स योजना' की शुरूआत की गई है।

16. उर्वरक प्रोत्साहन योजना : आदिवासी क्षेत्रों में उर्वरकों के प्रति दिलचस्पी पैदा करने के लिए उर्वरक प्रोत्साहन योजना शुरू की गई है।

17. प्रतिष्ठा योजना : मैला सफाई कामगारों को सम्मानजनक व्यवसायों में पुनर्वास के लिए केन्द्र द्वारा 'प्रतिष्ठा योजना' शुरू की गई है। यह योजना 4 करोड़ रुपए की है।

18. समाधान ऑनलाइन : सभी स्तरों पर प्रशासन को संवेदनशील बनाने के प्रभावी साधन के रूप में, सहानुभूति, संवेदनशीलता और उच्च प्राथमिकता के एक दृष्टिकोण के साथ लोगों की शिकायतों को पता करने तथा उन्हें हल करने के उद्देश्य के साथ 'समाधान ऑनलाइन' शुरू किया गया है। यह कार्यक्रम हर महीने के पहले मंगलवार को आयोजित किया जाता है। सभी जिला और विभाग के अधिकारियों को किसी भी स्पष्टीकरण के लिए उस दिन कार्यालय में रहने के लिए कहा जाता है। लगभग 20 से 25 आवेदन पत्रों को बेतरतीब ढंग से चयन कर, इस कार्यक्रम के ही दिन वेबसाइट के माध्यम से संबंधित अधिकारियों को रिपोर्ट प्रस्तुत करने के लिए भेजा जाता है। संबंधित अधिकारियों द्वारा मुख्यमंत्री के कार्यालय को यह रिपोर्ट ऑनलाइन प्रस्तुत की जाती है। मुख्यमंत्री द्वारा दिए गए निर्देशों का वेबसाइट के माध्यम से पालन किया जाता है।

19. कृषक क्रेडिट कार्ड योजना : मध्य प्रदेश में लागू कृषक क्रेडिट कार्ड योजना के अन्तर्गत किसानों को बहुत ही सस्ते दर पर ऋण उपलब्ध कराया जाता है। प्रारम्भ में यह योजना प्रदेश के 27 जिलों के चयनित 378 विकास खण्डों की प्राथमिक समितियों में लागू की गई थी। अब इस योजना का सम्पूर्ण प्रदेश में विस्तार कर दिया गया है।

20. जवाहर रोजगार योजना : 1 अप्रैल, 1989 से प्रारम्भ जवाहर रोजगार योजना में केन्द्र तथा राज्य सरकारों का व्यय 80 : 20 था, परन्तु 1999-2000 से इस योजना का नाम परिवर्तित कर जवाहर ग्राम समृद्धि योजना कर दिया गया है तथा केन्द्र एवं राज्य का व्यय अनुपात 75 : 25 हो गया है। इस योजना का मुख्य उद्देश्य ग्रामीण क्षेत्रों में बेराजगार तथा अल्प बेरोजगार पुरुष तथा महिलाओं के लिए अतिरिक्त लाभकारी रोजगार का सृजन करना है। इस योजना के अन्तर्गत अनुसूचित जाति/जनजाति तथा नियुक्त बंधुआ मजदूरों को प्राथमिकता दी जाती है तथा 30 प्रतिशत रोजगार के अवसर महिलाओं को दिए जाते हैं।

21. इन्दिरा आवास योजना : इस योजना का उद्देश्य उन लोगों को आवास निर्माण हेतु आर्थिक सहायता उपलब्ध कराना है जो ग्रामीण क्षेत्र में गरीबी रेखा के नीचे जीवन-यापन करते हैं। इस योजना में हितग्राहियों का चयन ग्राम पंचायतों द्वारा किया जाता है। आवासों का निर्माण स्वयं हितग्राहियों द्वारा किया जाता है।

22. कल्पतरु योजना : यह योजना 1995-96 में प्रारम्भ की गई। इस योजना का उद्देश्य राज्य में गरीबी रेखा के नीचे जीवन-यापन करने वाले लघु एवं सीमान्त कृषकों को उनकी निजी भूमि पर फलोद्यान लगाने के लिए आर्थिक सहायता उपलब्ध कराना है। इस योजना के अन्तर्गत अधिकतम 17 हजार रुपए प्रति हेक्टेयर की दर से आर्थिक सहायता दी जाती है। यह योजना रोजगार आश्वासन योजना की उपयोजना है।

23. प्रधानमंत्री रोजगार योजना : इस योजना का क्रियान्वयन सन् 1993 से किया जा रहा है। इसके अन्तर्गत शिक्षित बेरोजगार युवकों को अपना उद्योग, सेवा एवं व्यवसाय स्थापित

करने के लिए ऋण उपलब्ध कराया जाता है। इसमें हितग्राहियों की आयु 18 से 40 वर्ष के मध्य होनी चाहिए।

24. दीनदयाल चलित अस्पताल योजना : जून 2006 से लागू योजना का उद्देश्य प्रदेश के सुदूर आदिवासी अंचलों में गुणवत्तापूर्ण स्वास्थ्य सेवाएं पहुँचाना है। इसमें एक चलित वाहन का निर्माण कराया गया है, जिसमें डॉक्टर, स्टाफ, जरूरी उपकरण तथा दवाएं उपलब्ध हैं। यह वाहन आदिवासी क्षेत्रों के गांवों तथा हाट बाजारों में सभी वर्गों के लोगों को निःशुल्क स्वास्थ्य सुविधाएं उपलब्ध कराता है।

25. राष्ट्रीय परिवार सहायता योजनाः– यह एक केन्द्र पोषित योजना है जो पूरे प्रदेश में लागू है। इस योजना के अन्तर्गत गरीबी रेखा के नीचे जीवन-यापन करने वाले परिवार के कमाऊ मुखिया (स्त्री/पुरुष) जिनकी आयु 18 वर्ष से अधिक और 65 वर्ष से कम है की मृत्यु होने पर उनके आश्रितों को 20,000 रुपए की आर्थिक सहायता एकमुश्त प्रदान की जाती है।

26. स्वर्ण जयन्ती शहरी रोजगार योजनाः– इस योजना में नेहरू रोजगार योजना, प्रधानमंत्री की समन्वित शहरी गरीबी उपशमन कार्यक्रम तथा शहरी गरीबों के लिए मूलभूत सेवा संसाधन कार्यक्रम शामिल हैं।

27. भाग्योदय योजनाः– प्रदेश में अल्पबचत को प्रोत्साहित करने के उद्देश्य से 1 जून, 2002 से भाग्योदय योजना शुरू की गई है।

28. मुख्यमंत्री तीर्थ दर्शन योजनाः- 'मुख्यमंत्री तीर्थ दर्शन योजना' अपने नागरिकों को हर संभव तरीके से सहायता प्रदान करने के लिए राज्य के गंभीर प्रयासों का एक महत्वपूर्ण उदाहरण है। इस अनूठी योजना के तहत किसी भी धर्म के वरिष्ठ नागरिकों के लिए राज्य सरकार के खर्च पर उनके पसंद के धार्मिक स्थानों का दौरा करने की सुविधा प्रदान की गई है।

29. स्वर्ण जयंती ग्राम स्वरोजगार योजनाः-इसका उद्देश्य गरीबी रेखा से नीचे जीवन यापन करने वाले परिवारों के स्व-सहायता समूह बनाकर उन्हें स्वरोजगार के लिये ऋण और अनुदान उपलब्ध कराकर गरीबी रेखा से ऊपर लाना है। हितग्रहियों का चयन ग्रामसभा द्वारा किया जाता है।

30. दीनदयाल समर्थ योजना-2004:- यह योजना मध्य प्रदेश सरकार द्वारा 25 सितम्बर, 2004 को शुरू की गई है। इस योजना का उद्देश्य मानसिक एवं शारीरिक रूप से निःशक्त लोगों को समाज की मुख्यधारा से जोड़ना और उन्हें हर दृष्टि से सक्षम बनाना है। इस योजना के तहत् निःशक्त बच्चों को शिक्षा प्रदान करने के लिए विशेष प्रावधान किए गए हैं।

31. दीनदयाल रोजगार योजना-2004:- यह योजना 25 सितम्बर, 2004 को प्रारम्भ की गई है। इस योजना के माध्यम से शिक्षित बेरोजगारों की मदद की जा रही है।

32. दीनदयाल अन्त्योदय उपचार योजना-2004:- यह योजना अनुसूचित जाति, जनजाति व गरीबी रेखा के नीचे जीवन-यापन करने वाले परिवारों के लिए 25 सितम्बर, 2004 से प्रारम्भ की गई है। इस योजना के तहत् इन वर्गों के लोगों का इलाज शासन द्वारा अपने खर्च से कराया जाता है।

33. गोकुल ग्राम प्रकल्प योजना-2004ः- गोकुल ग्राम प्रकल्प योजना 25 सितम्बर, 2004 से प्रारम्भ की गई है। इस योजना के तहत् चुने हुए गाँवों का एक वर्ष में समन्वित ढंग से पंच-ज के आधारभूत सिद्धान्तों के आधार पर एकीकृत विकास किया जाएगा। इस योजना के तहत प्रदेश के लगभग 20 हजार गाँवों को सर्वसुविधा सम्पन्न गोकुल ग्रामों के रूप में विकसित करने की राज्य शासन की योजना है।

34. अयोध्या योजना-2004ः- गाँवों के लिए लागू की गई गोकुल ग्राम प्रकल्प योजना की तर्ज पर ही शहरी झुग्गी बस्तियों के लिए अयोध्या योजना प्रारम्भ की गई है। अयोध्या बस्ती योजना के तहत् झुग्गी बस्तियों में अच्छी सड़कों, नालियों, बिजली, साफ-सफाई व जलापूर्ति की समुचित व्यवस्था राज्य शासन द्वारा की जाएगी।

35. समाधान एक दिन मेंः- 'समाधान एक दिन में' एक बहुत ही अभिनव और आवेदकों के लिए लगभग 21 प्रमाण पत्र, मांग के अनुसार उसी दिन उपलब्ध कराने वाला एक कार्यक्रम है। जनता को सुबह 11.00 से दोपहर 1:30 बजे तक आवेदन देना होता है, जिसके बाद दिन की समाप्ति से पहले उन्हें प्रमाण पत्र जारी किए जाते हैं। यदि आवेदन अस्वीकार हो या उसमें देरी हो, तब उसके कारण आवेदकों को बताए जाते हैं। कलेक्टर प्रत्येक दिन के अंत में आवेदन के निपटारे पर नजर रखता है। इस कार्यक्रम के कार्यान्वयन के परिणाम स्वरूप, बहुत पैसे और समय खर्च करने के बाद भी हाथ में प्रमाण पत्र प्राप्त करने में अनिश्चितता की नागरिकों की 'अग्नि परीक्षा' समाप्त हो गई है। इससे राजस्व उत्पन्न होता है, जनता का विश्वास बढ़ता है और मध्यस्थ की भूमिका समाप्त होकर लंबित मामलों की संख्या भी घटती है।

36. महात्मा गांधी राष्ट्रीय ग्रामीण रोजगार गारंटी अधिनियम-2005ः- महात्मा गांधी राष्ट्रीय ग्रामीण रोजगार गारंटी अधिनियम-2005 के पहले चरण में मध्य प्रदेश के 18 जिलों का चयन किया गया था। ये जिले थे—शहडोल, बड़वानी, खरगौन (पश्चिमी निमाड़), शिवपुरी, सीधी, टीकमगढ़, बालाघाट, छतरपुर, बैतूल, खण्डवा (पूर्वी निमाड़), श्योपुर, धार, सिवनी, डिण्डोरी, सतना, झाबुआ, मण्डला और उमरिया। अब यह योजना प्रदेश के सभी जिलों में लागू है।

37. विवेकानन्द समूह बीमा योजनाः- 28 जनवरी, 2006 से प्रारम्भ की गई इस योजना का उद्देश्य निर्धनता रेखा से नीचे के परिवारों के वयस्क परिजनों को दुर्घटना बीमा का लाभ पहुँचाना है।

38. गोपाल पुरस्कार योजनाः- मध्य प्रदेश में देसी नस्ल के दुधारू गोवंशीय पशुओं से अधिक दुग्ध उत्पादन को प्रोत्साहित करने के उद्देश्य से गोपाल पुरस्कार योजना प्रदेश के 2011-12 के बजट में प्रस्तावित की गई थी। इसके अन्तर्गत सर्वाधिक दूध उत्पादित करने वाली देसी नस्ल की गायों के पालकों को जिला एवं राज्य स्तर पर पुरस्कृत किया जाता है।

27
महिला एवं बाल विकास योजनाएं

महिला एवं बाल विकास योजनाएं

सन् 2011 की जनगणना के अनुसार भारत में महिलाओं की जनसंख्या 58.75 करोड़ है जो देश की कुल आबादी (एक अरब 21 करोड़) का 48.4 प्रतिशत है। मध्य प्रदेश में महिलाओं की कुल जनसंख्या 3,50,14,503 है जो प्रदेश की कुल आबादी 7,26,26,809 का 48.21 प्रतिशत है। महिलाओं तथा बच्चों के सामाजिक-आर्थिक उत्थान तथा अधिकारिता के लिए मध्य प्रदेश सरकार द्वारा निम्नलिखित योजनाएं तथा कार्यक्रम क्रियान्वित किए जा रहे हैं:—

1. राष्ट्रीय किशोरी बालिका योजनाः- यह योजना मध्य प्रदेश में आँगनवाड़ी आई.सी.डी. एस. कार्यक्रम के तहत वर्ष 1992-93 से शुरू की गई है।

2. जननी सुरक्षा योजनाः- इस योजना का उद्देश्य महिलाओं को संस्थागत प्रसव की सुविधा उपलब्ध कराकर मातृ मृत्यु दर और शिशु मृत्यु दर में कमी लाना है। हितग्राही महिला को शासकीय अस्पताल में प्रसव कराने पर ग्रामीण क्षेत्र में चौदह सौ रुपये तथा शहरी क्षेत्र में एक हजार रुपये की राशि दी जाती है।

3. दत्तक पुत्री शिक्षा कार्यक्रमः- मध्य प्रदेश में महिला कल्याण के लिए चलाई जा रही योजनाओं में दत्तक पुत्री शिक्षा कार्यक्रम भी प्रमुख है। इस कार्यक्रम का मुख्य उद्देश्य बालिका शिक्षा को बढ़ावा देना और अभिभावकों में बालिका शिक्षा के प्रति चेतना उत्पन्न करना है।

4. जाबालि योजनाः- इस योजना के अन्तर्गत वेश्यावृत्ति एवं अन्य निम्नस्तरीय व्यवसायों में लिप्त महिलाओं को सम्मानजनक व्यवसाय प्रारम्भ कराने हेतु सरकार द्वारा सहायता प्रदान की जाती है।

5. समेकित बाल विकास सेवा योजना (आई.सी.डी.एस.):- यह योजना बच्चों तथा महिलाओं के सर्वांगीण विकास हेतु भारत सरकार के सहयोग से 1975-76 से चल रही है। इस योजना के अन्तर्गत आँगनवाड़ी केन्द्रों पर पूरक पोषण आहार, स्वास्थ्य जाँच, प्राथमिक स्वास्थ्य की देखभाल, टीकाकरण, पोषण एवं स्वास्थ्य शिक्षा तथा स्कूल पूर्व अनौपचारिक शिक्षा की सुविधाएं प्रदान की जाती हैं।

6. निःशुल्क सायकिल वितरण योजनाः- वर्ष 2004 से लागू इस योजना का उद्देश्य प्रारंभिक शिक्षा पूर्ण कर चुकी छात्राओं को आगे शिक्षा जारी रखने के लिये प्रोत्साहित करना है। योजना के तहत अपने गांव से दूसरे गांव की शासकीय शाला में कक्षा नौ में प्रवेश करने वाली बालिकाओं को राज्य शासन द्वारा निःशुल्क सायकिल प्रदान की जाती है।

7. शहरी पोषण आहार कार्यक्रमः– शहरी पोषण आहार कार्यक्रम शहरी इलाकों की झुग्गी-झोपड़ियों और कमजोर वर्ग की बस्तियों में रहने वाली गर्भवती व धात्री माताओं और 6 वर्ष तक के बच्चों को पोषण आहार उपलब्ध कराने के उद्देश्य से क्रियान्वित किया जा रहा है।

8. नारी निकेतनः- इस योजना का उद्देश्य विधवा परित्यक्ता, निराश्रित, कुंवारी माताओं, समाज से प्रताड़ित महिलाओं को आश्रय उपलब्ध कराना है। इसके लिए प्रदेश के कई जिलों में नारी निकेतन स्थापित हैं।

9. सिलाई-कढ़ाई केन्द्रः- प्रदेश में गरीब, बेसहारा, निम्न मध्यम वर्गीय परिवार की महिलाओं को सिलाई-कढ़ाई का प्रशिक्षण देकर आत्मनिर्भर बनाने हेतु सिलाई-कढ़ाई केन्द्रों का संचालन किया जा रहा है।

10. मध्याह्न भोजन कार्यक्रमः- इस कार्यक्रम का मुख्य उद्देश्य अनुसूचित जाति, अनुसूचित जनजाति और पिछड़े वर्ग की शिक्षण संस्था में अध्ययनरत 6 से 14 वर्ष की आयु वर्ग के छात्र-छात्राओं को उनके शारीरिक और मानसिक विकास के लिए पोषण आहार उपलब्ध कराना और शिक्षा प्राप्ति के लिए उनको प्रोत्साहित करना है।

11. राष्ट्रीय मातृत्व सहायता योजनाः- गरीब परिवार की महिलाओं को गर्भावस्था के दौरान चिकित्सा एवं आर्थिक सहायता प्रदान करना इस योजना का प्रमुख उद्देश्य है।

12. लाड़ली लक्ष्मी योजनाः- वर्ष 2006 से लागू की गई इस योजना का उद्देश्य बालिकाओं के शैक्षिक और आर्थिक स्तर में सुधार लाकर उनके अच्छे भविष्य की आधारशिला रखने के साथ-साथ कन्या जन्म के प्रति समाज के दृष्टिकोण में सकारात्मक परिवर्तन लाना है।

13. इंदिरा महिला योजनाः- महिलाओं की समानता के विषयों, सम्पत्ति में उनके कानूनी अधिकारों, संवैधानिक सुरक्षा, महिलाओं से संबंधित आर्थिक विकास के कार्यकलापों को बढ़ावा देना तथा महिलाओं में जागृति पैदा करना ही इस योजना के मुख्य उद्देश्य हैं।

14. मुख्यमंत्री कन्यादान योजनाः- इस योजना का मुख्य लक्ष्य गरीब, जरुरतमंद, बेसहारा परिवारों को उनकी बेटियों/विधवाओं/तलाकशुदाओं की शादी करने के लिए वित्तीय सहायता प्रदान करना है। इस योजना के तहत, घर की चीजें और सामूहिक विवाह खर्च के लिए 15,000 रुपए की सहायता दी जाती है। लड़की के 18 वर्ष की आयु प्राप्त करने की शर्त के साथ सामूहिक विवाह में यह सहायता दी जाती है।

15. राजकीय बालिका अनुरक्षण गृहः- इस प्रकार के गृहों का निर्माण कुष्ठ रोगियों के स्वस्थ बच्चों को उनके माता-पिता से अलग रख कर उन्हें रोग से बचाने के लिए किया गया है। मध्य प्रदेश में इस प्रकार के कई बाल संरक्षण गृह संचालित हैं।

16. ग्राम्या योजनाः- यह योजना मध्य प्रदेश महिला आर्थिक विकास निगम द्वारा संचालित है। इस योजना में गरीब महिलाओं को आत्मनिर्भर बनाने के उद्देश्य से व्यवसाय करने के लिए ब्याजमुक्त ऋण दिया जाता है।

17. समर्थ योजनाः- मध्य प्रदेश महिला आर्थिक विकास निगम द्वारा संचालित इस योजना में विधवा, तलाकशुदा, परित्यक्ता उपेक्षित/निराश्रित महिलाओं को तकनीकी शिक्षा प्राप्त करने के लिए प्रोत्साहित किया जाता है।

18. टंकण प्रशिक्षण योजनाः- इस योजना का मुख्य उद्देश्य गरीब शिक्षित बेरोजगार लड़कियों/महिलाओं को निःशुल्क टंकण प्रशिक्षण देकर आत्मनिर्भर बनाना है।

19. कल्प वृक्ष योजनाः- यह योजना आदिवासी बहुलता वाले क्षेत्रों में अनुसूचित जाति/जनजाति की महिलाओं को निजी भूमि पर फलोद्यान स्थापित कर रोजगार उपलब्ध कराने के लिए संचालित की जा रही है।

20. बेटी बचाओ अभियानः- 'बेटी बचाओ अभियान' मध्यप्रदेश सरकार द्वारा की गई नई पहल है। लड़कियों के लिंग अनुपात में जारी गिरावट को रोकना और उससे जुड़े सामाजिक असर और लड़कियों के खिलाफ भेदभाव को दूर करना, इस अभियान के उद्देश्य हैं। इस अभियान के तहत समाज में एक स्वस्थ लिंग संतुलन के लिए कन्या भ्रूण को बचाने के महत्व के बारे में लोगों को शिक्षित करने के लिए कई गतिविधियां चलाई गई हैं।

प्रदेश में उपरोक्त योजनाओं तथा कार्यक्रम के अतिरिक्त महिला एवं बाल विकास के क्षेत्र में कार्यरत स्वैच्छिक संस्थाओं के लिए निम्नलिखित अनुदान योजनाओं तथा गतिविधियों का क्रियान्वयन किया जा रहा है।

(क) राज्य सरकार की अनुदान योजनाएं
  (1) निराश्रित बाल गृहों को अनुदान
  (2) विपत्तिग्रस्त महिलाओं को पुनर्वास प्रशिक्षण
  (3) सामान्य गतिविधियों के लिए अनुदान
  (4) अनाथालय को अनुदान
  (5) महिलाओं तथा बच्चों को कानूनी सलाह व सहायता योजना
  (6) मध्य प्रदेश राज्य समाज कल्याण सलाहकार बोर्ड को अनुदान।

(ख) केन्द्र सरकार की अनुदान योजनाएं
  (1) राष्ट्रीय बाल कोष से अनुदान
  (2) राष्ट्रीय शिशु निधि से अनुदान
  (3) अल्पकालीन आवास गृह संचालन की योजना
  (4) महिलाओं पर अन्याय व अत्याचार रोकने हेतु प्रचार-प्रसार व शैक्षणिक कार्यक्रमों हेतु सहायता
  (5) संगठनात्मक सहायता अनुदान
  (6) कामकाजी महिलाओं के लिए वसति गृह
  (7) दत्तक ग्रहण हेतु शिशु गृहों की स्थापना।

28
मध्य प्रदेश के पर्यटन स्थल

मध्य प्रदेश को भारत के पर्यटकों का स्वर्ग तथा हृदय प्रदेश कहा जाता है। मध्य प्रदेश के दर्शनीय स्थल अपनी विविधता के लिए प्रसिद्ध हैं। यहां कहीं तो पौराणिक और ऐतिहासिक महत्त्व के स्थल हैं तो कहीं धार्मिक और सांस्कृतिक महत्त्व के। कहीं-कहीं तो मात्र प्राकृतिक सौन्दर्य से सम्पन्न ऐसे अद्भुत और आकर्षक स्थल हैं जहां एक बार पहुंच जाने पर मनुष्य उन्हें देखता ही रह जाता है। मध्य प्रदेश पर्यटन एवं पुरातात्विक दृष्टि से अत्यन्त समृद्ध है। यहां सम्भवत: कोई जिला ऐसा नहीं होगा जहां कोई दर्शनीय या पर्यटन की दृष्टि से महत्त्वपूर्ण स्थल नहीं हो। राज्य के महत्त्वपूर्ण पर्यटन स्थल निम्नलिखित हैं :

खजुराहो : भारत के प्रमुख पर्यटन केन्द्रों में खजुराहो का तीसरा स्थान है। इसका निर्माण चन्देल राजाओं ने सन् 950-1050 ई. के मध्य किया था। इन मन्दिरों में मैथुन एवं रतिक्रीड़ाएं इतनी सजीव एवं निष्कपट जान पड़ती हैं कि मूर्तिकला पर सहज श्रद्धा भाव उत्पन्न हो जाती है।

आसपास के दर्शनीय स्थल—बेनसागर बांध (7 किमी. दूर), रेनेह जल प्रपात (20 किमी. दूर केन नदी पर) तथा पन्ना मार्ग पर 30 किमी. दूर पांडव जल प्रपात। 25 किमी. दूर रंकवान पिकनिक स्थल एवं इतनी ही दूरी पर राजगढ़ महल स्थित है। गंगाऊ अभयारण्य में चीतल, रीछ और अन्य वन्य जीव हैं। धुबेला संग्रहालय खजुराहो से 64 किमी. की दूरी पर है। खजुराहो से 30 किमी. दूर गोविन्दगढ़ में रीवा महाराज के निजी संग्रहालय हैं। बान्धवगढ़ अभयारण्य में सफेद शेर पाए जाते हैं। खजुराहो से 32 किमी. दूरी पर पन्ना उद्यान, 20 किमी. दूरी पर चेचई, बयोरी और बाहुरी जल प्रपात स्थित हैं।

मैहर : कटनी-इलाहाबाद रेल मार्ग पर स्थित यह स्थान मध्यकालीन योद्धाओं आल्हा-ऊदल एवं प्रख्यात संगीतकार उस्ताद अलाउद्दीन खां की जन्म भूमि है। इसके साथ ही यहां आराध्य देवी मां शारदा का मन्दिर भी स्थित है।

चित्रकूट : जनश्रुतियों के अनुसार ब्रह्मा, विष्णु और महेश ने यहीं बाल अवतार लिया था। वनवास के दौरान भगवान श्रीराम यहां महर्षि अत्रि एवं सती अनुसूया के अतिथि बनकर ठहरे थे।

यहीं से भरत जी चरण पादुका लेकर लौटे थे। अकबर के नवरत्नों में से एक अब्दुल रहीम खानखाना की ऐतिहासिक भूमि, पवित्र मन्दाकिनी नदी के तट पर प्राकृतिक सुषमा से भरी हुई भूमि यहीं है। इसके आसपास कामदगिरी, भरतमिलाप, रामघाट, जानकी कुण्ड, स्फटिक शिला, अनुसूया आश्रम, भरतकूट तथा हनुमान धारा स्थित हैं।

सांची : मध्य रेलवे के झांसी-इटारसी रेलमार्ग पर यह एक छोटा सा स्टेशन है। यह भोपाल से 46 किमी. की दूरी पर स्थित है। यह विख्यात बौद्ध तीर्थ स्थल के रूप में जाना जाता है। सांची में तीन स्तूप हैं जो अत्यंत सुन्दर एवं प्राचीन हैं। यहां का बड़ा स्तूप 36.5 मीटर व्यास का है और इसकी ऊंचाई 16.4 मीटर है। इस स्तूप के तोरण द्वार पर बुद्ध के जीवन की झलकियां उत्कीर्ण हैं। इसके अतिरिक्त अन्य दो स्तूप हैं जो अपेक्षाकृत नए हैं। इन स्तूपों का निर्माण सम्राट अशोक ने बौद्ध धर्म की दीक्षा लेने के पश्चात् ईसा से तीन शताब्दी पूर्व कराया था। एकमात्र सांची ऐसा स्थल है जहां बौद्धकालीन शिल्पकला के सारे नमूने विद्यमान हैं। यहां के स्तूप, चैत्य, मन्दिर और विहार सभी बौद्ध कला के सर्वोत्कृष्ट नमूने हैं।

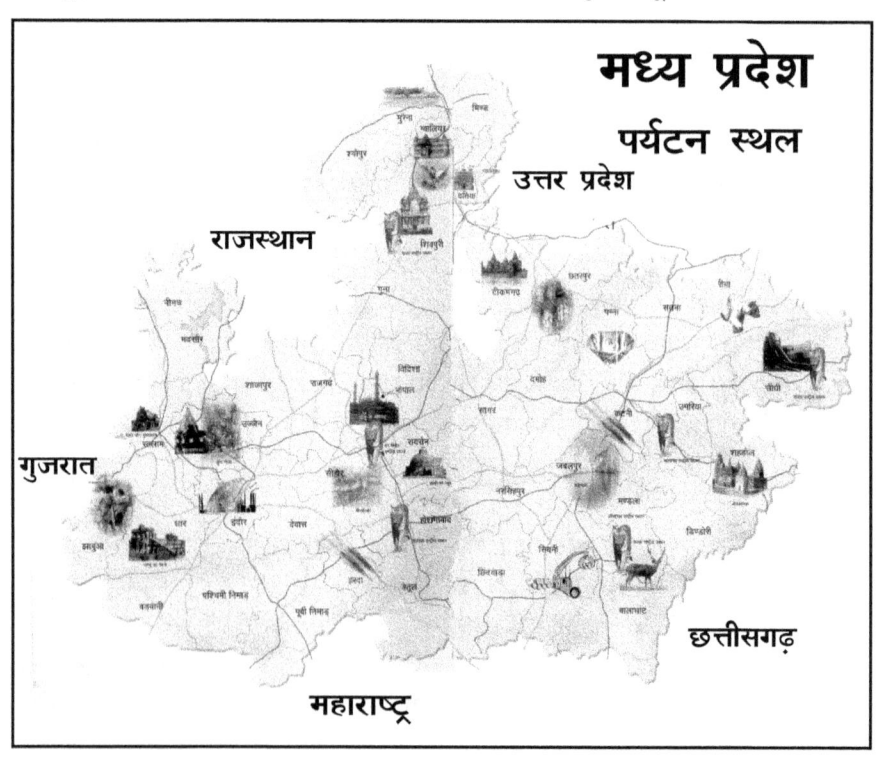

उज्जैन : उज्जैन प्राचीन काल से ही धार्मिक स्थल रहा है। यह नगर क्षिप्रा नदी के तट पर स्थित है। उज्जैन में अनेक मन्दिर हैं जिसमें महाकालेश्वर का मन्दिर सर्वश्रेष्ठ है। उज्जैन नगर पौराणिक दृष्टि से भी महत्त्वपूर्ण है। यहां हर बारह वर्ष बाद कुम्भ का मेला लगता है। उज्जैन में महाकाल अथवा महाकालेश्वर का प्रसिद्ध शिव मन्दिर है जो देश में शिवजी के बारह ज्योतिर्लिंग मन्दिरों में से एक है। देश के सभी भागों से शिवभक्त इस महाकाल मन्दिर के दर्शन करने आते हैं। नगर के दक्षिण में प्रख्यात जन्तर-मन्तर है। इसे 1733 ई. में जयपुर के महाराजा जयसिंह ने बनवाया था। उज्जैन नगर के मध्य में गोपाल जी का एक प्रसिद्ध मन्दिर है जिसका निर्माण 1853 ई. में करवाया गया था। उज्जैन नगर से 3.5 किमी. दूर कृष्ण का मन्दिर है। यहां संदीपन ऋषि का आश्रम है। संदीपन ऋषि भगवान कृष्ण व उनके बड़े भाई बलराम तथा मित्र सुदामा के गुरु थे। इस आश्रम से तीन किमी. आगे मंगलनाथ का मंदिर है। यही वह स्थान है जहां प्रथम बार हिन्दुओं ने भूगोल समझा था और भौगोलिक ज्ञान प्राप्त किया था। यहां से 11 किलोमीटर दूर भर्तृहरि की गुफाएं हैं। उज्जैन प्राकृतिक, ऐतिहासिक, धार्मिक, सांस्कृतिक एवं पुरातत्वीय दृष्टि से मध्य प्रदेश का प्रमुख नगर है।

अमरकंटक : जबलपुर से 245 किमी. दूर शहडोल जिले की पुष्पराजगढ़ तहसील के दक्षिणी-पूर्वी भाग में मैकाल की पहाड़ियों में स्थित अमरकंटक भारत के पवित्र स्थलों में से एक है। यह स्थल नर्मदा और सोन नदी का उद्‌गम स्थल है। यहां पर 24 नवीन एवं प्राचीन मन्दिर हैं। इन प्राचीन मन्दिरों को 10 वीं व 11 वीं शताब्दी में कलचुरी वंश के शासकों ने बनवाए थे। नर्मदा कुण्ड, नर्मदा माई का मन्दिर, नर्मदा नदी का 6 किमी. तक तेज प्रवाह बनकर गिरना (कपिलधारा प्रपात), कुछ दूरी पर दुग्ध धारा प्रपात यहां के दृश्यों को मनोरम बनाते हैं।

पंचमढ़ी : भोपाल से 210 किमी. तथा पिपरिया से 50 किमी. दूरी पर स्थित है। पंचमढ़ी 1946 मीटर की ऊँचाई पर सतपुड़ा के पठार पर मध्य प्रदेश का स्वास्थ्यवर्धक केन्द्र व पर्यटन स्थल है। पंचमढ़ी प्राकृतिक सौन्दर्य से परिपूर्ण पर्यटकों का स्वर्ग है। पंचमढ़ी में 20 जलाशय और 5 जलप्रपात हैं। यहां के अन्य दर्शनीय स्थलों में अप्सरा विहार, धूपगढ़, जटाशंकर, पाण्डव गुफाएं प्रमुख हैं। धूपगढ़, चौरागढ़ एवं महादेव शिखर से सूर्योदय एवं सूर्यास्त के दृश्य काफी मनोरम दिखाई देते हैं। पांडव गुफा में हांड़ी खो और जम्बू द्वीप तथा प्रपातों में सजत प्रपात दर्शनीय हैं।

मांडू : यह हिन्दू एवं मुस्लिम शासकों का कर्मस्थली रहा है। यह प्रदेश का प्रमुख ऐतिहासिक स्थल है। यहां पर अनेक प्राकृतिक दृश्य देखने को मिलते हैं। प्राकृतिक सुषमा से घिरे पुराने भग्नावशेष, मांडू का किला जिसको होशंगशाह ने बनवाया था यहीं है। यहां रानी रूपमती की प्रणय गाथाओं से गूंजते खंडहर, जहाजमहल, हिंडोला महल, चम्पा बावड़ी, होशंगशाह का मकबरा, जामी मस्जिद, अशर्फी महल, रानी रूपमती का झरोखा एवं नीलकंठ मन्दिर दर्शनीय हैं। यहां से 15 किलोमीटर की दूरी पर बाघ गुफाएं स्थित हैं।

विदिशा : यह भोपाल से 54 किमी. दूर मुम्बई-दिल्ली रेल मार्ग पर स्थित है। यह भारतीय इतिहास में उल्लेखनीय प्राचीन नगर है। यहां पर प्राचीन बौद्ध और जैन धर्मों का केन्द्र, सम्राट अशोक द्वारा निर्मित अनेक मन्दिर एवं बौद्ध बिहार हैं। यहां से 7 किमी. की दूरी पर उदयगिरी, हिन्दू जैन धर्मों की प्रतीक 20 गुफाएं, महावाराह की विशाल प्रतिमा, पुरातत्व स्मारक बीज मण्डल, रामघाट चरणतीर्थ स्थित है। यहां से 33 किमी. की दूरी पर बौद्ध तीर्थ ग्यारसपुर मालादेवी मन्दिर और अंकवंबड स्थित है। 8 किमी. की दूरी पर नीलकंठेश्वर महादेव मन्दिर स्थित है।

भोपाल : यह मध्य प्रदेश की हृदयस्थली एवं राजधानी है। इसका पुराना नाम भोजपाल था। इस नगर का निर्माण परमार वंशी राजा भोज ने 10 वीं सदी में करवाया था। गोंड वंश के पराभव के बाद इस नगर पर सरदार शेख मोहम्मद का शासन रहा। दो प्रख्यात झीलें, भारत हैवी इलेक्ट्रिकल्स लि. कारखाना, तथा आकर्षक पहाड़ी से घिरा यह सुन्दर नगर है। नया भोपाल (तात्या टोपे नगर) का शाम हिल्स अथवा लक्ष्मीनारायण गिरि से रात्रि का दृश्य मनोरम लगता है।

पुराना भोपाल मस्जिदों का शहर कहलाता है। विशाल ताल-उल मस्जिद, लक्ष्मीनारायण मन्दिर, गुफा मन्दिर, प्राचीन शिवमन्दिर, नेवरी वल्लभ सम्प्रदाय, फीजी मन्दिर, बडवाले महादेव एवं जैन मन्दिर, लाल घाटी मन्दिर, नवनिर्मित भारत भवन, तथा वन विहार आदि विशेष दर्शनीय स्थल हैं। यहां प्रागैतिहासिक काल के गुफा चित्र भी हैं।

बांधवगढ़ : 1968 में राष्ट्रीय उद्यान बना यह क्षेत्र जबलपुर से 210 किमी. दूर है। सफेद शेरों के लिए यह राष्ट्रीय उद्यान प्रसिद्ध है। पुराणों और महाकाव्यों में वर्णित यह क्षेत्र 550 वनस्पति प्रजातियों और जड़ी-बूटियों से भरा है।

भेड़ा घाट : जबलपुर से 13 किमी. दूर भेड़ाघाट का प्राकृतिक दृश्य बड़ा ही मनोरम है। संगमरमर चट्टानों के बीच तीव्र प्रवाह से बहती नर्मदा 60 फुट की ऊंचाई से नीचे गिरती है। धुंआधार और बन्दरकूदनी, पूर्णिमा रात्रि का नौकाविहार आदि प्रमुख आकर्षण हैं। निकट स्थित चौंसठ योगिनी का गोल मन्दिर है जिसमें 81 मूर्तियां हैं। गौरी शंकर के विख्यात मंदिर में शिव पार्वती की नंदी पर सवार मूर्तियां एवं प्राचीन शिलालेख हैं।

धार : यहां एक छोटी पहाड़ी पर एक किला है जिसका निर्माण 1344 ई. में सुल्तान मोहम्मद तुगलक ने अपनी दक्षिण विजय के दौरान देवगिरि जाते समय यहां ठहरने के उद्देश्य से कराया था। इस किले में देवी कालका जी का मन्दिर व अब्दुल्ला शाह चंगल का मकबरा है। दुर्ग के निकट हजरत मकबूल की कब्र है। धार परमार राजाओं की राजधानी भी रहा है। भोजराज की नगरी भोजशाला और लाट मस्जिद प्रसिद्ध हैं।

ग्वालियर : भारत के सभी दुर्गों में जड़ित मणि के समान पूर्व का जिब्राल्टर कहलाने वाला ग्वालियर दुर्ग (ऊंचाई 300 फुट) राजा सूरजमल द्वारा निर्मित है। यहां के प्रमुख

आकर्षण सूर्य मन्दिर शिलालेख और सूरजकुण्ड, मानमन्दिर तथा गुजरी महल (निर्माण राजा मान सिंह तोमर), पुरातत्व संग्रहालय, सास बहू का मन्दिर, तेली मन्दिर आदि हैं।

सूफी संत मुहम्मद गौस का मकबरा, संगीत सम्राट तानसेन तथा रानी लक्ष्मीबाई की समाधियां, महाराजा सिंधिया का संग्रहालय तथा चिड़ियाघर यहीं स्थित हैं। यह एक प्रमुख औद्योगिक नगर है।

चंदेरी : गुना जिले में स्थित 200 मीटर ऊंचे किले और खूनी दरवाजे, चारों ओर बनी बावड़ियां तथा सरोवर, बुन्देला राजाओं तथा मालवा के सुल्तानों द्वारा निर्मित अनेक भवन 3 किलोमीटर दूर बूढ़ी चंदेरी और 15 किलोमीटर दूर धोबन मठ तथा अन्य स्मारक यहां के दर्शनीय स्थल हैं।

भद्रेश्वर : इसका प्राचीन नाम महिष्मती (हैहय वंश की प्राचीन राजधानी) था। होल्कर वंश की महारानी अहिल्याबाई की यह राजधानी रही थी। अहिल्या संग्रहालय, राजेश्वर मन्दिर, शेवाघाट होल्कर परिवार की छपियों तथा साड़ियों के लिए भी यह स्थान प्रसिद्ध है।

मन्दसौर : यहां पशुपति नाथ का प्रसिद्ध मंदिर है। इसी के समीप चम्बल नदी पर बना गांधी सागर बांध है।

ओरछा : यह झांसी से 19 किमी. तथा ग्वालियर से 130 किलोमीटर दूर बेतवा के तट पर बुन्देला राजपूतों का ऐतिहासिक स्थल रहा है। यहां पर चतुर्भुज मन्दिर और जहांगीरी महल प्रसिद्ध हैं। क्रांतिवीर चन्द्रशेखर आजाद की साधना स्थली भी यही रहा है।

पवाया : ग्वालियर से 68 किमी. दूर सिंध और पार्वती नदियों के संगम पर स्थित नागा राजाओं की प्राचीन राजधानी रहा है। इसका पूर्व नाम पद्मावती था। मध्यकालीन पुरावशेष, मणिभद्र यक्ष प्रतिमा आदि यहां का दर्शनीय स्थल है। यहां से 3 किलोमीटर की दूरी पर धूमेश्वर महादेव का मन्दिर है।

बवनगजा : यह प्रसिद्ध जैन तीर्थ स्थल है। यहां 72 फीट ऊंची जैन मूर्ति है।

शिवपुरी : इसे 1958 में राष्ट्रीय उद्यान घोषित किया गया। यह शिवपुरी नगर के निकट है तथा झांसी से 97 किलोमीटर दूर है। भव्य पिकनिक स्थलों और झील में नौका विहार के साथ वन्य पशु-पक्षी दर्शन पर्यटकों को मंत्रमुग्ध कर देता है।

गिन्नौरगढ़ : यह भोपाल से 60 किलोमीटर दूर है जहां 390 मीटर लम्बी और 50 मीटर चौड़ी पहाड़ी पर एक किला बना है। इसका निर्माण तेरहवीं शताब्दी में महाराजा उदयवर्मन ने करवाया था। इस दुर्ग का अन्तिम गौड़ शासक कमलापति था। इस किले के निकटवर्ती क्षेत्र में शुक अर्थात् तोतों का क्षेत्र है। यह किला जिस पहाड़ी पर बना है उसे अशर्फी पहाड़ी कहते हैं। इस दुर्ग के सभी महल विशेष दर्शनीय हैं और अनेक इमारतें ऐतिहासिक महत्त्व की हैं जो पर्यटकों के लिए विशेष आकर्षण का केन्द्र बने हुए हैं।

मुक्तागिरि : बैतूल जिले में मुक्तागिरि जैनियों का पवित्र तीर्थ स्थल है। यहां 52 मन्दिर हैं। कुछ मन्दिर चट्टानों के अन्दर बने हैं। निर्जन तथा वनों से आच्छादित गुफाओं तथा पर्वत शिखरों पर निर्मित ये मन्दिर बड़े आकर्षक दृष्टिगत होते हैं। यहां एक छोटा-सा जलप्रपात है जो यहां के आकर्षण को और बढ़ा देता है।

ओंकारेश्वर : खण्डवा से 78 किमी. और इन्दौर से 77 किमी. दूर नर्मदा नदी के तट पर ओंकारेश्वर महादेव का मन्दिर अवस्थित है। यह मन्दिर मध्यकालीन ब्राह्मण शैली पर बना ओंकार-मन्धाता का सुन्दर मन्दिर है और देश के सुप्रसिद्ध ज्योतिर्लिंगों में से एक है। यहां सिद्धनाथ मन्दिर, 24 अवतार सनमात्रिक मन्दिर, गौरी सोमनाथ मन्दिर और शंकराचार्य की गुफाएं आदि दर्शनीय स्थल हैं।

बाघ गुफाएं : इन्दौर से 158 किलोमीटर दूर स्थित बाघ गुफाओं के शैलचित्र (अजन्ता एलोरा के समकक्ष) गुफाओं में से आज कुछ ही सही स्थिति में हैं।

29

राज्य के युग पुरुष

डा. शंकर दयाल शर्मा : भारत के पूर्व राष्ट्रपति डा. शंकर दयाल शर्मा का जन्म 19 अगस्त, 1918 को भोपाल में हुआ था। 1952 में डा. शर्मा भोपाल स्टेट के मुख्यमंत्री बने। वे इस पद पर 1956 तक रहे। राज्य पुनर्गठन आन्दोलन में डा. शर्मा ने 8 माह जेल में व्यतीत किए। 1956 में मध्य प्रदेश के गठन के बाद डा. शर्मा राज्य मन्त्रिमंडल में मन्त्री बने। वे 1967 तक मध्य प्रदेश में कैबिनेट मन्त्री रहे। उन्होंने कांग्रेस पार्टी के महासचिव, अध्यक्ष और केन्द्रीय मंत्री के पदों को धारण किया। इसके बाद वे पंजाब, आन्ध्र-प्रदेश तथा महाराष्ट्र के राज्यपाल रहे। 1987 में उन्होंने भारत के उपराष्ट्रपति पद को संभाला, जिस पर वह 1992 तक रहे। डा. शर्मा ने भारत के राष्ट्रपति का पद 1992 से 1997 तक संभाला। 26 दिसम्बर 1999 को डा. शर्मा का निधन हो गया।

अटल बिहारी वाजपेयी : भारतीय जनता पार्टी के प्रमुख नेता और पूर्व प्रधानमन्त्री श्री वाजपेयी का जन्म 25 दिसम्बर, 1926 को ग्वालियर में हुआ था। इनके पिता का नाम श्री कृष्ण वाजपेयी था। इनकी शिक्षा ग्वालियर व कानपुर में हुई। वाजपेयी जी ने भारत छोड़ो आन्दोलन में भाग लिया। इन्होंने जनसंघ की सदस्यता ग्रहण की। 1951 से 1957 तक लोकसभा के सदस्य रहे। 1957 से 1962 तक ये जनसंघ संसदीय दल के नेता रहे। 1957 से 1977 तक श्री वाजपेयी राज्य सभा के सदस्य रहे। वे 1977 से 1980 तक जनता पार्टी के शासन काल में विदेश मंत्री रहे। 1980 से 1986 तक श्री वाजपेयी जी भारतीय जनता पार्टी के संस्थापक अध्यक्ष रहे। 16 मई, 1996 को आपको भारत का प्रधानमंत्री बनाया गया, लेकिन अल्पमत के कारण आपने 1 जून, 1996 को अपने पद से त्यागपत्र दे दिया। 19 मार्च, 1998 को आप दोबारा और 13 अक्टूबर, 1999 को तीसरी बार भारत के प्रधानमंत्री बने तथा 21 मई, 2004 तक इस पद पर बने रहे। 16 अगस्त 2018 को आपका निधन हो गया।

भगवान रजनीश : इनका बचपन का नाम राजेन्द्र कुमार जैन था। इनका जन्म 10 दिसम्बर, 1931 को जबलपुर में हुआ था। 22 वर्ष की आयु में मौलसिरि के पेड़ के नीचे इन्हें 'ज्ञान' प्राप्त हुआ। 1971 में उन्होंने स्वयं को भगवान कहना प्रारम्भ कर दिया। मई, 1981 में वे अपने पुणे आश्रम को छोड़कर अमरीका चले गए। 1990 में उनकी मृत्यु हो गई।

विजया राजे सिंधिया : राजमाता सिन्धिया का जन्म 12 अक्टूबर 1919 को सागर में ठाकुर महेन्द्र सिंह (नेपाल के राणा वंशज) के यहां हुआ था। राजमाता 1957 में गुना से लोक सभा के लिए चुनी गईं। 1962 में राजमाता जनसंघ में शामिल हो गईं। राजमाता 1966 में विधानसभा की सदस्य रहीं व 1967-71 तक संयुक्त विधायक दल की नेता रहीं। 1971-77 तक पांचवीं लोकसभा की सदस्या रहीं। 25 जून, 1975 के दिन देश में आपातकाल की घोषणा के दौरान राजमाता को गिरफ्तार किया गया था। इनका देहावसान 25 जनवरी, 2001 को हो गया।

अर्जुन सिंह : श्री सिंह का जन्म 5 नवम्बर, 1930 को चुरहट (जिला सीधी) में हुआ था। श्री अर्जुन सिंह पहली बार 1957 में विधायक चुने गए थे तथा 1963-1967 तक मध्य प्रदेश सरकार में कृषि राज्य मंत्री रहे। वे 1967 से 1972 तक नियोजन और विकास मंत्री, 1972 से 1977 तक शिक्षा मंत्री रह चुके हैं। 1980 में ये मध्य प्रदेश के मुख्य मंत्री बने। 14 मार्च, 1985 में इनको पंजाब का राज्यपाल बनाया गया। 1986 में इनको कांग्रेस (आई) का उपाध्यक्ष बनाया गया। 25 अक्टूबर, 1986 को इनको केन्द्रीय संचार मंत्री बनाया गया। 13 फरवरी, 1988 को दुबारा प्रदेश का मुख्य मंत्री बनाया गया। 1991 में इनको मानव संसाधन विकास मंत्री बनाया गया। मई, 2004 में इन्हें एक बार पुनः केन्द्र में मानव संसाधन विकास मंत्री बनने का अवसर प्राप्त हुआ। 4 मार्च, 2011 को इनका निधन हो गया।

माधव राव सिंधिया : ग्वालियर राज्य के महाराजा जीवाजी राव सिंधिया तथा विजया राजे सिंधिया के पुत्र माधव राव सिंधिया का जन्म 10 मार्च, 1945 को हुआ था। श्री सिंधिया प्रमुख उद्योगपति व राजनीतिज्ञ थे। वे 1980 में गुना से कांग्रेस (आई) के सांसद चुने गए थे और 1984 में भारतीय जनता पार्टी के प्रमुख नेता अटल बिहारी वाजपेयी को हराकर ग्वालियर से लोकसभा के सदस्य चुने गए। 1984 से 1989 तक श्री सिंधिया केन्द्र सरकार में रेल राज्य मंत्री थे। श्री सिंधिया केन्द्र सरकार में नागरिक उड्डयन और पर्यटन मंत्री भी रह चुके थे। 30 सितम्बर, 2001 को एक विमान दुर्घटना में उनकी मृत्यु हो गई।

प्रकाश चन्द्र सेठी : श्री सेठी का जन्म 19 अक्टूबर, 1920 को झाबरापाटन में हुआ था। इनके पिता भंवर लाल सेठी इंदौर से कांग्रेस आई के सांसद थे। श्री सेठी 1953 से 1957 तक मध्य प्रदेश कांग्रेस कार्यकारिणी के सदस्य तथा 1954-55 में कोषाध्यक्ष रहे हैं। श्री सेठी केन्द्र सरकार में 1962 से 1964 तक इस्पात एवं खान मंत्री, 1964 से 1966 तक लौह इस्पात उपमंत्री, 1967 से 1968 तक इस्पात, खान और धातु राज्य मंत्री, 1969 से 1970 तक राजस्व एवं व्यय राज्य मंत्री तथा 1970 से 1971 तक रक्षा उत्पादन राज्य मंत्री रहे हैं। 1972 में उन्हें मध्य प्रदेश की विधान सभा का सदस्य चुना गया और वे राज्य के मुख्यमंत्री बनाए गए। वे इस पद पर 1975 तक रहे। उन्होंने केन्द्रीय मंत्रिमण्डल में भी कई महत्वपूर्ण पदों को सुशोभित किया।

डा. कैलाशनाथ काटजू : श्री काटजू का जन्म 17 जून, 1887 को मध्य प्रदेश की जावरा रियासत में हुआ था। डा. काटजू 1935 से 1937 तक इलाहाबाद नगर पालिका के अध्यक्ष रहे।

1947 ई. में काटजू उड़ीसा के राज्यपाल बनाए गए। 1948 से 1951 तक ये प. बंगाल के राज्यपाल रहे। इसके उपरान्त 1951 से वह केन्द्रीय मन्त्रिमण्डल में रक्षा मंत्री रहे। जनवरी, 1957 से मार्च, 1962 तक ये मध्य प्रदेश के मुख्यमंत्री रहे।

मकबूल फिदा हुसैन : 'पद्मश्री', 'पद्मभूषण', 'कालिदास सम्मान' आदि विशिष्ट पुरस्कारों से सम्मानित श्री हुसैन एक प्रख्यात चित्रकार थे। फिदा हुसैन की अनेक कला प्रदर्शनियां चीन, अमेरिका, इराक एवं यूरोपीय देशों में लग चुकी हैं। 9 जून, 2011 को आपका निधन हो गया।

वीरेन्द्र कुमार सकलेचा : सकलेचा के जीवन की शुरुआत महू में वकालत से हुई। ये पहली बार जनसंघ के टिकट पर विधान सभा के लिए निर्वाचित हुए। 1962 से 1967 तक विरोधी दल के नेता रहे। 1967 की राज्य सरकार में उपमुख्यमंत्री रहे लेकिन कुछ दिनों के बाद ही इन्होंने इस पद को त्याग दिया। 1969 में इन्हें पुनः उपमुख्यमंत्री बनाया गया। 18 जनवरी, 1978 से 15 जनवरी, 1980 तक ये प्रदेश के मुख्यमंत्री पद पर आसीन रहे।

कैलाश चन्द्र जोशी : 1951 में श्री जोशी भारतीय जनसंघ के सदस्य बने और देवास जिले के मंत्री रहे। हाटपीपल्या से 1955 और 1962 में विधानसभा के सदस्य निर्वाचित हुए। 1963 से 1966 तक जनसंघ विधायक दल के सभापति रहे। 1972-75 में विधान सभा में दल के नेता एवं प्रतिपक्ष के नेता बने। जोशी 23 जून, 1977 को मध्य प्रदेश के मुख्यमंत्री बने, लेकिन अस्वस्थता के कारण इन्होंने 17 जनवरी, 1978 को मुख्यमंत्री पद से त्यागपत्र दे दिया। श्री जोशी 1980 से 85 तक भारतीय जनता पार्टी के प्रान्तीय अध्यक्ष रहे।

शरद जोशी : प्रसिद्ध पत्रकार शरद जोशी का जन्म उज्जैन में हुआ। इनकी प्रसिद्ध रचना परिक्रमा, किसी बहाने, तिलिस्म, दूसरी सतह आदि हैं।

बाल कृष्ण शर्मा 'नवीन' : प्रसिद्ध स्वतंत्रता सेनानी श्री नवीन का जन्म 1898 ई. में मध्य प्रदेश के मजालपुर ग्राम में हुआ था। श्री नवीन जी की प्रसिद्ध रचना 'उर्मिला' (महाकाव्य), प्राणार्पण, कुंकुम, कवासि, विनोबा स्तवन, हम विषपयी जन्म के, सिरजन की लकीरें, नवीन दोहावली, यौवन मदिरा, प्रलंयकर, स्मरणदीप, मृत्युधाम आदि अनेक कविताओं के संग्रह हैं। श्री नवीन की मृत्यु 1960 ई. में हो गई थी।

असलम शेर खां : श्री खां का जन्म 15 जुलाई, 1953 को भोपाल में हुआ था। असलम शेर खां भारत के प्रख्यात हॉकी खिलाड़ी रहे हैं तथा 1976 में हॉकी टीम के कप्तान भी रहे हैं। हॉकी से संन्यास लेने के उपरान्त ये राजनीति में आ गए। ये कई बार लोकसभा के सदस्य चुने गए तथा केन्द्र सरकार में मंत्री भी बने।

डा. शिव मंगल सिंह 'सुमन' : हिन्दी के प्रख्यात कवि डा. शिवमंगल सिंह 'सुमन' को 1987 का 'सारस्वत सम्मान' प्रदान किया गया था। इस सम्मान में 5001 रुपए तथा शॉल और प्रशस्ति पत्र भेंट किया जाता है। डॉ. सुमन विक्रम विश्वविद्यालय, उज्जैन के कुलपति भी रहे। इनको 'भारत-भारती' सम्मान से भी सम्मानित किया गया था।

द्वारिका प्रसाद मिश्र : द्वारिका प्रसाद मिश्र एक स्वतंत्रता सेनानी थे। इनका जन्म 5 अगस्त 1901 को हुआ था। 1920 के असहयोग आन्दोलन से प्रभावित होकर छात्र जीवन से ही इन्होंने स्वतंत्रता आन्दोलन में भाग लेना शुरू कर दिया। 1921 ई. में इन्हें गिरफ्तार किया गया था। पं. मोतीलाल नेहरू के नेतृत्व वाली केन्द्रीय विधानसभा में उन्हें विपक्ष का सचेतक बनाया गया। 1930 और 1942 में सत्याग्रह के दौरान वे कई बार जेल गए। 1937 में मध्य प्रदेश की सरकार में स्वायत्त प्रशासन मंत्री बने। 1939 में उन्होंने इस पद से त्यागपत्र दे दिया। वे 1950 में कांग्रेस की कार्यकारिणी के सदस्य बने। वे सागर विश्वविद्यालय के कुलपति भी रहे। 1963 से 1967 तक श्री मिश्र मध्य प्रदेश के मुख्यमंत्री रहे।

सुन्दर लाल पटवा : इन्होंने सिर्फ इन्टरमीडिएट तक शिक्षा प्राप्त की। 1942 में ये राष्ट्रीय स्वयं सेवक संघ में शामिल हुए। 1957 से 1967 तक मध्य प्रदेश विधान सभा में जनसंघ के मुख्य सचेतक तथा 1967 से 1974 तक विरोधी दल के नेता रहे। 1975 में जनसंघ के प्रान्तीय महामंत्री रहे। 20 जनवरी, 1980 से 17 फरवरी, 1980 तक मध्य प्रदेश के मुख्यमन्त्री रहे। 1980 से 1985 तक सातवीं विधानसभा में विरोधी दल के नेता रहे। 1986 से 90 तक प्रदेश भारतीय जनता पार्टी के अध्यक्ष रहे। 5 मार्च, 1990 से 15 दिसम्बर, 1992 तक प्रदेश के मुख्यमंत्री रहे। 28 दिसम्बर 2016 को इनका निधन हो गया।

पं. माखन लाल चतुर्वेदी : पं. चतुर्वेदी भारत के प्रसिद्ध साहित्यकार थे। इनका जन्म 4 अप्रैल, 1889 को होशंगाबाद जिले के बाबई नामक कस्बे में हुआ था। प्रारम्भिक शिक्षा बाबई में ही प्राप्त कर माखनलाल जी शिक्षक बने। इन्होंने देश के स्वतंत्रता संग्राम में भी भाग लिया था। इन्होंने कविता के माध्यम से जन जागरण किया। 30 जनवरी, 1968 को पं. चतुर्वेदी की मृत्यु हो गई। इनकी मुख्य रचनाएं युग चारण, हिमकिरीटनी, हिमतरंगनी माता, समर्पण, मरण ज्वर, साहित्य देवता, कृष्णार्जुन युद्ध आदि हैं।

चन्द्रेश सक्सेना : श्री चन्द्रेश सक्सेना का जन्म 1924 में उज्जैन में हुआ था। इन्होंने सर जे.जे. स्कूल ऑफ आर्ट्स मुम्बई और विश्व भारती विश्वविद्यालय शान्ति निकेतन से प्रशिक्षण प्राप्त किया। राष्ट्रीय कला प्रदर्शनी दिल्ली में अनेक बार कलाकृतियों का प्रदर्शन कर इन्होंने पुरस्कार भी प्राप्त किए। 1959 में इनको कालिदास चित्रकला पुरस्कार प्रदान किया गया था। जून 1987 में इनका निधन हो गया।

कान्ता बेन त्यागी : सुश्री त्यागी का जन्म मेरठ जिले के सबली ग्राम में हुआ था। इन्होंने मध्य प्रदेश में रहकर काफी समाज सेवा की। मध्य प्रदेश सरकार द्वारा समाज सेवा के लिए इनको इन्दिरा गांधी राज्य स्तरीय पुरस्कार 1986 में दिया गया।

बाल कवि बैरागी : मन्दसौर में जन्मे श्री बैरागी प्रसिद्ध कवि तथा सक्रिय कांग्रेस कार्यकर्ता एवं सांसद रहे। 1980 में भारतीय राष्ट्रीय मजदूर संघ के अध्यक्ष चुने गए। 1969 से 1972 तक सूचना तथा प्रसारण राज्य मंत्री एवं 1980 में खाद्य राज्य मंत्री रहे। 3 मई 2018 को आपका निधन हो गया।

राजेन्द्र माथुर : पत्रकारिता से जुड़े श्री माथुर का जन्म 17 अगस्त, 1935 को धार में हुआ। इन्होंने अंग्रेजी साहित्य से एम.ए. किया और उसके उपरान्त इन्दौर से प्रकाशित 'नई दुनिया' में राष्ट्रीय एवं अन्तर्राष्ट्रीय राजनीति पर लेखन कार्य प्रारम्भ किया। 1955 से 1970 तक ये गुजराती कॉलेज, इन्दौर में अध्यापक रहे। 1970 से 1981 तक 'नई दुनिया' में सम्पादक रहे। इसके उपरान्त ये नवभारत टाइम्स नई दिल्ली में प्रधान सम्पादक रहे। आपने अमेरिका, कनाडा, ब्रिटेन, जिम्बाब्वे, थाईलैंड आदि देशों की यात्राएं की।

मौलाना बरकतउल्ला : इनका जन्म 1862 में भोपाल में हुआ था। इन्होंने अमेरिका में गदर पार्टी की स्थापना की और विदेशों में भारत की आजादी के लिए अपना पक्ष रखा। 1 नवम्बर, 1913 को इन्होंने कैलीफोर्निया से 'गदर' नाम का एक साप्ताहिक समाचार पत्र निकाला। 27 सितम्बर, 1927 को इस देशभक्त का सैनफ्रांसिस्को में निधन हो गया।

उस्ताद अलाउद्दीन खां : प्रसिद्ध सरोद वादक अलाउद्दीन खां का जन्म 1881 में शिवपुर ग्राम में हुआ था। उस्ताद अलाउद्दीन खां मैहर की देवी मां शारदा के कट्टर उपासक थे। उस्ताद अलाउद्दीन खां सरोद, बेला, पखावज, मृदंग तथा क्लोरोनेट जैसे वाद्य यंत्रों को बजाने में अत्यन्त प्रवीण थे। इन्होंने मैहर में एक संगीत महाविद्यालय की स्थापना की। भारत सरकार ने 1958 में इन्हें 'पद्म भूषण' की उपाधि से सम्मानित किया। इन्हें 'सरोद सम्राट' भी कहा जाता है।

दिग्विजय सिंह : इनका जन्म 28 फरवरी, 1947 को इन्दौर में हुआ था। वर्ष 1971 से कांग्रेस की सदस्यता ग्रहण करके 1977 में राज्य विधानसभा के अध्यक्ष बने। 1980 में इन्हें राज्य मंत्रिमंडल में सम्मिलित किया गया। 1984 तथा 1991 में ये लोकसभा हेतु निर्वाचित हुए। इन्हें 7 दिसम्बर, 1993 को पहली बार तथा 1998 में दूसरी बार मुख्यमंत्री बनने का गौरव प्राप्त हुआ।

उमा भारती : इनका जन्म 3 मई, 1959 को डूंडा (टीकमगढ़) में हुआ था। वर्ष 1989, 1991, 1996, 1998 एवं 1999 में वे लोकसभा के लिए चुनी गईं। वह केन्द्र की अटल बिहारी वाजपेयी की सरकार में राज्य एवं कैबिनेट मंत्री रह चुकी हैं। 8 दिसम्बर, 2003 को राज्य की प्रथम महिला मुख्यमंत्री बनने का गौरव प्राप्त हुआ तथा 23 अगस्त, 2004 तक इस पद पर रहीं। वह एक कुशल वक्ता, विचारक एवं लेखिका भी हैं। वर्तमान में आप केन्द्र सरकार में कैबिनेट मंत्री हैं।

शिवराज सिंह चौहान : भारतीय जनता पार्टी के नेता शिवराज सिंह चौहान को 29 नवम्बर, 2005 को प्रदेश का मुख्यमंत्री बनने का सौभाग्य प्राप्त हुआ। वह पाँच बार विदिशा संसदीय क्षेत्र से लोकसभा के लिए निर्वाचित हो चुके हैं। किशोरावस्था से राष्ट्रीय स्वयं सेवक संघ के प्रति आस्था रखने वाले शिवराज सिंह 12 दिसंबर 2008 से 12 दिसंबर 2013 तक दुबारा तथा 13 दिसंबर 2013 से 13 दिसंबर 2018 तक तीसरी बार राज्य के मुख्यमंत्री रहे। वर्तमान में आप राज्य विधानसभा के सदस्य हैं।

30
विविध

मध्य प्रदेश के A, B, C और D ग्रेड के होटल

A ग्रेड के होटल
1. चन्देला होटल, खजुराहो

B ग्रेड के होटल
1. लेक व्यू अशोक होटल, भोपाल
2. वेलकम ग्रुप उषा किरण पैलेस, ग्वालियर
3. जास ओबरॉय होटल, खजुराहो
4. खजुराहो अशोक होटल, खजुराहो

C ग्रेड के होटल
1. जेहान्नुमा पैलेस होटल, भोपाल
2. पंचम होटल, भोपाल
3. रामसन्स इन्टरनेशनल होटल, भोपाल
4. सिद्धार्थ होटल, भोपाल
5. सूर्या शेरटन होटल, भोपाल
6. ताज होटल, भोपाल
7. किंग्स होटल, भोपाल
8. मयूर होटल, भोपाल
9. तानसेन होटल, ग्वालियर
10. सेन्ट्रल होटल, इन्दौर
11. कंचन होटल, इन्दौर
12. श्रीमाया होटल, इन्दौर

D ग्रेड के होटल

1. सवेरा होटल, उज्जैन
2. अशोक ट्रेवलर्स लॉज, सांची
3. बुद्धीस्ट गेस्ट हाउस, सांची
4. टूरिस्ट कॉटेज, माण्डू
5. वाटिका होटल, खजुराहो
6. जैन लॉज, खजुराहो
7. मेटरो होटल, ग्वालियर
8. विवेक कॉन्टिनेन्टल होटल, ग्वालियर
9. अंकुर होटल, भोपाल
10. ब्लू स्टार होटल, भोपाल
11. ग्राण्ड होटल, भोपाल
12. गुलशन होटल, भोपाल
13. इन्टरनेशनल होटल, भोपाल
14. मनजीत होटल, भोपाल
15. मेघदूत होटल, भोपाल
16. पैगोड़ा होटल, भोपाल
17. प्रेसीडेण्ट इन्टरनेशनल, भोपाल
18. पैलेस होटल, भोपाल
19. रणजीत होटल, भोपाल
20. सम्राट होटल, भोपाल
21. राजश्री होटल, भोपाल
22. रैनबो होटल, भोपाल
23. राजदूत होटल, भोपाल

मध्य प्रदेश में प्रथम, सबसे बड़ा, सबसे लम्बा और सबसे छोटा

1. प्रदेश की सबसे ऊंची चोटी : धूपगढ़, (1350 मीटर), पंचमढ़ी
2. प्रदेश का सबसे अधिक वर्षा वाला क्षेत्र : पंचमढ़ी महादेव श्रेणी
3. ग्रीष्म ऋतु में ठण्डा स्थान : पंचमढ़ी
4. प्रदेश का सबसे निचला प्रदेश : नर्मदा-सोन घाटी
5. प्रदेश के प्रथम मुख्यमंत्री : पं. रविशंकर शुक्ल
6. प्रदेश का सबसे बड़ा नगर : इन्दौर
7. प्रदेश का सबसे पहला राष्ट्रीय उद्यान : कान्हा

8. प्रदेश की सबसे लम्बी नदी : नर्मदा
9. प्रदेश का सबसे ऊंचा जलप्रपात : भालकुण्ड जलप्रपात (38 मीटर)
10. प्रदेश के पहले रेलमार्ग का निर्माण : इलाहाबाद-जबलपुर रेलमार्ग (1867 ई.)
11. प्रदेश का पहला आकाशवाणी केन्द्र : इन्दौर (1955)
12. प्रदेश का सर्वाधिक जनसंख्या घनत्व वाला जिला : भोपाल (855)
13. प्रदेश में सबसे अधिक भागों में बोयी जाने वाली फसल : चावल
14. प्रदेश की सबसे लम्बी नहर : महानदी नहर
15. प्रदेश का पहला विश्वविद्यालय : हरिसिंह गौर विश्वविद्यालय, सागर (1946)
16. प्रदेश का पहला मेडिकल कॉलेज : गजराज चिकित्सा महाविद्यालय, ग्वालियर (1946)
17. प्रदेश का पहला इंजीनियरिंग कॉलेज : श्री गोविन्द राम सेक्सरिया इंस्टिट्यूट।
18. प्रदेश का पहला समाचार पत्र : ग्वालियर अखबार (1940)
19. प्रदेश की पहली क्रिकेट टीम : पारसी क्लब, इन्दौर (1890)
20. प्रदेश का सबसे बड़ा होटल : चन्देला होटल, खजुराहो
21. प्रदेश का सबसे बड़ा मेला : कुम्भ मेला, उज्जैन
22. अनुसूचित जातियों में सबसे अधिक जनसंख्या वाली जाति : चमार
23. अनुसूचित जनजातियों में से सबसे अधिक जनसंख्या वाली जाति : गोंड
24. प्रदेश का सबसे अधिक साक्षर जिला : जबलपुर
25. प्रदेश का सबसे कम साक्षर जिला : अलीराजपुर
26. प्रदेश के प्रथम मुख्य न्यायाधीश : श्री एम. हिदायतुल्ला
27. प्रदेश के प्रथम राज्यपाल : डा. बी. पट्टाभि सीतारमैया
28. प्रदेश विधान सभा के प्रथम अध्यक्ष : पं. कुंजीलाल दुबे
29. प्रदेश का सबसे बड़ा रेलवे जंक्शन : इटारसी
30. प्रदेश का सबसे बड़ा कोयला भण्डार : सोहागपुर
31. प्रदेश का सबसे लम्बा पुल : तवा नदी पर (होशंगाबाद के पास 1322.56 मीटर)
32. प्रदेश का एकमात्र हिल स्टेशन : पंचमढ़ी
33. प्रदेश का सर्वाधिक प्रसार वाला समाचार पत्र : नई दुनिया
34. प्रदेश के प्रथम उप-मुख्यमंत्री : वीरेन्द्र कुमार सकलेचा
35. विधानसभा में विरोधी दल के प्रथम नेता : विश्वनाथ तामस्कर
36. प्रदेश में सबसे अधिक सिनेमाघर : इन्दौर
37. जनसंख्या की दृष्टि से सबसे बड़ा जिला : इन्दौर
38. जनसंख्या की दृष्टि से सबसे छोटा जिला : हरदा
39. क्षेत्रफल की दृष्टि से सबसे बड़ा जिला : छिन्दवाड़ा
40. क्षेत्रफल की दृष्टि से सबसे छोटा जिला : दतिया

मध्य प्रदेश के महत्त्वपूर्ण तथ्य

1. भारत के ठीक मध्य में स्थित होने के कारण इसे 'मध्य प्रदेश' नाम दिया गया है। इसे 'भारत का हृदय प्रदेश' भी कहा जाता है।

2. मध्य भारत में मन्दसौर जिले की मानपुरा तहसील के सुनेल टप्पा को छोड़कर सम्पूर्ण मध्य भारत, सम्पूर्ण पूर्व भोपाल राज्य, सम्पूर्ण पूर्व विन्ध्याचल प्रदेश, महाकौशल के 96 हिन्दी भाषी जिले व राजस्थान के कोटा जिले का सिरोंज उपखण्ड मिलाकर नए मध्य प्रदेश का निर्माण हुआ।

3. मध्य प्रदेश भारत के उन तीन राज्यों में से एक है, जिनकी सीमा न तो समुद्र को स्पर्श करती है और न ही किसी अन्य देश की सीमा को।

4. मध्य प्रदेश में खदानों से 21 प्रकार के खनिज निकाले जाते हैं।

5. मध्य प्रदेश को पर्यटकों का स्वर्ग कहा जाता है। सांची के स्तूप, खजुराहो के मन्दिर, भेड़ाघाट की संगमरमरी चट्टानें, चचाई, चित्रकूट, धुंआधार जैसे जलप्रपात, कान्हा, किसली, बांधवगढ़ जैसे अभयारण्य, शिवपुरी तथा जावरा में दुर्लभ खरमौर एवं गौरवर्ण मध्य प्रदेश के सुरम्य दर्शनीय स्थल हैं।

6. मध्य प्रदेश के जबलपुर नगर में 15 देशी तथा 13 विदेशी भाषाओं के (सर्टिफिकेट और डिप्लोमा) अध्ययन की व्यवस्था है।

7. मध्य प्रदेश में कैंसर चिकित्सालय : इन्दौर, जबलपुर तथा ग्वालियर में हैं।

8. मध्य प्रदेश में मानसिक चिकित्सालय : ग्वालियर तथा इन्दौर में हैं।

9. एच.बी.जे. गैस पर आधारित पैट्रो केमिकल्स कॉम्प्लेक्स तथा नाइट्रोजन खाद संयंत्र विजयपुर (गुना) में स्थापित हुआ है।

10. मथुरा रिफाइनरी पर आधारित पैट्रोकेमिकल्स उद्योग मुरैना जिले में स्थापित हो रहा है।

11. मध्य प्रदेश में 'दुग्ध विकास परियोजना' को 'ऑपरेशन फ्लड-2' नाम दिया गया है।

12. एशिया के प्रथम और विश्व के तीसरे 'लेसर किरण परमाणु ऊर्जा अनुसंधान केन्द्र' की स्थापना इन्दौर के 'सुखनिवास' क्षेत्र में 19 फरवरी, 1984 को की गई। 125 करोड़ की लागत से 1100 एकड़ क्षेत्र में इस परमाणु केन्द्र ने वर्ष 1986 से कार्य शुरु कर दिया है।

13. मध्य प्रदेश में 'इण्डियन नेशनल ट्रस्ट फॉर आर्ट एण्ड कल्चर' (इन्टेल) नाम से एक नए न्यास का गठन किया गया है।

14. मध्य प्रदेश में सफेद शेर रीवा में स्थित 'बांधवगढ़ राष्ट्रीय उद्यान' में पाए जाते हैं।

15. प्रदेश में स्थित आयाकट विकास प्राधिकरणों का उद्देश्य सिंचाई क्षमता का पूरा-पूरा उपयोग करना है। चम्बल तथा होशंगाबाद संभागों का गठन आयाकट कार्य को सरलता से पूरा करने के लिए किया गया है।

16. एशिया का प्रथम शारीरिक शिक्षा प्रशिक्षण महाविद्यालय ग्वालियर में है। इसका नाम है—लक्ष्मीबाई कॉलेज ऑफ फिजिकल एजूकेशन। इसके अतिरिक्त शिवपुरी तथा रीवा में भी शारीरिक प्रशिक्षण महाविद्यालय हैं।

17. मध्य प्रदेश में वनोपजों की वृद्धि हेतु 'पंचवन योजना' 1976 में लागू की गई थी।

18. विश्व का दूसरा तथा देश का पहला आदिवासी संचार शोध केन्द्र प्रदेश के झाबुआ में है।

19. प्रदेश का सबसे बड़ा सौर संयंत्र भोपाल में स्थित है।

20. देवास में 10 रु. से अधिक मूल्य के नोट छापे जाते हैं।

21. एशिया का सबसे बड़ा 'सोयाबीन संयंत्र' उज्जैन में है।

22. भारत का पहला तैरता रंगमंच ग्वालियर के बैजाताल में है।

23. मध्य प्रदेश का पहला एक्सप्रेस हाइवे इन्दौर-भोपाल के बीच बनाया गया है।

24. राज्य में खुली जेल की स्थापना गुना जिले में मुंगावली नामक स्थान पर की गई है।

25. मध्य प्रदेश के शिक्षा विभाग में सर्वाधिक कर्मचारी काम करते हैं।

26. डाबरा में मध्य प्रदेश की सबसे बड़ी शक्कर मिल है।

27. मध्य प्रदेश भारत के सकल क्षेत्रफल का 9.38 प्रतिशत है।

28. मध्य प्रदेश में सर्वाधिक सिनेमाघर इंदौर में हैं।

29. प्रदेश में एकमात्र 'यूनानी चिकित्सा महाविद्यालय' बुरहानपुर में है।

30. मध्य प्रदेश के पीथमपुर को 'भारत का डेट्रायट' कहा जाता है।

31. मध्य प्रदेश में 52 जिले हैं।

32. सन् 2011 की जनगणना के अंतिम आंकड़ों के अनुसार मध्य प्रदेश की जनसंख्या 7,26,26,809 है। इसमें 3,76,12,306 पुरुष एवं 3,50,14,503 स्त्रियां हैं।

33. मध्य प्रदेश के गठन के समय 43 जिले थे। 26 जनवरी 1972 को भोपाल एवं राजनाद गांव दो नए जिले बनाए गए थे और जिलों की संख्या 45 हो गई। 1998 में मुख्यमंत्री दिग्विजय सिंह ने 16 नए जिले बनाने की घोषणा की। नए जिलों को मिलाकर राज्य में जिलों की संख्या 61 हो गई थी। इनमें 16 जिलों के छत्तीसगढ़ में चले जाने से इनकी

संख्या 45 ही रही। वर्ष 2003 में तीन और वर्ष 2008 में दो नए जिलों के गठन के बाद प्रदेश में जिलों की कुल संख्या 50 हो गई। आगर-मालवा को नया जिला बनाए जाने के बाद इनकी संख्या 51 हो गई। निवाड़ी राज्य का 52वां जिला बना।

34. मध्य प्रदेश के मन्दसौर जिले का अफीम उत्पादन की दृष्टि से भारत में प्रथम स्थान है।
35. प्रदेश में वर्ष 2005 से राजीव गांधी ग्रामीण विद्युतीकरण योजना शुरू की गई है।
36. मध्य प्रदेश का पहला रत्न परिष्कृत केन्द्र जबलपुर में स्थापित हुआ।
37. प्रदेश के वनों में सबसे अधिक सागौन के वन हैं।
38. भारत के लगभग 41 प्रतिशत सागौन के वृक्ष मध्य प्रदेश में हैं।
39. शिवपुरी जिले का 'करेरा अभयारण्य' मध्य भारत की लुप्तप्राय सोन चिड़िया का संरक्षण केन्द्र है।
40. बधाई नृत्य बुन्देलखण्ड के लोक नृत्यों में सर्वश्रेष्ठ है। इस नृत्य में लोच लचक के साथ मुद्राएं होती हैं।
41. मध्य प्रदेश में सबसे अधिक क्षेत्र में चावल की फसल बोई जाती है।
42. प्रदेश में तिलहन उत्पादन में पहला स्थान सोयाबीन का है, जबकि दलहन उत्पादन में पहला स्थान चने का है।
43. खेलों में सराहनीय कार्य करने वाले आयोजक, खेल प्रशासक, लेखक, प्रकाशक, उद्घोषक आदि को 'विश्वामित्र पुरस्कार' से सम्मानित किया जाता है।
44. मध्य प्रदेश में एशिया की सबसे बड़ी भूमिगत मैंगनीज खदान भर्वेली (बालाघाट) में है।
45. सामाजिक तथा शैक्षिक रूप से पिछड़े वर्गों को मध्य प्रदेश शासन द्वारा शासकीय नौकरियों तथा व्यावसायिक पाठ्यक्रम में आरक्षण का प्रावधान किया गया है।
46. मध्य प्रदेश में 'शिक्षित समाख्या परियोजना' का शिक्षकों और बच्चों पर व्यापक असर हो रहा है। जहां एक ओर इससे शिक्षकों की प्रतिष्ठा बढ़ी है, वहीं दूसरी ओर इससे बच्चे पाठ्यक्रम का बोझ महसूस किए बिना हर बात खेल-खेल में सीख रहे हैं। वे शिक्षक और स्कूलों को अपना सबसे अच्छा दोस्त समझने लगे हैं।
47. भारत में मध्य प्रदेश झारखंड के बाद लाख का द्वितीय बड़ा उत्पादक राज्य है।
48. मध्य प्रदेश वनों का शत-प्रतिशत राष्ट्रीयकरण करने वाला प्रथम राज्य है।
49. मध्य प्रदेश में वनोपज का राष्ट्रीयकरण किया गया है। इसके अन्तर्गत तेंदूपत्ता, गोंद, हर्रा, टिम्बर, खैर, साल-बीज आदि वनोपजें शामिल हैं।
50. हिन्दी भाषा में गजेटियर प्रकाशित करने वाला मध्य प्रदेश देश का प्रथम राज्य है।

51. मध्य प्रदेश के राष्ट्रीय उद्यानों में सर्वाधिक संख्या में पाया जाने वाला जीव चीतल है।

52. मध्य प्रदेश का सर्वाधिक तांबा उत्पादक जिला छिन्दवाड़ा है।

53. चम्बल राष्ट्रीय घड़ियाल अभयारण्य मुरैना में स्थित है।

54. मध्य प्रदेश भारत का एकमात्र हीरा उत्पादक राज्य है।

55. केन्द्रीय वन एवं पर्यावरण मंत्रालय द्वारा पंचमढ़ी को देश का दसवां तथा मध्य प्रदेश का प्रथम बायोस्फेयर रिजर्व क्षेत्र घोषित किया गया है। यहां जैव सम्पदा और सूक्ष्म जीवन का संवर्द्धन किया जाएगा।

56. प्रदेश में निर्धनता रेखा से नीचे के परिवारों के वयस्क परिजनों को दुर्घटना बीमा का लाभ पहुँचाने के उद्देश्य से विवेकानन्द समूह बीमा योजना वर्ष 2006 से प्रारम्भ की गई है।

57. मानसिक और शारीरिक रूप से निःशक्त लोगों को समाज की मुख्यधारा से जोड़ने एवं उन्हें हर दृष्टि से सक्षम बनाने के लिए मध्य प्रदेश सरकार द्वारा दीन दयाल समर्थ योजना वर्ष 2004 से प्रारम्भ की गई है।

प्रदेश के प्रमुख संग्रहालय

प्रदेश के अनेकों महत्त्वपूर्ण व ऐतिहासिक तथ्यों को कई संग्रहालयों में सुरक्षित रखा गया है। प्रदेश के अनेक संग्रहालयों को सरकार द्वारा संरक्षण प्राप्त है। प्रदेश के प्रमुख संग्रहालय निम्नलिखित हैं:

1. शासकीय संग्रहालय, भोपाल
2. शासकीय संग्रहालय, धार
3. शासकीय संग्रहालय, धुबेला
4. आशापुरी शासकीय संग्रहालय, रायसेन
5. शासकीय संग्रहालय, गंधर्वपुरी
6. शासकीय संग्रहालय, शिवपुरी
7. रानी दुर्गावती संग्रहालय, जबलपुर
8. शासकीय संग्रहालय, विदिशा
9. शासकीय संग्रहालय, ग्वालियर
10. शासकीय संग्रहालय, खजुराहो
11. भारत भवन संग्रहालय, भोपाल
12. रीवा महाराज संग्रहालय, गोविन्दगढ़

31
वस्तुनिष्ठ प्रश्न

1. मध्य प्रदेश की भौगोलिक स्थिति क्या है?
   A. 21°6'-26°54' उत्तरी अक्षांश तथा 74°-82° 47' पूर्वी देशान्तर के मध्य
   B. 13°-24°30' उत्तरी अक्षांश तथा 59°-74° 30' पूर्वी देशान्तर के मध्य
   C. 16°-26°30' उत्तरी अक्षांश तथा 62°-77° 30' पूर्वी देशान्तर के मध्य
   D. 19°-30°30' उत्तरी अक्षांश तथा 64°-72° 30' पूर्वी देशान्तर के मध्य
2. देश के पांच राज्यों से मध्य प्रदेश की सीमा मिलती है। बताइए निम्न में से किस राज्य की सीमा मध्य प्रदेश को नहीं छूती है?
   A. उत्तर प्रदेश   B. राजस्थान   C. पश्चिम बंगाल   D. गुजरात
3. मध्य प्रदेश का एकीकरण किस वर्ष हुआ था?
   A. 1954   B. 1955   C. 1956   D. 1959
4. मध्य प्रदेश का क्षेत्रफल कुल कितने वर्ग किमी. है?
   A. 3,02,772 वर्ग किमी.   B. 3,08,000 वर्ग किमी.
   C. 4,43,446 वर्ग किमी.   D. 4,43,967 वर्ग किमी.
5. मध्य प्रदेश में जिलों की संख्या 52 है। मध्य प्रदेश कितने संभागों में विभाजित है?
   A. 12   B. 13   C. 14   D. 10
6. मध्य प्रदेश का कुल क्षेत्रफल देश के कुल क्षेत्रफल का कितना प्रतिशत है?
   A. 11.38 प्रतिशत   B. 9.37 प्रतिशत   C. 7.83 प्रतिशत   D. 8.66 प्रतिशत
7. मध्य प्रदेश की सीमा का अधिकांश भाग किस राज्य से मिला हुआ है?
   A. महाराष्ट्र   B. उत्तर प्रदेश   C. राजस्थान   D. गुजरात
8. वर्ष 2011 की जनगणना के अनुसार मध्य प्रदेश की जनसंख्या क्या है?
   A. 60,685,318   B. 82,348,618   C. 59,385,118   D. 7,26,26,809
9. निम्न में से कौन राष्ट्रीय राजमार्ग मध्य प्रदेश से होकर नहीं गुजरता है?
   A. 3   B. 7   C. 14   D. 12

10. तिलहन उत्पादन में राष्ट्रीय स्तर पर मध्य प्रदेश का क्या स्थान है?

A. द्वितीय B. प्रथम C. तृतीय D. चतुर्थ

11. मध्य प्रदेश के आदिवासी क्षेत्रों में किस योजना के तहत सचल औषधालयों की स्थापना की गई है?

A. जीवन रेखा B. जीवन संगम C. जीवन धारा D. जीवन ज्योति

12. 'पूर्वाग्रह' नामक मासिक पत्रिका किस संस्था द्वारा प्रकाशित की जाती है?

A. मध्य प्रदेश कला परिषद् B. कालिदास अकादमी

C. भारत भवन D. मध्य प्रदेश फिल्म विकास निगम

13. भारत के प्रमुख पर्यटन केन्द्रों में खजुराहो का स्थान कौन सा है?

A. दूसरा B. तीसरा C. चौथा D. पांचवां

14. मध्य प्रदेश के किस नगर से होकर कर्क रेखा गुजरती है?

A. भोपाल B. धार C. खण्डवा D. जबलपुर

15. द नेशनल न्यूजप्रिंट एंड पेपर मिल्स, नेपानगर किस जिले में स्थित है?

A. खण्डवा B. बैतूल C. खरगौन D. देवास

16. मध्य प्रदेश का सर्वप्रथम पूर्ण साक्षर जिला कौन सा है?

A. जबलपुर B. रतलाम C. इन्दौर D. विदिशा

17. निम्न में से किसके उत्पादन में मध्य प्रदेश का स्थान देश में प्रथम नहीं है?

A. दलहन B. चना C. कपास D. सोयाबीन

18. वर्तमान मध्य प्रदेश के 52 जिलों में से कितने जिले ऐसे हैं, जो कभी किसी न किसी देसी रियासत के अंग रहे हैं?

A. 28 B. 23 C. 34 D. 37

19. मध्य प्रदेश के बीच से गुजरने वाली कर्क रेखा किस नदी के समानान्तर होकर गुजरती है?

A. ताप्ती B. नर्मदा C. गोदावरी D. महानदी

20. मध्य प्रदेश की किस जनजाति में घोटुल प्रथा पायी जाती है?

A. मतरा B. मुड़िया C. बिसोन D. दोरला

21. मध्य प्रदेश के भोपाल जिले के किस गांव को पूर्णत: सौर ऊर्जा पर आधारित बनाया गया है?

A. शाजपुर B. पिपरिया गांव C. कस्तूरबा ग्राम D. पीथमपुर

22. निम्न में से कौन सी नदी पंचमढ़ी के महादेव पर्वत से निकल कर नर्मदा नदी में मिलती है?

A. हसदो नदी B. बैनगंगा नदी C. तवा नदी D. बनास नदी

23. बताइए निम्न में से कौन सा युग्म असत्य है?

A. कृषि कॉम्पलैक्स - छिंदवाड़ा B. हाई टेक कॉम्पलेक्स - ग्वालियर

C. चर्म कॉम्पलैक्स - देवास D. इलेक्ट्रॉनिक्स कॉम्पलैक्स - इन्दौर

24. मध्य प्रदेश के किस विश्वविद्यालय का नाम बदल कर सुप्रसिद्ध क्रांतिकारी मौलाना बरकतुल्ला के नाम पर रखा गया है ?
    A. भोपाल विश्वविद्यालय   B. जीवाजी विश्वविद्यालय
    C. देवी अहिल्या विश्वविद्यालय   D. विक्रम विश्वविद्यालय

25. निम्नलिखित में से किस क्षेत्र की खान से हीरा निकाला जाता है ?
    A. झिलमिली   B. बिलोधी
    C. मझगवाँ   D. सिंगरौली

26. समारोह और उनके आयोजन स्थल का कौन-सा जोड़ा असत्य है ?
    A. ध्रुपद संगीत समारोह - भोपाल   B. अलाउद्दीन खां संगीत समारोह - देवास
    C. कालिदास समारोह - उज्जैन   D. तानसेन समारोह - ग्वालियर

27. मध्य प्रदेश के सर्वाधिक क्षेत्र में कौन-सी मिट्टी पाई जाती है ?
    A. काली मिट्टी   B. लाल-पीली मिट्टी
    C. कछारी मिट्टी   D. जलोढ़ मिट्टी

28. मध्य प्रदेश में कृषि उत्पादन बढ़ाने के लिए कौन-सा विशेष खाद्यान्न उत्पादन कार्यक्रम चालू किया गया है ?
    A. बूस्ट   B. थ्रस्ट   C. ग्राम्या   D. न्यूलाइन

29. फासिल राष्ट्रीय उद्यान मध्य प्रदेश के किस जिले में है ?
    A. मण्डला   B. धार   C. सीधी   D. सिवनी

30. 2011 की जनगणना के अनुसार मध्य प्रदेश में साक्षरता का प्रतिशत कितना है ?
    A. 75.32   B. 69.3   C. 78.24   D. 80.11

31. मध्य प्रदेश की उत्तरी सीमा चंबल नदी द्वारा बनती है। इस प्रदेश की दक्षिणी सीमा किस नदी से बनती है ?
    A. नर्मदा   B. गोदावरी   C. ताप्ती   D. महानदी

32. मध्य प्रदेश सरकार द्वारा राज्य के आदिवासी क्षेत्र में चलायी जा रही 'कल्पवृक्ष' नामक योजना का प्रमुख उद्देश्य क्या है ?
    A. अनुसूचित जाति के पुरुषों के लिए रोजगार योजना
    B. अनुसूचित जाति की महिलाओं के लिए रोजगार योजना
    C. अनुसूचित जनजाति के पुरुषों के लिए रोजगार योजना
    D. अनुसूचित जनजाति की महिलाओं के लिए रोजगार योजना

33. मध्य प्रदेश की रेलवे लाईनें निम्न में से किसके अंतर्गत नहीं पड़ती हैं ?
    A. मध्य रेलवे   B. पश्चिमी रेलवे
    C. पूर्वी रेलवे   D. दक्षिणी-पूर्वी रेलवे

34. कठोरता की दृष्टि से हीरे के बाद कोरण्डम का स्थान है। यह खनिज मध्य प्रदेश के किस जिले में सर्वाधिक मात्रा में पाया जाता है?
    A. सीधी   B. पन्ना   C. शहडोल   D. दमोह

35. 'विन्ध्य का पठार' मध्य प्रदेश के किस प्राकृतिक प्रभाग को कहा जाता है?
    A. बघेलखण्ड का पठार   B. रीवा का पठार
    C. बुन्देलखण्ड का पठार   D. मध्य भारत का पठार

36. 'मध्य प्रदेश की जीवन-रेखा' नाम से निम्न में से कौन सी नदी विख्यात है?
    A. गोदावरी   B. महानदी   C. ताप्ती   D. नर्मदा

37. मध्य प्रदेश के एकमात्र किस जिले में अफीम का उत्पादन होता है?
    A. मन्दसौर   B. धार   C. राजगढ़   D. गुना

38. मध्य प्रदेश द्वारा प्रदत्त कालिदास सम्मान निम्न में से किन क्षेत्रों में दिया जाता है?
    (a) शास्त्रीय संगीत   (b) शास्त्रीय नृत्य
    (c) रंगकर्म   (d) रूपंकर कला
    A. (a)(b)(c)(d)   B. (b)(c)(d)
    C. (a)(b)(c)   D. (a)(b)

39. भरोतिया और नाहर किस जनजाति की उपजातियाँ हैं?
    A. बैगा   B. कोरकू
    C. भील   D. गोंड

40. निम्न में से कौन सा जोड़ा बेमेल है?
    A. उदयगिरि की गुफाएं - विदिशा   B. जहाज महल - मांडव
    C. भर्तृहरि की गुफाएं - उज्जैन   D. ज्योतिर्लिंग - अमरकंटक

41. मध्य प्रदेश उच्च न्यायालय जबलपुर में स्थित है। इसके दो खंडपीठ हैं। एक खंडपीठ इन्दौर में है, दूसरा कहां स्थित है?
    A. जबलपुर   B. भोपाल   C. सागर   D. ग्वालियर

42. प्राकृतिक गैस पर आधारित देश का प्रथम उर्वरक संयंत्र मध्य प्रदेश के विजयपुर नामक स्थान में स्थित है। यह किस जिले में स्थित है?
    A. गुना   B. शाजापुर   C. राजगढ़   D. सीहोर

43. मध्य प्रदेश का राज्यवृक्ष 'बरगद' है और राज्य पक्षी 'दूधराज' है। प्रदेश का राज्य पशु कौन-सा है?
    A. चीता   B. बारहसिंगा   C. सांभर   D. तेंदुआ

44. अमरकंटक की पहाड़ी से निम्न में से कौन सी दो नदियां निकलती हैं?
    (a) सोन   (b) क्षिप्रा   (c) महानदी   (d) नर्मदा
    A. (a)(b)   B. (a)(d)   C. (c)(d)   D. (b)(d)

45. मध्य प्रदेश के किस दुर्ग (किले) को 'भारत का जिब्राल्टर' की संज्ञा प्रदान की गयी है?
    A. ग्वालियर   B. चन्देरी   C. मन्दसौर   D. मांडू
46. 8 वीं से 12वीं शताब्दी के मध्य चंदेलों द्वारा खजुराहो में निर्मित 85 मन्दिरों में से अब कितने मन्दिर बचे हुए हैं?
    A. 29   B. 13   C. 16   D. 22
47. मध्य प्रदेश में पंचायती राज व्यवस्था का कौन-सा ढांचा अपनाया गया है?
    A. एक-स्तरीय   B. दो-स्तरीय   C. तीन-स्तरीय   D. चार-स्तरीय
48. देश में सफेद शेर मध्य प्रदेश के किस राष्ट्रीय उद्यान में पाए जाते हैं?
    A. बांधवगढ़ राष्ट्रीय उद्यान   B. कांकेर राष्ट्रीय उद्यान
    C. माधव राष्ट्रीय उद्यान   D. पेंच राष्ट्रीय उद्यान
49. निम्न में से कौन सा जोड़ा सुमेलित नहीं है?
    A. उज्जैन – क्षिप्रा   B. विदिशा – बेतवा
    C. पंचमढ़ी – तवा   D. देवास – इन्द्रावती
50. निम्न में से कौन बेमेल है?
    A. बाण सागर बांध – सोन नदी   B. बारना बांध – नर्मदा नदी
    C. गांधी सगार बांध – चम्बल नदी   D. राजघाट बांध – बेतवा नदी
51. मध्य प्रदेश उत्सव प्रति वर्ष नई दिल्ली में आयोजित किया जाता है। इसका आयोजन किस वर्ष से शुरू किया गया है?
    A. 1976   B. 1981   C. 1983   D. 1987
52. निम्न में से कौन-सा बेमेल है?
    A. दुग्धधारा – अमरकंटक   B. भेड़ा जलप्रपात – जबलपुर
    C. चचाई जलप्रपात – रीवा   D. कपिलधारा – भानगढ़
53. वर्ष 2011 की जनगणना के अनुसार मध्य प्रदेश के किन नगरों की जनसंख्या 10 लाख से ऊपर थी?
    (a) इन्दौर   *(b)* ग्वालियर   *(c)* जबलपुर   *(d)* भोपाल
    A. *(b)(d)(c)*   B. *(a)(b)(c)*   C. *(a)(b)(c)(d)*   D. *(a)(c)(d)*
54. 'आवास युक्त झुग्गी मुक्त' नामक आवास परियोजना की शुरुआत मध्य प्रदेश के किस शहर में की गई है?
    A. ग्वालियर   B. राजगढ़   C. भोपाल   D. उज्जैन
55. मध्य प्रदेश के किस स्थान में ग्रामोदय विश्वविद्यालय, जो पूरे विश्व में अपने ढंग का प्रथम विश्वविद्यालय है, की स्थापना की गई है?
    A. सांची   B. मांडव   C. चित्रकूट   D. उज्जैन

56. विश्वविख्यात खजुराहो मंदिरों का निर्माण चन्देल राजाओं ने कब कराया था?
    A. 950 से 1050 ई. के मध्य   B. 1001 से 1026 ई. के मध्य
    C. 1077 से 1089 ई. के मध्य   D. 1486 से 1516 ई. के मध्य
57. मध्य प्रदेश के किस नगर को 'मध्य भारत की मुंबई' की संज्ञा प्रदान की जाती है?
    A. भोपाल   B. इन्दौर   C. जबलपुर   D. राजगढ़
58. मध्य प्रदेश के किस स्थान में जैन धर्मावलम्बियों का तीर्थ बावनगजा स्थित है?
    A. नागदा   B. चन्देरी   C. बड़वानी   D. खैरागढ़
59. मध्य प्रदेश में सर्वाधिक पाया जाने वाला खनिज कौन सा है?
    A. अभ्रक   B. डोलोमाइट   C. बाक्साइट   D. मैंगनीज
60. मध्य प्रदेश के सर्वाधिक क्षेत्र में कौन सी फसल बोई जाती है?
    A. धान   B. गेहूं   C. ज्वार   D. चना
61. मध्य प्रदेश के किस स्थान में प्रदेश का प्रथम पर्यटन नगर बनाया गया है?
    A. शिवपुरी   B. मन्दसौर   C. सिवनी   D. खण्डवा
62. मध्य रेलवे का प्रमुख जंक्शन इटारसी मध्य प्रदेश के किस जिले में स्थित है?
    A. खंडवा   B. देवास   C. होशंगाबाद   D. बैतूल
63. मध्य प्रदेश में बालाघाट का मलाजखंड क्षेत्र किस खनिज का उत्पादन करता है?
    A. चूना पत्थर   B. तांबा   C. मैंगनीज   D. बाक्साइट
64. निम्न में से कौन-सा जोड़ा बेमेल है?
    A. बेलाडीला - लौह अयस्क उत्पादन   B. भीमबेटका - मैंगनीज उत्पादन
    C. मझगंवा - हीरा उत्पादन   D. अमलाई - कागज उत्पादन
65. वर्ष 2001-11 के दौरान इन्दौर मध्य प्रदेश का सर्वाधिक जनसंख्या वृद्धि वाला जिला (32.9 प्रतिशत) रहा। इस दिशा में दूसरा स्थान किस जिले का था?
    A. रीवा   B. छिंदवाड़ा   C. झाबुआ   D. जबलपुर
66. निम्न सिंचाई परियोजनाएं मध्य प्रदेश और उसके निकटवर्ती राज्य की संयुक्त परियोजनाएं हैं। निम्न में से कौन सा जोड़ा बेमेल है?
    A. सबनाई परियोजना - उड़ीसा   B. राजघाट परियोजना - उत्तर प्रदेश
    C. साकेदाना परियोजना - गुजरात   D. बाघ परियोजना - महाराष्ट्र
67. मध्य प्रदेश में कुल 10 राष्ट्रीय उद्यान और 25 अभयारण्य हैं। ये प्रदेश के कुल वन के लगभग कितने प्रतिशत भाग में हैं?
    A. 10.5 प्रतिशत   B. 25.04 प्रतिशत   C. 14.05 प्रतिशत   D. 21.84 प्रतिशत
68. ग्रामीण क्षेत्रों की भूमिहीन निर्धन महिलाओं की सहायता के लिए मध्य प्रदेश में कौन-सी योजना चलाई जा रही है?
    A. आयुष्मती योजना   B. वात्सल्य योजना
    C. कल्पतरु योजना   D. ग्राम्य योजना

69. मध्य प्रदेश सरकार द्वारा चलाया जा रहा अंत्योदय कार्यक्रम किस नाम से जाना जाता है?
   A. श्यामा प्रसाद अंत्योदय कार्यक्रम   B. अहिल्या अंत्योदय कार्यक्रम
   C. दीनदयाल अंत्योदय कार्यक्रम   D. हार्डिगांवकर अंत्योदय कार्यक्रम

70. मध्य प्रदेश की कौन सी सिंचाई परियोजना राज्य की प्रथम अंतरघाटी परियोजना है?
   A. देजला-देवड़ा सिंचाई परियोजना   B. चोरल सिंचाई परियोजना
   C. सिंहपुर बैराज परियोजना   D. काली सरार सिंचाई परियोजना

71. 'आपकी सरकार आपके द्वार' नामक योजना पूरे मध्य प्रदेश में कब से लागू की गई है?
   A. 15 मई, 1989   B. 1 नवम्बर, 1989
   C. 1 जनवरी, 1991   D. 20 अप्रैल, 1991

72. नर्मदा सागर परियोजना के अंतर्गत नर्मदा सागर बांध खरगौन जिले में कहाँ स्थित है?
   A. नोहटा   B. पुनासा   C. जतारा   D. शाडोरा

73. निम्न में से मध्य प्रदेश में मुख्यमंत्री पद पर लगातार सर्वाधिक काल तक कौन बने रहे?
   A. रविशंकर शुक्ल   B. दिग्विजय सिंह
   C. प्रकाशचंद्र सेठी   D. शिवराज सिंह चौहान

74. मध्य प्रदेश की कौन-सी जनजाति अपने को राजपूत मानती है?
   A. कंवार   B. हलवा   C. बेगा   D. कोरकू

75. पुरी (ओडिशा) के कोणार्क मन्दिर की भांति मध्य प्रदेश के उमरी व मढ़खेरा में भी सूर्य मन्दिर हैं। ये स्थान किस जिले में स्थित हैं?
   A. उज्जैन   B. विदिशा
   C. टीकमगढ़   D. मन्दसौर

76. आदिवासी कला, लोक कला और पारंपरिक कला के क्षेत्र में मध्य प्रदेश सरकार द्वारा कौन-सा सम्मान प्रदान किया जाता है?
   A. इकबाल सम्मान   B. कालिदास सम्मान
   C. तुलसी सम्मान   D. तानसेन सम्मान

77. भोपाल के निकट मंडीद्वीप में देश का प्रथम ऑप्टिकल फाइबर का कारखाना किस देश के सहयोग से स्थापित किया गया है?
   A. जर्मनी   B. इटली   C. जापान   D. स्वीडन

78. निम्न जोड़ों में से कौन-सा बेमेल है?
   A. छेरता लोकनृत्य - मुड़िया जनजाति   B. बिमला लोकनृत्य - कोल जनजाति
   C. गवर लोकनृत्य - कोल जनजाति   D. गोंपो लोकनृत्य - गोंड जनजाति

79. 2001 की जनगणना की तुलना में 2011 की जनगणना के अनुसार मध्य प्रदेश में लिंगानुपात (1000 पुरुषों पर महिलाओं की संख्या) में कितनी वृद्धि हुई है?

A. 11 B. 15 C. 18 D. 8

80. मालवा के पठार के अंतर्गत निम्न में से कौन शामिल नहीं है?

A. भड़ौच का पठार B. सागर पठार
C. झालवाड़ा उच्चभूमि D. सीधवाड़ा का पठार

81. महाकालेश्वर का मन्दिर कहां है?

A. उज्जैन B. चंदेरी C. भड़ौच D. मन्दसौर

82. मध्य प्रदेश में पूर्व के भोपाल राज्य को कब मिलाया गया था?

A. 15 अगस्त, 1947 B. 26 जनवरी, 1950
C. 1 नवम्बर, 1956 D. 28 फरवरी, 1968

83. मध्य प्रदेश की सर्वाधिक ऊंची चोटी धूपगढ़ (1350 मीटर) निम्नलिखित में से किस भाग में स्थित है?

A. रीवा-पन्ना पठार B. सतपुड़ा-मैकाल श्रेणी
C. मध्य उच्च प्रदेश D. पूर्वी पठार

84. मध्य प्रदेश में चम्बल नदी का उद्‌गम स्थल जानापाव निम्नलिखित में से किस क्षेत्र में स्थित है?

A. बुन्देलखण्ड का पठार B. रीवा-पन्ना का पठार
C. मध्य उच्च प्रदेश D. सतपुड़ा-मैकाल श्रेणी

85. ताप्ती नदी का उद्‌गम स्थल निम्नलिखित में से कौन सा है?

A. राजपीला B. अमरकंटक C. जानापाव D. मुल्ताई

86. ग्रीष्मकाल में मध्य प्रदेश का सर्वाधिक गर्म स्थान निम्नलिखित में से कौन-सा है?

A. नीमच B. सतना C. ग्वालियर D. जबलपुर

87. शीतकाल में मध्य प्रदेश का सर्वाधिक ठण्डा स्थान निम्नलिखित में से कौन-सा है?

A. जबलपुर B. मन्दसौर C. ग्वालियर D. पंचमढ़ी

88. मध्य प्रदेश में जलोढ़ मिट्‌टी का क्षेत्र कौन सा है?

A. मालवा का पठार B. मध्य प्रदेश का उत्तरी-पश्चिमी भाग
C. नर्मदा घाटी D. पूर्वी बघेलखण्ड क्षेत्र

89. मध्य प्रदेश के किस जिले में मृदा अपरदन की समस्या सबसे अधिक है?

A. जबलपुर B. मुरैना C. भोपाल D. खण्डवा

90. खरमौर पक्षी के लिए विख्यात मध्य प्रदेश का प्रमुख राष्ट्रीय उद्यान है-

A. कान्हा B. सैलाना C. माधव D. बांधवगढ़

91. मध्य प्रदेश में सर्वाधिक सोयाबीन उत्पादक क्षेत्र कौन-सा है?
    A. रीवा-पन्ना का पठार   B. मालवा
    C. बुन्देलखण्ड   D. नर्मदा घाटी
92. मध्य प्रदेश के प्रथम मुख्यमंत्री कौन थे?
    A. पं. रविशंकर शुक्ल   B. डॉ. शंकरदयाल शर्मा
    C. कैलाश नाथ काटजू   D. पं. द्वारिका प्रसाद शुक्ल
93. राज्य पुनर्गठन आयोग के अध्यक्ष थे :
    A. डॉ. हिदायतुल्ला   B. डॉ. फजल अली
    C. डॉ. के. एम. पनिकर   D. पं. हृदयनाथ कुंजरू
94. निम्नलिखित में से किस वृक्ष से गोंद प्राप्त होती है?
    A. बबूल   B. सागौन   C. खैर   D. छाबड़ा
95. मध्य प्रदेश में तेंदू-पत्ता सर्वाधिक निम्नलिखित में से किस उद्योग में प्रयुक्त होता है?
    A. लाख उद्योग   B. बीड़ी उद्योग
    C. गोंद उद्योग   D. चमड़ा रंगने का उद्योग
96. मध्य प्रदेश में सर्वप्रथम कौन-सा राष्ट्रीय उद्यान स्थापित किया गया था?
    A. माधव राष्ट्रीय उद्यान   B. कान्हा-किसली राष्ट्रीय उद्यान
    C. बांधवगढ़ राष्ट्रीय उद्यान D. संजय राष्ट्रीय उद्यान
97. मध्य प्रदेश की निम्नलिखित नदियों में से कौन-सी नदी उत्तर से दक्षिण की ओर बहती है?
    A. चम्बल   B. काली सिन्ध
    C. केन   D. उपर्युक्त में से कोई नहीं
98. निम्नलिखित में से कौन सा नगर नर्मदा नदी के किनारे नहीं बसा है?
    A. होशंगाबाद   B. नरसिंहपुर   C. मण्डला   D. बुरहानपुर
99. मध्य प्रदेश में औसत वार्षिक वर्षा में असमानता का प्रमुख कारण क्या है?
    A. वनों का असमान वितरण   B. समुद्र तल से ऊँचाई
    C. राज्य की भौतिक बनावट   D. समुद्र तट से दूरी
100. निम्नलिखित में से कौन-सा नगर चम्बल नदी के किनारे बसा है?
    A. मऊ   B. मुरैना   C. भिण्ड   D. रतलाम
101. गोविन्द वल्लभ पंत सागर का विस्तार उत्तर प्रदेश व आधा मध्य प्रदेश दोनों राज्यों में है। यह मध्य प्रदेश के किस जिले में है?
    A. सीधी   B. रीवा   C. जबलपुर   D. शहडोल
102. मध्य प्रदेश में लौह अयस्क उत्पादित करने वाला निम्नलिखित में से कौन-सा जिला है?
    A. बालाघाट   B. रीवा   C. सीधी   D. बैतूल

103. मध्य प्रदेश में मैंगनीज उत्पादित करने वाला निम्नलिखित में से कौन-सा क्षेत्र है ?
    A. रीवा   B. पन्ना   C. छिंदवाड़ा   D. जबलपुर
104. मध्य प्रदेश का प्रथम पर्यावरण न्यायालय कहाँ पर स्थित है ?
    A. जबलपुर   B. भोपाल   C. ग्वालियर   D. इन्दौर
105. मध्य प्रदेश में हीरा सर्वाधिक कहां उत्खनित किया जाता है ?
    A. मझगांव   B. बैतूल   C. उमरिया   D. सलीमाबाद
106. मध्य प्रदेश में संगमरमर निम्नलिखित में से किस स्थान पर अधिक उत्पादित होता है ?
    A. छिंदवाड़ा   B. ग्वालियर   C. बैतूल   D. जबलपुर
107. सिवनी जिले में स्वतंत्रता संग्राम किसने प्रारम्भ किया था ?
    A. गुप्तेश्वर सिंह   B. गणेश कुमार सिंह
    C. बिपिन बिहारी सिंह   D. जटार
108. मध्य प्रदेश में सोयाबीन का उत्पादन निम्नलिखित में से किस जिले में सर्वाधिक होता है ?
    A. मुरैना   B. सिवनी   C. छतरपुर   D. मन्दसौर
109. मध्य प्रदेश में सर्वाधिक अफीम उत्पादित करने वाला जिला कौन सा है ?
    A. उज्जैन   B. खण्डवा   C. मन्दसौर   D. रायसेन
110. मध्य प्रदेश की कौन सी परियोजना उत्तर प्रदेश के सहयोग से बनी है ?
    A. केन बहुउद्देश्यीय परियोजना   B. पेंच परियोजना
    C. कुरनाला परियोजना   D. चम्बल घाटी परियोजना
111. मध्य प्रदेश की उर्मिल परियोजना निम्नलिखित में से किस राज्य के सहयोग से बनी है ?
    A. उड़ीसा   B. उत्तर प्रदेश   C. बिहार   D. महाराष्ट्र
112. भारत हैवी इलैक्ट्रीकल्स लि. की स्थापना मध्य प्रदेश के किस नगर में की गई है ?
    A. जबलपुर   B. इन्दौर   C. भोपाल   D. ग्वालियर
113. नेशनल न्यूजप्रिंट एवं पेपर कारखाने का निर्माण मध्य प्रदेश के किस नगर में हुआ है ?
    A. मन्दसौर   B. नेपानगर   C. देवास   D. होशंगाबाद
114. मध्य प्रदेश के किस स्थान पर बजाज टेम्पो का कारखाना स्थापित किया गया है ?
    A. मण्डीद्वीप   B. मेघनगर   C. मक्सी   D. पीथमपुर
115. मध्य प्रदेश के किस स्थान पर सोयाबीन के तेल का उत्पादन होता है ?
    A. पीथमपुर   B. मण्डीद्वीप   C. मक्सी   D. पीलू खेड़ी
116. मध्य प्रदेश के उद्योग व उनके केन्द्रों के जोड़ों में गलत जोड़ा बताएं ।
    A. रेलवे कोच फैक्ट्री - भोपाल   B. भारत एल्यूमीनियम कम्पनी - मन्दसौर
    C. भारत हैवी इलैक्ट्रिकल्स - भोपाल   D. नेशनल न्यूजप्रिंट एवं पेपर - नेपानगर

117. मध्य प्रदेश में चर्म उत्पादन हेतु कारखाने की स्थापना कहां हुई?
    A. इन्दौर   B. सीधी   C. ग्वालियर   D. सागर
118. मध्य प्रदेश के औद्योगिक दृष्टि से उन्नत जिलों में कौन-सा जिला शामिल नहीं है?
    A. भोपाल   B. सागर   C. इन्दौर   D. जबलपुर
119. मध्य प्रदेश में भैरवगढ़ के कलात्मक वस्त्र छपाई का केन्द्र निम्नलिखित में से कौन-सा जिला है?
    A. दमोह   B. भोपाल   C. उज्जैन   D. बालाघाट
120. मध्य प्रदेश में महेश्वर की रेशमी साड़ियों के लिए निम्नलिखित में से कौन-सा जिला विख्यात है?
    A. मुरैना   B. इन्दौर   C. खरगौन   D. उज्जैन
121. मध्य प्रदेश में विश्वविख्यात चन्देरी की साड़ियां निम्नलिखित में से कहां बनाई जाती हैं?
    A. जबलपुर   B. शहडोल   C. टीकमगढ़   D. देवास
122. मध्य प्रदेश के किस नगर का प्राचीन नाम अवन्ति है?
    A. इन्दौर   B. उज्जैन   C. विदिशा   D. दतिया
123. मध्य प्रदेश के प्रसिद्ध जलप्रपातों में निम्नलिखित में से कौन-सा नहीं है?
    A. चंचाई   B. धुंआधार   C. टौंस जलप्रपात   D. बोग्रा
124. मध्य प्रदेश के जलप्रपात व उनसे सम्बन्धित नदियों के जोड़े नीचे दिए गए हैं। इनमें से गलत जोड़ा बताइए।
    A. धुंआधार - नर्मदा नदी   B. चंचाई - बीहड़ नदी
    C. भालकुण्ड - बेतवा नदी   D. कपिलधारा - ताप्ती नदी
125. मध्य प्रदेश में चांदनी तापीय विद्युत केन्द्र निम्नलिखित में से किस स्थान पर स्थापित हुआ है?
    A. अमरकंटक   B. भोपाल   C. नेपानगर   D. सीधी
126. मध्य प्रदेश की सीमा को छूने वाले राज्यों की संख्या है :
    A. 5   B. 6   C. 7   D. 8
127. नर्मदा नदी का उद्गम स्थल है?
    A. अमरकंटक   B. इन्दौर   C. जबलपुर   D. भोपाल
128. मध्य प्रदेश में जनसंख्या की दृष्टि से सबसे बड़ा नगर निम्नलिखित में से कौन-सा है?
    A. ग्वालियर   B. भोपाल   C. इन्दौर   D. उज्जैन
129. देश में क्षेत्रफल की दृष्टि से सर्वाधिक बड़ा राज्य है :
    A. मध्य प्रदेश   B. उत्तर प्रदेश   C. महाराष्ट्र   D. राजस्थान

130. सिक्यूरिटी पेपर मिल कहां है ?
    A. देवास   B. नेपानगर   C. होशंगाबाद   D. अमलाई
131. राष्ट्रीय पत्रकारिता विश्वविद्यालय संस्थान, भोपाल की स्थापना कब की गई ?
    A. 16 जनवरी, 1991 को   B. 16 जनवरी, 1990 को
    C. 17 मार्च, 1991 को   D. 17 मार्च, 1990 को
132. भागोरिया नृत्य किस जिले के आदिवासियों का है ?
    A. झाबुआ   B. खण्डवा   C. मण्डला   D. बालाघाट
133. मध्य प्रदेश के किस पुलिस महाविद्यालय में अपराध अनुसंधान का प्रशिक्षण दिया जाता है ?
    A. इन्दौर   B. रीवा   C. जबलपुर   D. सागर
134. मध्य प्रदेश के निम्नलिखित में से किस जिले में ब्रजभाषा नहीं बोली जाती है ?
    A. मुरैना   B. ग्वालियर   C. दतिया   D. भिण्ड
135. मध्य प्रदेश के निम्नलिखित में से किस साहित्यकार को लोकसभा में सर्वाधिक समय का अवसर मिला था ?
    A. द्वारिका प्रसाद मिश्र   B. बाल कवि बैरागी
    C. सेठ गोविन्ददास   D. माखन लाल चतुर्वेदी
136. मध्य प्रदेश सरकार द्वारा दिए जाने वाले पुरस्कारों/सम्मानों में कौन-सा सम्मिलित नहीं किया जा सकता है ?
    A. कालिदास सम्मान   B. तानसेन सम्मान
    C. आर्यभट्ट सम्मान   D. तुलसी सम्मान
137. मध्य प्रदेश की बहुप्रतीक्षित 'नर्मदा सागर' परियोजना कब प्रारम्भ हुई ?
    A. 18 नवम्बर, 1987   B. 19 नवम्बर, 1987
    C. 17 नवम्बर, 1987   D. 20 नवम्बर, 1987
138. 'भोपाल ट्रेजेडी' नामक पुस्तक के रचयिता हैं :
    A. डेविड वियर   B. एम. अरुण सुब्रह्मण्यम
    C. एन.के. चोपड़ा   D. खुशवंत सिंह
139. 'करमा नृत्य' किस जाति से सम्बन्धित है ?
    A. भील   B. गोंड   C. मारिया   D. कोल
140. निम्नलिखित में से मध्य प्रदेश के किस मुख्यमंत्री का कार्यकाल सबसे कम रहा है ?
    A. पं. रविशंकर शुक्ल   B. वीरेन्द्र कुमार सकलेचा
    C. गोविन्द नारायण सिंह   D. राजा नरेशचन्द्र
141. मध्य प्रदेश का 'राज्य वृक्ष' क्या है ?
    A. बरगद   B. पीपल   C. शीशम   D. बबूल

142. मध्य प्रदेश का खेल-कूद साप्ताहिक समाचार पत्र 'खेल हलचल' कहां से प्रकाशित होता है?
    A. भोपाल   B. ग्वालियर   C. इन्दौर   D. जबलपुर
143. अफीम उत्पादन की दृष्टि से मध्य प्रदेश का देश में कौन सा स्थान है?
    A. प्रथम   B. द्वितीय   C. तृतीय   D. चतुर्थ
144. 'राष्ट्रीय रामलीला मेला' मध्य प्रदेश के किस नगर में आयोजित किया जाता है?
    A. भोपाल   B. बालाघाट   C. राजगढ़   D. शिवपुरी
145. नर्मदा घाटी विकास निगम किस वर्ष गठित किया गया?
    A. 1980 में   B. 1981 में   C. 1982 में   D. 1983 में
146. ग्वालियर स्थित एशिया के प्रथम शारीरिक प्रशिक्षण महाविद्यालय का क्या नाम है?
    A. सिन्धिया कॉलेज ऑफ फिजिकल एजूकेशन
    B. लक्ष्मीबाई कॉलेज ऑफ फिजिकल एजूकेशन
    C. जवाहरलाल नेहरू कॉलेज ऑफ फिजिकल एजूकेशन
    D. महात्मा गांधी कॉलेज ऑफ फिजिकल एजूकेशन
147. मध्य प्रदेश का एकमात्र यूनानी चिकित्सा महाविद्यालय कहां स्थित है?
    A. ग्वालियर   B. कांकेर   C. बुरहानपुर   D. होशंगाबाद
148. कर्क रेखा मध्य प्रदेश के किस भाग से गुजरती है?
    A. पूर्वी भाग   B. पश्चिमी भाग   C. दक्षिणी भाग   D. मध्य भाग
149. डॉ. हरि सिंह गौर राज्य पुरस्कार मध्य प्रदेश सरकार द्वारा किस क्षेत्र में दिया जाता है?
    A. सामाजिक विज्ञान   B. इन्जीनियरिंग विज्ञान
    C. आधारभूत विज्ञान   D. चिकित्सा विज्ञान
150. मध्य प्रदेश सरकार लोक कलाओं के लिए निम्नलिखित में से कौन-सी फैलोशिप प्रदान करती है?
    A. अमृता शेरगिल फैलोशिप   B. चक्रधर फैलोशिप
    C. श्रीकांत वर्मा फैलोशिप   D. अलाउद्दीन खां फैलोशिप
151. मध्य प्रदेश में सबसे बड़ी अनुसूचित जनजाति कौन सी है?
    A. भील   B. गोंड   C. कोल   D. सहरिया
152. मध्य प्रदेश में किस जिले की जनसंख्या में अनुसूचित जनजातियों का सर्वाधिक प्रतिशत है?
    A. छिंदवाड़ा   B. मण्डला   C. अलीराजपुर   D. भिण्ड
153. मध्य प्रदेश के किस नगर में प्रदेश का उच्च न्यायालय स्थित है?
    A. भोपाल   B. इन्दौर   C. ग्वालियर   D. जबलपुर
154. वास्तुकला की प्रमुख पुस्तक 'समरांगण सूत्र' के लेखक कौन हैं?
    A. श्री हर्ष   B. हेमचन्द्र   C. क्षेमेन्द्र   D. राजा भोज

155. मध्य प्रदेश के किस क्षेत्र का लोक नाट्य 'काठी' है?
    A. बघेलखंड   B. निमाड़   C. मालवा   D. बुन्देलखंड
156. मध्य प्रदेश का एकमात्र गांजा उत्पादक जिला कौन सा है?
    A. मण्डला   B. खण्डवा   C. बैतूल   D. खरगौन
157. मध्य प्रदेश में सातवीं पंचवर्षीय योजना में सर्वाधिक व्यय का प्रावधान किस मद के लिए किया गया था?
    A. शिक्षा एवं युवक कल्याण   B. उद्योगों का विकास
    C. वन विकास एवं संरक्षण   D. ऊर्जा एवं सिंचाई व बाढ़ नियंत्रण
158. मध्य प्रदेश में भारत की जनसंख्या का कितने प्रतिशत निवास करते हैं?
    A. 6.00   B. 6.88   C. 6.35   D. 4.82
159. मध्य प्रदेश में 2011 की जनगणना के अनुसार जनसंख्या घनत्व क्या है?
    A. 100   B. 236   C. 149   D. 174
160. 2011 की जनगणना के अनुसार मध्य प्रदेश का देश में जनसंख्या के दृष्टिकोण से कौन सा स्थान है?
    A. प्रथम   B. द्वितीय   C. पांचवां   D. आठवां
161. सतपुड़ा राष्ट्रीय उद्यान किसलिए प्रसिद्ध है?
    A. कृष्णमृगों हेतु   B. पक्षियों हेतु
    C. शेरों हेतु   D. सांप व रेंगने वाले प्राणियों हेतु
162. मकबूल फिदा हुसैन का संबंध निम्नलिखित में से किससे था?
    A. संगीत   B. रंगमंच   C. चित्रकला   D. बाँसुरी वादन
163. भारत के प्रथम 'पर्यटन नगर' का निर्माण प्रदेश में कहां किया गया है?
    A. भोपाल   B. ग्वालियर   C. शिवपुरी   D. खण्डवा
164. मध्य प्रदेश का सौर ऊर्जा से चलने वाला प्रथम टी.वी. किस ग्राम में लगाया गया है?
    A. मण्डलपुर (भोपाल)   B. कस्तूरबा (इन्दौर)
    C. रूपगढ़ी (ग्वालियर)   D. गांधीपुर (इन्दौर)
165. इन्दौर में स्थापित किए जाने वाले भाभा परमाणु केन्द्र के प्रथम औद्योगिक केन्द्र का क्या नाम है?
    A. टाइगर   B. कैट   C. लाइफ   D. प्रोग्रेस
166. रानी लक्ष्मीबाई की समाधि किस नगर में है?
    A. ग्वालियर   B. झांसी   C. इन्दौर   D. शिवपुरी
167. मध्य प्रदेश के वनों में सबसे अधिक पेड़ किसके पाए जाते हैं?
    A. सागौन   B. शीशम   C. साल   D. आम

168. कान्हा-किसली किस वर्ष राष्ट्रीय उद्यान बना था?
 A. 1953 B. 1954 C. 1955 D. 1956
169. मध्य प्रदेश में सिंचाई का सबसे प्रमुख साधन क्या है?
 A. नलकूप B. नहरें C. रहट D. कुएं
170. मध्य प्रदेश में विधानसभा सीटों की कुल संख्या कितनी है?
 A. 220 B. 400 C. 300 D. 230
171. मध्य प्रदेश में वह कौन सा स्थान है जहां जनश्रुतियों के अनुसार ब्रह्मा, विष्णु और महेश ने बाल अवतार लिया था?
 A. अमरकंटक B. महेश्वर C. चित्रकूट D. ओंकारेश्वर
172. मध्य प्रदेश में बाघ की गुफाएं किस स्थान के समीप हैं?
 A. धार B. रायसेन C. राजगढ़ D. विदिशा
173. मध्य प्रदेश में पर्यटकों का प्रमुख आकर्षण का केन्द्र खजुराहो के मन्दिर निम्नलिखित में से किस जिले में हैं?
 A. विदिशा B. पन्ना C. रीवा D. छतरपुर
174. मध्य प्रदेश में स्थित खजुराहो के मन्दिरों का निर्माण किस वंश के शासकों ने कराया था?
 A. चोल B. पल्लव C. चन्देल D. चालुक्य
175. निम्नलिखित का मेल कराएं :
 (a) तानसेन का मकबरा   1. विदिशा
 (b) सांची के स्तूप   2. ग्वालियर
 (c) महाकालेश्वर   3. खण्डवा
 (d) ओंकारेश्वर   4. उज्जैन
   (a) (b) (c) (d)
 A. 1   2   3   4
 B. 4   3   2   1
 C. 2   1   4   3
 D. 1   4   2   3
176. निम्नलिखित में से कौन बेमेल है ?
 A. अजयगढ़ B. गिन्नौरगढ़ C. बांधवगढ़ D. मुक्तागिरि
177. निम्नलिखित में से कौन सा स्थान सम्राट अशोक से सम्बन्धित है?
 A. भर्तृहरि गुफाएं B. सांची C. मोतीमहल D. बावनगजा
178. मालवा का पठार मध्य प्रदेश के किस भाग में है?
 A. दक्षिणी-पूर्वी भाग   B. उत्तरी-पश्चिमी भाग
 C. पूर्वी-उत्तरी भाग   D. मध्य भाग

179. मध्य प्रदेश में पुलिस संभागों की संख्या कितनी है?
    A. 15 B. 12 C. 13 D. 14
180. मध्य प्रदेश में पत्रकारिता विश्वविद्यालय की कहां स्थापना की गई है?
    A. इन्दौर B. उज्जैन C. भोपाल D. जबलपुर
181. मध्य प्रदेश में 1991 में दो विश्वविद्यालय स्थापित हुए जिनमें से एक भोपाल में है, दूसरा किस जिले में है?
    A. खण्डवा B. सतना C. इन्दौर D. राजगढ़
182. 2011 की जनगणना के अनुसार मध्य प्रदेश में साक्षरता का प्रतिशत क्या है?
    A. 76.2 B. 69.3 C. 75.12 D. 80.21
183. 2011 की जनगणना के अनुसार 2001 की तुलना में मध्य प्रदेश के जनसंख्या घनत्व में कितनी बढ़ोत्तरी हुई है?
    A. 25 B. 40 C. 35 D. 28
184. निम्नलिखित में से किस स्थान के निकट (लगभग 2 कि.मी. दूर) दो प्रमुख नदियों का उद्गम है?
    A. महू B. अमरकंटक C. ग्वालियर D. छिंदवाड़ा
185. आदिम जनजाति कोरकू मध्य प्रदेश के किस भाग में मुख्यतः पाई जाती है?
    A. दक्षिणी B. उत्तर-पश्चिमी C. पूर्वी D. उत्तर-पूर्वी
186. 2011 की जनगणना के अनुसार मध्य प्रदेश में किस जिले का जनसंख्या घनत्व सर्वाधिक था?
    A. इन्दौर B. भोपाल C. जबलपुर D. भिण्ड
187. मध्य प्रदेश की जनसंख्या में 2001-2011 के दशक में कितने प्रतिशत की वृद्धि हुई है?
    A. 23.50 B. 20.30 C. 27.52 D. 36.69
188. मध्य प्रदेश में ऐशबाग स्टेडियम कहाँ स्थित है?
    A. इन्दौर B. सतना C. जबलपुर D. भोपाल
189. मध्य प्रदेश के किस स्थान पर जोगेश्वरी देवी का मेला आयोजित होता है?
    A. चन्देरी (गुना) B. घोघरा (सीधी)
    C. पोरसा (मुरैना) D. माण्डेर (ग्वालियर)
190. प्रसिद्ध ध्रुपद गायक कुमार गन्धर्व किस स्थान से संबंधित थे?
    A. खण्डवा B. ग्वालियर C. मैहर D. देवास
191. मध्य प्रदेश के निम्नलिखित जिलों में से किसमें बुन्देली भाषा प्रयोग नहीं की जाती है?
    A. रीवा B. गुना C. दतिया D. शिवपुरी
192. मध्य प्रदेश में किस नदी पर बोधघाट जलविद्युत परियोजना स्थित है?
    A. नर्मदा नदी B. महानदी C. बेतवा नदी D. इन्द्रावती नदी

193. मध्य प्रदेश साहित्य परिषद् द्वारा अखिल भारतीय महाराज वीरसिंह देव पुरस्कार किस विधा के लिए दिया जाता है?
    A. कविता   B. समाज विज्ञान   C. आलोचना   D. उपन्यास
194. मध्य प्रदेश की प्रमुख नदी नर्मदा के शुद्धिकरण हेतु प्रदूषण की रोकथाम का कार्य कब प्रारम्भ हुआ था?
    A. अगस्त, 1986   B. नवम्बर, 1986   C. जनवरी, 1987   D. मार्च, 1988
195. नर्मदा नदी के शुद्धिकरण के अंतर्गत निम्नलिखित में से कौन सा स्थान नहीं शामिल है?
    A. अमरकंटक   B. होशंगाबाद   C. ओंकारेश्वर   D. महेश्वर
196. नर्मदा की 41 सहायक नदियां हैं। इन सभी नदियों का जल किसमें गिरता है?
    A. बंगाल की खाड़ी   B. खम्भात की खाड़ी
    C. कच्छ की खाड़ी   D. मन्तार की खाड़ी
197. मध्य प्रदेश फिल्म विकास निगम की स्थापना कब की गई थी?
    A. 1972   B. 1980   C. 1981   D. 1986
198. मध्य प्रदेश की प्रमुख अकादमियों व उनके स्थापना वर्षों के युग्मों में कौन सा गलत है?

    अकादमी   *स्थापना वर्ष*
    A. उर्दू अकादमी   1976
    B. कालिदास अकादमी   1974
    C. संगीत अकादमी   1978
    D. सिन्धी अकादमी   1983
199. मध्य प्रदेश में स्थित 'भारत भवन' किस से सम्बन्धित है?
    A. ललित कला   B. प्रदर्शनकारी कला
    C. साहित्य   D. उपर्युक्त सभी
200. मध्य प्रदेश के भोपाल नगर में स्थित रवीन्द्र भवन क्या है?
    A. विशाल संग्रहालय   B. विशाल भवन
    C. विशाल सभागृह   D. उपर्युक्त में से कुछ भी नहीं
201. मध्य प्रदेश प्रशासन सुगम संगीत के क्षेत्र में कौन सा पुरस्कार/सम्मान प्रदान करता है?
    A. कालिदास सम्मान   B. इकबाल सम्मान
    C. लता मंगेशकर पुरस्कार   D. तुलसी सम्मान
202. मध्य प्रदेश के किस विश्वविद्यालय से सर्वाधिक महाविद्यालय सम्बद्ध हैं?
    A. अवधेश प्रताप सिंह विश्वविद्यालय, रीवा
    B. देवी अहिल्या विश्वविद्यालय, इन्दौर
    C. विक्रम विश्वविद्यालय, उज्जैन
    D. डॉ. हरि सिंह गौर विश्वविद्यालय, सागर

203. मध्य प्रदेश के उज्जैन और रतलाम में शिक्षा के प्रसार हेतु 'गांव घर' स्थापित किए गए हैं। इनका सम्बन्ध किस प्रकार की शिक्षा से है?
    A. ग्रामीण शिक्षा   B. जनजाति शिक्षा   C. नारी शिक्षा   D. प्रौढ़ शिक्षा

204. मध्य प्रदेश के समस्त विश्वविद्यालयों में एकीकृत नवीन पाठ्यक्रम प्रारम्भ किया गया है। बताइए इसे कब प्रारम्भ किया गया?
    A. जुलाई, 1957   B. अक्टूबर, 1956   C. जुलाई, 1986   D. जनवरी, 1988

205. राज्य में ऋतु वेधशाला किस नगर में स्थित है?
    A. जबलपुर   B. उज्जैन   C. इन्दौर   D. भोपाल

206. मध्य प्रदेश का पिन कोड किस अंक से प्रारम्भ होता है?
    A. 2   B. 3   C. 4   D. 5

207. मध्य प्रदेश का उच्च न्यायालय जबलपुर में स्थित है। उच्च न्यायालय की खंडपीठें राज्य के किस जिले में स्थित हैं?
    A. इन्दौर   B. ग्वालियर   C. A और B में   D. उज्जैन

208. बुरहानपुर जिला, किस जिले से अलग होकर बना है?
    A. रायसेन   B. इन्दौर   C. रीवा   D. खरगौन

209. मध्य प्रदेश के निम्नलिखित राज्यपालों में से किसका कार्यकाल सबसे कम रहा?
    A. डॉ. वी. पट्टाभि सीतारमैया   B. श्री के.सी. रेड्डी
    C. श्री एन.एन. वान्चू   D. श्रीमती सरला ग्रोवर

210. मध्य प्रदेश में बेरोजगार युवाओं को रोजगार की सूचना देने व उनका मार्गदर्शन करने वाला साप्ताहिक 'रोजगार व निर्माण' का प्रकाशन किस वर्ष प्रारम्भ हुआ था?
    A. 1984   B. 1985   C. 1986   D. 1987

211. मध्य प्रदेश शासन द्वारा प्रकाशित 'मध्य प्रदेश सन्देश' का प्रकाशन कहां से होता है?
    A. रतलाम   B. भोपाल   C. इन्दौर   D. ग्वालियर

212. मध्य प्रदेश के कुछ प्रमुख समाचार पत्रों व उनके प्रकाशन स्थलों के युग्मों में से कौन-सा गलत है?
    A. नई दुनिया - इन्दौर   B. एम.पी. क्रॉनिकल - भोपाल
    C. हिन्दी हेराल्ड - उज्जैन   D. नवीन दुनिया - जबलपुर

213. मध्य प्रदेश का साप्ताहिक 'अहिल्या वाणी' राज्य के किस नगर से प्रकाशित होता है?
    A. भोपाल   B. इन्दौर   C. जबलपुर   D. सागर

214. मध्य प्रदेश में चल रही सिंचाई परियोजना व नदियों के युग्मों में से कौन-सा जोड़ा गलत है?
    A. राजघाट परियोजना - बेतवा नदी   B. सम्राट अशोक सागर - हलाली नदी
    C. माही परियोजना - सिन्धु नदी   D. बाण सागर परियोजना - सोन नदी

215. मध्य प्रदेश की सिंचाई परियोजना व उनसे सम्बन्धित जिलों के युग्मों में से कौन-सा गलत है?
    A. कोलार परियोजना – सीहोर
    B. थांवर परियोजना – मण्डला
    C. कोलार परियोजना – सतना
    D. पेंच परियोजना – छिंदवाड़ा

216. मध्य प्रदेश की नर्मदा घाटी विकास परियोजना में निम्न में से कौन सी परियोजना शामिल नहीं है?
    A. इन्दिरा सागर परियोजना
    B. ओंकारेश्वर परियोजना
    C. रविशंकर सागर परियोजना
    D. महेश्वर सागर परियोजना

217. भोपाल गैस कांड किस तिथि को हुआ था?
    A. 4 नवम्बर, 1984
    B. 31 अक्टूबर, 1984
    C. 3 दिसम्बर, 1984
    D. 2 दिसम्बर, 1984

218. मध्य प्रदेश के मानचित्र पर सम वर्षा रेखाओं की बनावट किस प्रकार की है?
    A. लहरदार   B. मोड़दार   C. गोलाकार   D. रेखीय

219. मध्य प्रदेश में कितने मिलियन एकड़ फीट भू-जल की उपलब्धता आंकी गई है?
    A. 20 मिलियन   B. 24 मिलियन   C. 26 मिलियन   D. 28 मिलियन

220. मध्य प्रदेश की किस नदी में वर्ष पर्यन्त जल बना रहता है?
    A. सोन नदी   B. केन नदी   C. नर्मदा नदी   D. उपर्युक्त सभी में

221. मध्य प्रदेश में 'बोधी' संगठन किस कार्य को सम्पन्न करता है?
    A. बांधों का डिजाइन बनाना
    B. जलाशयों के रख-रखाव की योजना बनाना
    C. जल संसाधनों को दीर्घायु बनाना
    D. उपर्युक्त तीनों

222. 'मध्य प्रदेश राज्य कृषि उद्योग विकास निगम' की स्थापना किस वर्ष की गई थी?
    A. 21 मार्च, 1969
    B. 26 जनवरी, 1956
    C. 12 फरवरी, 1962
    D. 2 अक्टूबर, 1972

223. मध्य प्रदेश का राज्य दिवस वर्ष के किस दिन मनाया जाता है?
    A. 1 जुलाई   B. 31 जून   C. 15 मार्च   D. 1 नवम्बर

224. वर्ष 2011 की जनगणना के अनुसार भारत और मध्य प्रदेश का औसत घनत्व क्रमशः 382 और 236 व्यक्ति प्रति वर्ग किमी. है। औसत घनत्व की दृष्टि से मध्य प्रदेश का देश में क्या स्थान है?
    A. दसवां   B. बारहवां   C. तेइसवां   D. तेरहवां

225. मध्य प्रदेश के किस शहर में अखिल भारतीय स्तर का फुटबाल टूर्नामेंट 'नई दुनिया ट्राफी' का आयोजन हर वर्ष किया जाता है?
   A. भोपाल   B. इन्दौर   C. जबलपुर   D. ग्वालियर

226. मध्य प्रदेश की नई औद्योगिक नीति के अंतर्गत किन उद्योगों को 'थर्स्ट सेक्टर' श्रेणी के अंतर्गत रखा गया है?
   A. इलेक्ट्रॉनिक्स   B. आटोमोबाईल्स   C. पेट्रोकेमिकल्स   D. प्रसंस्करित खाद्य
   E. उपर्युक्त सभी

227. मध्य प्रदेश में पहली बार राष्ट्रपति शासन कब लागू किया गया?
   A. 4 अगस्त, 1970   B. 30 अप्रैल, 1977
   C. 17 फरवरी, 1980   D. 6 अक्टूबर, 1983

228. लोकसभा में मध्य प्रदेश के 29 प्रतिनिधि हैं। राज्य सभा में मध्य प्रदेश के प्रतिनिधियों की संख्या कितनी है?
   A. 11   B. 12   C. 13   D. 14

229. ध्रुपद संगीत का जन्म मध्य प्रदेश के किस नगर में हुआ?
   A. मैहर   B. भोपाल   C. खण्डवा   D. ग्वालियर

230. स्तंभ 'अ' (नदियां) एवं स्तंभ 'ब' (नदियों पर निर्मित बांध) को सुमेलित कीजिए।

   स्तंभ 'अ'   *स्तंभ 'ब'*
   (a) चंबल   1. बाणसागर बांध
   (b) बेतवा   2. बरगी बांध
   (c) नर्मदा   3. राजघाट बांध
   (d) सोन   4. गांधी सागर बांध

       (a) (b) (c) (d)
   A. 3   2   4   1
   B. 4   3   2   1
   C. 4   2   1   3
   D. 2   3   4   1

231. निम्नांकित में से कौन-सा जोड़ा बेमेल है?
   A. दशपुर - मन्दसौर   B. गोपाचल - ग्वालियर
   C. महिष्मती - मंडला   D. मेलसा - विदिशा

232. मध्य प्रदेश का कौन सा राष्ट्रीय उद्यान बत्तीस पहाड़ियों से घिरा हुआ है?
   A. कान्हा राष्ट्रीय उद्यान   B. फासिल राष्ट्रीय उद्यान
   C. माधव राष्ट्रीय उद्यान   D. बांधवगढ़ राष्ट्रीय उद्यान

233. भोपाल स्थित भारत भवन को 6 भागों में विभाजित किया जा सकता है। उसके एक भाग 'अनहद' का सम्बन्ध निम्न में से किससे है?
   A. खुला रंगमंच
   B. ललित कलाओं का संग्रह
   C. शास्त्रीय एवं लोक संगीत सामग्री का संग्रह
   D. ग्राफिक्स, मूर्ति शिल्प एवं चित्रकला से सम्बन्धित कर्मशाला

234. मध्य प्रदेश के बड़वानी में किस धर्म के अनुयायियों का तीर्थस्थल बावनगजा स्थित है?
   A. बौद्ध   B. हिन्दू   C. जैन   D. मुस्लिम

235. स्तंभ 'अ' एवं स्तंभ 'ब' को सुमेलित कीजिए?

   स्तंभ 'अ'   *स्तंभ 'ब'*
   (a) मलाजखंड   1. लौह अयस्क
   (b) सिंगरौली   2. हीरा
   (c) बैलाडिला   3. तांबा
   (d) मझगवां   4. कोयला

	(a)	(b)	(c)	(d)
A.	2	4	1	3
B.	3	2	4	1
C.	2	3	1	4
D.	3	4	1	2

236. मध्य प्रदेश का पहला आम बजट 10 जनवरी, 1957 को किसने विधानसभा में पेश किया?
   A. मिश्री लाल गंगवाल   B. कुंजीलाल दुबे
   C. रजनी शर्मा   D. सुभाष चन्द्र शर्मा

237. मध्य प्रदेश की पहली अंतरघाटी परियोजना कौन-सी है?
   A. काली सरार सिंचाई परियोजना   B. देजला-देवड़ा सिंचाई परियोजना
   C. सिंहपुर बैराज परियोजना   D. चोरल सिंचाई परियोजना

238. मध्य प्रदेश में हर 12वें साल कुम्भ मेला कहां लगता है?
   A. ओंकारेश्वर   B. सांची   C. उज्जैन   D. चित्रकूट

239. मध्य प्रदेश की सीमा कितने प्रदेशों के साथ जुड़ी हुई है?
   A. 6   B. 7   C. 9   D. 5

240. इन्दौर में स्थित लेसर किरण परमाणु ऊर्जा अनुसंधान केन्द्र ने वर्ष 1986 से कार्य करना शुरू किया। यह एशिया का पहला और विश्व का.......लेसर किरण परमाणु ऊर्जा अनुसंधान केन्द्र है?
   A. दूसरा   B. तीसरा   C. चौथा   D. पांचवां

241. बम्बई हाई से प्राप्त प्राकृतिक गैस पर आधारित देश के प्रथम उर्वरक संयंत्र का निर्माण मध्य प्रदेश के विजयपुर में किया गया है। यह किस जिले में स्थित है?
    A. सीहोर   B. शाजापुर   C. गुना   D. राजगढ़
242. बहुविवादास्पद नर्मदा सागर बांध मध्य प्रदेश में पुनासा के निकट स्थित है। यह स्थान किस जिले में है?
    A. खरगौन   B. धार   C. झाबुआ   D. खण्डवा
243. मध्य प्रदेश राज्य किस खनिज की दृष्टि से समृद्ध नहीं है?
    A. लौह-अयस्क   B. पेट्रोलियम   C. कोयला   D. मैंगनीज अयस्क
244. उज्जैन नगर किस नदी के किनारे बसा है?
    A. क्षिप्रा नदी   B. शिवना नदी   C. नर्मदा नदी   D. ताप्ती नदी
245. मध्य प्रदेश में लोक अदालत की शुरुआत 13 अप्रैल, 1986 को हुई। राज्य में लोक अदालत का आयोजन सर्वप्रथम कहां हुआ?
    A. छिंदवाड़ा   B. शहडोल   C. मुरैना   D. बिलासपुर
246. निम्न परियोजनाएं मध्य प्रदेश की संयुक्त परियोजनाएं हैं। निम्न में से कौन-सा जोड़ा बेमेल है?
    A. चंबल घाटी परियोजना - राजस्थान
    B. राजघाट बांध परियोजना - उत्तर प्रदेश
    C. काली सागर परियोजना - महाराष्ट्र
    D. कुरनाला परियोजना - गुजरात
247. मध्य प्रदेश में औद्योगिक विकास को गति प्रदान करने के लिए कितने जिलों को विकसित जिलों की श्रेणी में रखा गया है?
    A. 3   B. 5   C. 6   D. 8
248. निम्नलिखित समारोह एवं उनके आयोजन स्थल का कौन-सा जोड़ा बेमेल है?
    A. तानसेन समारोह - ग्वालियर
    B. ध्रुपद संगीत समारोह - भोपाल
    C. कालिदास समारोह - उज्जैन
    D. अलाउद्दीन खां संगीत समारोह - देवास
249. प्राचीन काल में अभेद्य किला किसे माना जाता था?
    A. असीरगढ़ का किला   B. ग्वालियर का किला
    C. अजयगढ़ का किला   D. उपर्युक्त में से कोई नहीं
250. मध्य प्रदेश में सर्वाधिक शासकीय कर्मचारी किस विभाग में है?
    A. विद्युत   B. पुलिस   C. स्वास्थ्य   D. शिक्षा

251. स्तंभ 'अ' (मध्य प्रदेश सरकार द्वारा प्रदत्त पुरस्कार) एवं स्तंभ 'ब' (सम्बन्धित क्षेत्र) को सुमेलित कीजिए?

स्तंभ 'अ'   *स्तंभ 'ब'*
(a) लता मंगेशकर पुरस्कार   1. कला के क्षेत्र में सृजनात्मक श्रेष्ठता
(b) जवाहरलाल नेहरू पुरस्कार 2. सुगम संगीत के क्षेत्र में सृजनात्मक श्रेष्ठता
(c) तानसेन सम्मान   3. शास्त्रीय संगीत के क्षेत्र में उत्कृष्टता, सृजनात्मकता एवं निष्ठा
(d) कालिदास सम्मान   4. आधारभूत विज्ञान, तकनीकी विकास एवं इंजीनियरिंग विज्ञान

   (a)   (b)   (c)   (d)
A.   3   2   1   4
B.   1   2   3   4
C.   2   3   4   1
D.   2   4   3   1

252. मध्य प्रदेश की कौन सी झील एशिया की सबसे बड़ी मानव निर्मित झील (अधिकतम जलीय सतह 165 वर्ग किमी.) है?
A. गांधी सागर   B. गोविन्द सागर
C. राणा प्रताप सागर   D. जवाहर सागर

253. बाघ की गुफाएं किस लिए प्रसिद्ध हैं?
A. बाघों के लिए   B. प्राचीन मूर्तियों के लिए
C. भूल-भुलैया के लिए   D. शैल चित्रों के लिए

254. मध्य प्रदेश का एकमात्र स्टॉक एक्सचेंज इन्दौर में है। इसे किस वर्ष स्थापित किया गया?
A. 1930   B. 1937   C. 1948   D. 1954

255. मध्य प्रदेश में किसानों के लिए 'जल जीवन' नामक एक सामूहिक सिंचाई योजना चालू है। इसमें सरकार कितना प्रतिशत अनुदान देती है?
A. 25 प्रतिशत   B. 50 प्रतिशत   C. 60 प्रतिशत   D. 75 प्रतिशत

256. मध्य प्रदेश के सम्पूर्ण वन क्षेत्र के सर्वाधिक भाग में किसके वन पाए जाते हैं?
A. सागौन   B. बांस   C. साल   D. बबूल

257. निम्नलिखित में से कौन से स्थान में तापीय विद्युत केन्द्र स्थित नहीं है?
A. चांदनी   B. सतपुड़ा   C. अमरकंटक   D. पेंच

258. मध्य प्रदेश के किन जिलों में रंगीन संगमरमर पाया जाता है?
A. बैतूल, छिंदवाड़ा, सिवनी, नरसिंहपुर   B. जबलपुर, राजगढ़, रीवा, ग्वालियर
C. भिण्ड, मुरैना, दतिया, शिवपुरी   D. छतरपुर, सागर, सीधी, मन्दसौर

259. निम्नलिखित में से कौन-सा कार्य 'क्रीड़ा परिषद्' नहीं करती है?
    A. राज्य में खेलकूद के संवर्धन एवं विकास हेतु योजना बनाना
    B. युवकों का चरित्र निर्माण करना
    C. खेलकूद संगठनों में सामंजस्य स्थापित करना
    D. राज्य में सांस्कृतिक कार्यक्रमों को बढ़ावा देना
260. निम्नलिखित में से कौन मध्य प्रदेश में टेबल टेनिस की प्रसिद्ध राष्ट्रीय महिला खिलाड़ी है?
    A. तपड़िया   B. रीता जैन   C. रजनी शर्मा   D. देवरस
261. मध्य प्रदेश में बैडमिंटन के लिए इनडोर स्टेडियम निम्नलिखित शहरों में से कहां नहीं है?
    A. भोपाल   B. जबलपुर   C. इन्दौर   D. सागर
262. मध्य प्रदेश की निम्नलिखित में से कौन-सी प्रतियोगिता क्रिकेट से सम्बन्धित है?
    A. एम.पी. जैन कप   B. राधेश्याम अमरबाल कप
    C. यश कप   D. देवी शील्ड प्रतियोगिता
263. मध्य प्रदेश की निम्नलिखित में से कौन-सी प्रतियोगिता बैडमिंटन से सम्बन्धित नहीं है?
    A. गुलाब राम चड्ढा कप   B. राजेन्द्र सिंह कप
    C. मास्टर खांडेकर चैलेंज शील्ड   D. रजनी शर्मा कप
264. मध्य प्रदेश के प्रति हजार वर्ग किमी. क्षेत्र में औसतन कितना रेलमार्ग है?
    A. 12.9 प्रतिशत   B. 20 प्रतिशत   C. 22 प्रतिशत   D. 11 प्रतिशत
265. मध्य प्रदेश का सबसे बड़ा रेलवे जंक्शन कौन सा है?
    A. इटारसी   B. कटनी   C. भूसावल   D. रतलाम
266. निम्नलिखित में से कौन सा शहर मालवा के पठार क्षेत्र में नहीं बसा है?
    A. उज्जैन   B. इन्दौर   C. देवास   D. जबलपुर
267. मध्य प्रदेश में यातायात के साधन किस प्राकृतिक क्षेत्र में अधिक हैं?
    A. सतपुड़ा-मालवा श्रेणी   B. रीवा-पन्ना पठार
    C. मालवा का पठार   D. बुंदेलखंड का पठार
268. निम्नलिखित में से किस प्राकृतिक भाग में खजुराहो स्थित है?
    A. बुंदेलखंड का पठार   B. विंध्य पर्वत श्रेणियां
    C. नर्मदा का कछार   D. रीवा-पन्ना का पठार
269. निम्नलिखित में से कौन-सा जोड़ा गलत है?
    A. मध्य भारत का पठार - मुरैना, भिण्ड, ग्वालियर, गुना
    B. बुंदेलखंड का पठार - छतरपुर, पन्ना, टीकमगढ़, दतिया
    C. नर्मदा-सोन घाटी - जबलपुर, होशंगाबाद, खण्डवा, नरसिंहपुर
    D. बघेलखंड का पठार - रीवा, टीकमगढ़, सागर, सतना

270. निम्नलिखित में से किस क्षेत्र में गर्मियों में बहुत गर्मी तथा सर्दियों में बहुत ठंड पड़ती है ?
   A. मध्य भारत का पठार   B. बुंदेलखण्ड का पठार
   C. रीवा-पन्ना का पठार   D. नर्मदा-सोन घाटी

271. मालवा के पठार की नदियां निम्नलिखित में से कौन-कौन-सी हैं ?
   A. क्षिप्रा, चंबल, काली सिंध   B. केन, महानदी, सोन
   C. बेतवा, बैनगंगा, धसान   D. कुंवारी नदी, महानदी, तवा

272. विंध्य शैल समूह के अंतर्गत निम्नलिखित में से कौन-सा क्षेत्र आता है ?
   A. मालवा का पठार   B. मध्य भारत का पठार
   C. बघेलखंड का पठार   D. इनमें से कोई नहीं

273. मध्य प्रदेश का सबसे अधिक निचला क्षेत्र कौन सा है ?
   A. बुन्देलखंड का पठार   B. नर्मदा-सोन घाटी
   C. बघेलखंड का पठार   D. मालवा का पठार

274. मध्य प्रदेश के मध्य उच्च प्रदेश का उत्तरी भाग कैसा है ?
   A. विस्तृत त्रिभुजाकार   B. चौकोर
   C. गोल   D. सपाट

275. न अधिक गर्मी, न अधिक ठंड और न अधिक वर्षा वाला क्षेत्र मध्य प्रदेश में कौन-सा है ?
   A. मालवा का पठार   B. बुन्देलखंड का पठार
   C. बघेलखंड का पठार   D. नर्मदा-सोन घाटी

276. मध्य प्रदेश में शीत लहर का प्रकोप किस क्षेत्र में अधिक रहता है ?
   A. उत्तरी भाग   B. दक्षिणी भाग
   C. दक्षिणी-पश्चिमी भाग   D. दक्षिणी-पूर्वी भाग

277. तवा बांध परियोजना मध्य प्रदेश के किस जिले में स्थित है ?
   A. खंडवा   B. देवास   C. होशंगाबाद   D. छिंदवाड़ा

278. बारना नदी की नहरों से किस जिले में सिंचाई की जाती है ?
   A. रायसेन   B. सीहोर   C. भोपाल   D. दमोह

279. मध्य प्रदेश, उत्तर प्रदेश तथा बिहार—इन तीनों राज्यों की संयुक्त परियोजना किस बांध पर आधारित है ?
   A. सोन नदी के बाणसागर बांध पर   B. रिहन्द नदी के रिहन्द बांध पर
   C. कर्मनाशा नदी के बैतूल बांध पर   D. उपर्युक्त में से कोई नहीं

280. मध्य प्रदेश में गेहूं की पैदावार किन क्षेत्रों में अधिकतम होती है ?
   A. उत्तरी तथा पश्चिमी क्षेत्र   B. बघेलखंड का पठारी क्षेत्र
   C. दक्षिणी क्षेत्र   D. मध्य क्षेत्र

281. महू में सैनिक विद्रोह कब भड़का था?
A. 1 जुलाई, 1857
B. 18 जुलाई, 1857
C. 28 जुलाई, 1957
D. 1 अगस्त, 1857

282. तंदुला एवं सुखा नदियों के संगम पर दो बांध बनाकर निकाली गई नहर का नाम क्या है?
A. तंदुला नहर B. शिवनगर नहर C. टेकारी नहर D. राजपुर नहर

283. बेतवा घाटी विकास योजना के अंतर्गत निकाली गई नहर का क्या नाम है?
A. हलाली नहर B. सिंगापुर नहर C. पनचानपुर नहर D. लंगटपुर नहर

284. नर्मदा-सोन घाटी में मुख्यतः किस प्रकार की चट्टानें मिलती हैं?
A. दक्कन ट्रैप B. चूना पत्थर C. ग्रेनाइट नीस D. संगमरमर

285. खनिज की दृष्टि से कौन-सा प्राकृतिक क्षेत्र सर्वाधिक धनी है?
A. नर्मदा-सोन घाटी
B. रीवा-पन्ना का पठार
C. सतपुड़ा-मैकाल श्रेणी
D. इनमें से कोई नहीं

286. बघेलखंड क्षेत्र में मुख्यतः कौन-सा खनिज मिलता है?
A. कोयला B. बॉक्साइट C. मैंगनीज D. उपर्युक्त सभी

287. मध्य प्रदेश के किस भाग में खनिज सम्पदा अधिक है?
A. मध्य भाग
B. पूर्वी-दक्षिणी भाग
C. उत्तरी भाग
D. पश्चिमी भाग

288. एशिया की सर्वाधिक बड़ी भूमिगत मैंगनीज की खान कहां है?
A. भर्वेली (बालाघाट) में
B. सीधी में
C. सिवनी जिले में
D. छिंदवाड़ा के पास

289. विख्यात तांबा क्षेत्र मलाजखंड किस जिले में स्थित है?
A. बालाघाट B. सिवनी C. छिंदवाड़ा D. नरसिंहपुर

290. चूना पत्थर का सर्वाधिक उत्खनन मध्य प्रदेश के किस जिले में होता है?
A. जबलपुर B. ग्वालियर C. सीधी D. धार

291. पन्ना में किस नदी द्वारा बनाए गए ढेर से हीरे प्राप्त होते हैं?
A. भागेन नदी B. मोरहर नदी C. यमुना नदी D. पन्ना नदी

292. मध्य प्रदेश में कौन-सा राष्ट्रीय उद्यान सबसे पहले स्थापित किया गया था?
A. कान्हा किसली
B. फासिल, मण्डला
C. माधव
D. वन विहार, भोपाल

293. मध्य प्रदेश में बाघ के शिकार पर पूर्ण प्रतिबंध कब लगा?
A. सन् 1969 में B. सन् 1970 में C. सन् 1971 में D. सन् 1972 में

294. मन्दसौर का किला किस नदी के किनारे स्थित है?

A. शिवना नदी B. क्षिप्रा नदी C. ताप्ती नदी D. महानदी

295. निम्नलिखित में से कौन सा नगर महाकाव्य काल का नहीं है?

A. उज्जयनी B. विराटपुरी C. महिष्मती D. भोपाल

296. प्राचीन काल में मध्य प्रदेश, आंध्र प्रदेश तथा पूर्वी महाराष्ट्र का भाग किस नाम से जाना जाता था?

A. दंडकारण्य क्षेत्र B. मध्य देश

C. सौराष्ट्र प्रदेश D. उपर्युक्त में से कोई नहीं

297. महाकवि कालिदास का संबंध किस शहर से था?

A. उज्जैन B. इन्दौर C. विराटपुरी D. महिष्मती

298. प्राचीन काल में मध्य प्रदेश की कौन-सी नदी घाटी सभ्यता का केन्द्र रही?

A. नर्मदा घाटी B. सोन घाटी C. महानदी घाटी D. उपर्युक्त सभी

299. 15वीं सदी में ग्वालियर पर किस वंश के शासक का अधिकार था?

A. तोमर वंश B. नाग वंश C. शुंग वंश D. कुषाण वंश

300. तांत्या टोपे को मध्य प्रदेश के किस स्थान पर फांसी दी गई थी?

A. ग्वालियर B. शिवपुरी C. शिवनगर D. सागर

301. प्रसिद्ध उदयगिरि गुफा कहां है?

A. विदिशा B. धार C. होशंगाबाद D. जबलपुर

302. चौथी-पांचवीं शताब्दी में चंद्रगुप्त विक्रमादित्य द्वितीय ने किस नगर, जो अभी भी मध्य प्रदेश में है, को अपनी राजधानी बनाया था?

A. विदिशा B. ग्वालियर C. भोपाल D. उज्जयिनी

303. भोपाल की विशाल झील किस राजा ने बनवाई थी?

A. राजा भोज B. होशंगशाह C. दलपत शाह D. महिषयंत

304. मालवा के शासक राजा भोज ने अपनी राजधानी किस स्थान पर बनवाई थी?

A. होशंगाबाद B. भोपाल C. धार D. विदिशा

305. कला के क्षेत्र में मध्य प्रदेश में सृजनात्मक श्रेष्ठता के लिए कौन-सा पुरस्कार दिया जाता है?

A. रजनी शर्मा पुरस्कार B. कालीदास सम्मान

C. अहिल्या बाई पुरस्कार D. उपर्युक्त में से कोई नहीं

306. मध्य प्रदेश का जवाहरलाल नेहरू पुरस्कार किस उल्लेखनीय कार्य के लिए प्रदान किया जाता है?

A. सामाजिक सेवा के लिए

B. शिक्षा के विकास में अभूतपूर्व योगदान के लिए

C. आधारभूत विज्ञान एवं तकनीकी विकास के लिए

D. साहित्य में उल्लेखनीय योगदान के लिए

307. 'विक्रम पुरस्कार' किस कार्य हेतु दिया जाता है?
   A. खेलकूद में प्रोत्साहन के लिए
   B. वीरता के लिए
   C. सरकारी कर्मचारियों को ईमानदारी के लिए
   D. उपर्युक्त में से कोई नहीं

308. मध्य प्रदेश में प्रति वर्ष अखिल भारतीय शास्त्रीय नृत्य कहां आयोजित किया जाता है?
   A. खजुराहो   B. भोपाल   C. इन्दौर   D. ग्वालियर

309. निम्नलिखित में से मध्य प्रदेश की ललित कलाओं का प्रतीक चिन्ह कौन-सा नहीं है?
   A. बौद्ध स्तूप   B. शैव मन्दिर
   C. खजुराहो की मूर्तियां   D. नृत्य करती हुई महिला

310. मध्य प्रदेश में नाट्यकला अकादमी कहां स्थापित है?
   A. इन्दौर   B. उज्जैन   C. भोपाल   D. ग्वालियर

311. मध्य प्रदेश शासन द्वारा सुगम संगीत के लिए दिए जाने वाले 2 लाख रुपए के राष्ट्रीय पुरस्कार का नाम बताइए?
   A. तानसेन पुरस्कार   B. लता मंगेशकर पुरस्कार
   C. उस्ताद अलाउद्दीन खां पुरस्कार   D. रजनी शर्मा पुरस्कार

312. साहित्य सृजन के लिए मध्य प्रदेश सरकार द्वारा कौन सी फेलोशिप दी जाती है?
   A. मुक्तिबोध फेलोशिप   B. अमृता शेरगिल फेलोशिप
   C. रजनी शर्मा फेलोशिप   D. के.बी. फेलोशिप

313. हिन्दी काव्य में छायावाद के प्रवर्तक कवि कौन माने जाते हैं?
   A. त्रिभुवन पांडे   B. लोचन प्रसाद पांडे
   C. दिनेश पांडे   D. मुकुटधर पांडे

314. पुरस्कृत पुस्तक 'काला जल' तथा 'शाल वनों के द्वीप' के लेखक कौन हैं?
   A. शानी   B. उदय शंकर सिंह
   C. अरुण कुमार सिंह   D. उपेन्द्र सिंह

315. हिन्दी आलोचना के क्षेत्र में मध्य प्रदेश को सम्मानजनक स्थान दिलाने वाले प्रमुख साहित्यकारों के नाम हैं :
   A. डॉ. बलदेव प्रसाद मिश्र, लोचन प्रसाद पांडे, डॉ. इसाक 'अश्क'
   B. गुप्तेश्वर सिंह, राम नरेश सिंह, सुदामा मिस्त्री, राजेन्द्र महतो
   C. डॉ. नागेन्द्र सिंह, इन्दू खत्री, जय प्रकाश राय, श्रीमती रीता सिंह
   D. उपर्युक्त सभी

316. 'गोंडी ग्रामर' (गोंड आदिवासियों की भाषा) के रचयिता कौन थे?
   A. सुधीर सिंह   B. ग्रियर्सन तथा चेट्रन विशप
   C. मेजर बेट्टी   D. उपर्युक्त सभी
317. वह कौन सा क्षेत्र है, जहां गोंड आदिवासी रहते हैं?
   A. विंध्य-सतपुड़ा पर्वत श्रेणियां   B. मध्य भारत का पठार
   C. बुंदेलखंड का पठार   D. मालवा का पठार
318. कोरकू जनजाति मध्य प्रदेश में कहां-कहां पाई जाती है?
   A. खण्डवा, होशंगाबाद, बैतूल, छिंदवाड़ा
   B. जबलपुर, सागर, रीवा, सीधी
   C. सतना, पन्ना, छतरपुर, टीकमगढ़
   D. शहडोल, रायसेन, मुरैना, मण्डला
319. मध्य प्रदेश की अंतर्राष्ट्रीय ख्याति प्राप्त महिला क्रिकेट खिलाड़ी कौन है?
   A. राजेश्वरी ढोलकिया   B. सरिता शर्मा
   C. रेखा सिंह   D. अल्का सिंह
320. स्निग्धा मेहता किस खेल की अंतर्राष्ट्रीय ख्याति प्राप्त खिलाड़ी हैं?
   A. हॉकी   B. टेबल टेनिस   C. बैडमिंटन   D. वॉलीबाल
321. मध्य प्रदेश के एकमात्र आदिवासी मुख्यमंत्री कौन थे, जो मात्र तेरह दिनों तक ही इस पद पर रहे?
   A. श्री भगवन्तराव मण्डलोई   B. डॉ. कैलाशनाथ काटजू
   C. राजा नरेशचन्द्र   D. श्री वीरेन्द्र कुमार सकलेचा
322. मध्य प्रदेश में डाकतार सर्किल का प्रारंभिक मुख्यालय कहां था?
   A. नागपुर   B. भोपाल   C. जबलपुर   D. सागर
323. मध्य प्रदेश का कौन-सा भाग उद्योग-धन्धों की दृष्टि से अधिक विकसित है?
   A. बघेलखंड   B. बुंदेलखंड   C. मध्य भाग   D. पूर्वी पठार
324. निम्नलिखित में से कौन-सा जिला उद्योगों की दृष्टि से सर्वाधिक विकसित है?
   A. बालाघाट   B. राजगढ़   C. रतलाम   D. जबलपुर
325. मध्य प्रदेश में नोट छापने का कारखाना कहां स्थित है?
   A. होशंगाबाद   B. भोपाल   C. छतरपुर   D. रीवा
326. करेंसी छापाखाना कहां स्थित है?
   A. देवास   B. रतलाम   C. ग्वालियर   D. उज्जैन
327. मध्य प्रदेश का सबसे बड़ा उद्योग कौन-सा है?
   A. कपड़ा उद्योग   B. लोहा-इस्पात उद्योग
   C. लाह उद्योग   D. चीनी उद्योग

328. मध्य प्रदेश में सबसे अधिक कपड़ा मिलें कहां स्थित हैं ?
   A. इन्दौर   B. उज्जैन   C. ग्वालियर   D. रतलाम
329. मध्य प्रदेश के किस स्थान की साड़ियां प्रसिद्ध हैं ?
   A. उज्जैन   B. ग्वालियर   C. चंदेरी   D. भोपाल
330. उत्तर पूर्वी रेलवे का वैगन वर्कशॉप कहां स्थित है ?
   A. भोपाल   B. जबलपुर
   C. कटनी   D. उपर्युक्त सभी स्थानों पर
331. मध्य प्रदेश में सार्वजनिक उद्योगों को वित्तीय सहायता देने तथा नए उद्योगों को प्रोत्साहन देने का कार्य कौन-सी संस्था करती है ?
   A. मध्य प्रदेश औद्योगिक विकास निगम
   B. मध्य प्रदेश उद्योग विकास सहायता केन्द्र
   C. मध्य प्रदेश सरकारी उद्योग विकास केन्द्र
   D. उपर्युक्त सभी
332. रक्षा उत्पादन (युद्ध उपकरण व अस्त्र-शस्त्र) कारखाना किस शहर में है ?
   A. नीमच   B. महू   C. जबलपुर   D. लोहंडीगुडा
333. देश का सबसे बड़ा बायोगैस संयंत्र मध्य प्रदेश में कहां स्थित है ?
   A. भदभदा (भोपाल के समीप)   B. मऊगंज (रीवा के समीप)
   C. पनचानपुर (खंडवा के समीप)   D. टेकारी (जबलपुर के समीप)
334. मुंबई-दिल्ली रेलमार्ग पर निम्नलिखित में से कौन-सा स्टेशन नहीं पड़ता है ?
   A. मनमाड   B. खंडवा   C. बीना   D. जबलपुर
335. मध्य प्रदेश का सर्वाधिक भाग किस रेलवे से लाभान्वित होता है ?
   A. मध्य रेलवे   B. पश्चिमी रेलवे
   C. उत्तरी रेलवे   D. उत्तरी-पूर्वी रेलवे
336. मध्य प्रदेश में आकाशवाणी व्यावसायिक विज्ञापन सेवा कब प्रारम्भ हुई ?
   A. सन् 1973 में   B. सन् 1975 में   C. सन् 1977 में   D. सन् 1980 में
337. मध्य प्रदेश में टी.वी. पर अधिकांश कार्यक्रम किस केन्द्र से प्रसारित होते हैं ?
   A. दिल्ली   B. मुंबई   C. लखनऊ   D. जयपुर
338. 2011 की जनगणना के अनुसार राज्य में लिंगानुपात के घटते क्रम वाले जिलों का सही युग्म है:
   A. झाबुआ, डिण्डोरी, भिण्ड   B. बालाघाट, मण्डला, अलीराजपुर
   C. मण्डला, झाबुआ, दतिया   D. डिण्डोरी, मण्डला, भिण्ड

339. मध्य प्रदेश में 'बुक बैंक योजना' का मुख्य कार्य क्या है?
 A. इसके तहत हरिजन तथा आदिवासी छात्रों को पुस्तकें मुफ्त दी जाती हैं
 B. इसके तहत गरीब छात्रों को पुस्तकें मुफ्त दी जाती हैं?
 C. इसके तहत हरिजन बस्तियों में पुस्तकालय की व्यवस्था की जाती है
 D. उपर्युक्त सभी

340. मध्य प्रदेश में वित्त निगम का मुख्यालय किस जिले में स्थित है?
 A. इन्दौर   B. जबलपुर   C. रीवा   D. ग्वालियर

341. मध्य प्रदेश की निम्नलिखित में से कौन सी प्रतियोगिता बैडमिंटन से सम्बन्धित नहीं है?
 A. गुलाब राम चड्ढा कप   B. राजेन्द्र सिंह कप
 C. मास्टर खांडेकर चैलेंज शील्ड   D. राम नरेश सिंह कप

342. मध्य प्रदेश में क्रिकेट हेतु किस क्लब या संगठन की स्थापना सबसे पहले की गई?
 A. पारसी क्लब   B. के.बी. क्लब   C. गणेश क्लब   D. त्रिभुवन क्लब

343. मध्य प्रदेश में आय के निम्नलिखित साधनों में से कौन-सा साधन पंचायतों से संबंधित नहीं है?
 A. राजस्व वसूली   B. पशु पंजीयन   C. प्रकाश कर   D. बाजार शुल्क

344. भोपाल संभाग में निम्नलिखित में से कौन-सा जिला शामिल नहीं है?
 A. विदिशा   B. सीहोर   C. बैतूल   D. होशंगाबाद

345. मध्य प्रदेश में 'पुलिस यातायात प्रशिक्षण संस्थान' कहां स्थापित है?
 A. भोपाल   B. सागर   C. रीवा   D. खंडवा

346. भारतीय आरक्षी सेवा (मध्य प्रदेश सेवा संवर्ग) की प्रथम महिला अधिकारी कौन हैं?
 A. श्रीमती सुरेन्द्र दीवान   B. सुश्री आशा गोपाल
 C. सुश्री अंजू बघेल   D. श्रीमती किरण जैन

347. निम्नलिखित में से प्राचीन गुफाओं वाले पर्यटन का स्थान कौन-सा नहीं है?
 A. बाघ गुफाएं   B. उदयगिरि   C. कंवरा गुफाएं   D. मांडू

348. मध्य प्रदेश में अजन्ता के समान गुफाएं कौन-सी हैं?
 A. बाघ गुफाएं   B. कंवरा गुफाएं   C. जोगीमारा गुफाएं   D. भर्तृहरि गुफाएं

349. शाहजहां के बड़े लड़के दारा ने अपने भाई औरंगजेब के साथ लड़ाई में पराजित हो, निम्नलिखित में से किस किले में आश्रय लिया था?
 A. ओरछा का किला   B. धार का किला
 C. गिन्नौरगढ़ का किला   D. रायसेन का किला

350. बांधवगढ़ का किला कहां है?
 A. कटनी-बिलासपुर रेलमार्ग पर   B. झांसी-मानिकपुर रेलमार्ग पर
 C. बीना-कोटा रेलमार्ग पर   D. इटारसी-भुसावल रेलमार्ग पर

351. निम्नलिखित में से जैनियों का तीर्थस्थल कौन सा है?
    A. सांची   B. मुक्तागिरि   C. अमरकंटक   D. चित्रकूट
352. 'महिष्मति' नामक प्राचीन तीर्थस्थल अब किस नाम से जाना जाता है?
    A. महेश्वर   B. शिवनगर   C. राजपुर   D. बनिया
353. बौद्ध कला के उत्कृष्ट नमूने मध्य प्रदेश में कहां देखने को मिलते हैं?
    A. सांची   B. पंचमढ़ी   C. भोपाल   D. रतलाम
354. सम्राट जहांगीर ने अपने विश्राम के लिए एक सुंदर महल मध्य प्रदेश में बनवाया था। वह कहां स्थित है?
    A. अजयगढ़   B. रायसेन   C. असीरगढ़   D. शिवपुरी
355. 'भारत के किलों का रत्न' मध्य प्रदेश के किस किले को कहा जाता है?
    A. ग्वालियर किले को   B. रायसेन के किले को
    C. अजयगढ़ के किले को   D. धार के किले को
356. माण्डला किले के चारों ओर किस नदी का घेरा है?
    A. नर्मदा नदी   B. सोन नदी   C. महानदी   D. चम्बल नदी
357. एकमात्र ऐसे स्थान का नाम बताइए जहां बौद्धकालीन शिल्प कला के सभी नमूने विद्यमान हैं?
    A. सांची   B. खजुराहो   C. मुक्तागिरि   D. असीरगढ़
358. मध्य प्रदेश में 'पर्यटकों का स्वर्ग' किस स्थान को कहा जाता है?
    A. पंचमढ़ी (होशंगाबाद)   B. खजुराहो
    C. सांची   D. ग्वालियर
359. अद्भुत शिल्प कला के लिए विख्यात खजुराहो किस जिले में स्थित है?
    A. छतरपुर   B. टीकमगढ़   C. शिवपुरी   D. सतना
360. मध्य प्रदेश में वह कौन सा पर्यटन स्थल है, जहां पहाड़ी से सूर्यास्त का दृश्य अति मनोहारी दिखता है?
    A. अमरकंटक (मैकाल की पहाड़ियों में)
    B. धूपगढ़ (पंचमढ़ी)
    C. सनसेट पॉइंट (मांडवगढ़)
    D. उपर्युक्त तीनों
361. शारदा देवी, आल्हा-ऊदल तथा संगीतज्ञ उस्ताद अलाउद्दीन खां की नगरी निम्नलिखित में से कौन सी है?
    A. ग्वालियर   B. बैहर   C. मैहर   D. नरवर

362. हेलियोडोरस का प्रसिद्ध स्तंभ कहां स्थित है?
    A. नसरुल्लागंज में B. बेगमगंज में C. विदिशा में D. देवास में
363. सन् 1833 में रामगढ़ के किस राजा ने अंग्रेजों के विरुद्ध युद्ध किया?
    A. देवनाथ सिंह B. रामबदन सिंह C. कामता सिंह D. कमला सिंह
364. महू में सैनिकों का विद्रोह कब भड़का था?
    A. 1 जुलाई, 1857 B. 1 जून, 1857 C. 12 मई, 1857 D. 11 अप्रैल, 1857
365. सन् 1857 के स्वतंत्रता संग्राम के समय रानी अवन्तिबाई ने अंग्रेजों से किस स्थान पर टक्कर ली थी?
    A. छतरपुर B. खैरी C. जैतिया D. शिवपुरी
366. सन् 1930 में बैतूल जिले में घोड़ाडोगरी क्षेत्र में 'जंगल सत्याग्रह' का नेतृत्व किसने किया था?
    A. गंजन सिंह कोरकू
    B. स्वामी इसनानंद
    C. भवानी प्रसाद तिवारी
    D. मास्टर बाल सिंह
367. रतलाम में 'स्त्री सेवा दल' की स्थापना कब की गई?
    A. सन् 1935 में B. सन् 1931 में C. सन् 1941 में D. सन् 1942 में
368. ग्वालियर रियासत का 'भारत छोड़ो आन्दोलन' कहां से प्रारम्भ हुआ था?
    A. विदिशा B. मुरैना C. शिवपुरी D. भिण्ड
369. मध्य प्रदेश में नमक बनाकर 'नमक सत्याग्रह' किसने शुरू किया?
    A. दुर्गा शंकर मेहता
    B. उमर शंकर सिंह
    C. गौरी शंकर सिंह
    D. सुभाष चन्द्र शर्मा
370. गांधी जी ने 'अवज्ञा आन्दोलन' की शुरुआत मध्य प्रदेश के किस स्थान से और कब की थी?
    A. 1938 ई. (उज्जैन)
    B. 1939 ई. (जबलपुर)
    C. 1940 ई. (इन्दौर)
    D. 1941 ई. (विदिशा)
371. 'जंगल सत्याग्रह' किन लोगों ने चलाया था?
    A. बैतूल जिले के घोड़ाडोगरी के आदिवासियों ने
    B. झाबुआ जिले के आदिवासियों ने
    C. ग्वालियर रियासत के सैनिकों ने
    D. अंग्रेजों के विरुद्ध मध्य प्रदेश के जमींदारों ने
372. 'अंजुमन खुद्दामे वतन' की स्थापना किसने की थी?
    A. मौलाना तर्जी मशरिकी
    B. शाकिर अली खां
    C. A और B दोनों
    D. उपर्युक्त में से कोई नहीं
373. मध्य प्रदेश विद्युत मंडल का मुख्यालय कहां है?
    A. भोपाल B. ग्वालियर C. इन्दौर D. जबलपुर

374. निम्नलिखित में से किस स्थान पर तापीय बिजली उत्पन्न नहीं की जाती है ?
   A. चांदनी विद्युत केन्द्र   B. जबलपुर विद्युत केन्द्र
   C. बरगी विद्युत केन्द्र   D. सतपुड़ा विद्युत केन्द्र

375. निम्नलिखित में से किस स्थान पर जलविद्युत उत्पन्न नहीं की जाती है ?
   A. नेपानगर   B. पेंच   C. गांधी सागर   D. जवाहर सागर

376. विद्युत अनुसंधान केन्द्र कहां है ?
   A. जबलपुर   B. भोपाल   C. विदिशा   D. इन्दौर

377. मध्य प्रदेश में सर्वाधिक निर्भरता किस ऊर्जा साधन पर है ?
   A. ताप विद्युत   B. जल विद्युत   C. आणविक ऊर्जा   D. सौर ऊर्जा

378. मध्य प्रदेश में विद्युत उत्पादन कब से प्रारम्भ हुआ ?
   A. सन् 1900 में   B. सन् 1905 में   C. सन् 1910 में   D. सन् 1914 में

379. राजघाट वृहत विद्युत परियोजना किस नदी पर बनाई जा रही है ?
   A. बेतवा नदी   B. धसान नदी   C. सिंध नदी   D. काली सिंध नदी

380. मध्य प्रदेश के लिए सर्वप्रथम विद्युत योजना निम्नलिखित में से किसने बनाई थी ?
   A. हेनरी हॉवर्ड   B. विलियम गैब्रियल
   C. थॉमस डैनियल   D. के. अब्राहम मैथ्यू

381. मध्य प्रदेश योजना मंडल का पदेन अध्यक्ष कौन होता है ?
   A. मुख्यमंत्री   B. योजना मंत्री
   C. प्रसिद्ध अर्थशास्त्री   D. योजना विभाग के सचिव

382. प्रथम पंचवर्षीय योजना का प्रमुख उद्देश्य क्या था ?
   A. कृषि को सुदृढ़ बनाना   B. उद्योगों को बढ़ावा देना
   C. सिंचाई को बढ़ावा देना   D. विद्युत उत्पादन बढ़ाना

383. मध्य प्रदेश योजना मंडल के प्रथम अध्यक्ष कौन थे ?
   A. श्री प्रकाश चन्द्र सेठी
   B. श्री रविशंकर शुक्ल
   C. श्री पट्टाभि सीतारमैया
   D. श्री भगवन्तराव मण्डलोई

384. मध्य प्रदेश से प्रकाशित होने वाला पहला समाचार पत्र इनमें से कौन था ?
   A. साप्ताहिक 'ग्वालियर अखबार'
   B. आफताब (भोपाल)
   C. साप्ताहिक 'मालवा अखबार' (इन्दौर)
   D. सेवक (महासमुंद)

385. मध्य प्रदेश का प्रमुख समाचार पत्र 'ग्वालियर अखबार' किस भाषा में प्रकाशित होता था तथा इसका प्रकाशन कब प्रारंभ हुआ था?
   A. हिन्दी में सन् 1832 में   B. उर्दू में सन् 1840 में
   C. फारसी में सन् 1851 में   D. संस्कृत में सन् 1960 में

386. क्षेत्रफल की दृष्टि से मध्य प्रदेश का देश में कौन सा स्थान है?
   A. दूसरा   B. पहला   C. तीसरा   D. चौथा

387. मध्य प्रदेश के महान् कवि तथा स्वतंत्रता सेनानी माखनलाल चतुर्वेदी कौन-सा समाचार पत्र निकालते थे?
   A. गणशक्ति   B. कर्मवीर   C. उद्भावना   D. लोकलहर

388. मध्य प्रदेश का 'इकबाल सम्मान' किस क्षेत्र के लिए दिया जाता है?
   A. उर्दू में सर्वश्रेष्ठ रचनात्मक लेखन हेतु
   B. हिन्दी साहित्य में सर्वश्रेष्ठ रचनात्मक लेखन हेतु
   C. सांस्कृतिक विकास में योगदान के लिए
   D. ललित कलाओं के क्षेत्र में

389. समाज सेवा हेतु दिया जाने वाला पुरस्कार कौन-सा है?
   A. इन्दिरा गांधी पुरस्कार   B. सरिता शर्मा पुरस्कार
   C. श्री रविशंकर शुक्ल पुरस्कार   D. उपर्युक्त में से कोई नहीं

390. पत्रकारिता के लिए कौन-सा पुरस्कार दिया जाता है?
   A. यमुना सिंह पुरस्कार   B. नरेन्द्र तिवारी स्मृति पुरस्कार
   C. कामता सिंह स्मृति पुरस्कार   D. रजनी शर्मा पुरस्कार

391. प्रदेश साहित्य परिषद् द्वारा सर्वश्रेष्ठ साहित्यिक रचनाओं हेतु निम्नलिखित में से कौन-सा पुरस्कार नहीं दिया जाता है?
   A. पद्मलाल पन्नालाल बख्शी पुरस्कार   B. आचार्य रामचंद्र शुक्ल पुरस्कार
   C. वीरसिंह देव पुरस्कार   D. रजनी शर्मा पुरस्कार

392. प्रदेश सरकार द्वारा संगीत में कौन सी फेलोशिप दी जाती है?
   A. उस्ताद अलाउद्दीन खां फेलोशिप   B. उस्ताद मुनीर खां फेलोशिप
   C. उस्ताद दया शंकर सिंह फेलोशिप   D. उपर्युक्त सभी

393. 'चक्रधर फेलोशिप' किस क्षेत्र के लिए दी जाती है?
   A. हिंदी कविता के अन्य भारतीय भाषाओं में अनुवाद हेतु
   B. हिंदी साहित्य के विकास के लिए
   C. सांस्कृतिक कार्यक्रम के विकास के लिए
   D. खेल के विकास के लिए

394. प्रदेश में पंचायती राज कब शुरू हुआ?
   A. 2 अक्टूबर, 1985 को
   B. 2 अक्टूबर, 1983 को
   C. 14 नवम्बर, 1981 को
   D. 14 नवम्बर, 1979 को

395. 'आंगनवाड़ी योजना' का चयन किसके द्वारा किया जाता है?
   A. ग्राम पंचायतों द्वारा
   B. नगरपालिकाओं द्वारा
   C. नगर निगमों द्वारा
   D. मध्य प्रदेश सरकार द्वारा

396. प्रदेश में अनाथ बच्चों हेतु बनाए गए अनाथालयों का निम्नलिखित में से क्या नाम है?
   A. अनाथ संघ
   B. मातृ कुटीर
   C. बेसहारा बच्चों का सेवा आश्रम
   D. उपर्युक्त सभी

397. 'इत्रदार महल' कहां स्थित है?
   A. ग्वालियर दुर्ग में
   B. कालिंजर दुर्ग में
   C. रायसेन दुर्ग में
   D. अजयगढ़ किले में

398. 'अशर्फी महल' में स्थित मस्जिद किस नमूने पर बनी है?
   A. दमिश्क की मस्जिद के नमूने पर
   B. लाहौर की मस्जिद के नमूने पर
   C. दिल्ली की जामा मस्जिद के नमूने पर
   D. दिल्ली की फतेहपुरी मस्जिद के नमूने पर

399. द्रोणाचार्य पुरस्कार किन व्यक्तियों को दिए जाते हैं?
   A. योग विशेषज्ञ
   B. एशियाई खेलों में स्वर्ण पदक विजेता
   C. प्रशिक्षक
   D. कुश्तीबाज

400. निम्न में से कौन-सी नदी यमुना में नहीं मिलती है?
   A. काली सिंधु
   B. सोन
   C. चम्बल
   D. बेतवा

उत्तरमाला

1	2	3	4	5	6	7	8	9	10
A	C	C	B	D	B	B	D	C	B
11	12	13	14	15	16	17	18	19	20
D	C	B	A	A	C	C	C	B	B
21	22	23	24	25	26	27	28	29	30
C	C	B	A	C	B	B	B	A	B
31	32	33	34	35	36	37	38	39	40
B	D	C	A	C	D	D	A	A	D
41	42	43	44	45	46	47	48	49	50
D	A	B	C	A	D	C	A	D	B

51	52	53	54	55	56	57	58	59	60
B	D	C	C	C	B	B	C	D	A
61	62	63	64	65	66	67	68	69	70
A	C	C	B	C	C	C	A	C	B
71	72	73	74	75	76	77	78	79	80
A	B	D	D	C	C	C	C	A	A
81	82	83	84	85	86	87	88	89	90
A	C	B	C	D	C	D	B	B	B
91	92	93	94	95	96	97	98	99	100
B	A	B	A	B	B	C	D	C	A
101	102	103	104	105	106	107	108	109	110
A	A	C	B	A	D	D	B	C	A
111	112	113	114	115	116	117	118	119	120
B	C	B	D	B	B	C	B	C	C
121	122	123	124	125	126	127	128	129	130
C	B	D	D	C	A	A	C	D	C
131	132	133	134	135	136	137	138	139	140
A	A	D	C	C	C	A	B	B	D
141	142	143	144	145	146	147	148	149	150
A	A	B	A	B	B	C	D	A	B
151	152	153	154	155	156	157	158	159	160
B	C	D	D	C	D	D	A	B	C
161	162	163	164	165	166	167	168	169	170
A	C	C	B	B	A	C	C	D	D
171	172	173	174	175	176	177	178	179	180
C	A	D	C	C	D	B	A	A	C
181	182	183	184	185	186	187	188	189	190
B	B	B	B	A	B	B	D	A	D
191	192	193	194	195	196	197	198	199	200
A	D	D	B	A	B	C	C	D	C
201	202	203	204	205	206	207	208	209	210
C	D	D	C	C	C	C	B	A	A
211	212	213	214	215	216	217	218	219	220
B	C	B	C	C	C	C	B	B	D
221	222	223	224	225	226	227	228	229	230
A	A	D	D	B	E	B	A	D	B
231	232	233	234	235	236	237	238	239	240
C	D	B	C	D	A	D	C	D	B
241	242	243	244	245	246	247	248	249	250
C	A	B	A	D	D	B	D	A	D

251	252	253	254	255	256	257	258	259	260
D	A	D	A	D	A	D	A	D	B
261	262	263	264	265	266	267	268	269	270
D	D	D	A	A	D	C	A	D	A
271	272	273	274	275	276	277	278	279	280
A	B	C	A	A	A	C	A	A	A
281	282	283	284	285	286	287	288	289	290
A	A	A	A	C	A	B	A	A	A
291	292	293	294	295	296	297	298	299	300
A	A	B	A	D	A	A	A	A	B
301	302	303	304	305	306	307	308	309	310
A	D	B	C	B	C	A	A	D	B
311	312	313	314	315	316	317	318	319	320
B	A	D	A	A	B	A	A	A	B
321	322	323	324	325	326	327	328	329	330
C	A	A	D	A	A	A	A	C	A
331	332	333	334	335	336	337	338	339	340
A	C	A	D	A	B	A	B	A	A
341	342	343	344	345	346	347	348	349	350
D	A	A	D	A	B	D	A	B	A
351	352	353	354	355	356	357	358	359	360
B	A	A	A	A	A	A	A	A	D
361	362	363	364	365	366	367	368	369	370
C	C	A	A	B	A	B	A	A	B
371	372	373	374	375	376	377	378	379	380
A	C	D	C	A	B	A	B	A	A
381	382	383	384	385	386	387	388	389	390
A	A	A	A	B	A	B	A	A	B
391	392	393	394	395	396	397	398	399	400
D	A	A	A	A	B	C	A	C	B

1901

www.ingramcontent.com/pod-product-compliance
Lightning Source LLC
Chambersburg PA
CBHW070732160426
43192CB00009B/1414
* 9 7 8 9 3 5 0 1 2 4 5 6 7 *